21世纪跨文化英语广播电视新闻传播学与国际传播研究系列

国际化新闻传播话语研究

ON THE DISCOURSE OF THE INTERNATIONALIZED
JOURNALISM & COMMUNICATION

（上部）

林海春◎著

中国广播影视出版社

南京"朝天宫"建立的中华释义符码话语"内涵"

哥本哈根"基督堂"呈现西方信仰话语"源泉"

在瑞中国戏剧建构的审美文化话语体系

英国莎翁笔下哈姆雷特呈现西方戏剧隐喻话语

中华文化伦理观无声叙述符码话语

西方文化象征性互动文化符号话语体系

连接中朝两国的鸭绿江桥生成了独特国际史语境

普契尼的中国公主图兰朵带出一种西式镜像话语

中华文明塑造的民族心灵象征符码话语之一

西方文明诠释的民众精神依托符码话语之一

笔者为央视俄语频道开播培训职业理念与技能

笔者为央视阿拉伯语频道开播培训职业理念与技能

目　录
Contents

◨ 自 序

　　终于走到决定探讨当今"媒体传播全球化"生态里的"话语"这一层次了，这其中所需的内力支撑，是在积累了亲力亲为地生活在"西方文化"里形成的"碰撞"后，用整整 20 年的反思般梳理后所得。在这一不算短的时段里，尽管一直在遵循着"既定的"新闻传播职业化规则，对"既定的"语言进行着运用，也在试图训练渴望从事新闻传播职业的学生们，来掌握"向来如此"地那般使用"既定的"语言体系的方法和技能。但在实践中却愈发意识到：像本作笔者般运用非母语制播广播电视节目从业人员、讲授相关专业课的教员，启发如"播音与主持艺术（英语节目主持方向）"、英语（节目主持方向）、英语（国际新闻方向），以及英语（新闻方向）的专业学生们，并不能也不是让他们仅仅模仿母语为英语的人如何说每一句。而是必然要介绍和分析起到决定作用的"为何如此那般说'事儿'"之相应"理念"。如果仅仅是"模仿"，那就是"鹦鹉学舌"后的"二传手"媒体传播系统最终形成的始作俑者；如果是"运用"，方可能"洋为中用"地建立"对外传播"的"国际化传播"体系。进而，必然要认识决定这一切样貌的"核"，这就是"国际化新闻传播话语"的本质、功能及作用。

　　能够触及"国际化"了的"新闻传播业"之"话语"体系，实际上，是拨动着被视为"信息时代"的神经脉络，进而，也就是在剖析其作为一个运行机制的特质。既然是有了定语的"话语"，其在语言学领域里"被赋予"的意义，也就有了新的定位，即：其被运用于以"国际化"言说表达定位的"新闻传播式"告知大众媒体传送系统后所具有的功能及作用。

　　在新闻传播领域，国内对"新闻"的最大分类是"国内新闻"与"国际新闻"两种。但是，后者的涵盖仍是一个颇具争议的话题。很多从业人员及研究者都把"外国新闻"、"外语化"新闻经编译成译者母语表达的条目，以及由外国新闻通讯社播发的条目，视为"国际新闻"。但是，却是忽略了所有"新闻"，都是与其"发生地"及对其加以聚焦和言说的"报道者"紧密相关。而最终令接收者接受它的关键，是作为"传播源"的"报道者"。显然，那些"被称为"了"国际新闻"的报道条目，事实上只是以"报道者"视角及理念聚焦的"事实化"告知。比如，由美联社采集的"事实"在被其辑合后转变成的"新闻报道"条目，就是只属于美联社的"情境化"新闻，即便是任何非美国的大众媒体传播系统加以转播，也仅是一条美国"美联社式"的"新闻"而已。另外，就笔者在专业教学领域，试图训练学生们用非母语英语来驾驭新闻的采编直播控过程所需的职业技能，但却不是在制作与传播"国际新闻"，而充其量是将以我们中国人视角聚焦的"事实"加以"新闻传播"框架下的规约，其结果也只是"国际化新闻"而绝非"国际新闻"。所以，本作所探讨的"话语"，是属于"新闻传播"领域里的这一范畴。

在语言学层面上，话语，仅仅是人们为日常生活的进程而对相应语言体系的基本使用，最多也就是群体式话语。而在"国际化"了的媒体传播领域，其独特的"声像文"言说表达方式，令"话语"转变为"国际化"了的"公共话语"。加之，其以"新闻化"叙述文本框架来规约所选用"事实化"人事物之言辞、经历和想法，使其建立并推广一种"认知模式"。在这一模式作为其设置的"国际化"了的"话题"与"议论"的议程承载体时，尽管作为设计与使用这一"国际化新闻传播话语"的"传播源"，并未规定作为其所告知"信息"的接收接受者的国际化公众具体观点，但却是提供着围绕关于其选定、聚焦并展开言说的"社会化事件"，所建立起的、基于其本土"文化价值观"塑造的"情境化"政治、社会、文化与经济认知模式的框架，并持续地阐释着这类框架普适性的真理化理念所具备的主导地位及结构化态度。最为重要的是，这类话语在"国际化新闻传播"叙述文本中，以多样化多层次的类型及样貌特征，引导并决定着作为其言说内容接收接受者的国际化公众，只会获得其提供的既定"国际化新闻传播话语"表述的解释框架，而非他类。进而，原本那些承载着其他解释、理解或规则的价值和意识形态，都"被利用"为强化"传播源"自身言说"内容"的正或反向"支撑材料"。

就在笔者对本作进行书写的过程里，2014 年 3 月 1 日的云南省省会昆明火车站，被一个令国人震惊的"挥刀即砍"事实所注目。随后，一系列来自媒体的反响，为急于获得解释的公众提供着信息。但是，最让公众们驻足思考的，却是来自"外媒"对此事的定性式解读，并经其掌控的庞大媒体传播系统传送于"国际化"公共话语空间，即：网络。其秉持的"态度"，在那一个个词汇的表意上，经过中国官方媒体简明而又生动的罗列后，就有了以下的对比：

编者按：3 月 1 日云南昆明火车站暴力恐怖案件发生后，CNN 等西方媒体或集体性"失明"、失聪，或有意识地淡化暴恐同情暴力。而在一年前"伦敦砍杀事件"发生时，他们在新闻措辞上却表现出不同的立场。

图解：外媒对中外两起恐怖事件新闻用词对比

人民网 people.cn 图解新闻

外媒对中外两起恐怖事件
新闻用词对比

编者按：3月1日云南昆明火车站暴力恐怖案件发生后，CNN等西方媒体或集体性"失明"、失聪，或有意识地淡化暴恐同情暴力。而在一年前"伦敦砍杀事件"发生时，他们在新闻措辞上却表现出不同的立场。

事件简述
云南昆明301严重暴力恐怖事件
2014年3月1日晚9时20分，10余名统一着装的暴徒蒙面持刀在云南昆明火车站广场、售票厅等处砍杀无辜群众，截至3日6时，已造成29人死亡、140余人受伤。民警当场击毙4名暴徒、抓获1人。

事件简述
伦敦砍杀事件
英国当地时间2013年5月22日下午，位于伦敦东南部的伍尔维奇(Woolwich)地区发生一起极为凶残的砍杀事件。据伦敦警方通报，当时两名凶手先是开车将一名现役军人撞倒，随后手持尖刀将受害人当场砍杀。随后，英国官方宣布这是一起恐怖袭击事件。

定性用词

昆明事件 中国 2014年3月2日	伦敦事件 英国 2013年5月22日
持刀袭击 Knife attack 英国广播公司 BBC	恐怖袭击 Terror attack 英国广播公司 BBC
暴力 Violence 英国每日电讯报 The Telegraph	恐怖主义 Terrorism 英国每日电讯报 The Telegraph
持刀砍杀 Knife-wielding 美国有线电视新闻网 CNN	恐怖主义 Terrorism 美国有线电视新闻网 CNN
维汉族冲突 Uighur-Han conflicts 美国福克斯新闻 FOX NEWS	恐怖袭击 Terrorist attack 美国福克斯新闻 FOX NEWS

描述用词

昆明事件 中国 2014年3月2日	伦敦事件 英国 2013年5月22日
事件 Incident 英国广播公司 BBC	长久以来担心的袭击 long-feared attack 英国广播公司 BBC
持刀砍杀 Knife-wielding 英国每日电讯报 The Telegraph	真正地残暴、野蛮 Truly barbaric 英国每日电讯报 The Telegraph
刺伤大众 Mass stabbing 美国有线电视新闻网 CNN	残暴行为 Brutality 美国有线电视新闻网 CNN
简陋的武器 Rudimentary in weaponry 美国福克斯新闻 FOX NEWS	凶残谋杀 Brutally murdered 美国福克斯新闻 FOX NEWS

昆明 "3·01" 严重暴力恐怖事件：个别西方媒体刻意淡化恐怖袭击性质

（责编：李宇浩、盛卉）

来源：人民网－国际频道 2014 年 3 月 3 日 11:34

　　以上的"对比"，只是"一词之差"，"事件"的整体定位定性，就呈现出完全不同的本质。可见，"传播源"所"告知"的"内容"，是在对相应"材料"的"意义"赋予后，由其建构的"新闻传播式话语"叙事之结果。这也更为本作的思路，提供了最鲜活的参照。

　　在这一思路的引领下，由原本仅是对将语言使用后生成"意义"的话语，在经大众媒体传播系统以"新闻化"告知的名义运用后所具有的视听引导效应的认识，促成了对这一领域的系统化分析和研究。达成眼前面世如此的文字总结，所采用的研究方法不同于《语言学》对话语的分析路径。相对《语言学》是对组成结构性要素的话语流展开解释，从而，使得诸如说话者怎样提出及控制话题、插话与维持话题互动的谈话进程管理，以及在话语体系内定义与相对独立词汇单位的制作者等方面而言，对"国际化"大众媒体传播系统运用的"国际化新闻传播话语"的研究，就与大众媒体传播建立的媒介文化紧密相关了。因而，持有的视角是更宏观化综合的，其覆盖的是语言"被使用"的特定领域——"国际化"媒体新闻告知产生的国际化公众视域。所以，本作的探讨过程不再如《语言学》研究般关注话语意义的三个方面，即：其被视为具体谈话行动或言说本身及是一定知识的主体、人们如何合理地传递知识，以及如何使用被传递的知识的系列条件和过程。而是深化探究"国际化新闻传播话语"得以产生与国际化公众"互动"所需要的新闻化框架叙述结构，其所追求的"国际化"定位的新闻告知传播秩序，以及这一秩序同其所传送进"世界格局"里"国际公共新闻话语空间"中的"意义"（也可视为"知识"）与其具有的"权力"间的逻辑关联。

　　这是一个对展开如此研究的探索者所具有认知体系的巨大挑战过程，因为触及到了不可回避的"跨文化型"不同类别认知维度，所以，突破流淌在自身血液里那些习以为常的"情境化"文化型态，就是必然面对与经历的心理化马拉松过程。好在有眼下日常生活里多元化媒体传播系统提供的"信息"，可以作为相互比对的参考，来帮助笔者梳理出由各个视角决定的"理性化"逻辑线。从而，使得"国际化新闻传播话语"体系是一种逐渐烘托"主文化"的"次文化"，向支配"主文化"的"超文化"转化的力量存在的现实被凸显出来。而其中的关键原因解释是：它是各类"被打包"后的"意识形态"在"国际公共新闻话语空间"里"被推介"的叙事。由此，大众媒体传播系统以"雨后春笋"之势立足于各自的本土文化情境，而转型为"国际化"告知定位的言说表述体表面后的真相，得到全方位的解释，即："信息化"时代，就是各类"意识形态"间竞争的时代。

尽管现在面世的研究成果是《国际化新闻传播话语研究》的上部，但其所分析出这类话语具有的特定叙事界定模式，及其可以生成的、用以支撑"国际公民意识"的"意义"，已经为下部的研究展开提供了足够的空间。在上部所得研究成果的基础上，原本只是人们为了一定的"意义"产生而使用的"符号系统"，在定位于"国际化"新闻式"告知"的大众媒体传播框架里，以"跨文化型"叙事符码的功能，产生的颇似"社会实践"般的视听引导作用之原因，将得到系统化的探讨和分析。笔者可以预见那将是一个同样充满挑战的过程，但一定是一个获得新的认识及智慧的回馈进程！

林海春

2014 年 7 月 3 日于北京"梅兰书屋"

前 言

在对直接为"外宣"（现为了与国际接轨而改称为"对外传播"或"国际传播"）培养后备力量所开设的"播音与主持艺术（英语节目主持方向)"、"英语（节目主持方向)"、"英语（国际新闻传播方向)"，以及"英语（新闻方向)"专业方向，讲授了十余年相关的核心课程过程里，在"教"与"学"双方皆用非母语英语的前提下，所有的思路及表述都有了一个特殊的、看不见的"框架"，即：英语语言建立的语义和语境。且不论各自说的是否"标准"，也就是听上去是否更像是大家在母语为英语的影视广播节目里听到的"音儿"。这种"标尺"产生"判断"的基础是可以理解的。毕竟，母语是英语的说话者，其语言一定是"标准的"的诸如此类的惯性思维，是我们所有中国人都秉持的"理所应当"的"真理"。然而，大多都忽略了一个事实：即：社会是由不同的层级构成的，处于不同位置的个体必然服从相对应的群体，不论是衣食住行还是言谈举止，这就是"人以群分"的最直接体现与解释。否则，就进不了"圈子"，也就不会获得一定的"标签"。可见，即便是那些母语为英语的人，其语言运用和表达水平与层次，也是不可一言以蔽之的。

显然，我们作为母语为英语的大众媒体传播系统制播的"产品"的消化者，更是忽视了这一事实，而通过"学"语言的过程，将其接纳并融进自身的知识体系与价值观中。同时，还认为只要是说英语语言的人，就应该有如此的言谈举止。于是，学着英语语言的非母语者，从内心到外在都很渴望"像"母语为英语的人。但是，"鹦鹉学舌"的"鹦鹉"，最后只是变成了"模仿者"。这种经过语言学习而改变自身思维态势的效应，经过大众媒体传播系统试图以"国际化"告知，来覆盖世界范围内的视听心理趋势的推动下，以英语语言承载的英语文化价值观得到了最大范畴的推介。但是，当如本作笔者般运用非母语进行广播电视节目的制播的媒体传播从业人员，以及讲授那些英语专业课程的教员，终于开始努力运用非母语英语进行我们本土文化理念、观念及价值观的表达时，意识到仅仅是依靠模仿来的英语表达，是完全错位的。不仅不能完整准确地呈现自身所持的观点，而且母语为英语的听者也是处在"云里雾里"的"不知所云"状态里。究其原因，是因为双方使用着不同的认知体系，而这一体系所建立的话语叙述文本内涵，也是不对接的。这也直接表明：使用同样的语言，未必可形成同样的语境。

将这一现实联系到培养我国的"外宣"人才时，就不能仅仅是引导学生们如何"模仿"母语为英语的言说内容了。推而广之，即便是外语大学或外语专业的学生，也不能将"学习语言"视为"模仿语言"。而是要引导和告知学生其所听所看所读语句"被赋予"的"内涵化"意义，且能够为以"声像文"言说叙事为特点的大众媒体传播系统所运用的语言，已经不是一般意义上的那一需要"学"的非母语了。而是在那一语言体系现有的词汇基础上，遵从这一言说系统的规则对其"再组构"后的"媒体传播化"叙述话语体系。进而，表面上仍是对语言的运用，实则是融汇了价值观决定的认知体系建构内涵，通过认知风格所可覆盖的视域，经过大众媒体传播系统的言说叙述框架的规约后，尤其是以"新闻业"秉持的"客观性"、"公正性"、"真实性"及"准确性"准则名义衬托下的"表达"，即：话语，只是高于语言本身的这一"话语"，在此范畴内成为"国际化新闻传播话语"。

基于如此的认识，本作不仅试图阐明一个关键点，即：外语的"教"与"学"，千万不能停留在单纯的"模仿"阶段，而要探究和解读所有语句的"内涵"，尤其是那些经过大众媒体传播系统对"文化符码"运用后，所呈现的话语言说表述内容。本作的探讨围绕这一反思效果，而以四章的内容来完成作为《国际化新闻传播话语研究》的上部所触及的分析内容。

第一章是关于"国际化新闻传播话语"的建构、任务及目的。主要通过"国际化新闻传播话语"的以"被建构"的三个方面来分析，即：

第一方面：国际化新闻传播话语建构之一的"碎片化遴选"事实的"新闻化"编码、之二的"碎片化遴选"事实的"被编码"后"符号言说"，以及之三的"碎片化遴选"事实的"被符码"后"新闻话语"。

　　第二方面：体现"传播源"的主体位置、立场与联盟之"国际新闻传播化话语"的任务"被体现"的三个领域，也就是，第一个任务："传播源"的主体位置得以"被体现"是通过"国际化传媒"建立的"新闻传播式话语"凸显"主体位置"、通过其建立的"新闻传播式话语"促成"共同价值观"，以及通过其建立的"新闻传播式话语"的建构力；"传播源"的固守立场得以"被展示"作为其任务二，是通过展示"国际化传媒"的"言说"与"世界格局"里的"现实"之关系、"国际化传媒"的"展示"所表现的传播行为，以及"国际化传媒"的"策略"对自身传播参与者的预设态度；"传播源"的"联盟"与"结盟"得以"被保持和发展"作为其任务三，是从"跨文化话语濡化乌托邦框架"到"跨文化理念濡化话语社区共同体"的建构，保持宏观心理层面上俯瞰、从"跨文化新闻叙事话语言说体"到"跨文化身份认同话语拟态情境"，秉持中观存在层次上审视，以及从"跨文化共存聚合话语倾听者"到"跨文化适应转化话语协调人"，践行引导微观个体认知起点的固定。

　　第三个方面：是对"国际化新闻传播话语"所具目的三个层次的分析，体现在第一点的是其通过占据国际化新闻传播话语空间而建立"国际化新闻传播话语"抵及区域的定性，主要以"国际化新闻传播话语空间"与"国际化"新闻传播受众、与"国际'政府'公共权力"以及与"国际社会价值体系"三个层面的关系来体现；体现的第二点是其营造国际社会公共事务的舆论而达成的言说效力，主要是从"公共空间"到"全球本土化话语公共空间"、从"我族中心主义"议论到跨文化视角转向"批判性的讨论"，以及从本土主体知情而理性的"公众"到跨文化多元价值取向的"受众"；体现在第三点的是建构国际化新闻传播话语权操控的"议程设置"以保证其持续"告知"的效果，具体落实到"议程设置"承载的"主题"被刻意挑选、"议程设置"主题排序的"优先性"被有限圈定，以及"议程设置"典型议题的"概念化"被特定抽象三个方面。

　　第二章是以"视角分析"来梳理"国际化新闻传播话语"具有的社会学意义，主要从其具备的"跨文化认知视域"建立的"国际化新闻传播话语"社会学范畴、其呈现的"跨文化新闻传播意象情境"描述的"国际化新闻传播话语"社会样貌，以及其生成的"跨文化型新闻话语语境"表达的"国际化新闻传播话语"社会特质三个领域来分析。进而，作为第一个领域的社会学范畴，是以"跨文化认同强度"渲染话语色彩、定夺话语态势，以及裁决话语导向客位与主位、局内人和局外人三个层次呈现出"国际化新闻传播话语"与"跨文化认同强度"间的关系；其言说的"文化价值"所处的"社会领域"模式达成跨文化感知程度"引领话语覆盖"领域"、其"情境文化化传播"模式建立的"跨文化感知程度"分类话语表述"风格"、其"组织化价值观"模式体现的"跨文化感知程度"限定话语表述"任意性"，以及其"共生化文化价值"模式达到的"跨文化感知程度"简约话语表述"普适性"阐明"国际化新闻传播话语"与"跨文化感知程度"间的关系。与此同时，其顾及"跨文化型"比价过程里必然牵扯到的"刻板印象"效应，进而构造出其与跨文化规范性刻板印象相对接的"基调"、其与"跨文化非叙述性刻板印象互动"时的依据，从而建立其与跨文化刻板印象间独特相溶关系。

第二个领域是以"跨文化新闻传播意象情境"描述其建构的"社会样貌"。主要是通过由其聚焦而"被言说"的国际化新闻传播话语框架社会、"被言说"的"国际化新闻传播话语"之"历史社会"，以及"被言说"的"国际化新闻传播话语"之"制度社会"三部分呈现的此类话语框架化的"间接'世界'"；其对"商业力量"扭曲后的此类话语描画、"政府权力"扭曲后的此类话语，及"媒体传播技术惰性"扭曲的此类话语强加构成的、此类话语描述化的"拷贝支配"。进而，树立起由主体双重角色＝局内话语认知社会人＋目标受众、他者双重定位＝局外话语认知社会人＋目标受众，以及主体与他者各自依赖的"第三人效果"相辅相成后的"国际化新闻传播话语"塑造的"第三人效果"。

第三个领域是由"跨文化型新闻话语语境"解释的"国际化新闻传播话语"的社会特质。这一特质是由其建立的语境形成的，主要表现在"社会语境"与"跨文化型社会新闻话语语境"、"情境语境"与"跨文化型专题新闻话语语境"，以及"非言语语境"与"跨文化型文娱新闻话语语境"来释义的效果。

第三章是分析"国际化新闻传播话语"形成的传播关系，主要由"国际化新闻传播话语"的"陈述者"、"叙述文本"以及"目标受众"三大部分构成。通过对这三部分的探讨，其中：

第一是其"陈述者"，主要表现在被聚焦"事实"与"操作型现实主义"框架化关系、被契合"语汇"与"文化科技"框架化关系以及被编织"逻辑"与"文化接近"框架化关系，建立起了其微观传播关系；而由其择定后被言说的"所指"与"国家的议程"、被表达的"所指"与"原教旨主义"以及被描述的

"符码"与"精神堡垒"三个层面，构成了其中观传播关系。同时，由其言说被建构的"意义"与"全球地方化"、被赋予的"内涵"与"国际混合物"以及被定性的"诠释"与"文化主导权"三个主体，构筑其宏观传播关系。

第二是其"叙述文本"，是由事实报道：强化"客观性"的"硬新闻型"叙述文本、故事讲述：推介"价值性"的"软新闻型"叙述文本以及深度分析：展示"公正性"的"调查新闻"叙述文本的表述来体现。

第三是其"目标受众"，主要是依靠其传送"信息"所着陆的个体及群体上，具体显示在"国际化'认知'"追求之"知识的旁观者"、"国际社会"模板化"注意力转移者"、"国际关系"社会效用之"政商活动的旁观者参与者"以及"国际文化"筛网"信息"之"拟态环境寄生者"四类上。

第四章是分析"国际化新闻传播话语"的新闻文本特性，主要是围绕三大中心展开，即："国际化新闻传播话语"文本的故事化讲述、"国际化新闻传播话语"与"符号重构解读体"及"国际化新闻传播话语"与"亲近性新闻学"转型。进而涉及对情境化社会背景比较型文本描写事件、情境化人物经历烘托型文本呈现议题及情境化观点交锋对话型文本推介导向的解析；对"国际化新闻传播话语"与"标签化符号"互动、其与"共同的符号"说及其与"符号重组解读体"【符码】的局限所涉理念的深度分析。在此基础上，展开更深层次的"国际化新闻传播话语"的叙事方法——本土视角国际化、叙事理念——主客观辩证化人性真实及叙事界定模式——抑他扬己民族志三个核心化特质的剖析，从而完成现已面世的《国际化新闻传播话语研究》之上部的内容。

■ 绪 论

当21世纪的生活样貌以"信息"的"共享"方式，把这个星球上的存在以"言语"化"描述"的形态，将生活在世界各种地理位置上的人们"聚合"成一种"视界"似乎相同的"共同体"时，原本只是由人文社会科学研究者专用的词语，诸如"全球化"、"地球村"及"大众传播"等，都以切实作用于芸芸众生的日常生活里为结果，完成了对这些只是涵盖在理论层面上的意义的词汇的着陆。显然，在这一过程里，不论是提出"地球村"概念的麦克卢汉，还是解释"文明冲突"效应的亨廷顿，都应该释然了。毕竟，他们那些当时令太多人或怀疑或嘲讽为"文字游戏"的书本上的文字描述，转变成了让所有人不仅接受而且"享用"的实在现实，并恰恰是"潮流般"的"国际化"。

然而，以仅仅不到半个世纪的时间就达成的如此现实，却不是依赖人文社会科学研究者们的文字理论书写完成的。尽管他们经过研究磨砺出了预测将来的"慧眼"，却没有"推波助澜"的力量将其实现。那么，促成今天的人们在衣食住行、穿衣戴帽和喜怒哀乐"全球化"、"国际化"或曰"一体化"的"助推器"是什么？又在哪里呢？

带着这一问题，本作的聚焦点关注在日益覆盖全球的大众媒体传播系统的"国际化新闻式传播"上。

一、研究逻辑线：国际化新闻传播话语的"被运用"出发点

由于大众媒体传播系统被赋予了具有引导人们视听说、建构人们认知风格、塑造人们审美能力、推介人们是非判断参照，以及孕育人们书写体现智慧层面的

"心文"。一句话，是被给予了近乎"超自然"力量的大众媒体传播系统的运行，成为体现和实现诞生人类的自然界所具有的"塑造力"。

当然，就是因为这一系统是"被运转"的、其力量是"被赋予"的、其言说是"被编程"的，所以，驾驭大众传媒系统的自然是媒体传播从业人员。而这一从业人员群体的职业功能所体现的"信息"传达及其方式，就成为本研究进行分析的关键点。

从表面上看，人们自认为再熟悉不过的大众传播，就是每天在播送着要么令受众激动不已的"事件直播"，要么就是让受众情绪起伏的"深度剖析"，或就是令受众津津乐道的"名人轶事"，或令他们心神不宁牵扯不下的"长篇连续剧故事"，等等。

从深层次探讨，人们就会自问：为什么大众媒体传播系统会以如此方式进行日复一日的"告知"、"报道"及"讲述"？为何其又具有如此巨大的吸引力呢？顺着这一问题线，就触及了其"告知"如流水不断的江河般的这一系统运行神经的特质，即：言说表达的风格。也就是将其内在的"文本嵌入的语境"形成的"过程"的本质，因为受众的接收过程就是一个话语的传播过程，这一过程需要一种传播行为的实施，从而完成一类"言说文本"的创建。至此，"被运用"的新闻式话语，经过大众传媒系统的国际化呈现，起到了充当国际社会与国际政治经济文化构成的国际关系进程的抽象载体的角色。

二、研究核心面：国际化新闻传播话语的"被言说"风格

一般民众认为已经了解的这一风格，是"有声"的"音"、"有色"的"画"、"有情"的"人"、"有意"的"事"，以及"有感"的"物"。但是，在这些看似令人目不暇接、眼花缭乱的"人事物"背后，却是其"被赋予"了"意义"的特质所在，即：媒体新闻传播式话语的叙事，且是"巧夺天工"般地对只符合这类传播系统的"话语"的运用。大众媒体传播系统如同一位永不知疲倦的讲述者，在声情并茂地告知公众他们应该知道的、必须理解的、永远要记住的"人"、"事"、"物"。

但是，现实生活中人们的心思与大脑，不仅仅只是追随着大众媒体传播系统的"告知"，还要分心于说不清道不明的琐事。这样，如果这一系统只是以普普通通的"言说"方式对公众进行"告知"的话，就不会产生令公众关注与走心的预

期效果。所以，为了能令公众打开耳朵、睁大双眼，尤其是达到牢记于心的接收状态，就需要对其"言说"有独特的"设计"并建立"引人注目"的风格。

如此，其"言说表达"的过程，就转变为巧妙运用独特"言说表达"风格的过程。此处，本作以"国际化英语传媒"的运作为例。当已经"被告知"百年了的"英语是国际化语言"、"'英语的'就是'国际的'"观念"定位"，逐渐地成为"事实"后，大众媒体传播系统梳理自身全球化传播地位和威望的渠道畅通了。"英语"语言的"被使用"，成为这一系统自然地转变为"国际化英语传媒"最有效的象征和工具。从而，建立了一整套只适合于也只属于这类媒体的英语化传播话语系统，也就使得以英语语言表述的事件、人物及情绪，通过覆盖了全球各类社会文化情境的、英语化的大众媒体传播系统，而转变为"国际化新闻传播"的"英语式话语"内容了。

三、研究方法：国际化新闻传播话语的"叙述文本"之叙事分析

依据荷兰学者托伊恩·A. 梵·迪克（Teun A. Van Dijk）的研究结果，大众媒体传播系统以"告知"的方式，将所制作的新闻式"言说文本"，以绘声绘色的样貌呈现给民众，就是大众媒体传播系统自身运行得以保证进行的"再现"功能。这一"再现"，表面上是按照新闻制作和传播规则"客观"地完成的，但是，其所"呈现"的任何内容，都是与作为"传播源"的媒体传播系统所秉持的特定的"认知风格"紧密联系的。

基于对大众媒体传播系统所具有的新闻式"言说"本质如此的认识，本书以"公共话语"解析方法展开。这一方法与人们熟知的语言学对话语流研究有所不同，而是与文化研究有关。在此，本书侧重于对大众媒体传播系统在定位于"国际化"制播控后，所设计和运用的新闻传播式话语呈现的媒体传播文化分析，采取了更综合的视野，直指语言"被使用"的特定领域，即：大众媒体传播系统的国际化新闻传播式语言。这种方法淡化了语言学家所研究的话语意义的几个层面，即："话语是谈话行动或者书写本身；它是知识的主题内容；它是调节人们如何合理地传播和使用知识的一系列条件和过程。"（陈、易，2009，第80页）。与此同时，强化了对新闻传播式话语建构的公共话语形成的话语互动结构、传播秩序追求及"被选择"信息与话语权力间的关联。

对以上几个关联面的分析，使得国际化大众媒体传播系统运用的新闻传播式公共话语所具有的、提供关于所聚焦社会事件的政治文化社会及经济认知模式的框架，尤其是证明这些框架"正确有理"、"无处不在"而又占据主导地位的知识和态度，被系统化地分析与解构。进而，这类系统的新闻传播式公共话语向"国际化公众"提供的解释框架，具有采用在他种解释框架里出现的目标、规范、价值和意识形态，来提供所聚焦新闻传播式言说解释所需的反面信息。

所以，"国际化"大众媒体传播系统以新闻传播告知的名义，经由"国际化"定位形成的"国际化新闻传播式公共话语"所建立的公共谈论话题与讨论的议程、认知模式，与其采用的所谓约定俗成的报道结构模式及意识形态间的密切关系，得到系统化的梳理和解析。

因此，本作在对"国际化传媒"所设计与运用的"国际化新闻传播话语"的系统化深度剖析，完成了对其在叙事层面的分析，也进行了其形成的与社会学及权力关系的分析，更对国际化大众媒体传播系统的新闻传播式话语叙述文本建立的存在于语言自洽性，"传播源"同"被聚焦情境化'人事物'"和"国际化公众"间的关系，以及这类叙述文本和国际社会现实间的互动效应的解释。

第一章
国际化新闻传播话语的
建构、任务、目的

大众媒体传播技术带来的信息输出输入与达至其目标受众的方式和覆盖率，令制播控的传媒体统本身具有的影响力，伴以其引导视听威力的强化，而使其显得"控制力"和"告知力"更难于比拟。尽管人们也在这种状况下完全意识到一个事实，即：源自大众媒体传播系统的任何"信息"，都是需要两听而非绝对可信的"真相"。但是，由于这种"被传送"的"信息"抵及民众接收意识的简便、直接，还是会形成不可避免的引导效应。即便是民众在加以"判断"、进行了"筛选"以排除拒绝的部分，也还是经过了接受者的大脑，"被接受"与"被筛选"的过程，就是其产生传播效应的过程。所以，今天的大众媒体传播系统已经实现了真正意义上的"全球化"转型，尤其是当以"制播控"为运作方式的、用现已"国际化"了的"新闻式"告知类语言作为传播工具时，这类系统就成为本作聚焦的"国际化传媒"了。

一、国际化新闻传播话语的建构

当"国际化传媒"借助其所运用语言进行"新闻式"信息的制作与播出时，其如河流般不断的制作播出传送过程里，就"被充盈"了可以直接抵达到国际民众日常生活里的"言说"内容。这些内容在媒体传播产品的生产流程里，按照其已经"被设计"出的规程和模式，得到完全符合"新闻专业主义"制定的规范与标准，加以完型和包装，成为令全球化受众要么"赏心悦目"的"歌舞言情"，要么"侧目观察"的"时事评说"。一句话，是民众心目中已"被建立"和"被定义"的广播电视"节目"、报纸杂志"言论"，或是观众眼中情节曲折的"欲说还休"电视连续剧，及难以触及的"海市蜃楼"般的电影明星集体"造梦"大片。但是，在所有这些既精致又讨巧、既美妙又神奇的"呈现体"背后，却是不能不被媒体传播研究人员进行长期关注、深度剖析以及全面拆解的、令这类系统不仅转化为"国际化传媒"的"言说"之"本质"，而且保证其能得以长久运转的"文本"之"奥妙"所在，即：支撑"国际化传媒"得以完成"国际化"新闻传播的运转内力——新闻传播式话语。

当任何议题或事件"被新闻化"后，就使其得以在新闻从业人员的、符合"新闻专业主义"方方面面要求的"巧手"操作下，被融进可称之为"新闻化框架"的释义、陈述和言说系统当中了。对于具有在全球范围内产生引导视听力量的"国际化传媒"而言，如何使其制作播出的"新闻式"信息抵达预设的受众内心，就触及了一个对各类"社会文化情境"加以"突破"和"融化"的关键主题。从目前已经由"国际化"公众接纳与认可为"强势的"国际化媒体传播系统的运作特点来看，主要是以需被"新闻化"的"事件"所据"事实"的聚焦和选择原则为基础，以被"新闻化"的"故事"所依"人物"及"情境"的诠释和演绎分类为支撑。从而，建构一整套作为"传播源"需要的、符合其"意识形态"定位后的、划分"世界格局"的标准之言说体系，达到完成塑造和推广其设置的人文情怀风格、社会管理模板、人与人和人与自身所处情境间的关系范本，并经过对所使用的传播语言上的新闻专业化设计、规范及推介方面的持续艺术化传播强化后，形成"势如破竹"般的言说穿透力、完型力及引导力。久而久之，使身处各类文化情境里的公众，持续代代追随这类"国际化传媒"送达的任何具有"国际化"之"意义"的"说法"和"解释"。

这种媒体化新闻传播言说效应的达成，就是"国际化传媒"作为"传播源"在具有的"制播控"过程中贯彻始终地运用"新闻式"有效"编码"而达到预设结果的最终体现。

（一）国际化新闻传播话语建构之一
——"碎片化遴选"事实的"新闻化"编码

"国际化新闻传播话语"形成的一整套言说方式，并不是仅仅依赖于民众业已熟知的、每时每刻收到的完型节目表达的"内容",也不是任何时刻听到看到读到都是新鲜的"新闻"事件呈现的"事实",而是在这些已经传送到国际化公众生活里的、被称为"节目"的所有"叙述"背后的完型标准、选择规矩、聚焦范围、分析尺度以及被忽略被剪裁被禁声的"之所以如此做"的所有"声像文"实体。就是因为这些"解释"被"国际化传媒"从业人员"职业化"地理解和执行后,才有了国际化公众接收到的节目,也就是"国际化传媒"作为"传播源"出产的"声像文"叙述"言说体"的具体呈现结果。但,已经不是构成这些"言说体"的"事实"之最原始本体了。最终呈现在受众眼前的"言说体",却是由"被刻意"筛选出的"情境化"了的"人事物"所建构而成,且是"碎片化"了的存在。

首先,此处提及的"最原始"的"事实"的本体,是这个世界里任何类别"社会文化情境"中的民众都熟知的"自然"存在和已经发生了的"事儿"的完整原貌。相对于这种熟知,国际化公众作为接收接受者的角色,从"国际化传媒"送达的"节目"里获得的"事儿",已经是其本体的一部分,并已是被设置于符合此类媒体传播系统规则的"新闻式"言说框架中的"事实"。

其次,这种"被设置"的过程,就是经过"国际化新闻"职业意义上的"制作手段"和"编辑技巧"与"国际化新闻叙述程式"的语言表达描写规则,对其所选择聚焦的、源自某一"社会文化情境"的"现象"或"事件",进行局部地"呈现"和"解说"的过程。这一过程,将多则几个"事儿"剪接汇聚在一起,少则一个"情境化"了的"现象"被深化解剖后成为一则"新闻式"条目,完成只符合"新闻专业主义"标准的"编码"流程。

最后,当这一过程被完成后,就有了"说话听声,锣鼓听音"的传播"意义"和"效应"。此时的"声",从表面上看是紧紧围绕着被呈现的"事儿"发出的"客观化"评说,民众的神经反应中枢由于受制于传媒快速流变的特点,而仅仅关注在这一层面上,被作为"传播源"的"国际化传媒"之"言说"一环扣一环地牵引着,完成了对其所聚焦的"世界"的"意义化"解释。

总之,在这一过程里,民众的"客观世界"就仅仅是这一"被呈现"和"被解释"的"世界"而已。尽管"国际化传媒"对于一条"硬新闻"的时长通常为45秒之短,加之"新闻式"背景和简述也不过是5分钟之内,但其涵盖的"新闻式"了的"意义"之引导力、"符号"之承载量、"术语"之释义层及"解说"

之同期声，及"图片"之"润滑剂"胶着度，都"掷地有声"地敲进其所预设的国际化公众之"认知风格"决定的神经系统里。

（二）国际化新闻传播话语建构之二
——"碎片化遴选"事实"被编码"的"符号言说"系统

2013 年 10 月 21 日的北京时间，一条被传及全世界的新闻，其体现的国际化传媒话语特点及其形成的传播效应，尽显其中。

[视频] 新闻

比利时：精心布局　索马里海盗头目终落网 [时长：3 分 7 秒]（编辑刘薇）

播出稿件内容：

2013 年 10 月 21 日的中央电视台新闻频道，即：CCTV – 13，以 3 分钟零 7 秒的　时长，播出了条目为"源自比利时 – 精心布局　索马里海盗头目终落网"。

首先，看似短短的 3 分钟零 7 秒，涵盖了有新闻主播的口播导语，辅以新闻当事人的面部活动画面。整条新闻的旁白贯穿着令受众耳熟能详的词汇，诸如：联合国、国际社会、劫持、商船、提起诉讼，等等。在此新闻条目里，全世界熟知的"联合国"立刻引导公众的反应神经，将此"新闻点"上升到"国际化"最高级别；"国际社会"这一意群的被运用，引领公众的关注度随其拓展到全球范围；"索马里海盗"使得公众再次"被告知"新闻聚焦点的源头；"索马里海盗头子"尽管不为公众所熟悉，但却即刻让他们投入所有的注意力来看个究竟；"比利时"尽管是一个处在"西方"的国家，但却是以"正义"、"正确"与"合法"的自然代言人和执行者的角色出现在这一新闻条目里。

其次，这些用双引号标注出的特殊词汇，尽管是以文字的方式出现在新闻条目里，但却是极具内涵并令公众形成清晰想象出具像的词汇。事实上，它们也就是新闻学和传播学中的"符号"系统中的元素。不论是声像语言，还是文字描述，都会引导公众在知识储备系统里生成"被预设"的"意义"的符号。这些符号尽管是画面的文字浓缩，但却不是简单的语言在一般意义上的体现，而是不同于语言又生成于语言的话语表述。

最后，在这一新闻条目里，总体上给研究者的感受是一系列"被赋予"了"意义"的"符号"之集合。这种感受有其一定的道理。毕竟，以"言说"和"表述"为风格的新闻化报道，是以简介、清晰的原则来对"被选出"的"事实"加以"新闻化"要求的再次组合。这样，完型后的新闻条目里的"符号化"的词汇，就是一个经过了新闻传播专业化的职业重置。所以，集合后的"符号"又被规范化地组合，才得以形成有称得上新闻传播效应的"意义"。

（三）国际化新闻传播话语建构之三
——"碎片化遴选"事实"被符码"的"新闻话语"

经过职业化层面上的刻意重组后，已经"被赋予"了"意义"的"符号"群，才会生成作为"传播源"的"国际化传媒"期待的传播效应。这样，既是超越语言本身又是提升符号元素言说能力的"话语"，就被推到了被剖析的位置。就"新闻式言说"的风格而言，公众感觉到的是一个顺着表述逐渐展开的过程。正是在这一过程里，所有"被赋予"的"意义"一层层地"被告知"而剥离于整个的"言说文本"，从而形成一个个形象的表意阐释，完成对公众的"告知"。

首先，"被告知"的国际化公众接收到的是倍觉清晰而完整的"报道"，那些已经被组合的"碎片化"事实所起到的"真实"与"客观"的作用已经达成，使得他们最起码意识到一切都是已经发生了的"事实"，围绕着"事实"的任何"言说"，也就有了理所应当"被信服"的理由。这时形成的新闻报道表述条目，就已经是在起着有效传送作用的"新闻传播式话语"了。

以"国际化英语传媒"为例，其建构"新闻式"英语语言"言说过程化"的"新闻传播式话语"，不是一般意义上的对英语语言的简单运用。事实上，是在遵循大众传媒新闻传播规则的前提下，对英语语言的新闻专业主义原理的理解后而进行"意义"附着后的职业化使用。由此，就形成了对处于新闻行业外的人们来说，再熟悉不过的英语语言，不论是母语还是非母语，只要是出现在新闻传播的话语框架里后，就已经不再是只具有一般意义的含义了。尤其是当这些语言上的词汇被置入新闻话语框架里之后，再与所触及到的"社会文化情境"的"事件"进行"相对化"地"为我所用"，就使得取材于"被选中"的"事实"碎片，产生了"嵌入"既定"言说体"内，而令国际化公众产生对其关注后形成的"报道"之"客观性"。

其次，从单纯的工具性语言到合乎新闻规范的"报道"，期间已经完成了对"新闻传播式话语"的职业化运用。这种运用不仅仅是完成对职业使命的实现，更是行使了其具有的"建构性"功能。在"国际化英语传媒"的"英语式"话语表述过程中，以英语语言建立的"传播源"，在每一条新闻条目的呈现上，表面上都是在对语言结构上的"主语"和"宾语"的定位的凸显，而如此凸显的效果在新闻传播意义上，就表现为对国际社会的主客体关系的强调与突出。这一"关系"虽然是经过"国际化传媒"的"新闻式"表述，以单纯"说事儿"的途径告知受众，但却是敏感的"国际关系"变幻之"晴雨表"和"拳击赛"的新闻传播化体现。

这种由"国际化传媒"系统体现的"晴雨表"暗示的"阳光"或"风雨"，"拳击赛"隐喻的"你来"和"我往"，使得本已显得以经贸合作方式形成的"互通有无"般的"全球化"态势，在商品浪潮推波助澜下出现的看似时尚化的文化艺术消费潮汐此起彼伏地浸润下，更多时是"被淡化"了的"政治议题"。但是，媒介素养日益被提高的国际化公众，却是通过这些表象而由"国际化传媒"运用的"英语式新闻话语"表述，得到现存的本是"只可意会"的业已激烈博弈的"国际关系"的本质化呈现和解读。其中的缘由，就是这类新闻传播式话语体系形成对陈述系统的控制，表现为"国际化传媒"作为"传播源"可以将一些国际社会组织或机构自身的某种偏向或规则传递给各类"社会文化情境"，加以确立自己所处的地位。这种具有预设体现自身规则或偏向的国际社会组织，可以任意选择"国际化传媒"之"传播源"来实现这一陈述，因为是作为主体的这类国际社会组织所建立的各种相关因素的关系，决定了陈述的内容和导向定位。

最后，"国际化传媒"大系统里的"国际化英语传媒"言说传送系统，作为一个最典型的例子来说明"国际化"大众媒体传播运用语言表达的力量，就是在借助了英语语言"国际化"的使用前提下，帮助陈述主体实现了其偏向或规则的全球覆盖输出范围的同时，也为自身话语权的建立提供了促进的作用。毕竟，何种话语的"意义"言说文本呈现，就是何种权力威望的获得和建立。最终，在完成这一看似只是"被运用"的语言在经过新闻传播职业化重组的陈述过程的里，受众接收到的还是一如既往的"起始开篇"＋"中间主体"＋"结束尾声"，同时，作为提供这一话语过程的"国际化英语传媒"自身，就以话语过程为载体建立了一个"情境语境"和"社会文化语境"。探其获此效应的究竟，旨在担任

"传播源"的"国际化英语传媒",通过建构完整的、适宜国际化新闻传播式的叙述文本实体存在,而决定了这类话语的定位与实质。

总之,当"国际化传媒"系统按照预设的传播目标,对"具有价值"的"碎片化"已存在"事实",经过新闻专业主义原理规范的"遴选"后,"被置于"已由大多国际化公众认可的新闻框架里后,完成了初步的"被编码"。从而,保证了即将完型的"新闻报道"应具有的基本"客观性"。在此基础之上,再对能够强化已"被编码"的"事实"的"符号系统"加以搜索,而选出有效的符号元素,以形成对建构赋予"言说"文本有提升其具有"源自'实地'"色彩的"情境化"符号言说文本。从而,使得这类文本凸显出"新闻传播式"话语,是在某一特定时间与空间内的"行为"。在此,其衬托出的是"时空",但着陆点是"时空"赖以存在的"社会文化情境"和"情境化"的"语境"间的相互映衬效应的互动。至此,如同语言学家 Geoffey Leech 与 Mick Short 对新闻话语叙述文本的认识(Taylor & Winquist,2001),即:"传播源"和受众间的"言说文本"形式,尽管是以视听读媒介编码后的表述文本,但却是由其"被赋予"的社会性目的来决定的。

一句话,"国际化传媒"预设的全球范围内公众,通过此类大众媒体传播渠道接收的任何形式的"被告知"言说文本,是承载了作为"传播源"的"国际化传媒"系统秉持的特定社会性目的的"陈述体"。这一"陈述体"涵盖的"意义",不仅仅是对其运用的语言自身"被赋予"的"解释"所呈现的效应,更是形成视听引导力的、支撑语言化"解释"的"符号言说"之"被重组"效应。这种只属于新闻传播职业原理的组合,又获得了最令公众看中的、体现"言说体"呈现的"客观性"的"事实"之保证。自然,公众关注的"事实"尽管是"言说体"内的一个个醒目的"现实存在本体",却是由颇具高超职业技能的国际化新闻传播从业人员精心按照已建立的"编码"语汇要求,来对这些"被遴选"的"事实"加以"被编码"后的完型。所以,谈及"国际化新闻传播话语"时,以下这三个步骤是必然被聚焦和剖析的,即:1)"碎片化遴选"事实的"被编码";2)"碎片化遴选"事实"被编码"后的"符号言说"系统;3)"碎片化遴选"事实"被符码"后的"新闻话语"。

按照此三步来完型"国际化传媒"维持运转和提升其视听引导力的"国际化新闻传播式话语",就可以按照预定的目标来达成其最看重的首要任务了。

二、国际化新闻传播话语的任务
——体现"传播源"的主体位置、立场与联盟

在现已存在的庞大媒体传播体系里，诸如"国际化英语传媒"般的"国际化"系统存在的方式与影响力的持续，使得处在"全球化"态势里的任何"社会文化情境"，都被其耀眼的聚光灯有选择地锁定且放大，令"世界格局"中的大部分"意识形态"化了的"板块"，在其产生的"晕轮效应"下进行律动。进而，不论是处于何种理念下的"社会文化情境"中之"人"，不管是秉持哪类观点支撑下的政治体制中之"事"，都在这一强大的视听引导系统的影响或左右下，或多或少、或深或浅地"被融入"到由无形有声的此类大众传播运转机器制造的"地球村"里，情愿与不情愿、主动或被动地担任起"被赋予"的"村员"角色。

尽管运作方式上看，源自不同"社会文化情境"的"国际化"大众媒体传播系统，还是以公众业已熟知的特点在传送着种类繁多但"万变不离其宗"的"节目化"的"消息"或"消息化"的"节目"。但是，在这些雷同的传送表面下，却是有着只属于"传播源"所依赖的"社会文化情境"之特质的唯一表达立场与固守的位置体现。这种称得上"唯一"的"表达"与"固守"的"位置"，不是作为"传播源"的"国际化"大众媒体传播系统以政党或组织的具体存在方式来呈现，而是以对要么是一则"新闻报道"的呈现，要么是一个"事件是非"的论说。但就是如此的看似运用语言的驾驭方式，其最责无旁贷担起的任务就已经存在其中了。

这种存在，就是其对一则新闻内容聚焦的"是什么"并"报多少"的展示。通过"是什么"的告知，到"报多少"的取舍，"国际化"大众媒体传播系统所展开的"新闻传播式话语"承担的首要任务，就有了最具体的存在样貌。这一存在样貌，实际上是在体现作为"传播源"主体自身在当今"世界格局"里所固守的政体位置以及所秉持的意识形态立场。"国际化传媒"告知"是什么"的新闻内容以及"报多少"的新闻展示，是遵从大众媒体传播基本特质而紧紧围绕着必然建立的"'言说者—文本—受众'的三角关系"的职业本分体现。但是，严格规定告知的"是什么"与应该"报多少"的标尺，将这一所有类别的大众媒体传播系统都具备的"三角关系"形成的预设传播效应，有了完全不同的且只属于"国际化"大众媒体传播系统的"这一种"。

（一）国际化新闻传播话语的任务之一
——体现"传播源"的主体位置

"位置"，这一从语言字面表意上可直接说明的意思来说，不必多言。但是，在已是"新闻传播式话语"的"叙述文本"里所"被赋予"的"内涵"，就超越了语言的本身了。尤其是其被覆盖"世界格局"大部分"板块"的"国际化"大众媒体传播系统而言，"位置"完全不是纯自然地理意义上的"所处点"，而是"国际关系"层面上的"世界格局"内"阵营"之说的"归属"定位。有了这一前提的导航，在受众眼里仍然是传送所选"事实"负载的"信息"的"国际化"大众媒体传播系统，是在呈现其所聚焦的世界现实生活，尽管仍然是声音、图像、文字与面对面的"口口相传"，但"被聚焦"的"那一处"的"现实"之"生活"，却是有着"被告知"的种种理由。但唯一重要的是：它可以帮助"传播源"来体现其所处的主体位置。

1. 通过"国际化传媒"建立的"新闻传播式话语"凸显"主体位置"

这里触及的"主体位置"，是指作为"传播源"的"国际化"大众媒体传播系统所持有的传播理念，而绝不是其被建立在这个星球上的某一个国家的山上或河边的所指。毕竟，作为"国际化传媒"系统，其所传送的任何"信息化"的"告知"内容，都是按照其对所秉持的"传播理念"的执行结果的体现。在最基本的层面上，其体现的传播结果是一系列的符号程序，而且在这一程序里，其所采用的源自"被聚焦"的"现实"的"生活"，处在一种符合新闻传播规程的"被创造"、"被维持"、"被修复"和"被改变"的过程里。而这一过程虽然仍是紧密地与"现实"相连，但经过这一过程后与公众见面的"新闻化"报道"言说文本"依据的"话语"，却是执行着"传播源"构建"位置"的"共同体"（Carey，2005），以形成"共同的价值观"（同上）的任务。

2. 通过"国际化传媒"建立的"新闻传播式话语"促成"共同价值观"

此处剖析的"共同价值观"，是经历了对"符号系统"的选择后去传送特定的"意义"而达到的。这显示了"国际化传媒"自身建立的"新闻传播式话语"展开过程的功能主义特征。更凸显了其所设计和运用的"新闻传播式话语"，在推介自身主体位置的过程中是对其所欣赏的文化的传播。当然，在此过程里"被传播"的"文化"，已经不是单纯地对存在于某一"社会文化情境"里的"衣食住行"传统及"喜怒哀乐"习惯的直接"再现"，而是利用"国际化传媒"映照"世界格局"里多种"板块"的镜像优势，经过对所运用的"新闻化"言说表达的驾驭，在公众的心目中构筑起其所推介的"虚拟化'环境'"。进而，将以大众媒体传播产品生产模版制作的"产品"，输送进其受众自以为熟悉的"拟态情境"，持续不断地对预设的"议程设置"进行貌似"真实"层面上的实现。久而久之，在其受众的整体接收过程里，就永远形成一道介于作为个体的"受众"与"现实"间的大众传播屏障，由此影响着其受众的思路与行为。

3. 通过"国际化传媒"建立的"新闻传播式话语"的建构力

在此分析的"建构力"，是指"国际化传媒"建立的"新闻传播式话语"具有的、将"看不见摸不着"的"理念"转化为塑造公众"行为举止情绪感受"的能力。正是这一"建构力"，使得其视听引导出发点紧紧围绕着"被建构"完型后而"被推介"的"共同价值观"。其预设的目标，是将其受众个体或群体塑造成"理性的公民"。但是，针对"国际化传媒"的"新闻传播式话语"被赋予的这一功能，就引发了对其定义的"理性"的激烈讨论和争论。毕竟，"国际化传媒"的"新闻传播式话语"的覆盖力，已经不是对内或区域传媒系统所能匹敌的。因为任何对其话语体系触及的语言词汇的"言说"，都会受到"他类社会文化情境"的"过滤"或"抵制"。尽管这种"过滤"或"抵制"，不是其抵达的"社会文化情境"有意而为之，但围绕"情境"的文化心理屏障，在与另类的或他种"言说"的文本相遇时，更多的是"跨文化"般的"碰撞"与"冲击"效应，而非顺畅的"交融"结果。这样，虽然有研究者持悲观态度，但在已呈现的大众媒体传播科技发展的程度来看，"国际化传媒"具有的传播优势，已经在将其建立的"新闻传播式话语"体系的运用中，达到了"与时俱进"的积极态势。"言说文本"的设计与传送方式，都为突破存在于各类"社会文化情境"间的心理屏障提供了更加有效地展示其作为主体位置的"共同价值观"。

总之，"国际化新闻传播话语"为完成其承担的呈现"传播源"主体位置的任务之一，通过其秉持的传播理念为前提，按照新闻传播原理规范的标准，对所采用的"符号"表意进行专业意义上的"重组"。从而，引导公众顺应再构的"符号系统"产生的"言说文本"，来接受"分享"的"共同体"而将自身的认知体验纳入一致"被告知"和"被解读"的"共同价值观"。同时,为了使得"共享"的"言说"持续与公众认可的"真实"紧密相连,"国际化新闻传播话语"的建构力再次"被发挥"其作用,经过对源自"社会文化情境"现实存在本体的一系列提炼,完型于大众媒体传播系统依赖的声像文本"言说体"。从而,使得令公众充当参照物的"虚拟环境",在虚实之间引导着视听。尽管不可避免地会遭遇同"传播源"有差异的它类"社会文化情境"的跨文化心理屏障,但"国际化传媒"借助于其已经建立的"国际化新闻传播话语"言说力,加之对其所使用语言上升到诠释"国际关系"变换的驾驭能力,其突破这类跨文化传播心理屏障的有效运作,伴以大众传播技术的加强,都成为"国际化新闻传播话语"所承担的体现"传播源"主体位置的任务,得以相当顺利实现的合力。

(二)国际化新闻传播话语的任务之二
——展示"传播源"的固守立场

实现某种说服

"我们的社会,甚至社会的主客体关系都是话语建构的产物。尤其是知识和真理,也是话语所生产出来的,因此,真实只是在一定的框架、结构和系统内才正确,因为它只是这一套话语内部逻辑的产物,在此之外就不能被理解。"

——陈力丹 易正林《传播学关键词》第76页

"传播"的最初缘起是因为"交流"形成的结果,而发展到当下与人们生活纠缠在一起的"大众传播",只是"交流"的形态由"面对面"的对等情绪"你来我往",化为"传播源"占主导位置的"我说你听"(抑或是"我播你收")的"告知"与"接受"间的不确定"交流"。而这类"传播源"开始运用"国际化"的语言诸如英语,试图"告知"更广泛的人群乃至"全球化"的受众群时,其为了"交流"而"准备的"任何"告知"文本体,就"被赋予"了具有按照"传播源"所选"位置"而准备和设计的所有内容。这些看似按序"排列"后的"事实"、按时段和人群年龄段"播出"的"故事化"叙说,都或直接或间接地向"世界格局"展示着"传播源"固守的"立场"。这就触及了"国际化传媒"建构的新闻传播式话语被承受的展示"传播源"固守立场的第二个任务。

在以令人信服地接受为终极目的的当今大众传播生态里，愈是可以让受众自然而然地"心悦诚服"地"接受"源自传媒的"言说"，愈是需要在体现"交流"的"掏心掏肺"的实质时，加以实现之的理念来辅佐相应的技术。可以说，大众传播的"言说"是在简单地显示为"不停地'说'"，但"怎么'说'"却是促使大众传播系统必须面对和建立只满足其自身需求的一定技能的前提。在大众传播以适应"全球化"建立的"新新闻主义生态"里，应运而生的"国际化传媒"在面对既定的"国际化"受众的那一刻起，就必然会努力建构起一套"有组织的"且"有设计的"语言"符号化言说"系统，从而使得原本是对"文化价值观"的"交流"与"传播"，转化成以样貌为吸引受众眼球的"色彩缤纷"节目单，来承载和尽力达成"技术决定论"阐明的"传播技术决定了社会结构"的任务，形成对"传播源"传送的"社会文化价值观"的推介，最终达到树立一个"共同的集体表征"，并"维系起一个文化系统"的目标。

然而，不能忽视的一点是：大众媒体"传播源"诸如试图达成"全球化"传播的"国际化传媒"，在向涵盖各类"社会文化情境"板块的"世界格局"里传送"言说叙述文本体"时，必须面临这样的挑战：一是其与"世界格局"里的"现实"之关系；二是其表现的传播行为；三是其对自身传播参与者的预设态度。不能回避的是，这三个挑战是决定"国际化"大众媒体传播系统预期的有效"全球化"传播的"成"与"败"的关键因素。

1. **"国际化传媒"的"言说"与"世界格局"里的"现实"之关系**

这一关系针对"国际化传媒"作为"传播源"的"言说"，是对其推介的"文化价值观"及其依存的"社会文化情境"是简单地"反映"，还是大众传播意义上的"艺术化"地"再现"？抑或是顾及双方的"互构"？更或是"自我价值为中心"的"单向"灌输？

在当今"全球化"形成的"文化传播生态"里，尤以"新新闻主义"同"亲近性新闻学"被结合并广泛运用后，其产生了以强势视听引导力传播效应主控着"世界格局"里的意识流。毕竟，前者倡导的"小说化"带来的"有声有色"般的故事叙述吸引力，和后者发展的"平民化"呈现的"生活纪实"般的原生态展示表现冲击力，使得处于"世界格局"里的各类"板块"情境化公众，都被传送来的"人本"色彩具有极浓的"言说"所牵引，而忽略了"言说文本"自身"被赋予"的"内涵"。

然而，久而久之，与"传播源"立足和推介的"文化价值观"有差异的"板块"情境化了的接收接受群，就会意识到自身与"传播源"的关系并非是"对等"的"交流"关系，却是"传播源"以主导人的角色，在"告知"作为从属位置的接收群。这种"被告知"的"受引导"心理一旦被唤醒，就会使得处在"传播源"与"受众群"所立足"社会文化情境"间的"跨文化传播屏障"功能被启动，从而形成一系列的质疑、对抗和拒绝的效应，进而导致"传播源"预设的传播任务难以完成。

要使"国际化传媒"作为"传播源"所预设的传播效果得以达成，就必须使其建构的"新闻化话语"面对两个关键方面，即：第一，"意义"的"形成"；第二，"理解"的"达成"。这两个方面触及"国际化"新闻传播层面上的对传播设定为一种使"被传送"的"意义"得以"被协商"和"被交换"的"过程"。在这一过程里，"传播源"运用建构的"新闻化话语"，来向"世界格局"里各类"板块"上的"文化中人"进行定性为只是完型了的"真实"的"信息"的"言说"。自然，这是理论上对这类传媒运作最简洁地线条化勾勒。在实际的操作过程里，就是一个"牵一发动千钧"的纷繁系统工程了。

第一，关于"意义"的"形成"。从新闻传播理论角度（Fiske，1984）来分析，任何经过大众传播系统"被传送"的"意义"的形成，其实是一个"建构过程"。在其中既有第一步的"传送"与"接收"，又必须有对"接收"的"言说"的理解后的"接受"效果。这就使得如"国际化英语传媒"般的"传播源"建立的"新闻传播式话语"，必须经历新闻传播学意义上的"结构主义"原理的洗礼。这一原理所聚焦的是"被传送"的"意义"得以"被建构"的三个元素之间的关系，即：一是"国际新闻传播化话语"同"文本及其符号与符码"的关系；二是"国际新闻传播化话语"同其"受众立足的情境依据的运行符号与符码"的关系；三是"国际化"新闻传播话语同其"受众所涉'外在真实'之意识"的关系。

作为担任主体角色的"传播源"，"国际化传媒"在建构自身需要的"新闻传播式话语"体系的过程中，所能触及的各类"社会文化情境"的运行所依据的规范、条例、标准级习俗等，都是"意义"得以生成和"被诠释"地接受的基本因素。以"国际化英语传媒"为例，其在编织具有"全球化"视听引导力的"国际化新闻传播话语"的过程里，不是简单地对英语语言加以运用，并附带对英语为母语的社会文化政体的运作方式进行稍加理解即可。毕竟，话语是处在句子之上甚至长于句子的语言单位。这也强调了"说话听声"的深刻所在。所以，"传播源"必须顾及如何在运用自身所立足的"板块"般"社会文化情境"上运用的符号符码的前提下，在更加细致地研究和分析其预设覆盖的它类"板块"自身所依赖的"那些"符号化了的"文化符码"对其自身"情境"有效运转的缘由与解释。

正是如此，在借力于"新新闻主义"原理及"亲近性新闻学"理念相交融后的"心文"（Lin, 2002）后，将"传播源"作为建构"国际化新闻传播话语"体系的母体的自身"言说文本"所依据的"符号符码"，用人类最基本的"吃喝拉撒睡"构成的"人本"理念为"黏合剂"，将传送预设覆盖的它类"板块"的"符号符码"有选择地胶着在一起，再通过"声像文本"的"言说"特点，将其"混合体"有声有色地"呈现"到"世界格局"里的"公共空间"里。

第二，关于"理解"的"达成"。与此同时，在"全球化"浪潮的冲击下，"世界格局"里的任何"社会文化情境"尽管以各自相对独立的"板块"样貌运行着，但已存在其中的民众也是"与时俱进"的产物。尤其是当以"西方板块"为营地的国际强势媒体传播源的冲击力日益强化后，所有"板块"中的知识分子都意识到了大众传播对"本土文化"所带来的冲击或颠覆。进而，对于"国际化传媒"而言，其预设的"受众群"并非单纯的青少年，亦绝非完全可被操控的"提线木偶"。在这种态势下，就目前仍颇具国际视听引导力的"国际化英语传媒"体系而言，也开始了对各自运用的"新闻传播式话语"进行修正，因为受众群立足的"板块"所采用的"言说文本"在同"传播源"传送来的"言说板块"相遇后，两者间的"差异"就会自然显现。这种效果就是新闻传播学意义上的"外在真实"（同上）。

面对如此的现实，努力达成"全球化"传播的"国际化传媒"体系就必然需选择一种独特的修辞方法，也就是新闻传播学层面上的"影响策略"。只是在探究其建构和运用的"新闻化话语"时，"修辞方法"显得更单纯学术一些，而"影响策略"更具战场硝烟的味道。但是，不能否认的是：一旦大众传播系统开始"发声"，就意味着"言说"的开始，也就是其行使自身具有的"话语权"的时候。这时，所有"被传送"的"信息"，以"言说文本"为载体，向处在"世界格局"里的"公共空间"中的"公众"亦即"受众"施加"影响"，在凸显"传播源"所据立场的同时，来婉转地改变受众驾驭其言行举止的"理念"，也就是其所立足的"板块"运转所依赖的"文化价值观"。

2. "国际化传媒"的"展示"所表现的传播行为

这一行为是特指"国际化传媒"作为"传播源"的"展示"，是一个职业领域的运转行动和介绍过程，还是运用"已被组织化"的"符号"推进的"交流"？抑或是试图覆盖"世界格局"里所有"板块"的"文化建构"？尤其是对同"传播源"自身有差异的"板块"的"文化建构"？

运行中的"国际化传媒"体系，任由其建构的"新闻传播式话语"系统活跃地行使着其功能。这一功能最为直接的表现，是透过"被传送"的"言说文本"叙说的"分析"、"定性"、"批评"和"赞誉"的选择，也就是表面上接收者感到的、对"被聚焦的"新闻条目中触及的"事实"，完成特定的"价值判断"。可见，与为自身立足的"社会文化情境"里的"受众"，强化族群认同的"文化价值观"的"对内传播"般媒体相比，"国际化传媒"所运用的"言说文本"，就是极具由"跨文化传播"元素形成的"跨越"与"闯进"的成分建构了。这就突出了"被告知"所带来的"强加"效果。自然，这种效果同"枪炮"相比，还是颇为隐含的。究其原因，是由于为了达成"全球化"传播的"国际化新闻传播话语"系统的"传播行为"，巧妙地融合了"新新闻主义"的"小说故事化"与"亲近性新闻学"的"平民人本化"的特质，建立了一套完整的传播行为，即："'纯粹的事实' + '必要的戏剧化'"（Sfez，1993）。

显然，大众媒体传播系统带给公众的所有感受，且撇开任何"是"与"非"以及按照意识形态划分出的"黑"与"白"，都会要么是或多或少地引出"同情的"泪水或"无奈般"的"一声叹息"，要么是或深或浅地激发出"大爱般"的"热情"或"大恨似"的"敌意"。追根溯源，都是这"必要的戏剧化"与"纯粹的事实"间相互作用的效应体现。进而，"国际化新闻传播话语"在"传播源"形式的传送行为的规约下，以充满色彩的"戏剧"情节，辅以冷冰冰的"事实"存在，传输到公众脑海里的是"这一个"不可置否的"有理有据"，也就顺势而上地引导公众开始对自身立足的"社会文化情境"里的相应"事实"加以审视和评判。由此，达成了"国际化传媒"体系所设计的"言说文本体"应当体现的"展示"行为，即：隐含"事实" + 强化"烘托晕轮" = 客观性戏剧引导。

3. "国际化传媒"的"策略"对自身传播参与者的预设态度

这一态度意指"国际化传媒"作为"传播源"的"策略",是设计出有效的"交流"技巧,足以令参与的受众加倍地"被催眠",还是引导其尽快地以"被唤醒"的名义而"被洗脑"?自然,以哪一"文化价值观"的标尺来测衡"被催眠"或"被唤醒",又是一个对"国际化传媒"类的大众媒体传播系统得以达成有效"国际化传播"更具挑战性和毁灭性的议题。

就目前现存并已建立起相对"全球化"视听引导力的"国际化传媒"系统来看,其传播"策略"的出发点就是完成对"他们"的"说服"。当然,不能否认的事实是:国内传媒的任务也是持续地说服本族公众来坚守自身的"文化价值观"和保住"社会文化情境"运转的底线。但是,当大众媒体传播系统跨越其立足的"社会文化情境"后,开始向多元化"情境"输出"信息化"新闻式"言说文本"时,就有了其之所以如此运转的"预设态度"来支撑了。因为其还是"传媒",所以,其自身固有的态度本质已然是"试图"去"说服"。对于从事"全球化"传播的"国际化传媒"系统而言,一如既往地进行"信息"的"传送"是本分。但是,其所能指向的"受众群",因为有益于自身"情境"内的"公民",加之所"传送"的"信息"以"言说文本"的样貌进入"国际公共话语空间",就凸显了对其自身传播的参与者(亦为"受众"或"国际化公众")的预设态度,即:"说服'他们'"。

不能否认的是,作为"传媒"进行的大众传播运作,无论是"国内"还是"国际"层次的传送,都具备其"工具性"和"终极性"(Dewey,1997)。正是这两个特性,使得"国内"或"国际"民众都不完全拒绝来自"传媒"的"输入"言论:

一是其"工具性",引导民众感受到自身是在有"意义"地"生活",原本不同的族群和文化情境间通过大众传播建立的"交流"渠道,使得相当多的"意义"被加强、加深和加固。从这一层面上,小到演艺明星体育干将,大到一国之君外国总统,都有了在"国际公共话语空间"里"被解释"和"被赋予"各自"意义"的位置,成为"世界格局"中公民"共享"的"言说文本"解读体。

二是其固有的"终极性",使个体的"人"在获得了"传媒"提供的"意义"后,就拥有了可以去"分享"之的"话语空间",而成为群体的一员。进而,开始共同建立可相互认同的一切价值标准和规范化的言行举止，从而，完成一个对"社会"建立的过程并可永远依附在这一框架之中。

但是，在此以运用英语语言进行"国际化"言说的媒体系统为例，就可提示这样一个"意义"生成的存在事实，即：当仍是可被视为"传媒"的"国际化传媒"，尤其是以运用高"国际化"使用率的英语语言的"国际化英语传媒"系统所固有的"工具性"和"终极性"，在自然而然地凸显其各自的功能时，就会引出一系列的问题和难题，即：英语语言自身的"语义"、"修辞"及产生的"语境"是"国际化"的吗？"国际化英语传媒"使用的"英语语言"，还是英语语言本身吗？尤其是当英语语言成为适合大众媒体的"新闻传播式英语"，特别是其"被建构"成一整套只适合于某一"国际化英语传媒"系统使用的"新闻传播式话语"后，母语为英语的受众，还能听懂其传送的"言说文本"吗？母语为非英语的受众，即便自认为掌握了自己的第一外语英语语言的听说读写，就真能解读出蕴含在由"国际化英语传媒"提供的、按照其建立的"英语新闻传播式话语"编织的"言说文本"的内涵吗？

若只是对这类"言说文本"展示出的"新闻条目"里的"事件"或"事实"，也就是"事儿"或"人儿"，"故事"中"情节演变"或"人物关系"，也就是"情"与"理"获得一定的认识与理解，还是绝对没有问题的，甚至还会生成国际化公众已所理解的部分，来与自身立足的本土化"社会文化情境"进行"参照般"或"比较式"的联系。从而，进行适当的"学以致用"。形成如此看似有效的传播结果，完全是因"国际化新闻传播话语"的"被设计"、"被建构"和"被运用"的出发点，就是努力让处于他类"社会文化情境"里的接收者感到"易懂"和"易学"。但在这种理念的背后，是对"言说文本"里的涵盖部分"被赋予"引导力的精心设计和符号排序。

此处的"精心设计"，是对预备"被传送"的"信息"分类的设计，也就是新闻传播学理论中的"传递观"。这一解释是指对"信息"的传送，是为了达成对其抵达的区域进行控制的目的。而"控制"的力量一旦超出其自身的"社会文化情境"，与所"被传送"的"信息"抵达目的地后就会衍生出其具有的能量。这时，对于今天的"世界格局"里的各类"板块"而言，更多的是每条"信息"都会触及各自眼中存在并解读的"国际关系"的神经，从而，生发各种影响世界格局现存外交关系的"张"与"弛"的"较量"缘由来。毕竟，"被传送"的

"信息"依附在"国际化新闻传播话语"之中，所牵涉的"人儿"与"事儿"都是实在的存在体，直接影响到各类受众视听，但是，还未进入感受层次的认知体。

但是，"国际化传媒"的"信息"传送运行方式，不仅仅是对于具体的"事实"的直接呈现，还具有能够牢牢吸引住接收者关注度，并促使其回味的独特符号排序，这就是与"传递观"相辅相成的"仪式观"。这种定位，是指"传媒"的"信息"传送流程"以团体或共同的身份定位，把受众吸引到一起的典礼"（Carey，2005，第 4 页）。在此种典礼的氛围中，"被传送"的"信息"承载的"新闻"，已经被演化为"戏剧"。其形成的"氛围"犹如虚幻的舞台，引发接收者产生假定的、可替代的社会角色，并亲力亲为地加入其中展开自身的"表演"部分。

形成如此的结果，可以说是任何大众媒体传播系统之"告知"过程期许的最高境界。只有接收者在心理层面上产生如此的"身为一部分"的参与感，他们才能真正理解和体验这一传播过程提供过的所有"信息"内容，并自然而然、心甘情愿地融进这一"被呈现"的"符号排序"中。由此，也就转变为接受者了。而这一"排序"，就是"国际化新闻传播话语"通过融合情节丰富曲折的"小说体"叙述，借助同实地记录的"平民化"经历呈现的原理，所达成的"新闻式"话语叙事化社会秩序。在这一"秩序"里，接收者走心地扮演着自身设定的角色，消化着"被告知"的"台词"（亦即"新闻传播式话语叙述体"），从而担任促成"国际化新闻传播话语"，来完成"国际化传媒"对预设国际化公众加以巧妙"说服"的"策略"的推手。进而，完成将"异己"类"社会文化情境"，以最软化的"言说"方式"说服"其转变为"共同"分享"价值体系"成员之一的任务。

（三）国际化新闻传播话语的任务之三
——保持和发展"传播源"的"联盟"与"结盟"

当预设"被传送"的"言说文本体"，能形成"全球化"覆盖的传播效应后，其呈现的样貌，是"世界格局"里的各类"板块化"公众在"分享"相同的"声像化"媒体传播产品。但是，这些"产品"具有的"说服"功能，从接收接受者的认知体系上，为其建构一个心理与情感附着的"虚拟情境空间"，也就是"认知空间"的视界区域在人们言行举止上的具体表现结果。这时的"世界格局"里的各类"板块"，在地理位置上已然如初、民众的肤色及语言还是照旧。然而，

"喜怒哀乐"及"表达导向",却与"传播源"提供的"产品化"言说文本如出一辙。这就是"国际化新闻传播话语"在完成其第二个任务展示"传播源"的固守立场后所实现的预期"说服"结果。

完成这一任务所达到的"说服"任务后,尽管在引导接收接受者认知风格层面上有了最具体的表现,但是,能够持续维护并强化这种"被说服"后的"心悦诚服"般的"接受"态势,"国际化新闻传播话语"还需实现其被赋予的第三个任务,即:保持和发展"传播源"的联盟与结盟。

在"国际关系"理论的解释中,"联盟"与"结盟"都是特指一定政体组成的"国家"或"政权"间的"权力"互相联合,以及这种联合体在国际政治、经济、文化与军事各方面保持思路和行动一致的存在。而在大众媒体传播角度来看,是指通过"传播源"的"言说文本"提供的"议程设置"而形成的"拟态环境",由"被告知"的接收接受群接纳后的"分享"效果体现的"言行一致"心理态势。这种"一致"尽管是通过最常见的"言行举止"呈现的,但是,当被冠以"一致"后,就有了最不可忽视的"世界格局"里各类"板块"在社会文化价值观上的"统一性"(togetherness)(Williams,1976,第73-74页)。但是,必须强调的是:即便是达成了如此的"统一性",也还只是依赖于"向空中说"后的效果体现,并非是保证在需要时可以即刻在"世界格局"里各类"板块"间转成"统一化"行为的表现。要达到高度实体般的"统一化"存在,国际化"传媒"的"言说"任务还需继续"被执行"。这一过程需要经历如此的步骤:

一是宏观心理层面上从"跨文化话语濡化乌托邦框架"到"跨文化理念濡化社区共同体"的建构;二是中观存在层次上从"跨文化新闻叙事话语言说体"到"跨文化身份认同话语拟态情境";三是微观个体认知起点处从"跨文化共存聚合话语倾听者"到"跨文化适应转化话语协调人"。

1. 宏观心理层面上俯瞰——从"跨文化话语濡化乌托邦框架"到"跨文化理念濡化话语社区共同体"的建构

由于"国际化新闻传播话语"是借助语言要素"发声"后形成的"言说文本",所以,这类话语的本质并不是被误解的一般纯语言学含义上元素的体现,而是同"观点化框架"紧密相关的载体。所以,此时其继续为完成"被赋予"的任务而体现的功能,就是强化将"观点化框架"转化为"引领化理念"的过程。触及术语"同盟"与"联盟"形成的国际社会关系内涵，尤其是试图运用国际化"传媒"的话语言说效果建构的"共同价值体"，与达到能够随时随地与其"同步行动"的"共同价值体"，还是有一定距离的。

在当今"全球化"的"世界格局"里，可共同行动的后者已经超越了仍处在"被言说"层次的前者。前者仍是"虚拟化"的"媒体传播产品"的抵达目的地，而后者已经转变为"媒体传播产品"的一部分。就具有"全球化"视听引导力的"国际化英语传媒"输出的"新闻传播式话语言说体"而言，在其达至所预设的"社会文化情境"后，对于"被言说"的"受众"来说，还只是一种"跨文化话语濡化乌托邦框架"。这种言说文本呈现的框架，是由英国文艺理论家 Charles Ogden 及 I. Richards 对瑞士语言学家 Ferdinand de Saussure 的超越了语言而涉及认知领域的符号理论加以发展后形成的"语义三角"的体现。进而，这个框架以不间断"被传送"的"国际化"了的"新闻式"英语语言叙述为样貌，而将最终抵及的"认知主体"与所"被框架化组织排序"的"符号"、"指称意义"联系为一个整体，使得"被预设"在"国际化新闻传播话语"框架里的"意义"，必须经由"指称对象"（亦即现称为"认知主体"）的作用后，才会生成"被期待"的"影响"。这就使已"被传送"的任何结构严谨细致的"新闻传播式话语化"言说所呈现的"话语乌托邦框架"，都得向突破了仅仅是语义化"意象体"的"跨文化理念濡化话语社区共同体"转变。尽管"跨文化话语濡化乌托邦框架"在"被建构"的过程里，已经"被赋予"了"国际化新闻传播话语"赖以生成的"跨文化语言传播"要素，但还未成为"意义"滋生的实体，即："跨文化理念濡化话语社区共同体"。

虽然这一实体也是"符号化"的，但却是以"接收接受者群"为主体而存在的"理念化"共同分享的"社区"，也就是具有生命意义的价值观得以存活与繁衍的"社区"。为达成"国际化传媒"追求的如此最高级别的宏观心理层面言说意义，"国际化新闻传播话语"的符号化语言的使用，都是采用了策略化的"转意"方式。例如：当具体的英语语言词汇"Industrial policy"出现在由"美国有线电视新闻网"（CNN）及"福克斯新闻网"（FOX News）时，其真正预设的表达所指是"In the United States, supporting the Military-industrial complex."（Herman，1992，第146页）。如此这般对语言的"双重表义"设计，如果没有长期"滴水穿石"般的"濡化"过程，任何英语为母语和非母语的受众，如果不是

"国际化英语传媒"体系里运用其建构的"新闻传播式话语"系统的从业人员，都是不可能从这一词汇的原始意义参透到其"被赋予"的特指表义。

所以，当"国际化新闻传播话语"完成了最基本的"说服"任务后，要达成"被说服"的处于他类"社会文化情境"里的"受众群"，转化为"同心同德"的"联盟"或"同盟"成员，第三个任务的这最关键一步的完成是前提。

2. 中观存在层次上审视——从"跨文化新闻叙事话语言说体"到"跨文化身份认同话语拟态情境"

按照"话语"本身固有的言说特性，大众传媒以新闻传播职业特质设计的话语体系，不仅是这一"言说"功能专业化，且其具有任何"言说文本"都不可比拟的"权力"。这种"权力"的最不可抗拒的力量，是源自其对受众的视听进行有某种目的的引导，从而使得受众或群体的认知结构被建设、认知风格被塑造，以及人之导向被固化。但是，当"大众传媒"向"国际化传媒"转变时，除了在传播定向及目标受众定位上，表现为跨越自身所立足的"社会文化情境"外，接踵而来的是最为关键的、符合这一"国际化"传送定位的一整套"新闻传播式话语"的"跨文化传播"视野的建构。

就在"国际化"大众媒体传播系统里占主导位置的"国际化传媒"而言，在努力筛选和重新赋予英语语言词汇以能够产生跨越他种"社会文化情境"的表义基础上，还需要对这些具有"符号"内涵意义的语言词汇，加以既可引发"说服"效果，又可产生"叙事"共鸣的"排序"。进而，一整套适合"国际化传媒"表述的"新闻式"话语框架得以完型。在传送既定的意义给既定的"社会文化情境"里的目标受众时，形成可阅读理解式的"跨文化新闻叙事话语言说体"，亦可视其为一种"言论解释体"。

但是，同一般日常生活里的人际传播过程里形成的"面对面"的"言论"不同，由"国际化传媒"输送的"新闻传播式话语"框架，是可以随着其抵达目标受众过程的展开，而可以由目标受众本身往其中添加"意义"的互动过程，这一过程，令看似单纯的传媒话语框架具有了呈现"时空"交叠的"公共话语空间"，也就是令受众思维发散后构成的"意象化"虚拟生态。在这一生态里，由"国际化新闻传播话语"呈现的"纯粹的事实"，在"必要的戏剧"产生的"舞台化"晕轮中，"被告知"受众的"自我认知身份"得到塑造，即便受众自身意识到这一心理反射，只是伴随接收到的"话语"形成的，但仍是进行着或长或短时间的"角色担当"，从而，形成"心理暗示"般的"本土身份"与"跨文化话语身份"间的交替担任。而随着"传媒"特有的持续不断的"暗示"与"明示"的引领，这一本是术语由"国际化新闻传播话语"言说文本词汇语意塑造的"角色"，最终成为心理上根深蒂固的"这一个"，由此也就取代了完型于自身本土文化情境的"那一个"。

就其能够形成如此强大文化身份塑造力的缘由，还是会触及超越了语言本身的"话语"具有生成"意象化"了的"语境"的功能。只有当"国际化新闻传播话语"传送的"信息"在"被赋予"的"意义"附着到"被告知"受众的"角色"扮演"舞台"上后，就会转化所有的"意象"为"被期待"的"语境"。从而使得依赖于语境的"意义的决定"，开始与身处这一"语境"的受众互动，产生相应的"意义"。这个"意义"形成的"诠释体"，引导受众意识到原始"自我"转变为"第三人效果"的存在。从而，形成一个"他者"对"国际化新闻传播话语"言说文本塑造的"角色"的"镜像化"辉映。在这一过程里，由言说"晕轮效应"包裹的受众认知体系，只能是以附和话语言论的解释引导，来接受随众的标签而接纳相对原始身份而言是崭新的"角色"所处"语境"带来的"跨文化身份认同"。

在语言"被重组"后形成的"国际化新闻传播话语"语义后，这种对受众"认知风格"的引领和塑造，是只属于"话语"的。例如：在英语语言中的"民主"一词。其被"西方"媒体使用的频率是最高的特有语言元素之一。但是，当其被解析后，就会出现其完全超越作为语言词汇表意的所有范畴，且达到了根本无法令普通民众能够意识到的"言说"、"表述"与"引领"作用。根据美国新闻传播领域对这一词汇表意的定位解释，可以感受到其具有的话语言说威力：

Democracy

A system that allows the people to vote for their leaders from among a set cleared by the political investment community. In application to the Third World, it means rule by an elite that understands our interests and needs.

——Herman, 1992, Beyond Hypocrisy, p. 131.

可见，当任何民众在使用英语语言时，按自以为再熟悉不过的"Democracy"这一词汇来表达时，还是不能以如此的表意来叙述，只能是按照此词汇原本的意义，来加以进行"误解上的误解"建构自身的认知体系。

这一词汇提供的例子，具体地呈现了为何具有"全球化"视听引导力的"国际化新闻传播话语"言说体系，能够被"政党"及"精英集团"大张旗鼓地运用的缘由所在。更可显示出"被言说"的接受接受群作为其"目标受众"，大多集中在那些"会英语"的"知识分子"群体上的理由所在了。

3. 微观个体认知起点处——从"跨文化共存聚合话语倾听者"到"跨文化适应转化话语协调人"

在大众媒体传播进行"新闻式"的"信息"传送运转所需每一环节里，任何的设计都是为了最终端的"意义"附着点，即：个体的国际化公众。这一作为其预设受众的"个体"，却与一般意义上的大众媒体传播体系里的"受众"有着不可相提并论的位置，但是，大多时人们还是混淆了两者的地位。由于"国际化新闻传播话语"言说体的既定受众化个体，是处在与作为"传播源"的"国际化传媒"所立足的"社会文化情境"里的个体不同的"认知体"。这样，在其接受来自"国际化传媒"提供的"信息"时，"跨文化屏障"形成的挑战使得受众化"个体"与"传播源"双方，都必须设计出能够超越这一挑战的"言说"方式与"接受"状况。尤其是在整个的"传送"过程里，"传播源"必须意识到作为受众化的"个体"，对"信息"言说文本触及的"议题"具有"对倾向的需求"。

这一"需求"令具有"议程设置"功能的"传播源"可以预设到一定的因其设置带来的效果。就目前所有试图达成"国际化"传播效应的"传媒"而言，由"个体"的倾向需求决定"议程设置"效果的关键因素是"主题差异"。一方面表现为对受众化"个体"而言，是"被告知"的"内容"，即："被告知"的"信息"所涵盖的"主题"同抵达的"社会文化情境"的相关度，另一方面表现为"被聚焦"的"主题"对"个体"及其"情境"产生的影响大小。这两个方面，是决定国际化"传媒"能否形成"成"或"败"的"跨文化传播"的关键。由此引出"国际化英语传媒"在设计建构和运用其自身的"新闻话语"系统来传送既定"信息"时，就必须顾及到选择符合大部分目标受众个体"需求"的"主题"。毕竟，"国际化新闻传播话语"言说文本体的建构，是提供给作为"跨文化共存聚合话语倾听者"的受众化个体。

当由"国际化新闻传播话语"承载的"表述体"对其既定的受众个体"发声"时，在受众个体心目中，"传播源"是带着某种目的展开其"言说"的，更是明了了自身的定位是"被告知"了的"边缘化"群体成员。这种心态，就是"传播源"在选择聚焦"主题"时及对其进行"话语化"加工时，都必须考虑进整个过程中的。如果"传播源"只是为了单纯"传送"自身选定的"主题"而进行"自说自话"时，就会使目标受众个体产生"果断性分离"的"跨文化互动规避"的结果，毕竟，既定目标受众个体能够清楚地感受到"传播源"将自身置于"居高临下"的"主体位置"。受众个体的"被告知"感受引发清晰地"被洗脑"的心理反射，从而完全拒绝任何的"信息化"言说体的呈现。

而为了规避如此的失败传播效应的形成，"国际化新闻传播话语"在承载相应的"言说文本"时，已经意识到必须朝着符合既定目标受众个人作为"跨文化共存聚合话语倾听者"所期许的"文化共存"与"文化聚合"的心理需求。在这一前提下，经"国际化传媒"设计为其需要的"新闻话语"言说后，就会形成对其而言是"积极的"传播效应。这一效应，使得作为"跨文化共存聚合话语倾听者"的既定目标受众个体转化为"跨文化适应转化话语协调人"。

例如，当英语语言里的词汇"Advisers"出现在"国际化新闻传播话语"言说文本体后，其自身业已被普通民众熟知的原始含义，已经被转化为以下的"内涵"：

Advisers：

Members of our armed forces deployed in another country at the request of its legitimate government solely for training purposes and scrupulously avoiding combat activities.

——Herman，1992，p. 115.

这一词汇在被转化为"国际化新闻传播话语"后，最关键的"变型"是其"被赋予"的"特指"，即："our armed forces"。毕竟，对于一般使用英语语言的任何不同民众个体，都不会意识到出现在"国际化传媒"提供的"新闻条目"里出现的"advisers"，已经具有的只是"政府智库"及"国际化传媒"高层从业人员诸如总编等才会明了的"特定"内涵。

三、国际化新闻传播话语的目的

在"全球化"促成的媒体传播的"新新闻生态"里,"国际化传媒"的运作,是通过对所选择的"事实"加以"新闻化"制作后,完成对其进行"国际化"传播的"告知"过程。为了最为有效地对这一过程传送的"新闻式"信息言说文本向其预设的"目标受众群"进行推介,就需要对其使用的"国际化新闻传播话语"赋予既定达到的目的,从而实现其预期的传播效果。

那么,以尽量覆盖"世界格局"里各类"社会文化情境"的"国际化传媒"系统,在以告知国际化新闻传播式"事实"的名义展开传送过程前,希冀达到的目的及实现的传播效果又是什么呢?又能如何被解读和分析呢?

为了系统化地剖析其运用"国际化新闻传播话语"体系达到的言说目的,以及其预设在这一目的的基础之上实现的传播效果,本书从以下几个方面展开探究:一是其抵及区域的定性,即:国际化新闻传播公共话语空间;二是其达成的言说效力,即:营造国际社会公共事务的舆论;三是其得以持续"告知"所选新闻化"事实"的效果,即:建构"国际化新闻传播话语权"操控的"议程设置"。

(一)"国际化新闻传播话语"抵及区域的定性
——国际化新闻传播公共话语空间

对于"国际化传媒"依托"国际化新闻传播"渠道传送的新闻化"事实"预设达至的区域,是介乎存在于"世界格局"里的各类"板块"上的"国家政体"和"社会文化情境"间的"国际公共话语领域"。这一领域所具有的内涵,是依据对德国哲学家 Juergen Habermas 提出的"公共领域"的国际化层次的提升而形成的。由于从其原本只是覆盖自身国家与社会范畴的微观态势,被扩大至外延为全球范围的视域,而变得直接触及"国际化新闻传播话语"借助"国际化传媒"言说表述覆盖的各类"国家政体"与"社会文化情境"了。

同"公共领域"自身为"沙龙"、"俱乐部"及"广场"式的原始本体形成的"面对面"人际交流相比,完全由现代大众传播技术及其言说文本"被传送"而运作的"传媒"系统发展成的公共信息汇聚区域,就是"国际化新闻传播公共话语空间"了。虽然后者不再呈现如前者般形成的"人头攒动"的"广场集会"

场面，但是，其仍保留的"公共性"作为唯一特性，仍是担当着存在于公共权力与私人间的过渡点的作用。只是，由"国际公共新闻话语空间"牵涉出的"公共权力"和所指的"私人"已经有了全新的解释与定位。也正是因为"国际化传媒"系统建构和运用的"国际化新闻传播话语"的覆盖，使得这两个元素所具有的崭新内涵，完成了对这一"被覆盖"领域的"国际化"定性。

从而，"国际化新闻传播话语"就显现了其"被赋予"所承担的目的之一：建立"国际化新闻传播公共话语空间"，以使原本是"公共领域"里的"私人"和"公共权力"被转化为适合这一新的"空间"的"国际化"接收接受者，及"被传送"的"世界格局"所关注的"国际社会公共事务"触及的"国际'政府'公共权力"。

1. "国际化新闻传播话语空间"与"国际化"新闻传播受众

当"国际化传媒"系统按照既定的运作理念，对其所选择的新闻式"事实"加以"符号化"组织后，形成以"国际化新闻传播"框架建构的"国际化"新闻传播言说文本体，而"被传送"进"国际化新闻传播公共话语空间"，从而与处在各类"社会文化情境"里的公众个体或群体相遇。就是这样一个基于大众传播原理展开的过程，使得原本只是接收接受来自各自本土传媒的国际化公众个体和群体，被新的也就是"国际化"的"新闻报道"所承载的"言说"所"告知"。这时的"言说文本"包括了要么令国际化公众"耳目一新"和"大开眼界"的"国际事件"，要么是令他们感到"莫名其妙"和"百思不得其解"的"世界时事评论"。一句话，所接收到的都是令他们感觉"远在天边"的"事儿"。即便是足以令其"津津乐道"的"新鲜事儿"，也只是"聊天儿"的"佐料"而已。

然而，"被运用"于"国际化传媒"言说的"国际化新闻传播话语"，在展开其"被赋予"的语义时，就会通过其在"纯粹的事实"本体上演化的"国际社会关注的主题"，来引导这类受众个体和群体同自身的利益紧密联系起来。从而，使得"被言说"的"事儿"有了着陆的"点"，形成引导国际化公众所感所受的反应心理链条，继而覆盖至这类受众所在的整个"情境"当中。

就目前按照能达到其预设传播效果的"国际化英语传媒"系统，在为达到这一目的而运用的"国际化英语新闻传播话语"来看，能够将狭隘的小群体利益转化为"国际公民共同利益"的英语语言词汇，是逐渐被今天的"世界格局"里大部分不同"板块"所接受的，诸如：

Humanitarian aid：

In international law，assistance designed strictly for alleviating human suffering and provided without discrimination among the civilians in an area of conflict；in U. S. practice in Nicaragua；any non‑military aid given exclusively to the mainly military personnel on the side we favor.

——Herman，1992，p. 145.

这一词汇在"国际化传媒"的"言说文本体"中经常被采用，自然，从其字面的表意来理解，完全是一般民众脑海里早已存在的"无条件的"、"博大的"、"超越国界"或"以人道主义为中心"的"感人行为"。但是，在"国际化新闻传播公共话语空间"里的隐形内涵，就完全是只用使用者才可"心领神会"的表达。但是，当"国际化"新闻传播的接收、接受者在源自"国际化传媒"的持续"告知"后，就会将这一词汇的原始含义附加到其所解读的新闻条目中。从而，完全误读了"真意"，也就在"被误导"中，逐渐建立起"援助者"的"崇高"来。就这一词汇在美国的大众传播系统里"被运用"的实际情况来看，就会显现出"国际化新闻传播话语"的"可塑性"是惊人的。

英语词汇 Humanitarian aid 在国际化英语新闻传播流程中"被运用"的真实状况（同上，第215页）：

U. S. support of the military junta in South Vietnam against Buddhist agitation in 1966 was explained as follow："American officials suggest that the strategy and aims of Thich Tri Quang［a leading Buddhist］are basically incompatible with the interests of the United States in Vietnam... and they do not feel that any government controlled by Tich Tri Qyang would be amenable to U. S. influence."

——Neil Sheehan，New York Times，April 11，1966.

"国际化英语传媒"系统如此持续地向"世界格局"里的"国际化英语新闻公共话语空间"传送这般具有"引导力"的言说文本，久而久之，就会形成对"国际化英语新闻传播"之接收接受者认知定位的彻底规约和固定。从而，完成其在这一"空间"里长久行使"话语权"的位置开拓和占据。但是，这只是"国际化新闻传播话语"体系具有的目的之一。在此基础上，更为重要的"目的"，是实现辅助持有这一"话语权"的"公共权力"背后的驾驭角色"国际政府"掌控的目的。

2. "国际化新闻传播话语空间"与"国际'政府'公共权力"

当经"国际化传媒"向"国际化新闻传播公共话语空间"传送的新闻化"事实"时，就是负载着其具有的"指代"发声的目的。这种"指代"，看似单纯呈现为处于"主体位置"的"传播源"，但实际上的控制力量却是源自其所立足的"社会文化情境"里的"执政政府"及"精英利益集团"。由于这两个决定性角色合力而成的"控制"，使得"国际化传媒"对"被选择"和"被新闻化"的"事实"传送，具有不可回避的"政治因素"。同时，各类精英集团形成的"利益链条"，也对这种"国际化新闻传播"具有了控制和限定。

但是，由大众媒体传播话语言说文本产生的"控制"与"限定"效应，并不是一般意义上的行政管理似的"公权力"被执行后的具体规约状况的显示，而是渗透在受众潜意识深处"调控"行为方式得以形成的"中枢核"。这一"中枢核"的运作，对个体或群体而言，就是一切言行举止被呈现方式的"指导思想"的所在。可见，能够形成如此操控效力的"公共权力"，是任何系统里的"政府"所期待和努力达成的。那么，面对这般具有几近理想化操控力的"公共权力"，最需要明示的不是其可能产生的巨大效果，而是其最终"为谁所有"的关键问题。

当"国际化传媒"在构建其需要的"新闻传播话语"系统时，就已经开始对其必须陈述的"言说文本"所牵涉的权力体系进行梳理了。这不是掌控"国际化传媒"的某一具体电台电视台报社等的董事长或总经理个人行政管理权或资产拥有权的行使，而是作为"媒体"系统"被保证"后得以运行的"无形力量"。这一力量，就是"国际化传媒"所支持与推介的"政体理念"及"精英阶层"所建构的"利益链条"联动的效应。

于是，在"国际化新闻传播话语"言说的"文本"被接收和被解读时，就有了这一"利益链条"所隐含的"共同利益"的生效结果。也就是其释放对受众视听所有引导力，形成了在"世界格局"里的"国际化新闻传播公共话语空间"发挥操控作用的"权力"。辅以其所具有的表述效果的覆盖，这一承载着"利益链条"具有的"共同利益"被持续推介和扩大，形成了国际化媒体传播"言说型"的"国际政府"般"公共化"控制权力。

以在目前立足于美国向"世界格局"输入"国际化"大众传播"信息"的传媒系统运作前提为例，规范其传播内容及导向的"权力"，就是由一个被称为"联邦传播委员会"（FCC）的机构所决定：

FCC：

A government agency regulating broadcasting, normally responsible for protecting the public interests; in reality, serving to create the illusion of government protection, while managing the steady encroachment of advertising and erosion of public interest programming.

——Herman, 1992, p. 138.

所以，表面上看，是具有"全球化"视听引动力的"国际化传媒"在"发声"，但实际上是已经驾驭着其有效运转的"政体理念"及"精英集团"在操控着"世界格局"里的"国际关系"态势。这一操控过程，在以最淡化最无形的新闻传播特有的"拟剧化"言说呈现方式，对"国际化传媒"推介的"共同利益"而言是异类的国际政治和经济制度，进行"被变革"和按其利益需要"被成型"的过程。最终，在经济"全球化"的社会生态里，建立一个符合这一"全球化"需要的"国际社会价值体系"。

3. "国际化新闻传播话语空间"与"国际社会价值体系"

语言与文化的关系，已经是人文社会科学研究一个不可忽视的领域。自然，由其引出的语言与认知的关系，以及从语言到话语与社会体制运行的关系等议题都逐渐被深化。其中，由大众媒体传播系统形成的"新闻传播式话语"影响力，也在受到更为刻意的关注。个中缘由主要是来自媒体传播形成的视听引导效应及"议程设置"带来的"控制力"相对轻易"被获得"的现实。但是，当各类"社会文化情境"在所谓经济全球一体化形成的"浪潮"冲刷下，产生倍感于一个"无形的大手"带来的只可"被动化"面对和接受的心态反应时，也对处在看不见摸不着的"无形的大手"为何有如此巨大的掌控力且产生挥之不去的疑惑。

正是既希望能够获得这一巨大的"控制力"，又茫然于其可被生成的"出处"

的状态带来的意识，运作传媒形成"国际化"传播带来的"影响力"，引导出对这一"无形的大手"的初步认识。于是，有了对"国际化传媒"的应用启动。但是，探究其到底可产生这样的控制力的原理，还是没有直接化的研究。本作以"零的突破"般的探索，顺应触类旁通式分析带来的结果，忠于触及了由"国际化"传播系统建构的新闻传播话语空间筑起的"公共话语空间"。具体到"国际化英语传媒"建立的"国际化英语新闻传播公共话语空间"带出的效应，就是这一"无形的大手"在"世界格局"起作用的具体存在方式："国际社会价值体系。"

一套"社会价值体系"是体现一个"社会文化情境"以其独有的方式存在的直观样态，主要表现在含蓄和明确呈现两种状况。但是，不论两者如何交替起着作用，都是通过其为载体显现出的某一"社会文化情境"里的成员个体或群体，在"言谈举止"和"是非好歹"方面的具体行为和解释逻辑。可见，"社会价值体系"犹如一种框架，将存在于其中的所有内容加以"排序"，从而有逻辑地运转。扩展到当今"世界格局"里现存的、以"国际关系"名义进行运转的"国际社会"，也是依据在原理上相同的"体系"得以实现的。

当然，在看似经济贸易联动形成的"全球化"，是经由所谓"经济杠杆"来驾驭的。但是，当各类"社会文化情境"中民众相遇时，就会因为各自所遵从的"理念"不同而产生误解、矛盾和争斗。可见，能够使得现有的"世界格局"几近如同经济化的"贸易体"般运行的"价值体系"从何产生的"魔力"，是必须打开的问号。这一"体系"所固守的"价值观"附着的"价值取向"的出处（即：以谁的"标准"？由谁建立？又由谁来推广的?）这一问题，是必须要探究的。毕竟，明了了这一问题，也就清楚了现有的"世界格局"形成的"国际关系"，到底是由何种占主导地位的"国际社会价值体系"来规范的核心所在了。

纵观现已对"世界格局"里大部分"社会文化情境"板块上的民众视听认知风格具有塑造和引领效能的国际化传媒系统，大部分是立足于国际关系意义上的"西方阵营"固守的"价值体系"中的"西方强势媒体"，尤其是以母语为英语语言传播的媒体系统，更是在其言说力覆盖面最广的优势下左右着"国际化"受众的视听认知。这种前提下建构的"国际化"了的新闻传播话语体系，完全是基于英语语言文化形成的理念来定位价值取向的。具体被运用于大众传播领域里充斥的所有声像文字言说文本的设计与呈现上。在当代"媒体传播全球化"促使的

"新新闻生态"里，尤以按照"软新闻"文本框架制作的"拟剧化"言说话语，对含有"价值观"元素的"媒体传播产品"进行不间断地推介和强化。这也是为何越来越多的在国际关系意义上被划为"第三世界"中的"社会文化情境"开始意识到：看似由经济贸易合作促成的"全球化"，实际上是经济活动带动的"西方化"的文化渗透，更确切地说，是代表着"西方阵营"所设计和追求的"共同利益"的"美国价值体系"的全球化渗透。

此处所梳理出的从"西方阵营"到"美国化"的当代"世界格局"运作的脉理，不是拒绝合理部分的"美国化"，而是要阐明"美国价值体系"所定义的所有"游戏规则"是否符合他类"社会文化情境"，如果不是百分之百的对其复制的话，又是否还允许他类"价值体系"的存在与发展的问题。按照目前形成的"美国化"来看，如果继续深化的话，就会出现"第三世界"，甚至是与"美国价值体系"为盟友的"欧盟"都担心的"文化帝国主义"的全面操纵局面。继而，已出现在欧洲大陆并高效运转以覆盖"欧盟"成员国的"欧盟有线新闻网"，同在"中东"以非母语24小时传播的"半岛电视台"英语新闻频道，以及在中国大陆建立的"中国中央电视英语新闻频道"，都是这一意识觉醒的具体体现。

可见，当"国际化英语传媒"构成的传播网逐渐铺开和扩大时，就需要意识到其建构的新闻传播话语框架会推介怎样的"文化价值观"，更需要看到"国际化新闻传播话语"分化出的英语为母语和非母语各自建构的话语系统间的博弈效果。显然，这种"博弈"透过表层的新闻传播言说内容间对受众的竞争，是"价值观"的渗透范围及力量的角斗。毕竟，通过"政府化"实施对"受众"视听的引导和塑造的过程，就是一个对"被覆盖"的"社会文化情境"所秉持的"文化价值观"的改变过程，而这一改变带来的是其"政治制度"及"经济制度"的变革，为貌似崭新实则"精神殖民"结果的"国家"具有的"合法性"，提供像极了"理性"的逻辑化"说辞"，从而促进"国际化新闻传播话语"所推介的"价值体系"的形成，真正将"世界格局"转化为某一强势话语源所推介的"单一化"价值观，使得"世界"成为某一"价值体系"驾驭的"国家"。

因此，现在各类"社会文化情境"竞相建立各自的"国际化英语传媒"系统，努力建构起在"国际化英语新闻传播公共话语空间"里产生视听影响力的"国际化新闻传播话语"体系的原因，就一目了然地呈现出来了。而最终其所追求的是话语体系产生的预设效应在不同情境里的言说效力，即：舆论。

（二）"国际化新闻传播话语"达成的言说效力
——营造"国际社会"之公共事务舆论

在现有"世界格局"里的各类"板块"上的"社会文化情境"，都试图运用英语语言来建立具有"国际化"言说影响力的"大众传播"系统后，所形成的"国际化英语新闻传播公共话语空间"，是以"开放"的态势存在着的"言说汇聚场"。这种"场"所具有的吸引"国际化英语传媒"的缘由，是其对更具有视听引导力的"言说"的凝聚，从而构成对"被聚焦"的"议题"进行符合其言说话语框架的定义、解释及定性。这时处在开放空间的话语引导力，就是在生成国际化传媒所预设的传播效力，即：塑造受众认知风格的"舆论"了。

在此，必须阐明的是：尽管"舆论"是"话语化"后的"语言"所形成的结果，但是，具体到其呈现的所谓"内容"，却不是本书要聚焦的关键，因为不是改变视听的最重要部分。最重要的部分是"舆论"的"被形成"的整个过程，也就是说，这一"过程"之所以能够带来最终显现的"内容"，是已经对视听引导后的结果，建构了最重要的"舆论"。

这一"过程"之所以能够形成呈现在"世界格局"里的具体"舆论"内容，是其涉及了三个重要决定性元素：公共空间、批判性的讨论以及知情而理性的公众。当然，这三个本属理论上的原始本体，在"全球化"下的"新新闻主义生态"里已形成了新的争论和存在方式。这也是在如此前提下，对能够在"国际化英语新闻传播话语公共空间"里，最终决定"舆论"可生成"过程"的"元素"加以深化分析所具有的必要性。

1. 从"公共空间"到"全球本土化话语公共空间"

由"国际化新闻传播话语"引导的已是"定位"和"定性"的"国际化"新闻英语语言表述的"新闻化"了的"国际社会事务"，而非日常生活中的"琐事"。当然，因为是在经贸联动促成的看似消费样式一体化的状况下选择"事务"，就会使得所聚焦的"事实"与足以令受众产生心理共鸣或关注的"琐事"紧密结合起来。

这样的完型，不仅可以充分运用"新新闻主义"和"亲近性新闻学"原理互补带来的"原生态化"色彩呈现，更使得"拟剧化"演绎附着了新闻报道应有的

"客观性"，更重要的是，既具有"吸引力"又产生"引导力"的言说话语，将原本距离感和陌生感颇大的"议题"，经过"文化整合"的差异对比与同类项放大，使得处于不同"社会文化情境"里的受众，有了认知风格上的比较、筛选、融合及理解的空间和时间。由此，将明显的"多元性"心理反应经过言说话语的持续地呈现，完成"跨文化整合"的认知过程，引导受众建立一套与自身本土化认知定位并行的跨文化认识"等效性"（equifinality）和"经权性"（contingency）。

在"国际化新闻传播话语"产生的言说效力作用下，使得原本令受众感到陌生或排斥的"言说"逻辑，得到了完成被认识和接纳的过程。这种结果的诞生，并不意味着只是简单意义上的"同意"了某种"奇谈怪论"，也不是可有可无的"随意"赞同，而是在大众传播特有的长期持续化引导后的"理解"与"身体力行"后的"升华"。事实上，这样的结果，也就是对原本基于受众自身本土文化价值观建立的"公共空间"打开后，所形成的允许多种他类价值观涌进并同本土价值观产生一系列或短期或长久碰撞后的"改变"。

当然，最为关键的问题是：哪一"价值观"占了主导位置？或"谁"改变了"谁"的"认知风格"定位？就目前已经广为接受的逻辑是：全球本土化。然而，"全球"是哪一"价值观"的"被全球化"，又是在哪里"着陆"和"生根"后的"本土化"呢？

尽管这类问题被提出后，有些许的探究将"第三世界"代表的"东方"的"西式"生活特点的复制，归结为"全球化"。但是，从大众传播国际化言说话语产生的引导效力层面来审视时，就会发现："本土化"了的"全球化"，是处于不同"社会文化情境"中的主流话语表述方式的"同质化"，尤其是体现在以"国际化"英语语言为载体的表达追求上。且不论表述者的"英语"是否与母语为英语的"情境"，在语义定位上完全吻合或只是盲目的"照搬"及"挪用"。显然，此时"全球本土化话语公共空间"得以被建构的主导内容，还是来自母语为英语的"文化价值观"体系的定义和解读逻辑。从目前"被告知"的积极意义上来看，"全球本土化话语公共空间"的建立，引导受众具有了比自身"本土文化价值观"建设的视角更"宽阔"的"视域"，但从对受众的认知心理而言，却是对所继承的本土文化价值观的动摇、茫然、疑惑，甚至是最终背离的开始。

2. 从"我族中心主义"议论到跨文化视角转向"批判性的讨论"

在"世界格局"里的各类"社会文化情境"以形成自行运转的方式，呈现着

"这一个"或"那一个""价值观"支撑的"生活方式"及"言说体系"。于是，"格局"是由"板块"拼组而成的，是被视为一个个"独立王国"般按照"我族中心主义"的"文化价值观"世代传承地存在着。当经济一体化推进"互惠互利"的"物物交换"后，"价值观"的"相遇"和"碰撞"带来的"互通有无"效应后，就体现在了跨文化视角转向后的"比较"和"比评"。进而，原本单一化的"思维方式"与"观察视角"建立的"准则"及"标准"，都有了"也可以"是"人家那般"的"方式"。这种转向，最直接体现在公共话语系统里时，就是"批判性的讨论"。

在经过"国际传播"的大众传播方式汇聚的"言说话语文本"相互间"被碰撞"和"被比较"后，就显现出一个对受众自身本族话语系统的改变会同化的效果。虽然就以"传播源"形式出现在受众群面前的"国际传播"体系只是呈现"言说话语文本"承载的"内容"，并无"好"与"坏"之分。但是，"被言说"的"内容"所建立的"话语框架"，却是令受众群的本族价值体系会"被改变"的关键，尤其是那些"国际化英语传媒"体系在运用英语语言设计"新闻化"的"话语"系统后的表述，更是以英语语言被赋予的"文化价值观"为核心建立的，其引导受众群产生的"批判化"思维指向的引领，就极易产生对"传播源"输出的"价值观"的推介和弘扬效应，而否定或颠覆本族建立和秉持了的代代相传的"认知风格"，从而成为"国际化英语传媒"推介的"价值观"的附庸和承接者。

如此的效应一旦产生，就会在"世界格局"的各类"板块"上呈现看似跨文化冲突后的"共存文化"态势。但是，这种"共存"是以受众群的本族价值观为主导，还是以"国际化英语传媒"推介的"价值体系"为标准呢？当然，就进入二十一世纪后"全球化"的进程效果为主，以"国际关系"处于"冷战时期"所划分的阵营为界限为参照界河来审视，就会看出不可回避的现实，即：有着对他类"社会文化情境"实行"精神殖民"的强势"西方阵营"的"价值观"，在经济一体化的外衣下对"世界格局"进行全方位的"覆盖"，即便有个别处于"非西方阵营"的"情境"有心加以规避或拒绝，也是"蚍蜉撼树"般的"一厢情愿"。

3. 从本土主体知情而理性的"公众"到跨文化多元价值取向的"受众"

"公众"的本体内涵还是以"公民"的身份为依托的个体或群体，其立足的

"情境"是单一的本族价值观建构的。而大众传播覆盖的"受众"却是按照接收到"媒体传播产品"的个体或人群,各自依据的"情境"是不同的价值观。所以,前者是以其本族的文化价值观塑造完成的规范"公民",其遵循"情境"里的所有"章法"。而后者则是要么对所接收到的"言说"完全"心悦诚服"后的追随,要么是"似懂非懂"将信将疑的"耳旁风",抑或是定性为"歪理邪说"的"拒绝"。显然,"国际化英语传媒"输出的"言说文本",尽管是以"话语"表述的方式呈现给既定的受众群,但是,其所负载的"价值观",却是引发"观念化"相遇碰撞的由头。

虽然任何"社会文化情境"都依据于其自身"价值观"塑造的"社会性"和"公共性"来凝聚起本族受众的视听,但是,当这种原本是单一化的特性被进行"多元化"的转变时,就充满了各式各样的心理反应。受众在选择和判断的过程里,只能根据形成自身认知风格的那些"说法"或"解释"逻辑,来展开相应的分析过程。如此,就会使得"被言说"的受众只能运用已属于其"本土文化熔铸体"(Enculturation)内的意义符号,来对照和解释其所接收到的来自"国际化新闻传播话语"言说文本的相应对等部分。以此相遇碰撞筛选交融的方式,试图达成看似合理的"重组文化融汇体"(Acculturation),并将这一跨文化式的认知库,作为对源自他类"价值体系"言说文本的解读工具。

但是,如何测衡运用"重组文化融汇体"获得的一切诠释结果呢?在所有"跨文化传播"理论的解释中,有采用"全球化心态"、"跨文化沟通道德规范"、"身份协商"及"跨文化适应理论"等等,但都只是文字的理论化说法,并非是"放之四海"的真理。形成如此矛盾的原因,就是触及了已经出现的对设计"跨文化"理念的所有质疑源头,即:谁需"跨"谁的"价值观"?即便是以"跨文化多元价值观"来彰显"文化融合"的"美好"愿景,但在各类"社会文化情境"并存且强弱有异的现实里,如果能按照"国际关系"中"平等外交"理念来进行文化往来,已属乐观。但是,现存的"世界格局"里"情境"的分类,已经令这一"理念"处处面临挑战和颠覆。所以,在"国际化新闻传播话语"的作用下,只是寄希望于通过所设计的"言说文本"来塑造大量的跨文化多元价值取向的"受众"而实行"传媒外交",却不是容易达成的。毕竟,"跨文化多元价值"本身的产生,就不再是对人们认知风格产生主导功能的"价值观"了。所以,"国际化传媒"已经不是像本土传媒般推介和强化其受众的"理性",其具有的引导力本身，就是在与其所预设覆盖的"文化价值体系"进行"强"与"弱"竞争"受众"。在"新新闻生态"里，虽然受众的视听系统里充满了动听感人的"软新闻"化"故事"，并且是来自某一"情境"的"真人真事"，但都是"冲击"和"碰撞"所产生的源头。

因此，在今天看似国际物流通畅渠道网呈现的"一体化"下，各类情境的民众在衣食住行方面日益趋同，但他们所需要支撑其"情境"运转的"文化价值观"的"变形"与否，也是愈发对引发复杂社会问题的"跨文化多元价值取向"产生质疑的根本。

总之，面临如此的经济与精神层面的"嵌入"效应，"国际化传媒"设计的"新闻化"言说"话语"框架可产生的引导力，引起了一直以来处于"被告知"服从位置的"非西方阵营"的"国际化"传播意识，最具代表性的例子，就是那些运用非母语英语展开"国际化"了的"新闻式"告知叙述文本的"国际化英语传媒"系统。其中，最为世界关注的，当属处于"阿拉伯文化圈"的"半岛电视台英语频道"、日本的 NHK World 国际化报道英语频道、韩国的 Arilangy 国际化英语谙频道、德国的 DwTV 国际化报道英语节目、俄国的 Russia Today 国际化英语频道，以及位于中国彰显"汉文化价值观"的"中国中央电视台英语新闻频道"。尽管如此的设置已经开始"发声"，但所形成的"引导力"还是有限的。其中的缘由，不是本书的探讨中心，在此不做进一步的展开。

（三）"国际化新闻传播话语"持续"告知"的效果
——建构国际化新闻传播话语权操控的"议程设置"

以"新闻化"言说话语文本表述的任何"事实"或"议论"，都不是直接强迫受众复制其呈现的"观点"或"理念"，而是以其言说的话语方式来为受众建构思维方式的"框架"，从而，引导公众在一定的视域范围内，按照被预设的路径进行思维方式的规约，完成对观察视角、反应强度及完型层次的定位。这种看似无形的"引导力"，就是大众媒体传播系统具有的、一直被研究和运用的重要功能之一，即："议程设置"。

虽然"议程设置"这一术语带来的看似"技术化"工程，但实际上是对言说话语所需要呈现的"意义"的"新闻式"事实，进行一系列大众媒体传播要求的"戏剧化"表述的"重置"后效果，也就是公众可直接感觉到的"告知"。如果这样"告知"具有一定的吸引力，就会凝聚公众持续关注和投入到这一"告知"所呈现的逻辑中，进而逐渐形成与之相融合的状态，直到其思维方式和逻辑组织都自动依据于完全接受的"这一"言说话语体系。

这是"议程设置"的一个表面化呈现和"被理解"的解释，而决定这一解释的核心，却是公众获得的"新闻化"言说话语文本，在依托大众媒体传播后被强化了的"话语权"本质的体现。而存在于依据"'新闻化'事实＋'戏剧化'言说"新闻传播特质建构的"话语权"，和大众传播效应"议程设置"两者间的互动原理，是"文化"与"认知"的关系决定的。在新闻学与传播学的解释中，是公众得以"被塑造"的"文化"，提供了其"认知意义"的基础，也引导其对特定类型的"信息"与"实践"的"表达"。

但是，当大众媒体传播系统以"国际化"的定位，运作"新闻传播式"了的"告知"时，以"国际化英语传媒"系统为例，其对所选择的"事实"进行新闻传播规程所要求的英语语言构造的"话语"框架设置后，就需要顾及到公众在接收这类传播产品必然面临的"归因过程"。这时的受众群，已不是本土媒体传播系统达至的终极本土"公民"，而是立足于各类"文化情境"的国际化新闻传播受众，其对"国际化英语传媒"传送以形成"告知"作用的"意义"的理解，就是易产生"误读"、"曲解"、"偏差"或"冲击"的"跨文化诠释文本"了。所以，"国际化传媒"形成的受众群——国际化公众个体和群体，引出了"跨文化归因过程"（An attributional process with cross – cultural encounters）。此时的受众群在这一过程里，所有的认知反应都会依赖于自身以往的经历或历史框架来释义所接收到的"新闻化"故事里的"意义"。显然，这种"跨文化归因过程"激发公众形成的"理解力"，完全出自自身"被塑造"的"文化背景"，要达成与"国际化传媒"所预设的"意义"相融通的层次，却不是可百分之百"被预设"的。为了尽量减低或避免由"第一印象"带出的近乎永久性的"误读"效果，对"议程设置"过程里"意义"的"展开"方式的设计，就成为决定是否对受众产生有效沟通力的关键。

因此，"国际化新闻传播话语"持续"告知"的效果，总是与其产生并可进行掌控的"话语权"操控的"议程设置"。

1. "议程设置"承载的"主题"被刻意挑选

当媒体传播的"告知"过程，是以其所呈现的、使得受众完全感受到"客观性"存在的"事实"排列来完成的。但是，这些"事实"的"被呈现"，并没有体现任何明显的"意见"，而是令受众"亲眼看到"最具体和"雷打不动"的"存在物"本体。从如此的呈现方式上看，来自任何"社会文化情境"的受众，都认识到媒体对"事实"的单一呈现带来的"告知"，而完全意识不到的是在"被选择"、"被排序"和"被告知"的"事实"背后的"目的"，即：为何"什么"是需要"被告知"的缘由。

直接地"告知"单纯的"事实"，是之所以媒体传播一直呈现给受众秉持"客观性"来运转的原因。但是，"事实"的"被挑选"后所经过的遴选过程，就已经是对其应该体现的"意义"赋予完成的过程了。当预设的"国际化"受众需要"被告知"去关注"什么"时，"国际化传媒"系统的选择出发点，就已经是在其"话语框架"里遴选"主题"的开始。

"被选择"的"事实"以媒体传播的简约化，得到"被排序"和"被呈现"后，受众的视听"被引导"后建立的心理反射，就是一种"意义"形成结果的体现。这时的"意义"是由"被呈现"的"事实"出现在的"情境"里的"价值体系"与受众的"认知风格"交互后的效应。这就是"国际化英语传媒"运用新闻传播特质建立的"议程设置"所期待达到的目的，即：引导受众去"思考什么"而非"如何思考"。这样，真正形成对受众的主动化"引导"，也就是受众的被动型"接受"的效应。所以，"国际化传媒"的"新闻传播式话语"引导，是一个向国际化公众"灌输"的过程。

尽管从接收者"受众"的角度看，这种一直处于"被告知"去"思考什么"的过程，要比"被强加"去"如何思考"要直接、简单和实用得多。但对于媒体传播系统而言，最为有价值的就是这种过程对受众的"认知风格"形成塑造的结果。因此，"国际化传媒"在"客观化"清清楚楚地"展示"所选择的"事实"时，一份"刻意"，已经潜移默化地抵达其预设的"受众群"。"国际化新闻传播话语"体系具有的言说功能，充分施展着对"被预设"的"认知风格"形成的"再塑"功能。在今天各类文化价值观相遇的"世界格局"里，这一"引导力"形成的塑造效能，是促使"国际化传媒"日益普及的重要原因。

然而，"国际化英语传媒"的普及，并不意味着同类系统所运用的"新闻传播式"话语体系是相同的。随之而来的，却是各自设计的话语言说文本间对"被选择"的"事实"叙述方式的竞争。毕竟，各自立足和固守的价值体系建立的

"世界观",规定了视角的路径与方向。为了在"世界格局"里争得一席话语空间,就需要对所聚焦的"主题"进行排序方面的"优先性"考量,以完成既定的认知风格塑造目标。

2. "议程设置"主题排序的"优先性"被有限圈定

大众媒体传播系统呈现的"新闻式"议题的排序,是一个引发受众高关注度的重要因素。如何对一系列的"事实"进行"意义"生成的组织,而非按照其各自发生的时间来排列,是"传媒"得以"信息化"呈现后,而建立"告知"可能性产生的重要前提。毕竟,受众的"关注度"最容易被"先入为主"的第一感觉所牵制。所以,在对预备的"议程设置"所需"事实"加以筛选后,就是对其进行职业化"编辑"的过程。所有的编排调整,都是围绕着一个中心,即:促使"国际化新闻传播话语"发挥其"告知"后的"说服"效力。

于是,将哪一个"事实"进行"优先性"地呈现,完全取决于其对"言说话语文本"的强化潜力。这一"潜力"的测衡,则是依据"事实"的出处与其所触及的"当事人"所立足的"价值体系"。虽然夸梅纳·关萨-埃多(Kwamena Kwansah - Aidoo)(2005)对大众传播体系在对"议程设置"的研究中,将议题的优先性影响公众议题的优先性判断做出了一定程度的研究,但只是限于本土传媒向自身"情境"言说时产生的效应,而非"国际化传媒"产生的"跨文化传播"效应。这样,本书提及议题优先性时,就立足于跨越各自本土文化情境的立场上,针对"国际化传媒"必然面临的挑战,即:在定夺"哪一个"被选择的"事实"可获得排序上的"优先性"时,还有一个对产生之的"社会文化情境"的"有限圈定"。这种"有限化"的"圈定"又取决于两个前提:一是对"事实"依存的"情境"进行"有限化"的触及;二是对"事实"形成的"负面"效应的"有限化"探究。其最终要实现的目的,就是设定了对受众产生"优先性"关注度的"强化"与"弱化"。

第一,需"被强化"其"关注度"的受众。当"国际化传媒"设定某一类"受众群"对"被优先"排序的"事实"加以"优先"关注时,从表面上看只是引领受众关注那一"被呈现"的确切"事实"。但是,其目的却是要将"被关注"的"事实"出处立足的"价值体系"进行烘托和放大,使受众"看到"是怎样的就"情境"可以衍生"如此的"存在的原因所在。当然,当"国际化传媒"的价值取向与"世界格局"里的"同盟"相遇时，即便其所呈现的"事实"带有影响全球层面的"负面"效应时，"排序"的"优先性"也不会"圈定"在其上，而是"被弱化"的首选。与之相呼应的是：当所聚焦的"事实"负载的是"正面"意义时，就会被给予关注度高的"优先性"排序上，以"强化"作为"同盟"所固守的"价值观"具有的应该"被推介"和"被效仿"的"积极性"。这也是"国际化传媒"成为"文化外交"赖以支撑的"软实力"效能之一。

第二，需"被'有限化'触及"的"事实"。在以润滑"国际关系"为主要目的的"国际化传媒"的运行过程里，任何的"事实"选择都是对表象上"客体"的直接"呈现"，虽然大多数国际化受众已经对其中经历的必要"选择"心知肚明，但是，也只是默认其为这一行业的独有特点，理应接受而已。也就是这一"选择"，成就了所有"被传送"事实的"有限化"触及度的合理性。在这一"本就如此"的"有限化"触及上，体现在受众面前的要么是广播电视新闻播音员的一句"口播"的"轻描淡写"，要么是"活画+解说+字幕+替声"的"深度化"讲解。如此"两极化"的"告知"，是"国际化新闻传播话语"言说文本"被设计"后的具体作用结果。而"被告知"的受众所形成的"关注度"，就有了截然不同的体现。自然，这种对"事实"的"有限化"触及，完全是遵从了"国际化传媒"所定位的"价值观"。

从而，引导受众将符合作为"传播源"的"国际化传媒"固守的"价值体系"，加以刻意地"强化"推介。反之，对于同其"价值体系"所承载的"理念"相悖或相异的、产生"正面"影响力的"价值体系"加以刻意地"弱化"。也就是说，不是不对其完全地"不言说"，而是"一笔带过"或"蜻蜓点水"，只是为了"公共空间"呈现其作为新闻传播体系应有的"客观性"而已。

因此，运行中的"国际化传媒"时刻保持着"发声"，但是，在这种"优先性"支配下的主题排序后建构的"新闻化"言说话语文本，就有了"被刻意"设计后的引导效应。处于只是"被告知"位置的受众，对自身"关注度"的生成，也是由已经"被强化"或"被弱化"的触及所引导，进而只能产生所谓的"跨文化重组文化融汇体"，以支撑自身本族价值体系"被冲击"后形成的错位认知风格。这也是为何"世界格局"里的"话语公共空间"依然是处在"拉锯战"的状态的原因之一，毕竟，源自各类"社会文化情境"的"国际化新闻传播话语"言说效应，在体现各自梳理的逻辑的同时，也向受众陈述了各自选择的"主题"被赋予的"意义",达到形成引导受众视听的"此起彼伏"般"传播浪潮"。表面上,"国际化新闻传播话语"的言说在受众脑海里爆发出的"传播浪潮",是由其选择呈现的"主题"所决定的。但实质上,是由"国际化传媒"利用"新闻传播式话语"言说模式,对所选"事实"烘托的"主题"可产生"典型化"意义的"概念化"解读后的结果。

3. "议程设置"典型议题的"概念化"被特定抽象

大众媒体传播系统具有的"议程设置"功能,虽然直接表现为是其言说的"事实"排序后产生的"意义"对受众个体或群体的认知风格的引导,但是,"事实"本身是不可能生成"意义"的。实际上,"国际化传媒"建构的"国际化新闻传播话语"体系"被运用"于特定"事实"排序体后,由支撑"话语言说文本"的一系列"概念化"抽象表意所产生。这种"概念化"的抽象表意,借助于语言叙述的功能,令其附着于立足的"社会文化情境"里"约定俗成"的"概念化"符号系统,与所触及的"事实"被新闻化后建立的象征性互动后,形成一系列只属于这一话语系统试图闯进"国际化新闻传播话语公共空间"的言说表述体,从而与同样是来自他类"情境"的"概念化"抽象表意相结合,已完成对受众"关注度"的"议程设置"投放与融合。

这一过程持续着各类认知风格的"互主体性"交汇,以此形成源自各类"情境"传播间的整合过程。在此,起着令受众认知得以按照既定目标"被引导"作用的,就是组成"国际化新闻传播话语"言说文本的一整套"言语代码"。由于被刻意设计的言说文本,已经是建立在对所需运用的"代码"完成系统化研究后的成品,所以,将那些在既定抵及的"情境"里可发挥令受众有效解码的"言语代码"加以组织,使得"被传送"的"言说文本"在进入"国际化新闻传播公共空间"后,能够与他类"情境"格局自身历史背景、社会机制和言说方式紧密联系的概念、意义、前提及规则构成的系统,在最大顺畅度上相融汇,令国际化公众在最短的时间内感受到所接收言说文本的内涵,进而在认知体系里生成应有的"意义"。

由于任何"言语代码"都与其所依存的"社会文化情境"紧密相关,其所涉及的心理学意义上的解读途径、社会学层面上的构建立意,以及修辞学领域里的内容表述,为所塑造的公民提供了一个答案生成系统。即便是在其所依存的"情境"里，也因为社会阶层的不同，而具有其覆盖的阶层所需的独特存在层面。也正是顾及"言语代码"具有的这些特点，"国际化新闻传播话语"言说文本尽管是以英语语言表意系统为基础建立的，但是当其被"国际化英语传媒"以"新闻化"的表述方式运用后，就形成了只属于设计它的"传媒"体系。

在进行以大众传播方式"言说"的"新闻传播式"信息的"跨文化"输出时，任何组成媒体传播呈现的"事实"报道或叙述文本，都必然经历同所抵达"社会文化情境"里的"言说"体系相碰撞，从而形成跨文化传播层面上的"互主体性"（亦译为"互濡"）（Intersubjectivity）。但是，这一状态是以非同型释义体间暂时的、持续胶着与对照的过程。这就是所有定位于"国际化"媒体传播的媒体组织所促成的"生态"，进而衍生出对既定目标受众、社会体制和文化价值观的"跨文化"言说。也正是这一前提，促使这类"传媒"系统，将在其立足的"情境"里已是"理所应当"的"传统化"、"民俗化"及"生活化"的语义、表意及叙述所依赖的定义、概念及解释，完成具有"跨文化视角"的"概念化"抽象。从而，保证经过"国际化新闻传播话语"的言说后，"被引导"的国际化公众可以接受和领会其使用的"概念"具有的"意义"。事实上，这是一个"传播源"对其既定覆盖的"情境"里所有概念表意的"编译"后的"再运用"。

在这一"再运用"过程里的"编译"触及到"编"和"译"两个层面，即："编程"和"翻译"。此处的"编程"，是对"传播源"自身及所抵达的"世界格局"里各类"板块"上的"情境"所依据的"言语代码"的跨文化诠释上的"意义化"排序，是多重言语代码的相互交织后的话语表述体。而"翻译"的过程，仅仅是对所触及"概念"具有的表意的"理解"，更是对其能够在他类"情境"言说体系顺畅表达的保证，也就是找寻到在所有类别的"情境"里可以几近"通用"的表意完型过程。

不可否认，这是一个庞大而纷繁又要求极高的工程。但是，在目前已形成的"媒体传播全球化"促成的"新新闻生态"现实中，由"强势"国际化媒体传播系统引导而成的"主流化"言说表述框架，迫使所有努力在"国际化新闻传播话语公共空间"里具有"发声"位置的"传媒"组织，都是采取在此话语框架下，再结合自身的言说特点和目标，来完成"编程"与"翻译"的过程。这也是为何在当今的大众传播网里，国际化公众在看似"眼花缭乱"的言说过程里，接收到的信息呈现方式、表述风格及演绎色彩和韵律，都相差无几的缘由。毕竟，以

"强势"的"国际化英语传媒"建构的言说话语体系，在出售大量的"媒体传播产品"后，已经完成了更大范围覆盖"世界格局"的传播任务。即便是购买了其出售的产品的版权的"情境"，在将"媒体传播产品"所使用的语言翻译为自身的母语后，再向本土受众呈现时，"产品"的言说话语文本"被赋予"的表意，仍然在起着其应有的引导作用。

所以，在这种"国际化"大众媒体"新闻传播式"构成的"互主体性"的言说话语体系，虽然有在其受众眼里是"纯粹的""事实"为最基本语义元素，也有体现其受众心目中"客观性"标准的"新闻化"陈述框架，但是，当以体现早已被"强势"媒体定义和告知的"人本主义"理念的"新新闻主义"和"亲近性新闻"原理合力作用时，受众的神经系统由生动而又人本的"心文"叙述操控，带着"被塑造"的理性诠释着"被告知"的所有距地细节，来完成转化为个体认知系统可生成并承受的"意义"解释体，尽管已经不是本土情境的"原生态"产品，但却是受众个体或群体赖以说服自己的一套逻辑话语。即便是"抽象的"存在，也是个体在心理上获得可依托的"价值体系"得以保障的体现。

第二章
国际化新闻传播话语的
社会学意义

在"媒体传播全球化"建立的"信息时代"里，一切的"意义"和"观念"都是在"被分享"的状态下，来实现"人以群分"的无形"社会阶层"或"团体组织"的社会学意义。尽管与"世界格局"里各类"板块"上的"文化情境"呈现的具体社会制度实体相比，完全是"存在"和"虚无"的样貌，后者却是一直对前者行使着"指引"和"导向"的操控作用。

顺应这一"操控"后，在宏观层面上"社会化"构成运行的表现，就是在运行过程中具有起支撑功能的个人、团体、部分、组织，都获得了各自所需要的"力量"。而这一"力量"，在社会机制的有效性生成及维护过程里，却是以"权力"的"被执行"而达成的。"权力"自身的效力如同"润滑剂"，将实体化的社会构成以庞大系统工程方式，按照有效运转的"机器"模式，完成一系列"程式化"关系的勾连。那么，当"机器"有效运转时，虽然保持其得以按照"被设计"的方式产生既定效力的"程序"是必要的条件，但保证这一"程序"完型的"理念"，却是至关重要的前提。

相应地，在微观层面上"社会化"个体存在的体现，就是当生活在国际经贸活动促成的经济"全球化"生态里的民众，以维持日复一日个体"正常化"生活的"心态"，顺应着以所处"环境"里的"制度"、"法律"、"条款"及"风俗"名义构成的"框架"效应，完成着对自身"心态"的持续调整。从而，以一个符合这一"框架"所持"标准"的"社会人"实体，进行着由此产生的"心理"

支撑来"按部就班"地"活着"。

显然，大到实体如"机器"般运转的"社会"，小到存在如"细胞"般运行的"个人"，都是在一种极具"引导性"的"外力"作用后，与各个如"元素"般的社会化机制及个人"互动"后产生的"效力"，而达到持续形成其所处"环境"需要的各自功能的。从大众传播意义上来探究这一"外力"，就是"新闻传播式话语"产生的效能，即，具体表现为社会学层面上的"意义"及使其具有功能的所有"解释体"。如果从"国际化传媒"所形成的辐射度来衡量，这一完型的"解释体"，是由催生"国际化"社会意义的"跨文化认知视域"、"跨文化意象"及"跨文化新闻语境"合力出产的。

所以，本章的内容由对形成全部国际化新闻传播话语的社会学意义的这三个"原动力"的分析构成。

一、国际化新闻传播话语的社会学范畴
——"跨文化认知视域"

由于大众媒体传播系统得以运行的载体，是"言说表达"流程的"被运转"。所以，其对"世界格局"里的"国际化公众"产生任何层次上的"引导力"，皆源于保证能生成这一力量的"认知框架"。这一结构具有的"规范化"、"制约化"及"塑造化"强制力，规定着驾驭社会机制的各个组成部分，按照预设的"合理性"完成一系列的操控。

那么，保证这一"认知框架"最终呈现一定样貌的设计原理，就体现为社会整个运行机制所牵制的"成分"。在社会学分析层面上，这种"成分"的社会化组成范围，就是既定的"社会范畴"。而引导其产生对所覆盖区域，得以按计划运行的控制力的核心，就是所有元素能够具有接受这一力量的"认知视域"。当以"国际化"大众媒体传播的方式，试图对"世界格局"里的任何"板块"进行控制时，这种力量的产生，就是其执行载体"传媒"系统传送的"新闻传播式"信息爆发的效能了。当然，这是表面上的直观体现。在其背后，则是"信息"被采用后，所具有的话语形成的言说功能所起的作用。这种言说功能，就是"国际化'认知视域'"建立的"看得多远，才能走多远"的"'心力'决定'行为'"的结果。

然而，所有"国际化传媒"系统必须面临的挑战，是如何建立令其预设的

"国际化"目标受众，能够理解其既定"媒体传播产品"所"被赋予"的"意义"所在，而且能够达到同等"理解"的层次。要顺畅地达到既定的传播目的，在其"产品"的生产过程里，就必然需要触及到以下几个方面：一是跨文化认同强度，二是跨文化感知程度，三是跨文化刻板印象【规范性刻板印象（教育资源＋大众媒介＋历史事件）＋非叙述性刻板印象（从自然中直接映射出的)】。

（一）国际化新闻传播话语与跨文化认同强度

在"跨文化型"交流和接受度研究领域界定的"认同强度"，是根据人们在同来自他种文化圈的成员交流和交往中，是把对方看做一位具有自身个性的"个人"，还是定为其本土文化圈的"代言人"的程度产生的心态。对于依靠输出大众传播文化产品的"国际化传媒"而言，不论是直接而单纯地"呈现"任何一种文化现象或事件，都是一个"体现"其具有的"意义"的"言说"行为。

而当把英语作为职业语言来展开时的"国际化英语传媒"，此处本作笔者强调包括英语是母语和非母语定性地被使用，都会带着其立足的"社会文化情境"具有的"认同感"，来对新闻传播意义上的"纯粹事实"进行相应的"审视"和"理解"后，才会决定是否对其进行"新闻传播式"地"呈现"。

事实上，这是一个以"传播源"的立场，完成一个新闻传播职业要求的判断过程。那么，当形成的"判断"，经由一系列的大众传播系统要求的"媒体传播产品"生产过程后，在达到可运用"国际化新闻传播话语"言说文本呈现时，已经是"跨文化认同强度"效力发挥后的结果。这一"效力"，对言说文本的最终话语色彩渲染的态度，可以从以下几方面体现出来。

1. "跨文化认同强度"渲染话语色彩

既然是"判断"，就是以处在主体位置的"国际化传媒"所依据的"文化价值观"为标尺，对"事实"进行"是"与"非"、"好"与"坏"及"正面"与"负面"上的"丈量"和"认定"。"传播源"以这种貌似无形的、依据自身秉持的"标准"对他种文化现象作出所有"结论化"判断，都是在为最终呈现于"国际化新闻传播公共话语空间"里的言说话语文本附着色彩，以使经过着色包装的"事实"本体，对既定"受众群"产生有足够理解其"被赋予"的"意义"的吸引力。

尽管和个人间的交流是相同的，但是两者可产生的影响效应和效果，却是不可同日而语的。个人之间交往形成的"判断"结果，只是在个体间以"口口相传"的慢速度态势，形成小范围的引导作用。而由"国际化传媒"建立的"判断"，就是以整个"传播源"的"话语"基调为定位的"言说"了。

最为重要的是：前者是"小众化"传播，后者是"大众化"传播。尽管两者的任何言语得以"被传递"的渠道及依附的载体不同，但其"被表达"时渲染的色彩，却是起着同样体现"认同强度"的效果。尤其是后者定位形成的传播"立意"体现的色彩，与其触及的"世界格局"所需支撑网般"国际关系"互动后的效应，是引发所有"社会文化情境"所固守的"价值观"间"碰撞"后，得以要么"融合"要么"角斗"的"催化剂"或"导火线"。毕竟，这种"被渲染"后的"色彩"，就是言说者或传播者的"态度"体现。在"同质化"文化情境里，"态度"作为"价值观"的一种体现方式，是经过个体在后天所经历"被塑造"过程结束后的结果。当其具有的四个特征，即：方向、程度、忍耐及反应，由个体固守的"信仰"形成的"需求"所激发，而成为组成个人定位系统的重要部分。于是，个体之所以成为"独一无二"的"个人"，就由其"喜怒哀乐"和"言语行为"作为"态度"的呈现载体，而将"个人"附着上唯一化的"色彩"。这一"色彩"，也是被他者建立相应"辨识"与"定性"的独特依据。

然而，对于具有跨文化传播引导力的"国际化传媒"而言，其面临的"异质化"文化情境的受众，对其传送的新闻传播式"信息"的接收反应，却是有着或许与其立足的价值判断完全不同的标准，进而形成直接的"碰撞"。也就是说，"观念"与"观念"间的"碰撞"，成为超越作为受众的个人心理反射，而是作为其所依据的"社会文化情境"的整体化"震动"。尤其是作为"传播源"的"国际化传媒"，针对所选定"主题"的"言说文本"提炼出的"意义"加以符合大众传播的着色后，其秉持的"态度"有了"故事化"的"包装"。也正是有了这一"包装"，令"纯粹的事实"固有的"冰冷"单一色调，有了"软着陆"需要的"迷彩装"。其散发给受众的具体变现为"嬉笑怒骂"的"情绪化"人性之光，也会呈现着"慷慨激昂"或"温情脉脉"的人本之情。此时的"态度"呢？也就由"被呈现"、"被言说"及"被叙述"的"故事"所体现，自然而然地"流进"有血有肉的"个体"受众的"心田"。

"国际化传媒"建构的"新闻化"言说话语文本"被设计"出的"穿透力"，

以"雨露"般流淌进处在他类"文化情境"里的受众心田的方式,令其形成的"浸润"效果,扎根在受众的认知体系里,逐渐"开花"、"结果"。能够达成如此的效果,是各类"国际化英语传媒"预设的终极目标。但是,能够通过设计出的"国际化新闻传播话语"的"言说"风格来完成,就必须是的"传播源"已经秉持的"价值观"养成的"态度",转化为促成这一效果的积极因子。这样,就涉及"态度"具有的四个特征,经过大众传播职业手段实施后的逐一"被跨文化"着色来完成。

首先,"态度"决定的话语言说"方向"。

当体现无形情绪的"态度"被具体化时,伴随而出的是最直观的说话"语气"和"语调",在此基础上的"措辞"和"语速"加以辅助,完成经过语言的形态来体现的表述者内在"态度"。当然,这是对在同质化"文化情境"中,由同类或相似的"价值观"建立的一系列文化概念的娴熟运用为前提的。

相对这一前提而言,对"国际化"大众传播的话语指向的"价值观"设立的"跨文化"沟通屏障的突破,就是对话语言说的"方向"调整。虽然大众传播以呈现新闻意义上的"客观性"为运转根本,但是,"客观性"的建立并不仅仅只是对"事实"呈现是否完整来衡量的。毕竟,触及对"跨文化相遇"前提下的任何"社会现象"或"人情世故",都是一个"品评"和"解读"的过程。此时的"态度",就无形地存在于有声及无声语言的表述方向上。

大众传播话语形成的"表述方向",是一个游刃于要么是"弘扬"与"推介"依据的"肯定态度",要么是"质疑"与"批驳"的"否定态度"之间。在具体的"新闻化"了的"节目"呈现上,就是画面上"明亮"与"阴暗"的表现,声音上"昂扬"与"沉缓"的表达上。"故事化"了的情节及人物的关系,更是"个体"对不得不所处"文化价值感"进行抵触、排斥或抗争的设计定位的。也正是如此,以"非同盟"关系体现的大众媒体"新闻传播式"言说文本,总是令处在"被言说"情境里的受众,对接收到的有关熟悉得不能再熟悉的自身本土文化的"被呈现"方式,感到无比惊讶和陌生的原因之一。

不是"传播源"据"客观性"以力争其颇似"正义"的"态度"设定的"出发点",也不是"传播源"对所言说"事实"依托的"社会现象"或"文化价值观"的"误解"所致,而是极为"职业化"带出的"专业化"了的"刻意"而为之的唯一结果。更是其竭尽其能而巧妙运用"新闻传播式"话语言说文本,得以向"世界格局"书写出的"价值观"带动"态度"的本能表现。所以，在经过了"冷战"多年后的今天，由大众媒体传播言说维护的"价值观"之争，并未随着"冷战"的结束而消失，反而变得更为激烈。只是竞争的"方向"，不再似那一时期如此地"直来直去"地"厮杀"或"打倒"，而成为一纸合同托起的"握手"合作或一组方桌围出的"磋商"。但是，在这"一团和气"下浮动的"竞争"结果，却是"方向"始终规定了的。进而，形成一道以"国家利益"为底线的"国际化"了的"竞争"话语前提。

因此，相形之下，大众媒体传播系统运用的"新闻传播式"话语言说"方向"，还是处在持续不断地对"被告知"受众的"说服"层面上，只是显得更为"软化"与"亲和"，甚至是"体贴入微"而已。当然，能达到如此的效果，不能否认"国际化传媒"在对他类"社会文化情境"所持"价值观"深入研究方面下的工夫。

其次，"态度"引发的话语言说"程度"。

尽管"态度"决定着一位言说者的话语"方向"，进而体现其给出"肯定"、"否定"或"弃权"的结果。但是，"态度"所呈现的表意"程度"，却不是与其内在"坚定度"的"强"与"弱"成正比关系的。毕竟，经由语言成分建构的话语言说结果的形成，是由一系列起着决定性作用的"元素"来完成的。对于"个体化"的个人而言，就是由使用话语的表达者具有的性情禀赋所决定的。所谓的"心直口快"、"快人快语"及"慢条斯理"对个体性格的形容，并不完全能够令"话语言说文本"被置入的"内涵"完全"被表达"出来，其承载"态度"可传递的"程度"就更可能是相差"十万八千里"了。但是，在日常生活里的人际交往层面上，人们大多是以惯性化的"眼见为实"，来做出相应的结论。与此同时，其蕴含的"态度"应表达的"程度"，就依赖于个体自身的"感受力"来品味了。这种"面对面"进行的话语言说交流方式，能够完成有效沟通目的的前提，大多是针对沟通交流的言说与接收双方，是来自同一本土社会文化情境的个体，否则，就是"貌合神离"的"对牛弹琴"。

提升到以"国际化"大众媒体传播运行的话语言说呈现的"态度"带出的"程度"层面，来认识"国际化传媒"形成的话语言说程度，就是一个对因为触及他类文化价值观引发"蝴蝶效应"的"跨文化冲突"的探究。尽管"国际化"传播的运行，已经是由相应"传播源"信赖的"跨文化传播"领域专家们与媒体传播领域职业人员们通力协作的结果。但是，引出至今仍是"问题"的问题之根本，就是源自"专家"和"职业人员"的"认识"与"操作"。他们获得的称号与职业化标准，都是以自身立足的"社会文化情境"所建立的"规范化"框架来衡量后"被授予"和"被认可"的。这样，对于完全依靠文化色彩涂抹的"话语言说文本"的设计与建构，就不可能指望其超越这一"框架"。所以，紧随"蝴蝶效应"爆发的"跨文化"冲突，就是以"专家"及"职业人士"的名义，行使"我族中心主义"引出的概念、定义及逻辑后的结果。

当然，在今天已经形成的"全球化"生态里，更多的文化产品在完型的过程里，也在"专家"和"职业人士"的建议、指导与监督中，试图顾及到"国际化"牵连的"跨文化"效应，但本质上还是融进血液里的"我族中心主义"在控制整体的"神经系统"，尽管完全意识到"民族相对主义"原理提及的所有对"各种文化没有'孰对孰错'和'高''低'之分"的解释，却还是由于"话语言说文本"被设计过程的本质，是"黄河鲤鱼"不可能代言"长江鲤鱼"，各自所依托的"价值观"塑造出的"标准"与"规则"，必然是语言得以进行表意和表达的基础。纵然两者都是"鲤鱼"，但各自所依赖的"水域"，是成就其各自之所以"被定义"为"各自"的所有解释所在。

所以，以"国际化英语传媒"的话语言说文本为例，尽管都是运用了英语语言后的表达，却不是一个"英语"的前缀，就没有了"鸡同鸭讲"的"隔阂"。尤其是大众媒体传送的"新闻传播式"信息负载的"态度"，不似任何法庭上由单一"事实"间的排序得出的推论般直接"被认识"，更不像所有文字上经单纯"字符"间的显现体现的文字上表面"被阅读"，而是"听者有意"的"表意"效果。能够听懂言说看懂表意，就已属不易；若可听出其中体现的"程度"，且不论以"强"或"弱"来衡量，就更是"难乎其难"了。这也是为何很多现存的"国际化"文化研究理论中，对"文化"的研究总是从"高语境"和"低语境"两种分类开始，而忽略介乎两者之间的状况的原因。源头是："西方"当年以"欧洲中心主义"建立的"二元认识论"为依据的"始源性"思维（Said，2004），进而，这一思维建立的"我族中心主义"话语思维、逻辑判断定势，其根深蒂固之态势具有的"态度"衬托的"程度"，不是运用了"英语语言"后，就可自动完成经济"全球化"覆盖下各类"文化情境"间的沟通预设目标的。

再次，"态度"呈现的话语言说"忍耐"。

当任何以"国际化"名义进行的大众传播过程运行时，就会即刻产生触及以"传播源"为界而"被定义"的"他类"社会文化价值观体系的效应。尽管今天有关"跨文化交流"的微观效应及"跨文化传播"的宏观效果研究态势，已经是具有了规模和覆盖面意义上的可观度，但真正达到在各类文化价值观间完成平等相敬的生态，却仍处在"理想"的理论研究文字上。

究其如此的原因，是如今的"媒体传播全球化"只在"传输"运行覆盖面上的"丈量"，而非本质上的"互达"。"强势传播源"单一化地"发声"，在其"统一"为英语或"同一"是"传播"理念的支撑下，持续将其"言说"所指化为语言符号再组后的"话语"效应，而实现"帝国化"话语权的引导与操控权力。从而，原本应是建立在"跨文化传播学"的"共生"原理基础之上的"互主体性"（或"互濡"）（Intersubjectivity），就只是在被"强势传播源"选择后的"碎片化"事实，方"被呈现"在"国际化新闻传播话语公共空间"的"他类社会文化情境"以"切片"的存在"面世"。

表面上给国际化公众展示的是"被呈现"本体与"传播源"的言说话语构成一体"文本"，成为相互融合的"互主体性"，实质上，却是"切片"已经"被嵌入"了"言说话语文本"之中的过程完全没有呈现给受众。进而，这一"互主体性"引导受众逐渐形成的"濡化"认知体，是在"被呈现"事实本体完成了一个"削足适履"的过程后，将"传播源"所持的话语态度巧妙编制在"文本"中的"软化"强加结果。其中已完全没有的"忍耐"，而是以"事实"已经被发现、被呈现和被解释的大众传播运转特点，引导受众产生由"客观性"取代了"忍耐"后形成的"幻象"。

对于大部分"国际化"受众来说，只要是源自非本族的"传媒"对自身本土现象加以了非负面色彩的"呈现"或"关注"，就是"平等"对待了"被言说"的"事实"依托的"社会文化情境"。但是，却根本无从认识和理解"传播源"所采用的话语体系"被赋予"的"所指"内涵。尤其是当运用"软新闻"的"故事化"言说风格后，受众更会被触及到一致由"强势传播源"定义的"人性"部分所牵引，接受所有的细节带来的感动，从而，将"切片化"的"事实"在"被嵌入"情境里的"再现"效果，置换为一个"理所应当"的"客观体"，而赋予其普遍意义。

此种"国际化"大众媒体传播效果，是在以"事实"为"新闻传播式"言说话语建构提供了最基本的前提，而后将其本应带出的任何其原本依托的"情境"成分，进行"取其所需"地"侧重"聚焦或"棱镜化"侧面地"呈现"，不需"忍耐"地进行"删减"或"裁剪"。从而，构成一个只属于"传播源"言说风格及话语原则的"版权所有"产品。当然，触及"跨文化传播"必须"忍耐"时，就必然会质问："忍耐"的"方方面面"是哪些？又由哪一文化价值观的标准来衡量？这就使得努力形成"国际化"传播的"传媒"系统，被推到了不是"被接受"而是"被审视"的境地，任何牵扯到"跨文化"的议题，都会是白热化般的"厮杀"。毕竟，一致由秉持"西方"理念的"强势传播源"定义的所有话语概念，诸如"东方"、"中东"、"文明"及"现代"或"进步"，随着经济一体化促成的"面对面"碰撞频率增多，而使一直处于"被言说"的社会文化情境意识到了"被定义"的结果，即：持续的"接受"，是"忍耐"了"西方"对"非西方"的"无忍耐"。今天的"世界格局"里的所有言说话语体现的英语语言的"国际化"，就是最具体的"西方媒体化"了的话语文本。

于是，当这种"忍耐"试图以"不忍耐"来面对源自"强势传播源"的言说话语时，就应运而生了运用非母语英语来建构自身媒体传播言说话语的"国际化英语传媒"体系。这类"传媒"的运行，就是"态度"的直接体现，即：对所谓"国际奖项"如"诺贝尔奖"和"奥斯卡奖"所持标准的质疑。自然，"跨文化传播"期许的最佳效应"同化"所需的"忍耐"，就更被显现为重要的元素了。只有各类"社会文化情境"都获得"平等的"机遇进行言说时，"同化"过程的实现所要求的"忍耐"带出的"互补"，才可以逐步达成。

最后，"态度"生成的话语言说"反应"。

当微观化的个体间"跨文化交流"或宏观化的媒体间"跨文化传播"过程进行时，所有的有声与无声的言说话语，都在呈现着双方所持的"态度"，进而引出一系列令双方不可预测的"反应"。在一般意义上来理解质疑过程形成的"反应"，都可归于"跨文化敏感"这一议题上来探讨。

在"跨文化传播学"理论层面来认识因言说话语态度带出的"反应"，主要是双方对"跨文化敏感"持有的态度。依据已有的理论解释是"自尊"（Self - esteem）、"自我检视"（Self - monitoring）、"开放性"（Open - mindedness）、"移情作用"（Empathy）、"互动投入"（Interaction involvement）及"暂缓判断"（Suspending judgment）支撑的"传播源"职业敏感度。对于"国际化传媒"而言，此处的"自尊"体现为适应和理解所聚焦他类社会文化价值观衍生的"事实"、"事件"、"议题"及"想法"带来的"差异"。此处的"差异",自然是同自身立足的"情境"相对比的结果。而触及"国际化传媒"的"自我检视",是指其对所聚焦和呈现的社会文化化"言行"建立的"环境"产生的"反应"的控制能力。也就是说,"敏感度"越高,其"控制能力"就越高,也就会尽量减低以"我族中心主义"形成的心理暗示,来对本已是符合了大众传播特点而"被切片化"了的"碎片化"事实,因为这一"敏感度"令其意识到:自身"本土社会文化化"事实,同样是处于受他类"传播源"进行"新闻传播式"处理的过程里。在以上两种"反应"前提指引下,就会形成"开放性"的心理定位。这时的"国际化传媒"的"开放性",是指其具有的在传送以"新闻化"言说话语承载的文本中,已透出的本族中心主义惯性作用下嵌入的"意见"或"观点"的能力。这就是带有"积极意义"的"反应"表现,因为对令"目标受众"可能产生"质疑"的"意见"或"观点"的"解释",即便其中仍是充满"偏见",但却是提供给了"目标受众"明了其产生的"缘由",并获得相应的"理解"而非"误解"引发的"仇视"和"敌意"。

相应地,"国际化传媒"为了更好地呈现其对他类社会文化价值观的"开放性",还需要有"移情作用"引导下产生的"视角选定",来体现作为"传播源"以"换位思考"的方式对所聚焦源自他类"情境"的任何元素。这种顾及的达成,是通过大众媒体传播体系运用一整套职业言说环节有效组合后的结果。具体到采编播制控的步骤,就成为系列化的"跨文化型"视角的最终角度。这样,对于其"目标受众"来说,最终接收到的完型产品,就会有了鲜明的"标识度",而引导其受众对所"被告知"的"观点"或"议论"带出的"传播源"本族色彩,就有了"被理解"的空间和余地。因为,其受众可以通过对来自另一"传播源"推出的同类议题承载的"观点"或"议论"进行比较。从而,在这一跨文化传播生态里,使得其受众逐渐意识到了各自"传播源"不可消除的"本族中心主义"色彩,即便已是尽了最大努力来发挥"移情作用"进行"视角选定"。

较为可行的有效弥补因"色彩"产生的"混搭"效应,在当今"新媒体"传播力的推动下,"国际化传媒"获得更充分地"互动投入"机会和频率。通过各类"国际化传媒"几乎同时传送到"国际化新闻传播话语公共空间"里的"言说"间相互的"映照",令"传媒"之间对自身及他者"话语"的响应性、理解性及专注性，也进行着近乎"比较"上的调整。当然，前提是尽量减弱引发"跨文化冲击"效应，增强各自"言说话语"带动的"跨文化适应度"，产生预设的"跨文化有效性"。

事实上，在这一特殊化的"比较"过程里，从其展开的方式来看，是一种对"传播源"自身秉持的"态度"，通过"言说话语"引发的"反应"负效应，尽可能地加以"遏制"或"削弱"的努力。但本质上，是对所必须触及或聚焦的"议题"，进行具有"社会化"定论上的"暂缓判断"。毕竟，达成跨文化层面上的理解，是需要时间为保证前提的。在引导力极具爆发性的大众媒体传播效应上，一秒钟的即刻"言说"，呈现的"价值观"意义上的"判断"，都是一种定性的结论。而其一旦形成，就几乎丧失了"被修正"和"被解释"的所有机会。所以，在"跨文化传播学"的理论解释层面，"暂缓判断"对所有已经"被采集"要素的"处理"，形成接近"小心翼翼"的"再审视"意识，尽可能避免"快速"或"贸然"的判断效应，虽然"快速"是新闻业的根本，但在"国际化"的新闻传播领域，却是第二甚至是第三位的要求。更何况"软新闻"型输出起主要作用的"心文"言说话语文本的设计与建构，是依赖"启发式"出发点呈现的"来龙去脉"引知型话语。因此，"暂缓判断"更为这类话语的建构，提供了"谨言慎行"所需跨文化理解体完型的时间保证。

不可否认的现实是：在经济"全球化"带动的经贸领域中激烈的"利益竞争"过程中被带动的"国际化"媒体传播，同样是"被转化"成为意识形态聚集的"利益集团"间"利益竞争"服务的工具。从而，使得"利益"驱动的"自我"扩大化，形成了"自尊"转变成"为我独尊"；"自我检视"转化为"自我标准实施"；"开放性"转型为"开发他类情境"，具体表现为立足于"西方阵营"里的"国际化传媒"的"强势化"言说话语权，以"强加"的定义和解释完成对英语语言的"传媒化"话语体系的建构。诸如："异见人士"、"民主斗士"及"传统"等。

也正是因为相应理论得不到真正地"被运用"，而使得现有的"国际化英语传媒"的运行，并未虑及以上三个基本因素的效能。更因经济全球化大潮的冲击，令"国际化英语传媒"在很大的程度上，成为"商业化"运作的机器。由此，任何的言说话语"反应"，在为"理念传播"的目的引导下，加速"强化"意识形态的推介，完成对相应"利益集团"期许的"利润最大化"在价值观层面上的获得。

总之，在"国际化"大众传播系统对"世界格局"里的各类"板块化"社会文化情境进行"新闻化"言说话语的覆盖时，虽然是进行着一系列风格迥异的表述，但确实大众传播特有的传媒话语在叙述。这一过程中所有"有声"与"无声"的"呈现"，都已经是"传播源"所持有"态度"的多形态体现，也就是在对所表述的内容在经过"认同强度"过滤后的结果。而这一结果最具独特之处，是"国际化"带动的"跨文化相遇"后的所有特殊现象背后的效应，尤其是顺应各自固守的"意识形态"后的"软新闻"叙述风格的"态度"变型，也就是"跨文化认同强度"所渲染的话语色彩。这一"色彩"对有效传播形成的决定性作用，不仅仅是对"态度"的简单着色，而是在作为"传播源"的"国际化传媒"必须以"跨文化相遇"为传播心态定位后，将"本族中心主义"建立的"态度"加以重塑后再现效果。在由"经济一体化"带出的"全球化"为先导的"媒体传播全球化"生态里，"本族中心主义"为主体位置的"传播源"，必须转型为能够促进"国际化"大众传播既定效应的"国际化传媒"，由此其所依据的"跨文化认同强度"在对最敏感的"态度"跨文化化着色后，还需要对其运用的言说话语进行态势上的定夺，方可形成将既定的信息化事实传输到"国际化新闻传播公共话语空间"后得以"被接受"的最佳引导效果。从而，也就完成了对"本族中心主义"加以突破而获得新的传播理念的过程。

2. "跨文化认同强度"定夺话语态势

以不同类型广播电视"声像化"及报纸杂志"文字化"的纸质及电子版为实体，经过各种"言说话语文本"为表述体，而对"世界格局"进行覆盖的大众传播体系，在经济一体化形成的"全球化"浪潮下，使得"经济基础决定上层建筑"带出的"文化趋同"势头，促使立足于各类"社会文化情境"的"国际化传媒"，尽可能突破经年形成的"本族中心主义"惯性思维建构的"言说话语"体系，来适应在经贸活动中必然出现的"文化差异"引出的思维方式决定的行事风格。进而，逐渐纳入促成有效"跨文化交流"的"民族相对主义"（Ethnorelativism）理念。

依据"民族相对主义"理念来面对"国际化"大众传播的预设传播效应时，就需要基于对"传播源"依托的"文化价值观"进行"自我审视"，及对所聚焦的他类文化形成近乎"接纳"的"心态"。此处的"自我审视",是一种"换位"思考的思维,引起"接受"差异的具体操作方式,呈现"平等"对接的"互动濡化"言说格调。从而,作为"传播源"的"国际化传媒"对他类文化价值观所需要的"跨文化认同强度",有了对其所运用的"新闻化"话语态势的定夺。

首先,"自我审视"引导的"换位思考"话语态势。

在现有的"世界格局"里,排除由于地理位置所处自然环境间的差异后,就是由同处于其中的居民适应之建立的生活习俗及行为方式上的不同了。这种不同在与另一类"文化情境"进行具体模式上的对比后,就会呈现出似乎不可比较的"差异"来。在日常生活的相处中,可以使得相遇的双方经过"短暂的"妥协或忍耐后,而在非面对面的"无干扰"情况下,在各自狭义上的"小生境"里"和平相处"。进而,形成"井水不犯河水"的"共生"状态。

而在大众媒体传播系统建立的文化相遇和沟通的平台上,两种不同类型文化间的相遇方式、相处状态及相互接受度,就与个体间在一系列的"反应"后形成的"共生"有着完全不同的结果了。这其中的关键原因是大众传播形成令受众的"不可回避"和"不可抗拒"的渗透力。大众传播的运作依靠的是媒体所立足的"文化情境"里处于主导位置的价值观,而将其转化为"媒体传播产品"向目标受众输出时,就是对自身"价值观"的推介。

这一整套的生产流程,是根据其已经按照"本族中心主义"的思维方式,结合"国际媒体"应有的各种要求后形成的理念来对"产品"完型的。但是,在顾及已经具有的"国际化"传播定位的理念时,就必然结合"民族相对主义"要求的"自我审视"引导的"换位思考"方式,来构建符合这一传播定位的理念,进而设计出相应的言说话语体系。就目前相对有效的国际化传播媒体的运转来看,尤其是运用英语语言的"国际化英语传媒"的言说方式。

在传播观念上深信他类文化与自身本土文化同样重要。具体到对"跨文化媒体传播产品"的生产时,由"国际化新闻传播话语"的设计出发点引导,在语义方面改变对文化差异的排斥与否定态度、在语态方面消除对自身本土文化的至高自豪感及无边优越感、在语境方面不再将自身本土的价值观视为评定世界事务的唯一标准,从而决定完型后的"跨文化媒体传播产品"的话语叙述,不会因对其他社会文化情境或群体的所谓消极评价,引导目标受众产生相应的"偏见"。同时,也令"传播源"本土受众意识到固守文化定势带来的心胸狭隘,以及依据自身本土文化是"唯一的真理代言体"、"自然赐予的存在"和"正常逻辑的本体"的观念带动的行为方式的荒唐与谬误。

其次，"平等面对"形成的"接纳差异"话语态势。

在突破"本族中心主义"的惯性思维框架后，由"民族相对主义"基本原理建立的"平等面对"心态形成的"接纳差异"表述，就有了符合"跨文化"型国际传播的话语态势。这一态势引导"国际化英语传媒"在设计所运用的"新闻化"言说话语文本时，秉持的表述态势是：各类文化只有在进行"跨文化型"对比过程中，才有相互达成一定理解层次的可能。在这类"比较"中，"国际化英语传媒"运用的"新闻化"言说话语形成的表述，为目标受众提供了观察和理解其具有的"来龙去脉"，也就能较为容易地梳理出"被言说"社会文化现象与自身最熟知的本土文化同类现象间之所以"相同"或"差异"的原因所在。从而，能够形成接近客观存在的认知。

与之相应的是，其整理所有素材的立场是：在各类文化形态间并无孰高孰低及对与错之分，也无可坚守的唯一标准之说基础上，遵从新闻传播业紧密联系跨文化型国际化言说的规矩，从而打破业已形成的"非此即彼"的"二元论"思维定势。由此设计和建构出的"国际化新闻传播话语"言说文本得以体现生命力的态势，就由言说话语的"平和"而少"情绪"、"实在"而无"艺化"、"展示"而少"评说"的型态来完成。这时的言说话语尽管会是多类型的，但其完全依靠"展示"的立场，引导受众与其同步感受。虽然较之在"被言说"情境里亲自感受的程度不同，是因为媒体传播的特质本身就有的局限性造成的，但仍是对传统意义上的大众传播强调"教化"的改变，甚至是颠覆。当然，也正是由于此处探究的言说话语态势是由媒体传播设计和运用的，其中据以为本的"秀"之色彩，也就不会彻底无影无踪，也属正常的存在。

更为重要的是，这一话语态势依赖的"平等面对"得到实现的"接纳差异"，是比照"传播源"所立足的"文化价值观"后形成的。这样，就会引导自身本土文化受众思考所有"差异"形成的原因，也就及时地令"镜像化"效应映照在对自身文化塑造的同类事宜的样貌来。进而，"国际化英语传媒"在尽力突破"本族中心主义"而按照"跨文化型"比较设计和运用的言说话语呈现的态势，就会在很大程度上除了本身消除用自我本土文化价值观与相应标准来对他类文化进行评判，也会引导本土受众达到接近的层次。更会使两者敏感于是否尽管展开了将自身文化与他类文化进行着"跨文化型"的"比较",却在"比较"上来对他类文化加以"评定"的"伪跨文化型"话语态势运用。

最后,"多极标准"建立的"互动濡化"话语态势。

当"国际化传媒"的"跨文化认知强度"对话语态势以"跨文化型"的"比较"加以定夺后,所有"被比较"出的来自"传播源"立足的文化情境及"被言说"的他类情境的"差异",都不是可以被即刻改变、同化或消除的存在。这样,就引导所有的受众认识到:只有接受"差异",才会削弱认知屏障带来的效应,促使"传播源"与受众运用对"文化差异"的认识和相应经历,来与他类文化进行互动。这样,就形成了"认知风格"间作用后的摒弃和交融。

形成这一效果的前提是"国际化传媒"本身已经建立的"跨文化敏感意识",及其"被运用"的强度带动的"新闻化"言说话语最终采用的"标准"。当"跨文化敏感意识"增强时,"传播源"与受众也提升和强化了从"差异"中"对比"学习与换位理解的能力。从而,使得原以"本族中心主义"为基调而形成对"差异"排斥和定性的言说话语态势,转化为对他类文化价值观进行了解的重要来源。同时,也是在同他类文化价值观的"对比"中,更清楚地对自身本土文化价值观加以"再认识"的重要途径。

在达成这一传播效应的过程中,"国际化传媒"设计和运用的"新闻化"言说话语体系秉持的、决定话语态势的"标准",就已经是突破"唯我独准"心态下的"自说自话"的"单极标准",而顾及和采用与他类文化价值观相连的"多极标准",以多重话语空间的态势,尽可能引发"互动濡化"的效应。在此,笔者根据心理学研究者 Richard Bourhis 对"互动濡化"的分析结果,结合"国际化传媒"与其"目标受众"间的关系特点,将"国际化新闻传播话语"言说文本(以下简称"话语文本")同处在"国际化新闻传播公共话语空间"(以下简称"空间")里的受众群,于多元文化情境和多元本土语言背景下形成的关系模式,用三个因素来梳理,即:处于"空间"中的受众群体的濡化倾向,"话语文本"对其目标受众所持有的濡化倾向,以及"话语文本"与其目标受众共同濡化后所形成的"跨文化适应"关系。

显然,这三个因素之间的关系是相互勾连的。当然,起决定作用的还是作为"传播源"的"国际化传媒"对自身设计和运用的"国际化新闻传播话语"能够形成或促成"互动濡化"的程度的考量。毕竟,"传媒"自身作为"目标受众"

和"被言说"文化价值观间的"媒介"或俗称的"导火线"、"药引子",些许的"偏见",就会是"煽风点火"的"挑拨",刻意的"评说",就必是"你死我活"的"敌意"。所以,为了真诚地实现"跨文化型"的"互动濡化"传播效应,作为前提的"自我审视"引导的"换位思考"话语态势及"平等面对"形成的"接纳差异"话语态势,必须起到各自具有的对"国际化新闻传播话语"言说态势的决定作用。

因此,只有在以表述为最基本运转方式存在的"国际化英语传媒"尽最大可能达成以"跨文化认同强度"定夺后的话语态势,进行对"被聚焦"文化价值观的话语呈现时,才会令原本是按照"本族中心主义"建立的"单一标准"突破惯性思维,而努力以"民族相对主义"引出的"多重标准"构筑"跨文化型"比较思维,逐渐形成"互动濡化"传播效应需要的话语态势。

3. "跨文化认同强度"裁决话语导向

当处于各类"社会文化情境"里的个体,按照自身价值观设置的框架进行着只属于其群体规范的生活时,就被定义为一个成熟的"社会人"。而形成这一角色的过程,是对框架中所有应被完全消化后转变成犹如神经系统的一系列符号的学习理解的过程。当一类"文化情境"的"社会人"同另一类的"社会人"相遇时,大多数个体间会发现存在于他们之间的"不同",即便是从事着同类型的职业、同样的社会定位。究其原因,是由于支配他们各自认知体系的"文化化符号"具有的塑造效果。

这种经过来自不同"文化情境"的"社会人"直接面对面交流认识到的"不同",是容易觉察到并获得简洁化认识和理解的状况。"被观察"和"被比较"后达到"被理解"的个体,能够理性而又清醒地接受"对方"表现出的所有"不同",只是一个基本的解释点:"文化"不同。"对方"的"理解"是依照其认知体系,也就是"局外人"的视角。而在"本方"的眼里,"局内人"自身的"明了",也就是"自在不言中"的"理所应当"了。源自不同类型"社会文化情境"的"社会人"间的"交往",引起认知层面上如此的"反应",在跨文化心理学领域的研究里,就是"客位"同"主位"各自定位后产生的相互"比较"后的效应。这一"比较"得以进行的前提,是"被比较"的双方将各自所依托的"文化情境",看做一套"文化化"符号被规范后的"系列模式"。

　　然而，当这种运行于个体间的微观化"比较"，被大众传播具有的广泛覆盖特点推到宏观化"比较"时，尤其是在被设计为达到"国际化"覆盖后的运行，就不再是"个体"间直接而又简单的"比较"所能完成的。唯一相同的是，"国际化传媒"需要完成的"比较"，依然是需要有效地运用"系列模式"后的"文化化"符号来进行。此时的"国际化传媒"同其所聚焦、分析及呈现其"被言说的"文化现象及人物的关系，都是双方眼中的"客位"与"主位"。进一步地说，就是"局外人"与"局内人"间的"认知体系"相互动关系。这种关系，可以协助和促进大众传播在"全球化"形势下形成的"国际化"传播，在更有效地展开"跨文化型"比较过程里，对他类文化价值观的"跨文化认同强度"把握尺度定位后，裁决尽可能达到有效传播的言说话语导向。以"国际化传媒"系统为分析案例，从而，使得"国际化新闻传播话语"的"导向"依据相应的规范化方式，来呈现言说的跨文化传播尺度。

　　首先，"客位方法"的"通则法"（nomothetic）规约"导向"。

　　在"全球化"形势下被广泛用来简约呈现"世界格局"态势的"地球村"一词，尽管令人们形成田园般村落的"意像化"思维，使得复杂而又矛盾多重的"国际关系"，显得简单如"沙盘"。进而，引出众多自成一体的学术理论化描写和讨论。在其影响下，"国际化传媒"在触及任何他类社会文化情境时，对于处在从"被聚焦"外部进行观察和分析的"局外人"，就会依赖一套行之有效的"描述系统"来运行。这一系统能够产生的效果，就源于言说话语导向被规约后的作用了。所以，这一"描述系统"，需要具有以下的功能。

　　第一，对所有"文化"类型的普适性。

　　"客位方法"是以"局外人"的"视角"，来对所谓"第一印象"的"梳理"，从而按照"无血缘"般感性牵绊的"理性"，对"被观察"本体的反应。这时的"国际化传媒"系统在调动其担任"传播源"角色具有的一切"功能"后，运转的效力按照"视角"搜索到的"素材"为结果，来建立经置于在跨文化心理学意义上既定"系列模式"中的对应体后的"印象"。

　　虽然"文化"被模式化，但还是将处在不同"板块"上的"文化情境"进行了"合并同类项"的归置，使得体现相同或相近心理的言行举止所表达的"意义"，能够有一定条例地"被对比"，得以令"国际化传媒"从业人员展开相应的系列"跨文化型比较"，进而提炼出源自不同文化情境类型的"典型"现象或表达，通过其各自被并列排序后呈现的"差异"或"相同"，在大众传播职业规范操作后，得到规约后的"国际化新闻传播话语"言说提示与强化，引导受众将人性中的普遍特性，与各自所形成的不同言行举止表达间存在的必然联系，有因果关系地结合在一起。从而，将左右"跨文化认知强度"的"民族相对主义"体现的"平等"凸显。同时，又可把易于形成"偏见"的元素诸如"标准"最大限度地消除。

所以，按照"传播源"主动定位的"客位"来言说所有"被聚焦"的文化现象或人物，就可以将其自身立足的"本土文化情境"中的任何存在，也投置于相同的"系列模式"中，加以"跨文化型比较"地"观察"与"审视"。进而确立"国际化新闻传播话语"言说文本的"导向"，就不会再轻易使"意识形态"转型后的"理念"，起到主导性的影响作用。

第二，允许异同间的存在。

"客位方法"将"文化"的不同存在类型视为"系列模式"后，就具有了必须"跳出三界外"来观察、理解和认识"三界"的"心态"与"视角"。任何鲜活的文化活动及情感表达方式，都只是在把其中具有的"形而上学"意义排除后的"方式"而已。此时，所有不同形态、样貌及频率呈现着的"方式"，是允许可最直接"被看见"的具体"存在"。尽管是最表面的"现象"，但是在所有"异同"得到"被归类"后，就具备了以"透过现象看本质"的理性分析。因而，支撑各类文化具有不同表现"方式"的"本质"，就会得到其应有的"被诠释"机会。

当然，对任何现象隐含的"本质"的彻底认识，并不是容易达到的。即便是个体的成员对自身本土文化本质的认识，也是需要一生时间来完成的。更何况大众传播的"一言以蔽之"的快速、简化特点，已经使得"本质"的"被透视"及"被解释"的频率和深度，不能得到全方位的保证。加之"国际化英语传媒"是在"跨文化型比较"的平台上展开言说，就其能够"跨"的尺度、"比较"的程度而言，又是一个永无止境的挑战。顾及到此再看"客位方法"运用的"系列模式"所能允许任何"差异"并存的特点，已经是难能可贵的效果。最起码可以允许受众看见其应该看见的"不同"，从而提供给受众最大的空间，来做出符合其秉持的价值观引导的"比较"，也就产生相应的"认知"了。

这时的"传播源"，尽管还是以具有"告知"性能的媒体运转着，但最大限度地减少了"强加"的力度，而是以"提供者"的角色完成受众期待的"呈现"。所以，"客位方法"的"系列模式"，在话语"导向"上体现的是：媒体只是告知受众知道"什么"，而非"为什么"。

第三，客位文化对比法。

在"国际化传媒"坚守"允许异同间并存"的底线上，"被传送"的"新闻化"事实本体在受众面前，具有了自然呈现其原本样貌的机会，虽然已经是"媒体传播产品"的一部分，但与其合为一体的"言说话语"，却在起着解释性、描述性和分析性的作用。这时的受众认知风格在"跨文化型比较"生态里，得到从自身本土文化转移到"传播源"介绍的另一类文化上的心理变化。这种变化，尽管是理念上的、抽象化的，但却是在受众调动自身文化群体界定的"概念体系和类别"后的"移情"效应。

这种按照"移情"效应产生的"再认识"，使得受众认知体系里固有的本土文化概念体系及其类别，得到了对自身文化现象"被镜像化"比较后"换位思考"的效果。按照这一效果产生的认知视线，在对自身整体文化价值观的内涵理解，就形成了"求同存异"的"互动濡化"融汇体。不可否认的是，形成如此的传播效果，也是作为"传播源"的"国际化英语传媒"在完成了必需的"跨文化型比较"为前提，在对言说话语"导向"的"互为客体"牢牢把握后的结果。也正是如此，后续按照大众传播特点展开的解释、描述与分析，都顺应着一条"言说者"与"被言说者"齐头并进般逻辑线而展开。

在此，也还是要保持对受众和"传播源"自身已有的各自"概念体系和类别"在"被调动"后，该如何"嵌入"需要设计和运用的"国际化新闻传播话语"言说文本中，来按照"跨文化型比较"要求的分寸及尺度同他类文化化概念勾连的敏感度。从而，最大限度地避免因惯性思维形成的"唾手拾得"现成"概念"与"类别"的"理所当然"。也就不会从"本族中心主义"的极端，又一跃而至"民族相对主义"的极端，以"跨文化型比较"的名义启动各自的"概念体系和类别"，却是立足于本族概念的内涵，来评判化地比较他类概念，形成外在软性优越感呈现的"本族中心主义"内核。

其次，"主位方法"的"具体法"（idiographic）测试"导向"。

"国际化传媒"运作过程被展开的必要条件，是能够将自身本土及他类文化情境里出现的"事实"、"现象"及"人物"类的具体存在，以大众传播媒体呈现的方式，向熟悉或不熟悉其"之所以如此"的受众群展示。尽管在一般意义上这是已经令处在任何"社会文化情境"里的受众再熟悉不过的职业特点，但是，当任何对受众个体或群体而言是源自"他类"情境的"传播源"的展示，都会引发有别于被认定是"本土"情境的"传播源"呈现的"跨文化冲击"反响。其中的关键原因是："受众"作为所属"情境"里的"社会人"，是以"公民"的角色在践行着"被赋予"的社会责任的。而他们之所以能够具有担当责任的资格，是基于他们的素质形成完全与所依托的"情境"紧密相关的。所以，他们对源自"他类"文化情境"传播源"的言说话语，此处暂且不论是正面的还是负面的，都会令他们以"局内人"特有的"主位"思维方式，来审视所接收到的"言说话语"承载的任何细节。

从跨文化传播理论已得出的结论来认识这种表现，是因为"主位方法"原理认为，"社会化"的"个体"成为"社会人"需要的任何"养分"，都是与其"血脉相连"的"社会文化情境"律动的结果，而不是作为"外力"以"施加"影响的外部因素。所以，作为大众传播展示过程中"受众"角色的"社会化"个体，对所接收到的任何"媒体传播产品"涵盖的"内容"所表现的"反响"，就是对源自"局外人"的"指手画脚"或"评头品足"般映射的"态度"的"反作用力"。这样，以"局外人"的"视角"对"局内人"业已"天生化"般"言行举止"的"评说"，都是要么令"局内人"怒不可遏地"拒绝"，要么是让"局内人"嗤之以鼻地"不屑"，抑或是"一笑了之"地"漠视"。

所以，在"传播源"与其"目标受众"之间作为沟通桥梁的"国际化新闻传播话语"的"被设计"与"被运用"理念，是必须在"客位方法"原理得到充分理解后的运用前提下，再顾及"主位方法"的内涵后，才"有可能"使"国际化英语传媒"所预设的"传送"结果有效地实现。

第一，"传播源"与"文化情境"间的关系。

"国际化"传媒得以存在并有效运行的必要条件，是同现有"世界格局"里各类"社会文化情境"保有特殊的关系。这种关系，不是人们一直以为的相互依存或平等相处的关系，而是不论何种性质的"媒体"，都必须主动且紧紧围绕着"情境"而运转。这时的"情境"，不仅是"传播源"立足的"本土化"社会文化情境，也包括对"传播源"而言是"他类"的"情境"。毕竟，"媒体"是可以"被建立"，也可以"被消除"的。但是，一个"社会文化情境"的存在，却是不会轻易"被建立",也是不会轻易"被消除"的"生命体"。

　　一个"社会文化情境"被视为"生命体",是因为一个社会体制或文化体系并不是一种固化的存在,而是由经意识形态分享被凝聚在一起的生命群体的心理与意念的律动体。而"媒体"系统作为一种"工具"的定位,也是一直被视为固化的无生命体存在。但事实上,"媒体"也是一种具有"理念"或曰"灵魂"的"生命体"。当然,其具有的"灵魂"或"理念"也是"被赋予"的,就如同作为受众的"公民",是在与自身本土"情境"相交融后的获得一般。只是"媒体"的"理念",是通过大众传播的特点"被体现"出来。而个体的"灵魂",却是由自身的"素质化"人格与品行的展现而示人的。所以,作为"传播源"的"国际化英语传媒"与作为"受众"的"个体",都是在一定展示平台上来完成"表达"或"言说的"。这样,两者都需要各自一整套言说体系来形成叙述层面上的具体"话语"文本。

　　然而,因为在"传播源"与"文化情境"两者之间,是先有"文化情境"而后有"传播源",所以,两者间的关系是前者以"观察"、"触及"、"挖掘"和"展示"的顺序来触及后者,再将"展示"的结果反射到前者身上,来完成其言说的出发点。可见,是"传播源"有赖于所聚焦的"社会文化情境"释放的生命力为存在前提。这样,也就产生了"传播源"如何聚焦和触及"情境",而得以同其他"传播源"相比,建立"与众不同"又使得"情境"成为所需"素材"取之不尽的"宝库"的问题。

　　因此,"传播源"与"文化情境"的关系,既表现为"客位"与"客位"的关系,即:"传播源"在面对他类"社会文化情境"时;也表现为"主位"与"主位"的关系,即:"传播源"在面对自身立足的"本土化"社会文化情境时;也会出现"客位"与"主位"的关系,即:"传播源"在面对"自身"本土"情境"同"他类"组成的"多重化"议题交错"情境"时。在两者间形成如此的关系,还是根据"被聚焦"议题所依托的"社会文化情境"在"传播源"所设计的言说话语表述定位上。也就是"传播源"界定的谁为"主"或"客"的位置。

　　第二,"传播源"与"文化情境"间的"有意义"特征。

　　当"国际化传媒"以"传播源"的角色来定位所呈现议题的立场时,就体现了其赋予"被言说"的"事实"具有何种性质之"意义"的特征。而这时的"国际化传媒",是按"主位理解"原理解释的"站在他文化群体的角度来理解他文化"的立场，进行"国际化新闻传播话语"言说文本的表述定位的。其中所叙说的"意义"已经是体现"传播源"同所聚焦"文化情境"间关系的特征，也就是"跨文化型比较"特意被保证进行的"移情能力"体现。

虽然"国际化新闻传播话语"言说文本的表意"角度"，已经是"移情"后的刻意"视域"。但是，却是其作为"客位"本体在向"主位理解"转化后的努力，而非如其"与生俱来"般的"主位"本体原生态展现。这种如同"后天"般"修行"而得的"移情"，尽管是可贵的，但仍会或多或少地将其自身本土情境里的元素，渗透进用于表述的"言说话语"文本当中。这样，在任何标签为"国际化"的传媒系统运行过程中，其自身情境生成的文化元素色彩，都会在细节中表现出来。此时的"国际化"传播所预设的期待值得到近乎理想化的实现程度，就需要"被覆盖"的受众群以相近的"移情能力"来面对接收到的任何言说话语内容了。只有如此的态度，才会形成"赞同"后的"接受"、"反对"后的"拒绝"、"识别"后的"沟通"以及"被误读"后的"淡然"。

诚然，作为"局内人"的受众，在面对任何源自他者如"局外人"的"评点"时，以自身固守的价值观建立的标准系统进行测衡后的反应，都是"理所当然"的心理状态。也正是如此的反响效果，才会体现出由"传播源"以"主位理解"形成的"移情能力"诠释的"意义"所在。更重要的是，可以检验这一"意义化"的言说话语表述体里渗透着对受众而言是"偏见"的多寡。如此的"测衡"，就是受众做出"判断"的转型体现。就目前处在"媒体传播全球化"形成的"新新闻生态"里的众多"国际化"媒体而言，只要能够激发出目标受众对"被传送"的"意义"相应的"反响"，就已经是有意义的传播了。尽管这种单纯为了获得"反响"，而进行接近"煽动性"的"恶意"言说话语设计现象，也是不可忽视和不能不加以"抨击"的。但其中所需的"标准"，又是一个牵涉到相应的价值体系的问题。

因此，由一般意义上的传媒输出的"意义"，本身就是一个具备引发"公众"进行争论和议论的余地。而对立足于"国际化"传送的媒体而言，"意义"的生成过程本身，就已经是同被触及的"文化情境"形成"刀刃上跳舞"的关系了。进而，对于大众传媒推介或呈现的"意义"，必须持"相对主义"的心态来接收，"取"与"舍"就在"一念"之上。这"一念"，就完全有赖于受众自身的认知风格引导的"视域"宽窄程度了。毕竟，"国际化传媒"的"言说话语"，已经是

"谁人面前不说人"的"信息时代"的标志性特征了。

第三,"传播源"与"文化情境"间的"合适性"特征。

在使"国际化传媒"的"言说话语"持续作用的"新新闻生态"保证下,由于现有"世界格局"决定的"国际关系"制约着"国际化新闻传播话语"言说"走向"及话语"分寸",令"传播源"在选择所要触及的"文化情境"时,必然会顾及其具有的"适合性"问题,也就是两者间已有的关系衬托出的"特征",是否会促进"传播源"的言说,具有令受众产生其"有资质"进行聚焦的第一印象。

毕竟,当"传播源"运用"主位方法"展开其言说过程时,所呈现的样貌是动态的。也就是说,此时的"传播源"所展开的言说话语文本,必须引导"被聚焦"的"文化情境"里的"受众"自己来表达所理解的自身本土文化现象或人物。此时的"受众"以自身文化情境塑造的"公民"身份,经过"传播源"传送的"言说话语"文本内涵的刺激,从"自我决定"和"自我反省"两种"假定"为出发点,试图以经过"镜像化"的"映射"产生的反响为"报告"或"解释",来重构他们已有的经验世界,从而完成对接收到的"新闻化"言说话语,进行近乎"互动濡化"的从"判断"到"接受"的过程。

这种"合适性"的建立,就在于诸如"国际化英语传媒"般的"国际化传媒"系统,因为使用了"国际化"的语言英语而被定位和标识为"国际化",但并未就此停止于在这一位置上,对所聚焦的议题进行单纯"国际化"地"新闻化"。而是根据"国际关系"牵引出的脉络,对各类"文化情境"板块"之所以如此"的定位,加以符合大众传播言说特点的分析,而得出相对恰如其分关系的"合适性",由此得出相对固定的言说走向和话语定势,继而维持长久的传送样貌与态势,逐渐构筑起与其言说话语内涵相匹配的"国际化"传播引导效力来。

否则,其运行就是打着"国际化"幌子,而对"世界格局"里相对稳定的"国际关系",进行"干扰"和"挑拨"为目的的"新闻化"舞台,在其之上演出的是一系列的"时事化闹剧"。于是,"国际化新闻传播公共话语空间"里的受众,就会在心智上受到由"意识形态"被极端利用后的无形操控,从而成为"传播源"所推介的"利益集团"的精神附庸。起着如此作用的"国际化传媒",就已是其所依赖的"政体"和"利益集团"设计的"没有硝烟的战争"里的"马前卒"、"吹鼓手"。

顾及以上由"国际化传媒"与各类"文化情境"间的"合适性"定位，是衡量其在"国际化"名义下展开任何"新闻化"言说话语的"导向"的关键，毕竟，这一"导向"将"传播源"的言说引导力形成的受众反应"镜像化"后，呈现出两者达到的"跨文化认同强度"的"互动濡化"度来。尽管在大多数情况下，大部分"社会文化情境"是处于主动态势的，因为并不需依靠任何被定位为"局外人"的"传播源"的聚焦与言说来生存，仍会如地球自转般地"运行"。但是，当"全球化"下的"世界格局"将所有"板块"间的"关系"激活后，就有了"分庭抗礼"的态势分布。这时，源自"盟友"的言说话语，就会起到"凝聚力"的胶着效果；而来自"敌人"的妖魔化涂鸦，就会引发"对抗"般的仇视效应。

就目前最具典型说明此点的案例，当属"索马里海盗"的"被言说"带出的一系列"所指"后演进的"能指"，到目前业已在"国际化"范畴内形成的"约定"话语表述体。

最后，"客位方法"与"主位方法"互动效应。

鉴于"国际化传媒"在触及自身及他类"社会文化情境"时，必然会选择"兼顾性"的立场来设计和运用"国际化新闻传播话语"表述体，也就会具体到以"客位方法"的"静态"与"主位方法"的"动态"相结合后的视角与视域，对能够令具有"传播源"性质的自身同被设立为"目标受众"的他类文化情境的"社会人"，形成在不同认知风格引导下产生的心理互动效应。

第一，"客位"之"静态"与"主位"之"动态"。

为了这一"互动"效应的产生具有促进"跨文化型比较"的良性进行，按照达成"相互理解"程度的"跨文化认知强度"需要的话语导向，就必然将"客位"具有的"静态化"预测功能，同"主位"固有的"动态化"解释功能结合起来。进而，从既具有"客位"与"主位"双重立场的"传播源"视角及视域出发，也从同时兼有"主位"与"客位"双重角色的"目标受众"视角及视域为着陆点，将并行的"传送"后形成的"言说"与"接收"后建立的"释义"同步呈现，从而，建立了"被言说"方与"言说"方直接相遇后得以呈现的空间。这一"着陆处"，是处于"国际新闻传播公共英语话语空间"里的"小生境"化的"空间"。这一"小生境"的"小"，是与庞大的"国际化传播"建立的信息流通网之"大"比较而言的，也是在多语种形成的信息交错生态里，对单一化英语相对应的"小",尽管接受英语语言的受众群是相对"庞大"的。更有因为"传播源"按照各自"文化化概念体系与类别"来运用英语语言,使得在表面上是英语语言的"言说",已经是另一种"英语"表意的存在,就令"公共英语话语空间"有了多重的含义和诠释层面。

所以,即便都是"国际化传媒"的分类,但是,产生存在于"传播源"同"目标受众"间的"互动"效应,却是按照各自定位的"客位"与"主位"的视角及视域来设计相应择定的"新闻化"事实,辅以各自设定的"戏剧化"效果,来完成的"言说话语文本体"得以编织和支撑其逻辑表述的。由此可见,任何来自"国际化"传播的言说话语,不论其在语言方面形成的"语气"如何郑重、"语义"层面如何严肃,及"语境"氛围如何周全,都只能是"相对的"互动后形成的效应,即使所有"被言说"的"事实"都是绝对的纯粹存在,也是经历了"传播源"对"新闻"的理解后得出的"新闻化",更不必再深究其采用的"戏剧化"所具有的"色彩"立足的"依据"又源自何种"标准"了。因为只要有"标准",就有相应支撑其的"参数",也就有了所有"拟剧化"再塑成的"表述"带出的"假设"来。

第二,"客位"之"参数"与"主位"之"假设"。

由于"国际化传媒"在选择"事实"以完成适合大众传播要求的"新闻化"过程中,必须运用一定的"标准"来完成,来体现新闻传播规定的"客观性",也展示其处于"客位"的意识标志。但是,"标准"的建立,一定是按照与其具有近乎对等地位的"参照物"来树立的,也就触及到"参数"的测定问题。因为大众传播的言说话语风格与导向,都是关乎属于人文社会科学领域的内容,也就不可能按照自然科学领域形成的绝对化"参数"来建立"标准"。这样,基于相应的"参数"树起的"标准"在"被运用"时,就会出现两种类别的情况。一是其被用来测衡其自身本土文化情境里的议题所呈现的结论,都会得到其成员的认可与接受;二是其被用来测衡他类文化情境里的社会现象与议题得出的结论,就不一定是那一"被测衡"议题所依托的"情境"里的成员所认可和接受的了。

毕竟,"客位"所运用的"标准",依赖的"参数",一定会导致处在"主位"的接收者形成相应的"反馈",而这一结果被不同的"标准"加以测恒时,就有了对接不上的部分,也就是在"被言说"情境之成员眼里的"假设"了。这一"假设"的性质,并不等同于"言说者"刻意地"造假",而是不可抗拒的、隶属人文社会特质的"形而上学"部分。也就是不可量化测度的"心理活动"之具体言说文本负载的话语内涵。有了这一认识再理解来自"国际化英语传媒"的任何言说内容依附的话语,就使得颇具挑战性的"跨文化型比较",具有了可以在"世界格局"里的所有类别"板块"着陆的逻辑解释,即:"民族相对主义"建立的"相对性",对在各类"社会文化情境"里的成员认知体系里,具有近乎"绝对正确"可以"放之四海而皆准"的本族"价值观",起到了重新定位定性的作用。从而,使得极易形成"单极价值"的"本族中心主义"可能形成的效应,被理性地"稀释"或"消除"。

因此,当作为"传播源"的"国际化传媒"与作为"目标受众"的"被言说"社会文化情境里的"公民",都能够将自身具有的既可定位在"客位"又可担任"主位"角色的特性,并行释放其具有的各自效力后,就会使得以相对"标准"衡量的易变社会文化现象,有了尽可能多重的"被释义"结论,而不会由于"单极价值"行使的近乎"强加"的"臆断",将多维度多层面多内涵的"活化"事件和议题,定性为"固化"的判断与结论。事物本身具有的争议性和比较性,都获得了尽可能在争议中呈现新意义的存在空间和被诠释的逻辑。从而,令"传播源"与"目标受众"持有的对双方达成理解的"跨文化认知强度"决定的言说话语文本,在"新闻化"了的"事实"的辅佐下,呈现出"跨文化适应"后的"跨文化互动濡化"的有效传播结果。

(二)国际化新闻传播话语与跨文化感知程度

当"国际化英语传媒"的运转在其形成的"跨文化认同强度"主导下,根据所触及文化类型的不同,而不断调试其应设计的"国际化新闻传播话语"尽可能与"被言说"事宜所依托的"社会文化情境"相对接的色彩、态势及导向后,就达到了其得以持续运转的基本保证。而对于其"目标受众"来说,这种运转中的"言说"呈现的"态度",不仅体现着作为"言说者"的"传播源"对所聚焦他类文化事宜的"跨文化认同强度",同时,也激发着作为其"目标受众"的他类文化之"公民",对"被言说"议题所依托的"国际化新闻传播话语"言说文本内涵的"跨文化认同强度"。

这种"齐头并进"使既相互交错又相互平行的"认知风格"作用态势,在形式上看,是"言说者"与"被言说者"间努力达成一定程度的"互动濡化"结果，而从本质上看，是"国际化英语传媒"所设计的"国际化新闻传播话语"在表述上，是否摆脱了令"目标受众"敏感的"优越性"或"唯我独尊"心态引发出的"强加"口径，也就是在达到双方都接受的"跨文化认同强度"基础上，形成的"跨文化感知程度"。这种对他类"社会文化价值观"的"感知"程度，尽管与"认同"程度是相辅相成的，但却是对"认同"程度的提升状态呈现。不同类型文化价值观之间形成一定程度的"认同"，已属不易，但在当今"世界格局"里现有的"国际关系"网中，为达成"互惠互利"的和谐态势，还是远远不够的。毕竟，"认同"，只是达成一种"静态"意义上的"心理"定势。而"感知"，却是形成一种"动态"层面上的"行为"模式。

对于依靠言说般"话语"进行运转的"国际化传媒"系统来说，体现其"感知"行为的方式，就是在设计和运用"话语"言说文本的表述方式上。由于尽量突破本土文化价值观建立的思维模式已有框架，就促使其在设计"新闻化"言说"话语"文本时，努力掌握其自身与"被言说"的他类文化价值观也认可和使用的思维模式。在跨文化传播学领域里现已获得的研究成果中，有关触及文化范畴来获得让人们在跨文化交流中所需要的指令和指导，以评估因异同而面对的各类跨文化交流原则，从而解释变化的规律与各层面上的差异。按照对"国际化新闻传播话语"设计与运用的决定效果来看，"文化价值取向模式"（Cultural Value Orientation Model）所提供的"领域"，更适合"大众传播"呈现"被梳理"后的"社会文化情境"涵盖的各个领域之职业特点，"目标受众"也是经过对"被呈现"的"碎片化"普遍性问题"被言说"的"认同"后获得一定层次的"感知"的。本作根据现有"模式"对"国际化传媒"通过其设计和运用的"国际化新闻传播话语"来体现的"跨文化感知程度"的有效实现意义，来探讨其经过"模式"的辅佐后建立在两者间的互促关系。

1. "跨文化感知程度"引领话语覆盖"领域"

—— "文化价值"所处的"社会领域"模式

触及"世界格局"里各类"文化情境"的"国际化英语传媒"，依据表述化言说话语呈现的逻辑来着陆的前提，就是对不同"文化价值观"所秉持的相对"同类项"，结合各自依存的"社会化环境"特点得以完成的。将"社会文化情境"秉持的"价值观"同围绕其形成的"社会领域"间的关系，加以言语描述上的梳理后，就理出了一些相互依赖的脉络来，从而使得体现人类自身在所处系统中，赖以维系所有社会机制有序运行的"文化价值"具体存在方式，就以社会学意义上的"领域"被抽象出来，进而令言语描述有了最基本的符号元素为依托。

首先，"社会领域"之"文化价值"形成"跨文化型比较"的前提。

在以社会学为基础展开的文化研究范畴里，社会作为一个运行的政体机制，可以被视为由若干相互依赖的"领域"所构成，各领域相对自成一体的"自转"状态，又是依靠相应的价值纽带来连接，从而保证其运行的顺畅与和谐。当经济一体化强化了"全球化"促成各类文化间必须交往和协作态势后，"求同存异"的前提使得统称为"社会机制"的群体化行为样态有了相互间比较后的"取"与"舍"。这就是，尽可能在更顺畅"协作"的前提下，"取"他类文化价值观的"可取之处"，来完成相互的"接近"抑或达成"相似"，从而，使得"跨文化"间的交往有了"可比较"的余地。

当然，其中存在的围绕"谁"应该"取"与"舍"那一被认可的"谁"之"可取"处，而形成的"碰撞"与"角力"，也是必然的。但是，落实到同是人类为维持生存，根据各自谋生环境所建立规则这一最基本点上，还是可以"人本"为出发点，找到各类文化情境都具有的"共性"来。也正是基于如此的过程所建立的逻辑，使得如同孔登和尤谢夫（Condon and Yousel）般的研究者，努力建构跨文化传播意义上需要的"文化价值取向模式"，以更条理化和系统化的方式，来审视和理解人类为维持生存繁衍而设计的社会领域。

本作对自身依据"跨文化传播"进行言说过程的"国际化英语传媒"所设计和运用的话语特点进行分析，就必然会触及使得其言说话语保持"言之有物"的"社会领域"，进而，也就会依靠"文化价值取向模式"，来透视经"国际化"大众传播系统描述后的社会文化价值观，对促进和加强有效的"跨文化型比较"带出的真正"平等"意义上的"跨文化感知强度"，以达成相互理解基础上的跨文化交流与沟通。由于"跨文化感知强度"直接决定"国际化新闻传播话语"的设计可能顾及的社会化"领域"，所以，本作按照孔登和尤谢夫（Condon and Yousel）研究出的"文化价值取向模式"，来探讨两者间具有的关系解释。

其次，"社会领域"的"文化价值"之"跨文化型比较"参数。

根据孔登和尤谢夫（Condon and Yousel）的研究，支撑各类"社会文化情境"得以顺畅"自转"的"文化价值"，可以在六个相互作用与依存的"社会领域"

当中得到审视，即：自我（the self），家庭（the family），社会（society），人性（human），自然（nature），超自然（the supernatural）。其中，每个领域含有四到五个普适性问题，而每个问题有三种解决方法。如此的分类形成的"沙盘化"造型，令"国际化英语传媒"的言说话语设计和定位，即刻找到了与所聚焦内容可对应的"着陆点"或"衔接链"，更使得必须展开的"跨文化型比较"需要的"参照物"，有了"同类项"的标志，从而引导处在不同类别里的"目标受众"，直观地看到"被比较"的内容之所以如此"被言说"的逻辑线，尽管还会有作为"传播源"的"言说者"自身"本族中心主义"固有的色彩，但已经摆脱了"单极价值观"形成的"说一不二"的倾向与后果。

顺应这一"模式"，本作可以将这些领域罗列出以下可运用于"跨文化型比较"的"项目"与"参数"分类：

1）个人领域

其含有四个问题：

第一个问题：个人主义/相互依赖（individualism/interdependence）

"跨文化型比较"路径可使用的"参数"：个人主义、个性化、相互依存。

第二个问题：年龄（age）

"跨文化型比较"路径可使用的"参数"：年轻人、中年人、老年人。

第三个问题：性别（gender）

"跨文化型比较"路径可使用的"参数"：男女平等、女性的优越、男性的优越。

第四个问题：活动（activity）

"跨文化型比较"路径可使用的"参数"：行动、本然—行动和本然。

2）家庭领域

其含有四个问题：

第一个问题：关系取向（relational orientation）

"跨文化型比较"路径可使用的"参数"：个人主义、直系、旁系。

第二个问题：权威（authority）

"跨文化型比较"路径可使用的"参数"：民主的、权力为中心的、专制的。

第三个问题：角色行为（role behaviour）

"跨文化型比较"路径可使用的"参数"：开放的、一般的、特殊的。

第四个问题：流动性（mobility）

"跨文化型比较"路径可使用的"参数"：高流动性的、阶段性流动性、低流动性。

3）社会领域

其含有五个问题：

第一个问题：社会的相互性（social reciprocity）

"跨文化型比较"路径可使用的"参数"：独立的、对称的、相辅相成的。

第二个问题：集团成员（group membership）

"跨文化型比较"路径可使用的"参数"：许多团体、中等数量、少数团体。

第三个问题：中介机构（intermediaries）

"跨文化型比较"路径可使用的"参数"：没有中介机构、专业中介机构、必要的中介机构。

第四个问题：正式性（formality）

"跨文化型比较"路径可使用的"参数"：非正规、有选择性的形式、普遍的形式。

第五个问题：财产（property）

"跨文化型比较"路径可使用的"参数"：私人的、功利的、社会的。

4）人的本性领域

其含有四个问题：

第一个问题：理性（rationality）

"跨文化型比较"路径可使用的"参数"：合理的、直观的、不合理的。

第二个问题：善与恶（good and evil）

"跨文化型比较"路径可使用的"参数"：善、中性、恶。

第三个问题：幸福与快乐（happiness/pleasure）

"跨文化型比较"路径可使用的"参数"：幸福为目标、悲喜混合、悲伤。

第四个问题：变异性（mutability）

"跨文化型比较"路径可使用的"参数"：变化、有些变化、没有变化。

5）自然的领域

其含有四个问题：

第一个问题：人和自然的关系（relationship of human and nature）

"跨文化型比较"路径可使用的"参数"：人类支配自然、人与自然和谐相处、自然主宰人类。

第二个问题：了解自然的方式（ways of knowing nature）

"跨文化型比较"路径可使用的"参数"：抽象的、感应推理、具体方法。

第三个问题：自然的结构（structure of nature）

"跨文化型比较"路径可使用的"参数"：机械的、精神的、有机的。

第四个问题：时间的概念（concept of time）

"跨文化型比较"路径可使用的"参数"：未来、现在、过去。

6）超自然领域

其含有四个问题：

第一个问题：人类和超自然的关系（relationship of man and the supernatural）

"跨文化型比较"路径可使用的"参数"：人即上帝、泛神论、超自然控制人类。

第二个问题：生命的意义（mean of life）

"跨文化型比较"路径可使用的"参数"：物质目标、精神目标、知识目标。

第三个问题：神旨（providence）

"跨文化型比较"路径可使用的"参数"：美好生活是无限的、美恶并俱、美好生活是有限的。

第四个问题：宇宙秩序的知识（knowledge of cosmic order）

"跨文化型比较"路径可使用的"参数"：次序是可理解的、信仰与理性、神秘和不可知。

以上六个"领域"的划分，使得庞大而复杂的"社会机制"呈现为"清单化"的"项目"，涵盖了令社会从外在到内在的所有"元素"，也就是业已在社会学研究层面被细化后的物质与精神内涵的量化存在。从而，使得本文探讨的相应"跨文化型比较"所需要的"同类项"，有了具体且直观的"参数"相对应。当一个个似乎是"单一的"社会领域，按照宏观文化价值观的指引而"自转"时，也就成全了"社会文化情境"的整体"自转"。

最后，"社会领域"的"文化价值"之"跨文化型比较"参数运用。

"文化价值"在社会这一庞大运转机制中，被各类"领域"的自行运行方式所体现，从而以不同的特点呈现着各自依据的"文化价值"得以"如此般"作用的"不必言说"的解释。然而,当两种不同类型的"社会文化情境"由大众传播必须的"相提并论"方式"被同时"呈现时,仅在单一"情境"里"无言"行进的"自转",就有了必须"被言说"后方可"被解释"的各自缘由。这时的"被言说",并不是单纯通过各自的"自转"方式能够完成的,而是必须依赖大众传播的"刻意化"运用能够形成有效的"跨文化型比较"之"项目"与"参数"来达到的。

在已经由孔登和尤谢夫(Condon and Yousel)对"文化价值取向模式"的深化研究中得出的六个"社会领域"运用上,每个"领域"涵盖的"问题"所形成的"解决途径",使得存在于不同类别的"社会文化情境"有了可"被比较"的"参数"。尤其是当"国际化"大众传播的言说秉持的"言之有物"特质,获得了既"具体"又"量化"的"标准",虽然是相对的,但却是受众在跨文化心理上展开"理解"过程需要的基础。在此基础上,同为"人类"的"个体",由于是按照各自所持标准化"社会人"的框架,进行着日常生活里各方面的活动,从而,国际新闻传播运用的"纯粹的'事实'"就附着在"具体的'言行'"上。这些"言行",成为受众在接收"国际化英语传媒"的"言说话语"文本内容时,暂时摒弃各自"文化价值观"建立的"本族化"之规范"标准",而顺应"国际化新闻传播话语"言说文本运用的"跨文化型比较"基于的"参数"化"标准",来同时观察和理解"被比较"着的"同类项"呈现着的"异"与"同"。

以孔登和尤谢夫建立的"社会领域"中的第六个"领域"为例,就可以进一步体现出"国际化传媒"在设计和运用"国际化新闻传播话语"言说文本时,其依据的"跨文化型比较""同类项"及其"参数",对国际化受众所形成的有效传播结果。

例如:

"超自然领域"在中国和瑞典社会文化情境的"跨文化型比较"呈现。

其具有四个层次的"比较"呈现:

第一个问题:人类和超自然的关系。

"跨文化型比较"路径依据的"参数":

(1)人即上帝:瑞典社会"上帝创造了人类";中国社会"老天关照着人类"。

(2)泛神论:瑞典社会"宗教理念社会";中国社会"非宗教理念社会"。

（3）超自然控制人类：瑞典社会"天堂 VS 地狱"；中国社会"'天人合一'之'生命轮回'"。

由此，当"国际化"受众依照在其"认知风格"可扫描到的"事实化"元素，来顺应如此的"并列"对比时，辅以"国际化新闻传播话语"言说文本展示的"有声有色"表述，就引导受众产生对"被比较"双方，在近乎"对等"位置上，按照"同一"尺度"被言说"或"被评点"出的任何结论，形成"可接受"的"合理性"结果。

2."跨文化感知程度"分类话语表述"风格"
——"情境文化化传播"模式

"国际化新闻传播话语"的言说效果，不仅受到"言说者"及"接收者"获得的"跨文化感知程度"的影响，同时，也受到两者所处"社会文化情境"建立的个体间沟通特点制约。微观层面上的个体间沟通特点，形成对大众传播言说的"被传送"信息的接收和理解方式，也就导致宏观层面的大众传播在选择、整理和编辑过程中，对"媒体传播产品"形成沟通载体的引导力塑造，起到体现其所立足的"情境"的沟通特点。

进而，作为"传播源"的"国际化英语传媒"与担任其"目标受众"的多元化"公民"，在达成对起着"中介"作用的"言说话语"文本内涵的理解，必须顾及彼此立足的"情境"沟通特点。毕竟，当两者依托同类别的"情境"沟通特点时，达成彼此间的理解是相对直接的；而当两者依托的"情境"沟通特点不同时，就会使得两者的沟通处在平行而不交汇的"各说各话"态势下，永无"相遇"后的"碰撞"，也就不会产生任何层面上的结果了。

可见，"国际化传媒"在具有对所言说"事实"加以"被传送"前的"跨文化感知强度"后，还需要把其所聚焦的"事实"出处秉持的沟通风格类别，进行理解后同"言说话语"设计紧密结合起来，以保证"目标受众"在接收后的理解与接受的生成。本作就目前在跨文化传播理论层面研究出的"文化情境"与"沟通"间关系的"模式"，即：霍尔（Hall）于 1976 年以传播角度来审视文化后所得出的"高情境文化"（high－context culture）与"低情境文化"（low－context culture），也称作"霍尔传播模式"，将"国际化传媒"在具有对"被言说"文化情境的"跨文化感知程度"后，对"国际化新闻传播话语"言说文本设计所需

"视角"达至的"跨文化认知视域"的预见度，同各类文化情境的沟通模式间的互需关系，进行系统地梳理。

首先，"'高'和'低'情境文化"与"国际化新闻传播话语"表述"风格"。

根据霍尔的研究，属于"高情境文化"沟通类别的"社会文化情境"，依赖内化在个体行为方式上或物质环境里的信息，展开沟通过程。此时处于被传播位置上的信息，不承载清晰的编码和代码。在日常生活里的个体交往过程中，"只可意会"般的"含蓄"表达，形成群体共享的"内敛"与"心领神会"的话语表述风格，建立出传播学意义上的"隐含义"（connotation）沟通传播态势。由此，也就形成了这类情境特有的"螺旋逻辑"（spiral logic）。而与之相对应的"低情境文化"沟通类别的"社会文化情境"，其沟通方式使其大量使用的信息，被赋予明确的代码，构建起传播学意义上的"明示义"（denotation）沟通传播态势，形成意义鲜明呈现的"线性逻辑"（linear logic）面的如此近乎截然相反的沟通传播习惯或特点。"国际化英语传媒"的话语文本设计，就需要结合大众传播具有的特点来进行。尽管相对于其他类别的沟通传播特性，媒体传播的表述方式体现为更直接和直观的言语解释，但是，其特有的"一闪而过"特点，也是一种不可避免的局限，使得其所需要的清晰表达，必须有其"目标受众"最熟悉、最习惯及最理解的词汇、结构及语义来保证。

然而，对于作为"言说者"的"国际化传媒"而言，其自身认为是最熟悉、最习惯及最理解的词汇、结构及语义，可能并不是所触及的"高情境文化"所认同的。这样，就需要其在设计"国际化新闻传播话语"言说文本时，顾及"高情境"固有的沟通特性，即：内敛、含蓄与模棱两可。但是，作为以"声像化"及"文字化"形式展开叙述与表达内涵的大众传播，就不能再按照个体化采用的"面对面"方式，来进行"一来二去"几个回合"破解"内敛呈现的真意，而必须在一次性的表述后，令"目标受众"在最短的时间内获得对其预设传送内容的理解。这样，就必须在兼顾"目标受众"的沟通特性，来设计自身"话语"的言说风格了。当然，不可否认的是：大众传播的言说话语表达方式，更契合于"低情境文化"所固有的"线性逻辑"沟通传播特点，也就是说，其更适宜通过"符号化"了的"代码"来呈现内容里的含义。

这样，对于任何类型的"社会文化情境"来说，都是按照各自的沟通风格来完成对所接收意义的理解，而"意义"又是被设置的相关"编码"与"解码"系统来传递和呈现的，进而，只要梳理出不同类型社会文化情境采用的"编码/解码"系统规律，就会减少或消除"国际化英语传媒"作为"言说者"，被所谓"高"或"低"情境的沟通特点所制约，而展开有效的言说话语表述过程了。

其次，"'高'和'低'情境"与"国际化新闻传播话语"表述"代码"。

虽然个体都是运用自身的语言系统，来完成相互间的沟通与交流的。但是，即便是源自同一母语"社会文化情境"的个体间沟通，也会牵绊于各自所处的社会阶层、职业领域及教育背景形成的差异。因而，就"国际化新闻传播话语"所达至的区域，本土和异域的社会文化情境，都会形成一系列因沟通顺畅与否而形成的种种障碍。单就"国际化"形成的既交错又易纠结的沟通逻辑线来说，大众传播"声像化"了的"符号化"呈现，使得借助"新闻化"固有的"框架"模式而"被言说"的"信息"，有了既直观又形象化的"意象"效果。所以，依赖对能够产生"镜像化"表述联想效果的系列"代码"，进行"编码"与"解码"的诠释后，就保证了"国际化传媒"的"国际化"言说期待目标的达至。所以，在"国际化传媒"触及到的或"高情境文化"或"低情境文化"运用的"代码"时，只要启动相应的"编码/解码"系统来展开对应的诠释，就会对"国际化新闻传播话语"言说文本的设计，有相应的有效促成作用。

"国际化"传送"信息"的"媒体"，都是以跨越自身本土情境进行言说的体系。诚然，即使其出发点是努力达成全球化范围内的有效沟通，也会因为各类情境间的沟通方式不同，而不能顺畅地达到。更何况，以采用被称为"国际化"了的英语语言来运行的媒体，又被分为英语为母语和非母语、价值观体现的意识形态定位在"西方"与"东方"、"北方"与"南方"的不同。而这些"前提"，导致其预设的"国际化"有了"被运用"的"英语"所不能突破的制约屏障。也就是说，此时的语言不论被如何运用，都不会抵及"目标受众"的认知体系内，而只是被组织在其之外，像"耳旁风"般逝去。

在此状况下，唯有通过是对能体现"一张图片胜过千言万语"的"符号化"了的"代码"的有效使用，才会使得已经不是单纯语言的话语表述，获得一定的接收群体。在传播学意义上，由英国文化研究学者斯图尔特·霍尔建立的"编码/代码"理论，是对受众研究形成的视角。更为重要的是，这一理论顾及了"国际化新闻传播话语"言说文本得以设计与被有效运用的宏观化"意义"的形成源头，即：意识形态。显然，"编码/解码"理论在微观上是对"目标受众"的研究，在宏观上就是对支配与塑造"目标受众"的意识形态的分析与理解了。事实上，这一理论也是对大众传播具有的本质的剖析，即："编码"，是对"国际化英语传媒"所传送的"内容"进行生产的过程中，触及到的相应政治和社会语境的分析，而"解码"，则是对"国际化英语传媒"的"目标受众"将所接收到的"言说话语文本化"信息的，视为"产品"的"消费状况"的分析。概括言之，"国际化新闻传播话语"言说文本得以被设计出的前提因素"代码"，就通过"编码/代码"理论建立的对"信息"生产、传送及接受形成结构化运转的规约，而形成"传者—信息—受者"的"线性模式"。从而，"国际化传媒"的言说话语"风格"，就近乎直接地顺应了"低情境文化"的沟通模式，话语的走向也就自然顺应了"线性逻辑"线，而对一系列"符号化"了的"代码"，有了对应英语语言表意上的叙述逻辑。

而对于"国际化传媒"所触及的"高情境文化"来说，即便其所运用的"代码"系统，是一般"高情境文化"的"代码"系统所不能直接诠释的，也会在只属于适宜"国际化新闻传播话语"设计而建立的"编码/代码"体系里，得到相应的转化，从而接近或符合"线性逻辑"所具有的沟通传播特点。当然，如何使得以"螺旋逻辑"设计的"代码"向按"线性逻辑"建立的"代码"有效地转换，就依赖各类"国际化传媒"各自拥有的从业人员所具有的职业功力了。

最后，"'高'和'低'情境"与"国际化新闻传播话语"设计"代码"。

当"国际化传媒"在展开"媒体传播产品"生产过程时，以考量其需顺应的"传者 — 信息 — 受者"思维基准线为"代码"设计准绳后，围绕"那一个"已"被传送"信息特点而设计与运用的"代码"，并不适合于"这一个"即将"被传送"的信息，所以，"传者 — 信息 — 受者"只是设计有效沟通和传播的思维基准线，每一次的"信息"传送，都需要一次新的"代码"设计，毕竟，同一"符号"体现的"代码"，在与其触及的不同社会阶层、不同政治背景及不同行业规范相遇时，就会产生不同的"意义"。同样，从"目标受众"的角度来审视"代码"，个体所依托的不同政治、经济与文化处境的差异，也会引出不同程度的接收状况，久而久之形成一定的"模式化"定势。所以，"国际化传媒"在设计"国际化新闻传播话语"所需要的"代码"时，就必须分三个维度来建立"跨文化认知视域"，进而建立起适合"情境文化化传播"分类的话语表述"风格"。

1）第一维度（弱势维度）：文化经济主义决定论维度。

虽然对"社会文化情境"的研究经历长期的努力后，在"西方"人文社会科学领域最终出现了"高情境文化"与"低情境文化"的分类，并伴以围绕两者形成的理论解释，而被认可和推广。但是，当"全球化"形成的经济一体化态势，要求各类文化情境尽量以所谓"国际社会"建立的"游戏规则"，来进行由经济指标一触即发的"情境"时，就会出现一系列与之不相符的、只属于某类"情境"特点的状况。由此，也令"西方"及"非西方"中的"情境"意识到了，所谓"国际社会惯例"并非是"行之有效"的普适方法。这样，在"西方"被视为"传统化"的"文化主义决定论"，就需要有所修正，以适应经贸"全球化"形势下"世界格局"带出的由"国际关系"决定的"国际化"大众传播话语代码了。本书设定为"文化经济主义决定论维度"，也称为"第一维度"；更因各类"社会文化情境"的不同，而将其定位为"弱势维度"。

这一维度更看重在"经济化"决定的文化样貌框架里的受众心态，以及相应的文本自身具有的权威性。本质上，这一维度体现了"经济基础决定上层建筑"的认识。从而，将"国际化新闻传播话语"言说文本的代码，在排序、表意及语境的生成方面，按照其所牵连出的、由所聚焦"情境"的经济原理决定的经济活动集合的公民群体心态为核心，来完成属于"编码"部分的设计。从而，这一维度不仅顾及了某类"情境"里的"公民"作为"目标受众"所依据的"个体经验"，也联系上了这一经验能被解释所需要的权威性"文本"。从而，在两者之间形成"意义"流通的"话语"，有了"被理解"的空间和基点。

此处的"空间"，是形成"国际化新闻传播话语"在以"传播源"已有的"跨文化认知程度"后，再按照大众传播新闻化规则生产产品需要的"跨文化感知程度"运行中，为"目标受众"根据个体或群体自身秉持的"认知风格"，来理解"被传送"的"信息"依附的话语的"留白"。这样，"目标受众"对所接收到的"信息"的感受，就少了"被强加"的心理反应，进而带着主动"琢磨"的积极心理，来进行观察、展开思路、形成"跨文化型比较"认知态势。对于"传播源"来说，这一"余地"的容纳度，是考虑到"目标受众"所处"情境"的经济原理及其能够带动的活动，以及相应"公民"在活动里所处的"位置"后的"话语"表述程度，也就是保有一定的"言说"余地，而非用"传播源"自身的理解或观点，来把"文本"自身应该呈现的部分完全"填满"，导致"目标受众"感到彻底"被告知"的"灌输"反响或产生抗拒心理。这也是此种维度具有的"弱化"告知的特点所在。

然而,在当今"媒体传播全球化"促成的"新新闻生态"里,媒体传播系统间的竞争强度,使得"第一维度"建立的"国际化新闻传播话语"言说风格产生的"弱化"沟通传播效应,并未达到"传播源"预设的所有有效传播目标。但是,顾及各类"社会文化情境"间存在的不可瞬间被改变的差异,还不能完全忽视这一弱化维度能够起到的作用。同时,也意识到仍需要相比而言可视为"强化维度"的主导作用。这就是本书接下来探讨的"结构主义决定论维度",也称之为"第二维度(强势维度)"。

2)第二维度(强势维度):结构主义决定论维度。

此处的"结构主义决定论",是指以阿尔杜塞为代表的研究学者们所持的观点,即:"情境"里的"公民化"个体具有的经验和意识,是由所立足的社会固守的意识形态及其决定的社会化结构来构筑的,也就是"结构"决定了那些在其内部的"事物"存在的形态。通俗地说,也就应了"环境决定人"的说法。以此为设计"国际化新闻传播话语"言说"风格"的"代码",就决定了"传播源"必然先将所聚焦文化情境的"结构"带动的所有运转特点,进行系统化地梳理,并同时兼顾大众传播言说特点的要求。

这一维度使得"国际化英语传媒"的话语"代码",直接而具体地指向因那一"结构"形成的框架呈现的所有效应,以提炼出前后相呼应的"因果关系",从而拼接具有相应表现力和解释力的"符号化"编码,完成一整套仅仅围绕所要传送的"事实"的话语言说段落。这时的设计过程,事实上是比第一维度触及的元素要直接而简化,更具强烈的表述效果。究其原因,是因为"结构主义决定论维度"按照最表层运行的功能化符号表意,来解释所聚焦事实的内涵,不仅用于表达语义的词汇选择是"被聚焦"情境普遍运用的,也是在排序上按照"低情境文化"维系其"公民"思维的"线性逻辑"来完型的。由此,所呈现的话语代码表述,不仅同大众传播本身具有的"线性逻辑"特点直接挂钩,同时也将"螺旋逻辑"展现的委婉、含蓄与间接的沟通传播代码,转化为开放、爽朗与直接的沟通代码。当然,这一设计达成的效果,还是在最大程度上依靠"声音"与"画面"化的言说"符号系统"来实现。

这一维度带给"传播源"对"目标受众"表面上体现为单向化传送的效果,

被视为"魔弹论"效应。也就是说，即便在单纯沟通传播意义上看，是完成了最直接的"传送"过程，且保证达至"目标受众"的接收视域内。但是，此刻的接收者，是被视为具有消极色彩、被动情绪接收心理的"目标"。关键的问题是，其形成了令"目标受众"产生"被操控"的反弹心理。毕竟，这一维度对"代码"的设计，是完全以"被审视"的"结构"为基础的。而处在"结构"里的"公民"本身，就已经是"结构化"了的"附属物"或"顺从者"。进而，这一维度运用于话语言说的"代码"，就"镜像化"地强化了这类受众所处社会阶层的被动和顺从效果。这也是为何在当今"全球化"形势下，虽然有了各种各样生动的"地球村"之说，以建立"一体化"的"和谐"共处"世界格局"，但仍是出现更多的"国际化媒体"，试图向"国际化新闻传播公共话语空间"传送自身生产的"媒体传播产品"，借其被赋予的视听引导力，来发出各自的"声音"的决定性原因之一。更确切地说，就是这一"结构主义决定论维度"形成的"国际化新闻传播话语"言说"代码"，带着特有的、令"目标受众"直接看到所立足的"情境"结构带出的一切"被言说"后的具体"镜像化"解释，只能默认而无力反驳或拒绝的强力文本结构，即："霸权装置"。当然，也是由于"全球化"形成的必然经贸互动关系，使得这一维度的单一化"被运用"的频率和可能性，在高密度的各类情境接触与碰撞过程中，被极大地减少或降低了。从而，形成了大众传播在言说话语表述上介乎"弱化"与"强化"维度之间的"温和维度"，也就是表现为"传播源"交接"控制权"的维度，亦称之为"第三维度"。以这一维度为基本原理来设计话语"代码"，就为继续维护"地球村"之说带来效应，并起到了大众媒体传播言说话语引导力的软着陆态势，也就形成了现今"国际化公众"看似业已提高的"可听可不听"的媒介素养。

3）第三维度（温和维度）："传播源"交接"控制权"维度。

当大众媒体传播系统试图建立自身在"国际化新闻传播公共话语空间"里的视听引导权威时，发现其所依赖的"第一维度"及"第二维度"设计的"代码"话语，并未起到积极的促进作用，反而给"目标受众"带来强烈的接收心理反弹。因而，引发其迫切需要建立更恰当有效的"代码"设计维度。加之，"经济一体化"形成的相互依存贸易关系，带给各类"社会文化情境"间的高频率直接交往的沟通机会，使得"国际化传媒"仅仅仰仗其所设计与运用的"新闻传播式话语"言说带来的"国际化"一言堂传播效应，不再可能被继续维护。所以，具有对"被聚焦"文化情境的"客观化"理解色彩，是得以继续运转的前提。这时的理解色彩，既是对"被言说"事实立足的"社会文化情境"的"尊重"体现，也是恪守新闻传播理念必须体现的"客观性"的具体展示。而为获得如此的话语"代码"，就必须提供给"目标受众"一定的思维空间，来认识、理解和接受或拒绝"被传送"的言说文本。

同"第一维度"与"第二维度"相比，这一维度的引导形成了令作为"言说者"的"国际化传媒"，将原本紧握在手的"控制权"，交给既定的"目标受众"，即：在已经是按照"线性逻辑"设计出的"代码"完型的言说话语文本"被赋予"的内涵，带着具有"明示义"的"符号化"排序完型体，完整地交给"目标受众"来接受审视和品评。这样，已经是"被告知"的"目标受众"，就可以完全根据自身"文化情境"所塑造和建立的认知体系，来展开必要的"解码"过程，从而获得相应的理解和认识。

显然，这一维度所能带来的"温和"效应，是因为作为"传播源"的"言说者"，在"开口"之前，已经对要言说的内容及应采用的方式，经过了联系"被聚焦"情境沟通风格的"编码"过程。进而，保证了这一"编码"是以相应的"代码"来编织，而到达既定的"目标受众"可保持的"跨文化认知视域"里后，又被其根据自身的"跨文化认知程度"带出的"跨文化感知强度"，来与能够被调动的"认知化"解码互动，形成一个接收、反思、筛选及确定的"修正"过程，也就是行使着主动化的可自性调控的"控制权"心理进程。其中所展开的判断与总结，都是对一系列由"言说者"和"目标受众"双方掌控的"符码"加以转换的程度的结果。有了这样经"编码/解码"过程的调控，就使得"传播源"作为"言说者"设计的"代码"，从以"本族中心主义"为出发点形成的"天马行空"般的"意译化"自言自说，转变成顾及"民族相对主义"原理而在特定框架下"相互辉映"的"镜像化"比照式言说话语。

鉴于在"编码/解码"规约下设计的话语"代码"，映现着"传播源"及"接收者"双方的"新闻传播式"镜像，就对双方各自的诠释方向有了限定意义上的规范。从而，在"顾此即彼"的态势下，维持着近乎"温和"效应的表达。值得强调的是，此时的"温和"，绝不是"中立"意义上的体现。毕竟，"温和"，还是持有定向"态度"的语气化表达，是固守已有"立场"特有姿态的呈现。而"中立"，是不持偏向任何一方的"无态度"的"态度"呈现，是将自身设立为

"第三方"独立位置的坚守。但是,由于"传播源"自身一定有一个类别的"社会文化情境"所立足,也就一定会择定一种"文化价值观"来体现秉持的"意识形态"。所以,大众媒体传播系统是不可能以"中立"的立场来设计"代码",唯一的原因是:它是由一定的"意识形态"塑造的群体驾驭的系统。

3. "跨文化感知程度"限定话语表述"任意性"
—— "组织化价值观"模式

"意义"的呈现,是由"语言"的"被组织"后的结果。但是,又不是仅仅由这一步骤决定的。在此基础上,还需要将"语言"的使用者,以及其具有的"社会化"背景结合起来后,来考虑"被附着"存在本体性质"被定位"的"价值观体系"。所以,当任何用以形成"意义"的"言说"过程"被展开"时,在看似言说者"连珠炮"般的语言"随性"及"无序"言说的表面,是以言说者"内化"了的"认知风格"依托的"感知程度"决定的组织能力起着作用。而当"意义"具有"跨文化"特质后,"言说者"的表达力与"接收者"的理解力,就有了在本质上得到多重"价值观体系"支撑的交错状况。

虽然当其表现为看似复杂甚至是混乱的"交错",也会呈现产生于不同类别的"价值观体系"的观点、理念或信仰的"碰撞"局面,但却是在无形的"被组织"了的前提下,按照各自在"交错"和"碰撞"中自然形成的轨道,对随时择定的"符码"进行"再组"地持续表述。究其如此运行的原因,是因为源自任何情境的"意义",都是经过隶属那一情境的"价值观体系"塑造完型后,被称为"社会人"的"公民"在不同类型的组织体系里建立的。而由"社会化"组织框架规约后的"社会人",就会按照中观意义上的组织原则,来结合宏观层面的社会价值观原理,再按照微观化的个体素质来具体执行。这样,建立起属于个体人格的"组织化文化价值"模式引导的"跨文化感知程度"。而这一"程度",对个体的言说话语表述文本建立过程,自然得到"模式"的指引和"规范"的限定。

根据现已建立的跨文化传播理论中获得的、以所定义的"霍夫斯德模式",即,组织的视角研究文化价值的结果,来探讨"国际化"大众传播设计的言说话语"意义"的生成方式,"社会化"的个体行为由"文化价值观"来解释时,体现为四个方面,即:个人主义/集体主义(individualism/collectivism)、权力距(power distance)、不确定性规避(uncertainty avoidance)、男性气质/女性气质

（masculinity/femininity）。虽然这种分类仍是以"西方"的"二元相对论"为核心建立的，但是，当用"跨文化型比较"依托的"民族相对主义"原理来补充时，就弱化了"二元论"带有的"非此即彼"的武断色彩，但不可否认其仍带出不同程度的影响效应。这也是当今"国际化传媒"必须正视和努力减少的。以本书对其的探讨来说，就是顾及了"跨文化型比较"的原理，才会带着这一意识来审视已建立的相关概念和类别的。

首先，"个人主义/集体主义"与"跨文化感知程度"限定话语表述。

当"社会人"以"个人主义"理念塑造的"个体化"之"文化价值观"进行生存所需的运行时，就已经是"多棱镜"型的"发光体"了。这一类型的形成，就是在个体适应"社会化"各种领域后的"人格化"个体，也是在打破"二元论"思维后，结合了"集体主义"特点来进入相应的组织系统的。从而，使得以此类"个体"为聚焦点而扩大其外延后的任何言说，都是"跨文化型比较"的结果。原因是，这时的"个体"，还是处在"社会化"组织里的"多棱镜"型"个体"，其进行表述的言说话语，不是单一作为自己已然"不在五行中"的"一个人"独立表意。所以，当作为"传播源"的"国际化传媒"再以"新闻传播式"框架展示的"个体化"言说叙述，从作为载体的"声音"与"形象"来看，是一个"被聚焦"的活生生的"个人"。但是，其所提供给"国际化新闻传播公共话语空间"的言说话语表述内容，却是"社会化"的"文化价值取向"被浓缩在单一化"个体"认知体系后的表现结果。

显然，"国际化传媒"在传送"新闻传播式"事实时所提供的话语，不论是以"个体化"的"一个人"，还是"群体化"的"多个人"在"表态"，受众直接的感觉是听到了"这个人"的"个人观点"，"那帮人"的"集体意见"。但实质上，却是一个"社会化"的"组织"类型在言说，甚至是一个"社会化"的"领域"在集体"发声"。可见，"霍夫斯德模式"（Hofstede）陈述的组织与文化价值取向间的关系，在"全球化"促成的"跨文化交流"态势下，必然会面临已建立的"二元论"框架被嵌入融合各自独立的"单极化"项目，促成接近"民族相对主义"原理规约的"互动濡化"（亦可称为：重组文化融汇体）后的"互主体性"（intersubjectivity）。进而，方可维持"国际化"言说话语具有的控制权力带出的视听引力。

如此的交错与融合之后，"二元论"的原理就被拓展为"多元论"发展出的

"多维度"空间，也就使得"国际化传媒"的"目标受众"，经过对同类"组织"在不同类"文化价值体系"里具有的言说话语比较，而建立"跨文化认可程度"基础上的"跨文化感知强度"。这样"强度"的形成，是"被限定"后的话语表述形成的效应，具体来说，就是负载"被言说"的话语文本的"社会化"个体"组织化"话语内涵的引导力。明显地，原本是"个人主义"理念塑造的"个体"，在进入"社会化"组织后，将"组织化"的"集体主义"原理和规则吸收后，建立的认知风格引至的"跨文化认知视域"最终限定的范畴。

简而言之，"国际化传媒"用"新闻传播"方式呈现的"个人化"叙述，不再是"这个人"在对自我想法的直接表达，而是在对联系到其所立足的"社会文化情境"里的"文化价值取向"的解释。尽管具有其个人理解的成分，但其所使用的"被组织"后的语言，就已经是生成"意义"的话语了。这一"意义"，不可能是对其所不知的"社会文化情境"的解读，也不会达到单纯地解释只属于其个人观念中的"想法儿"，而必然是其所依附的、作为对母体的本土文化价值观与"国际化传媒"之所以择定他/她，来进行相应对比后的"跨文化"表述结果。因而，"个体主义"与"集体主义"的划分，在这一传送过程里使用的言说话语文本中，已经是"'个体主义'＋'集体主义'＝'组织化个体'"关系的话语"发声器"。"被呈现"在"国际化新闻传播话语"言说文本中的"个人"或"团体"，之所以"被允许"经"国际化传媒"传送渠道在"国际化新闻传播公共话语空间"里"表达"，是"被看中"了其所依托的"社会文化情境"，就"被言说"的"事实"具有产生"国际化"视听引导力的元素，而非其他。

其次，"权力距"与"跨文化感知程度"限定话语表述。

"国际化传媒"所择定的"事实"，是源自各类"社会文化情境"中的存在本体。在其因大众传播的要求而"被新闻化"的过程里，任何的职业化处理，都是展示"传播源"所持理念的具体表现。也是体现存在于"传播源"与"事实"所立足的"社会文化情境"异同和关系的关键点。毕竟，"新闻传播式"了的"客观化""事实"，只是"媒体传播化"意义上的"客观"，而非现实生活意义上"全方位实体"的"真实"，已经转化为大众媒体传播机器需要的"横看成岭侧成峰"的"拟剧化"景致或道具。尤其是当"被言说"的"事实"，经"国际化英语传媒"在选出的"个人化"表达体中，对相应的"只言片语"加以"提炼"后被称为的"替声"（sound－bite）的运用策略，就是对话语赋予"控制力"的途径之一。而此处的"控制力",不是"表达体"可以行使的,是为令"目标受众"接受的"国际化新闻传播话语"应有的"引导力"组成部分。这种"控制力"的形成因素,还是要归结到"被选择"的"社会化"个体身上。因为任何的个人,都不仅仅是"这一"肉身的单纯呈现,而是有所思所想的"社会化"产物。如何"思"与怎样"想",已经是这一"个体"与所处"社会文化情境"固守的"文化价值取向"互动的过程了。也正是因为这一点,"国际化新闻传播"具有了得以存在和运行的前提和意义。排序后的"新闻传播式"了的"事实",构成了一个叙述的文本,从而向作为"传播源"的"国际化传媒"设定的"目标受众",提供"意义"生成的土壤与空间。而"被选择"的"事实"所依托的"社会文化情境"类型,是"国际化新闻传播话语"形成引导力强弱的决定因素,因为其能够叙述的方式可触及的范畴,是由"类型化"的"情境"可产生的"跨文化感知程度"限定的。

根据"霍夫斯德模式"研究出的"权力距"标尺测衡出的类型化情境,"高权力距"文化情境中的"社会人",通常采用独裁的领导掌控风格,并以此为中心发展成为分层与纵向的社会关系。相应的,"低权力距"文化情境中的"社会人",减少个体与群体间在性别、地位和年龄等方面的差距程度,并且发展为一种平等的或横向的社会关系。显然,这种又是以"两极化"方式对社会实体类型的划分,还是按照"二元论"的思维路径决定的认知风格的结果。

当然,在本作依据的"跨文化型"理念引导下,这里的"高"与"低",也就是相对的,并在"社会人"的言行举止上,时常是以相互交替互动转换态势呈现的。而对于以大众媒体传播特有的"新闻传播式"了的"事实"为基础,设计和运用相应的"国际化新闻传播话语"言说文本为叙述方式的"国际化传媒",却为了强化其传送的"信息"被言说的话语引导力,就会刻意地放大"二元论"形成的"跨文化感知强度"效应。因而,以现有的"国际化英语传媒"的言说话语为例,其特定的语言词汇的定位,就是为了凸显要么是被定义为极端"独裁"或"专制"体制里"理所应当"产生的"暴行"和"摧残",例如:"金日成家族"控制的"朝鲜"和萨达姆·侯赛因当政时期的"伊拉克"。相对地,也就有了适合依据所谓"低权力距"文化价值取向来限定"国际化新闻传播话语"表述的语言词汇设定,诸如,"叙利亚'反对党'组织的'民主'抗议……"等"国际化"新闻传播报道文本里的语句。

　　然而，这类原本在英语语言本身及由其构成的"新闻化"报道中使用的普通词汇，却是以出乎所有"社会文化情境"类型里的"社会人"意料的特殊表意设置。以英语单词"Democracy"在"西方"建立的《新闻学》与《传播学》中的"被设置"表意为例：

Democracy：

　　A system that allows the people to vote for their leaders from among a set cleared by the political investment community. In application to the Third World，it means rule by an elite that understands our［the Western - 笔者著］interests and needs. (Herman，1992，p. 131）.

　　由此可见，在"国际化新闻传播公共话语空间"里出现的"英语化"信息，尽管是相互交错着与各自的"目标受众"相遇，但以"西方阵营"为立足点的"强势"英语传媒的话语引导力，不仅借助于英语为其母语的优势，更是在娴熟运用其"被赋予"的"双层内涵"之"所指"保证下，达到其既定设计的"编码"目的。因此，当对所触及的"社会文化情境"进行"新闻化"的表述时，尽管必然会运用到这些已有的理论层面上的分类，但一定是在"跨文化"理念支撑下的"比较"前提下，来设计和运用"国际化新闻传播话语"言说文本的。虽然因"权力距"塑造的"社会人"在表达时，会有其独特的语言使用方式，但作为"传播源"的"国际化英语传媒"，就必须严谨地执行"跨文化"理念来限制语言"被使用"后的"随意性"，从而实现真正意义上的"国际化"新闻传播达成的"告知"，完成"全球化"态势下日显迫切需要的"跨文化理解"后的和谐形势。否则，就是"冷战思维"的"媒体化"转型，必然引发新的世界性矛盾和冲突，造成新型的文化侵略和精神殖民。

　　再次，"不确定性规避"与"跨文化感知程度"限定话语表述。

　　在"霍夫斯德模式"从组织的观点来研究文化价值的理论中，将社会化心理在整体上对"不明确情况"的"容忍力"，视为引发一个文化情境为获得"安全感"，而建立的一整套思维、交往和沟通的"组织化"系统。这种"容忍能力"，被定义为"不确定性规避"。对这一概念形成的所有为增加安全感的社会活动及关系，按照霍夫斯德本人及其团队所具有的"二元论"之"认知风格"，这种能力被划分为"高不确定性规避文化"与"低不确定性规避文化"两个相对立的分类。在这种"组织化"了的"框架思维"范围内,获得了"安全感"的"公民",就会建立一个只属于能提供其心理上安全感的规则体系,同时也就拒绝那些被定性为"不确定性"的非安全事宜及想法。从而,符合与维持这一安全态势的沟通传播思维,带出了特有的"跨文化感知强度",也就形成了稳定化的言说话语表述惯性。

显然,这种由于为了获得心理上的安全感而建构出的有效话语方式,必然是建立在对"非安全"因素加以判断和明确其功能性基础上的。因而,在属于"不确定性规避文化"情境里,所有的社会领域被这种功能所体现的强弱来规范,相应的沟通传播活动所采用的言说话语就被赋予了"功能主义范式"。根据 Tourish 及 Hargie(2004)的分析,其特点是为现状、社会秩序、共识、社会整合、社会团结、需求满足及实情提供解释。进而,在经过大众媒体系统的"新闻传播式"生产流程后,"被择定"的"事实"所带出的"言说者",就会根据其对所处情境的现状具有的秩序与共识的理解,做出对能够满足其情境安全感需要的原因,加以解释式的说明。这种"说明",是体现存在于那一情境里的"社会人"与其所依托的"组织化领域"间相互接受的"通用理论"。进而,也就是一种对这一情境里大多数公民具有普遍决定意义的"认知感知度"。随其而来的,是其产生限制作用后构筑的言说话语定势。

而当"国际化传媒"在以"跨文化"理念,展开对其传送"信息"所需要的"国际化新闻传播话语"言说文本的设计过程时,就会令这类情境文化具有的相对立"高"与"低"两方,对"不确定性"因素的规避所建立的相应规则和沟通方式,进行直接的"一对一"式的"跨文化型比较"。例如,在中国大陆现有的"社会化"组织里,为了维护体系有序地按既定方式运转,就必须是以其成员间已经建立的鲜明纵向层次,来达到身处下一阶层的成员,必须服从来自上一阶层被赋有领导权力的成员的指令,也就是对其负责,以保证"安全感"在各层次间的获得。而在瑞典文化情境里,虽然已经有了很多由移民群落构成的社会运行区域,但是,整体的"社会化"情境心理态势对"不确定性因素"的态度,却是不轻易规避的接纳与改良后来使其服务于相应组织运转的需要。从而,使得面对"不确定性因素"而产生的焦虑和压力,被积极地舒缓和化解,激活已在惯力运转过程里逐渐形成僵化势头的部分。

所以，在已有"国际化传播"形成的公共话语空间里，如果"被聚焦"的是来自"高不确定性规避文化情境"里的"社会人"在言说，就会把其所立足的组织运行效果及对其有支配权的领导阶层，加以"强调化"地突出并刻意"贬低化"地缩小个体所起到的关键作用。而来自"低不确定性规避文化情境"的"社会人"在言说时，是以突出个体在组织运行中的关键作用为中心点来组织话语表述的，恰好同"高"情境的思维方式相反。从而，两者在"同类项"的观点、行为、规则及结果，就有了利于"国际化新闻传播话语"达到最有效实现"跨文化型比较"的直观言说效果。

但是，这一模式多划定的"高"与"低"，在今天的媒体传播生态里也是相对的。毕竟，即便是在如瑞典、丹麦及挪威般的"低不确定性规避文化情境"里，也有来自中东文化情境的移民群体得以运转的"组织化"社会领域，在其中的人们仍然恪守着在其属于"高不确定性规避文化情境"里已完型的思维方式，从而，在这类"小生境"里生活的人们形成的"跨文化感知强度"，决定其拥有的"跨文化认知视域"的达至范畴，即便还是在主题上尽量顺应着宏观意义上的瑞典本土文化"低"情境固有的言说话语表述风格，但主导其日常生活的文化价值取向，却仍是源自其"高"情境的。这也反映出这类国家作为"低不确定性规避文化情境"，对异于自身文化价值观的"不确定性"因素及现象所持的接纳而非规避的态度。因此，当"国际化新闻传播话语"在决定呈现源自瑞典的"事实"时，就需要在对其进行"新闻化"的排序过程里，有意识地对其立足的"社会化"组织领域加以体现"小生境"特点的标识言说，否则，就会出现对"国际化"了的"目标受众"的误导。

最后，"男性气质/女性气质"与"跨文化感知程度"限定话语表述。

在"霍夫斯德模式"里，对"社会文化情境"所持"文化价值取向"与"跨文化感知程度"间的关系的研究所得，还有一个将"文化价值取向"是否显示"男性化"或"女性化"特点，从而决定其沟通传播方式在整体上被限定后的特点的结论，即："男性气质/女性气质"文化取向。这一"模式"指出：由男性气质主导的文化情境，其"社会人"的言说表述，往往带着"进攻化"的语义展示色彩，用以体现其自信、竞争力和雄心。而相对应的由"女性气质"主导的社会文化情境，其"社会人"的言说叙述特点，更趋向于"敏感化"和"情绪化"，成员间的性别角色定位更显平等与模糊。

以此种分类来考察各自"社会人"的言说特点，经过大众传播"新闻化"特质的加工后，在"媒体传播产品"的最终完型体上，是按照言说文本表述体呈现的"跨文化感知程度"决定的"强"与"弱"引导力，带出的言说话语产生"感染情调"与"操控力度"的"阴柔"与"阳刚"心理感召度。进而，在"国际化传媒"作为"传播源"，来呈现"国际化新闻传播话语"言说叙述氛围时，其"目标受众"感受到的是"跨文化感知程度"显示要么为"'符号化'象征互动"带来的感性化描写，即：形象化叙述依据的文化化符号间碎片状蒙太奇般拼接，想象空间充裕，但因文化理解障碍明显，更显"感性"的"女性特征"的"娓娓道来"；要么是相反的直接而线性的"'推理化'逻辑言辞"带动的理性化定论，即：修辞化解释运用的文化化概念间堆砌般顺时式展开，线性链条环环相扣，但因文化差异鸿沟深浅，而显得"理性"的"男性特征"的"一锤定音"。

这样，对于努力达成各文化间相互理解与接纳的"国际化英语传媒"而言，即便是依赖似乎能称得上"国际通用"的英语语言来言说，但是，因为各类文化情境气质的决定性功能，使得其所设计的"国际化英语传媒话语"言说文本必然不时显现的"跨文化感知强度"，引导其"目标受众"形成或是对"女性化"温柔言说，产生交感神经系统反射的"舒服感"，也就是少"咄咄逼人"般的"唯我独尊"之势，而在较短的接收时间段内，完成对所"被告知"的表述进行接受的过程。而充满"男性化"特征的言说话语表述，就会令"目标受众"感受到"目空一切"的"傲慢"与"强势"，从而很快产生"反感"或"拒绝"的心理反响，甚至是永远的"敌意"心理定势。

诚然，每一个"社会文化情境"的文化价值取向，在组织化了的"社会人"运用的言说话语体系里，都是对所谓"男性化"与"女性化"两种表述特征的兼顾来进行的，毕竟，任何"情境"都是由这两种性别来构成的。而对于"国际化英语传媒"的"新闻化"展示定位角度来说，达成有效的"国际化"话语言说成果，就必须采用近乎立足"中间"立场的言说语气语态色彩，毕竟，当今的"经济一体化"，已经是建立的成熟的"互惠互利"般"共生型"生态，任何试图成为"独领风骚"般的"单极化"引导世界视听的"霸主"，都不会获得能助其达到预期操控力的"话语权"。尤其是在"话语权"已经是相对而又暂时的"权力"的今天，更是只要能维护住持续的话语言说过程，以保证已获得的在公共空间里的位置，就是一种有效引导力存在的最具体表现了，也就说明还有追随其言说话语的"目标受众"存在。

4. "跨文化感知程度"简约话语表述"普适性"
——"共生化文化价值"模式

在不同类型"社会文化情境"里的"文化价值取向模式",引导出不同"跨文化感知程度"状态,并决定出一系列"话语"言说表述特性。而所有这些"特性",都仅仅围绕着"文化价值观"的核心而衍生。所以,也就有了对定性各异的"核心"的探讨。其中,本书在此采用的是"史瓦茨模式"(Schwartz)。由于这一模式的出发点是尽力淡化由"二元论"建立的"对立化"分极的"文化机制",来强调在所谓"高"与"低"的"情境"里存在着众多普遍性的价值,进而符合本作的"跨文化"理念建立的立场和视角。

这一模式梳理出被称为"普遍的文化价值"含有十个类别,即:权力(power)、成就(achievement)、享乐主义(hedonism)、鼓舞(stimulation)、自我引导(self – direction)、普世主义(universalism)、仁爱(benevolence)、传统(tradition)、合模(conformity)及安全性(security)。在如此的"共性"基础上,史瓦茨作为"西方"固守的"二元论"思维方式塑造的研究者,自然不会完全脱离或跳出这一思维定势建立的藩篱,就引出了将这难得的"共生化"十类文化价值,又"剥筋抽骨"般"刀劈化"地分为"'迎变'(openness to change)与'保守'(conservation)"、"'自我超越'(self – transcendence)与'自我加强'(self – enhancement)"。虽然如此的"可以"有其新的局限性,但同其他研究相比,还是建立在"共生化"文化价值定位后的基础之上的超越,也就带来了对"国际化新闻传播话语"设计与运用所需的"跨文化感知程度"的作用。

首先,"创造'意义'"与"跨文化感知程度"简约话语表述"普适性"。

当不同类型的"社会文化情境"在相互认可的价值尺度引导下,就会对可供互相运用的"意义"进行"创造"或"建构"。有了这类"意义"为立足的"平台",就有了其衍生和规约的"组织化"运行的"社会领域",进而承载属于这一领域运行部分的"社会人"团体。

在此前提下,当"国际化传媒"以"传播源"的角色,担任起两个情境间相互交流的桥梁时,其所设计的"国际化新闻传播话语"言说文本的表述,就是对双方"共享"价值观部分的"新闻化"叙述或描写。这种运用"社会文化情境"

借助相互接纳的文化价值，来进行"意义"的"创造"，继而"共享"之的特点，是"国际化传媒"感到最有效的"信手拈来"使用途径，其所依赖的言说话语文本可以达到既简洁又互映的"普适性"。

这种有效的话语表达，是因为"被共享"的文化价值取向，在"被比较"的两类"社会文化情境"中，产生了双方都感"舒适"的"社会气候"，并同"国际化新闻传播话语"营造的"社会语境"相契合度高，从而，形成不仅在言说话语表意上的"共鸣"，也建立了可供双方的"跨文化感知强度"持续保持在同一水平的认知平台。这时的"国际化新闻传播话语"表述，对双方来说就是"恰到好处"的解读。

此时的"话语"呈现的功能，是将两类"社会文化情境"的"迎变"与"保守"态势稀释化后，产生了"合模"效应。作为"言说者"的"国际化传媒"，也就直接达到了有效话语言说所必备的语义直接、表意简化及叙述线性的要求。

其次，"定义'真实'"与"跨文化感知程度"简约话语表述"普适性"。

在"共生化文化价值模式"里，尽管存在于不同类"社会文化情境"间的可"共享"文化价值，引导双方"创造"出相互认可的"意义"，进而达成一定程度上的理解。但是，仍然没有形成引起双方在主流文化价值体系上的全方位"分享"态势。因而，"国际化英语传媒"设计和运用的"国际化新闻传播话语"言说表述，还需要尽可能在顾及"共生化文化价值"基础上，来定义出足以令各类"社会文化情境"都接纳和分享的"真实"来。

虽然具有普适意义和价值的"真实"，是取决于各类情境里的"社会化"行为同"组织化"环境间不断变化的关系决定的，更因这类关系一直受到"跨文化"因素持续变动带出的挑战所制约，但只要"国际化传媒"能够尽可能多地运用"共生化文化价值"来"创造"具有"普遍性"的"意义"的话，就会使得相应的"新闻化"言说话语，具有普适的引导力，从而引导各类情境中的"社会人"形成强度相近的"跨文化感知程度"。在此基础上，作为"接收者"所具有的"认知视域"，就会覆盖相同的"意义"范畴。

不可忽视和回避的问题是，"真实"的"被定义"，是一个必须同相应的社会化运作领域互动的过程。而最大的挑战是，这一过程里触及到的各个环节与因素，都是以持续变化着的状况来运作的。尤其是其中充盈着各类"组织意识"带动的或是个体意念或是相对的集体想法，都令"真实"的最终"被定义"受到牵制和干扰。对于必然触及这些因素的"国际化新闻传播话语"的设计而言，使得有效的言说话语得以生成的有利条件，是大众媒体传播系统自身运转必须遵从和体现的"新闻传播式"客观性。而以实体存在形式来体现这一特性的"事实"，就为属于"国际化英语传媒"立足的"真实"定义，提供了他类言说方式不可比拟的优势。但涉及对"组织化"了的"社会人"跨文化感知程度的触及，以提升其所依赖的"认知风格"决定的"认知视域"范畴，就需要确切地运用"社会人"在其组织里展开的具体实践活动，也就是说，通过行动中的"社会人"呈现的最具体言行举止，来着色话语的言说"普适性"，同时也就限定了话语言说被随性化使用后形成的"任意性"。

所以，当"国际化传媒"为获得其"目标受众"对"客观性"代言的"真实"程度的信赖时，就必须在设计"国际化新闻传播话语"言说文本时，以极具说明"被言说"事宜"之所以如此"的"来龙去脉"为底线，强化相关联的"社会人"在"那一"组织里呈现的行为方式，来引导"目标受众"将与自身熟悉的行为方式所体现的"文化价值"相比较，进而在"真实化"且"具象化"的存在体间产生的"镜像效应"，获得以"国际化新闻传播话语"言说文本表达为"催化剂"催生的"跨文化型比较"重组文化融汇体（互动濡化）。

因此，这一"模式"所强调的"真实"，在"国际化英语传媒"所设计的言说话语文本表达中，是"言之有物"的"物"，即"新闻化"所必备的"事实"，也就是"组织化"了的"社会人"所呈现的"言行举止"。具体到处于各类情境里的"目标受众"如何理解"被告知"的"事实"，以定义其"文化价值取向"规约的"真实"，就不是作为"传播源"的"国际化英语传媒"的职责了。

（三）国际化新闻传播话语与跨文化刻板印象

在决定"国际化英语传媒"的言说话语表达，能够持续有效地发挥着"被预设"的视听引导力的最关键元素"真实"，经得起"国际化"的"目标受众"审视和接受后，就达成了其传播的目的。然而，不能忽视的现实是：任何被视为"真实"的事物及其连带出的一系列概念和解释，都必须是"被设置"在特定的"社会化"框架、结构和系统内才"正确"。究其缘由，"真实"，只是某一套话语体系内部所建立的"逻辑"的"产物"，一旦在这一"逻辑"之外，就不能被理解和接受了。

此处提及的"真实",并不是孤立地仅仅依靠一般意义上的"真事儿"或实体存在,而被确认的。事实上,"真实"所依赖的是一系列可以建立"逻辑化"解释的"成分"。就"社会文化情境"对"意义"所具有的决定性作用而言,这些"成分"是特定时间与空间里的"经验",在特定的"地点"与结构化了的"理念"相互依存后,形成的"印象"。当然,"印象"的内涵,也是随不同群体具有的不同"认知风格"而变化的。此一特质,使得在某一"社会文化情境"里认可和共识的"真实",在另一情境里就可能是"不着调"的"谬论"了。进而,在"世界格局"里就呈现出了由不同的"传统"、"习惯"和"规矩"的"板块化"了的"社会文化情境"。如果是在"老死不相往来"的国际社会生态里,这一特质,永远不会成为被探讨的议题。但在当今"全球化"的跨文化交往过程中,就成了不可回避且必须明了的问题。涉及大众传播的"国际化"传送,就更是因这一特质,使得对其预设的传播言说能产生有效的结果,形成了促进所用。

在对跨文化传播学理论的研究里,对这一特质进行研究已获得的成果是"刻板印象"概念。这一概念,是指"社会化"群体的"经验"被组织并引导他们的言行适应一个民族情境,它通过拓展一些能够对特定文化情境及所属成员的特点加以区分的类别,使该群体被引导去对一个陌生文化的熟悉和理解,并形成最后的接纳或拒绝的结果。显然,"刻板印象"作为一个理论概念,起作用是对一个特指"社会文化情境"里的"公民"所呈现的行为规范的描绘,而非指向个体化的行为。这样,"刻板印象"的建立,就是基于复杂的、多维度的和多层面的"印象"之上的产物。但经过大众传播的言说后,这一"刻板印象"就转化为指向"被聚焦"的"社会文化情境"里的"'社会化'群体"的"固定印象"(fixed impression)了。虽然这一概念经大众传播运用后,会引导受众对"被聚焦"的群体形成"错位化"的有害(detrimental)"印象",但其也具有将群体中的个体加以分类以巩固群体的概括(generalisation)功能。从而,帮助人们将日常无暇顾及的无数鼓励信息做出归纳般的回应,也就实现了思考和交流的过程。

由于"刻板印象"具有如此的特点,进而使得努力设计"国际化新闻传播话语"言说文本,以达到"国际化"有效言说目的"国际化传媒",在整体运行中获得对"新闻传播式"话语认识和设计的新视角。本作因此以传播学意义上的"刻板印象"具有的分类,来展开其与"国际化新闻传播话语"间形成的关系。从而,以一个崭新的视角来认识"国际化传媒"的言说话语引导力。

1. 跨文化规范性刻板印象与"国际化新闻传播话语"基调

在传播学的理论层面上探讨"刻板印象",触及的第一个分类,就是"规范性刻板印象"。这一"概念"的建立,是基于对某一特定"群体"所具有的教育资源、大众媒介及历史事件"被运用"于"意义"的生成及其效应的研究之上的。而在"跨文化传播"理念的指引下得到的观察结果,则是其形成的"跨文化型比较"后的话语效应。尤其是其在被"国际化传媒"传送系统"新闻传播式"后,就决定了"国际化新闻传播话语"整体的言说基调。按照这种"跨文化规范性刻板印象"得以形成的三个要素,来探讨言说话语的基调,就有了以下三个方面的分析。

首先,"情境化"教育资源与"国际化新闻传播话语"基调。

决定被"国际化英语传媒"的既定"目标受众"视为"规范性"的"刻板印象"的第一个成分,就是"被聚焦"的"社会文化情境"里特定"群体"依托的"教育资源"。这一资源对"群体"形成的影响是决定性的,即:思维方式、逻辑推理与提炼、心理定势以及价值观定位等。一句话,是塑造"社会人"的"外因"。在"群体"成员"共生"的"情境"里,"被分享"的"教育资源"与个体间的互动后,构筑起"国际化英语传媒"所聚焦的"社会人"。

尽管"教育资源"在一般意义上是"规范化"的,尤其是以"学校式"的"流程化"教化为标准而言。但是,在任何的"社会文化情境"里,"教育资源"又被划分为"公共教育"、"家庭教育"及"自我教育"三个大类别。

第一,关于"公共教育"。

在"全球化"带来的经济一体化形势下,"世界格局"里的大部分"板块",都在或多或少地"分享"一部分教育资源,形成达至相同的学校式塑造过程。从而,这一以相近程度来审视的"群体"认知风格引动的话语言说基调,就显得在语言词汇、术语择定及表意限定方面与"国际接轨"。进而,对于"国际化新闻传播话语"的言说设计而言,不会有太难以逾越的"文化屏障"。当然,此时的"基调",还是以"群体"定义的"主流"言说方式为标尺来测衡的。同时,也引发一个新的反思,即:接轨于"国际化"的"主流"言说基调,是运用或接受了哪一类的话语风格呢?就目前现存的"国际化英语传媒"而言,还是大比例地接纳了"西方阵营"里英语语言为母语的"板块"的话语定位。虽然已有了"半岛电视台"、"今日俄罗斯"以及"中国中央电视台英语新闻频道"的努力"发声"，但毕竟都属于建立不久的、且仍需依靠非母语英语语言的表达来运转的"非强势"、"非主流"国际化英语传媒，各自固有的局限性是不可忽视的。

第二，关于"家庭教育"。

"家庭教育"在各类"社会文化情境"中所起到的作用与重要性，在国际范围内是容易取得共识的。但是，其形成对"群体"中"个体"成员的影响效应，导致了同一"群体"中的"个体"间，具有参差不齐的言说方式和叙述特点。这是因为一是各个"家庭"在整个情境里所处的社会领域及阶层的不同，二是由于支撑"家庭"的父母亲个人自身的"社会化"素质的差异，三是归结于"家庭"的结构及接纳整体社会文化价值观的水平的区别。

在日益受到经济一体化带动的"市场经济"模式决定的"社会文化情境"里，"家庭"作为一个基本的"社会化"细胞，其被归于何位的衡量标尺，是被其具有的"经济化"实力所决定的。对于经济富裕的"家庭"来说，成员的日常生活标准、社交范畴及交往对象，都是以标签化了的社会"精英阶层"类别来划分的，从而，此类"家庭"的言说方式、话语结构带来的基调，是"贵族化"的、"高人一等"心理态势体现的优越感的、模仿或复制以"西方"家庭模式为标准的消费做派。而被归位于"中产阶级"的"家庭"，则是以工薪水准的高低来划分彼此间的异同的。这样，经过按照物质化财富的拥有量与支配力形成的认知定位，就会引导"家庭"层面的教育，以尽可能多地积累物质财富为目标，努力登上更高一级社会阶层台阶而获得"认可"的心理，建构所需的相应话语体系，从而接近整体情境固守的价值观认可的最高言说格调。相比那些被归位于"蓝领阶层"的"家庭"，所形成的"教育"规程，就是紧紧围绕如何实现向"中产阶级"行列迈进或转变所需的理念来展开，从而，形成"吃苦耐劳"或"积极进取"模式下的话语表达基调。

所以，在看似最普及也最具一般意义的"家庭教育"，对"国际化新闻传播话语"的设计与运用效果的影响，并不是按照只要是属于"家庭教育"的分类就达到"一蹴而就"效应的。虽然"被言说"的某一"家庭"或"社会人"，是立足于同一"社会文化情境"，但所提供给"国际化新闻传播话语"言说的基调，却是不可被预设的，而必须通过对其所处的"社会化"位置具有的特殊内涵的理解与掌控后，方可嵌入规范化设计的"新闻化"框架里进行呈现。

第三，关于"自我教育"。

相对于"社会人"形成的"情境化"角色带来的影响效应而言，释放效应的"个体"具备的功能，却不是与生俱来的，而是在"公共教育"与"家庭教育"相互辉映下，依靠"个体"的"自我认知感应"强度，对所处"情境化"之"生态"或曰"环境"的反应。再以"内化向"的方式，来进行"内在消化"的完型结果。虽然作为"情境化"的外因具有塑造作用，但还是可以受到"个体"的要么规避要么接受要么选择性接受或拒绝的限定。进而，源自同一"社会文化情境"的"个体"，尽管完成了相同的"公共教育"流程、接受了处于同一社会阶层的"家庭教育"、身处一致的社会领域，但还是不能向"国际化新闻传播话语"提供相同的言说基调。

但是，在作为"传播源"的"国际化英语传媒"与"被言说"文化价值观间具有的认同度很低时，也就是近乎"敌意性"的关系时，"被言说"的个体或群体所提供的话语基调，就是可以被预测的了。这是由双方所持的对立化意识形态作用的结果。从话语基调的性质来说，是宏观化了的"社会文化情境"的教育结果，而非微观化了的某一"群体"或"个体"的典型性基调。

因此，在"意识形态"形成的极端对立化关系的前提下，来衡量"国际化英语传媒"需要的"新闻化"了的话语基调，不是简单地对最具体的"情境化"语言表意呈现的色彩进行分析，而是在排除具有"晕轮效应"支撑所用词汇和意群的语气、语调及语速后的"逻辑"剖析。单纯的"教育资源"对"新闻化"言说话语基调的决定作用，如同其能够产生的对"群体"或"个体"的塑造效应一般，并非是整齐划一的完型。但各自"意识形态"在宏观层面上的"国际化"大众传播的言说话语系统里的基调，却是统一的。这也是"国际化"大众传播得以在各类"板块"被设立的原因之一，毕竟，不同的言说话语基调体现的已不是"传播源"与"被聚焦"文化价值观的运行方式，而是各自固守的"意识形态"间的竞争。

其次，"情境化"大众媒介与"国际化新闻传播话语"基调。

"国际化新闻传播话语"言说文本的设计与运用，不仅依靠其所言说的"事实"牵连的"个体"或"群体"的表述，还需要参照"被聚焦"的"社会文化情境"里大众传播形成的"媒介化"话语体系的叙述内涵。尽管在各类情境里有着或是支持不同党派或是标榜自身为无党派的媒体并存，但以"情境化"定位的

"国家利益"为同一言说口径时，媒体的立场化言说话语，就具有了一致的基调。所以，在对"国际化新闻传播话语"的设计过程中，对"被聚焦"情境里产生于大众媒介体系的话语表述基调，也是获得新言说视角的重要参照体。毕竟，作为凝聚自身情境的言说系统，其呈现基调是按照固守的文化价值取向来规范的。

虽然"国际化英语传媒"与立足于"被聚焦"的"社会文化情境"中的"'情境化'大众媒介"，在存在方式与运行机制上都是相同的，也更熟悉设计一整套"新闻化"言说话语体系的规则与必要条件之所在。但是，由于两者在定位和既定传送目标上的不同，就必然会使用不同类型的"话语"体系。更因为各自"目标受众"类型的限定，使得因"被择定"议题的言说导向规定的基调，也不会因为依托相同的"事实"，而趋于一致。即便如此，不同类型"情境化"的大众媒介所呈现的话语基调，还是为"国际化新闻传播话语"的设计展示其依据的文化价值观定位。

就目前被情境运用的大众媒介具有的功能来分析，一种是以商业盈利为目的为存在，而实际为相应的"利益集团"服务以"说客"的角色定位来实现功能的系统；一种是以"文化工业"流水线形态呈现的"社会化"共识产出的体系；一种是以"文娱体育"艺术化方式体现的"生活化"乐趣来让民众"舒服"的体系。这样，三类"情境化"大众媒介的话语表达，就在表面上体现为"商业化"、"时政化"及"娱乐化"三种口径下的基调。

第一，关于"商业化"话语基调。

当大众传播体系的生存前提以"工业化"扩大再生产的方式呈现时，就成为经济运行链条的一个环节。这样，在最直接和最有效的"谁给钱为谁吆喝"原理支配下，一家商业公司、一个生产厂家及一种营销经营存在体，都会成为控制力，也就是经济支配权。由于如此的"被控制"，大众传播的整体言说体系里，就会为支付以"广告费"多少衡量的"商家"话语"喊话"。

这时的话语基调是"推介的"、"赞扬的"、"夸张的"及"美化的"言辞表意。尽管随着受众的媒介素养的提升，在审美取向及审视能力方面，都不会完全受这类言说基调的左右，但是，伴随其基调形成的综合影响效应，受众的认知体系里还是会留出一个空间，来提供给要么是接纳要么是排斥的反应的完成。但是，不论这两种反应的结果如何，都会为受众的认知空间留下对"被推介"的"产品"所涉及的言说话语的引导效应。所以，大众传播系统面对"商业化"产品需要的推介，永远是保持接受后并"喊话"的态度。

在今天"经济一体化"促成的"互惠互利"经贸合作态势里，"国际化"大众传播对"国际化"精英规模庞大与资金实力雄厚的托拉斯提供的"利润化"诱惑，更是形成"来者不拒"甚至是"欲拒还迎"的年度广告"招标会"。所以，在现有的"国际新闻传播公共英语话语空间"里出现的各类"国际化"商业"品牌"或"标签"，以"国际化英语传媒"特有的"拟剧力"建立的言说话语基调，充满"国际化"受众的日常生活里。

第二，关于"时政化"话语基调。

大众传播的运行提供给受众的普遍印象，是对"新闻"告知而设计的持续化报道流程。但是，为何民众需要"新闻"，又需要怎样的"新闻"，又由谁来决定以什么标准选择"新闻"，都不是作为"被告知"所能掌控的。更无从知晓为何"这一事件"可成为需要在"国际化"范围内"被报道"的"新闻"。

事实上，正如哈贝马斯提出的，大众传播在政治意识引导层面所起的作用是，保证个体与政府间的公共缓冲区域，从而为在空间里处于分散化位置的多元化个体提供了进行观点交流与观念碰撞的平台。虽然"时政化"的"新闻"报道是以最具体的"事实"为核心来展开的，但对于"国际化"了的受众而言，任何"新闻化"言说话语，都会具有一定程度的"宣传"色彩。而其唯一的目的，都是对本是多元的认知风格加以"同质化"地引导，以达成对形成"世界格局"里大部分"板块"的覆盖，从而建立一种"国际化"的"共识"。

在"国际化英语传媒"所涉及的言说话语文本里，这类努力促成"国际化"共识得以在最大范围内完型的话语设计，最普遍的基调是以"国际社会"或"国际组织"的名义，来推动文本内涵的展开。由此，通过"国际化"大众传播建立的"国际形象"，就被高频率地推进文本的编制中，担任直观而又形象化的"代言人"角色。进而，来自代表"联合国"立场的"官员"言说话语基调、体现"世界银行"理念的"专家"解释话语基调、展示"国际货币基金组织"决定的"政策制定者"释义话语基调、表明"国际核武器原子弹"出发点的"检察官"督导话语基调，等等，都随着"客观化"的"事实"告知方式，得到"义正词严"般"新闻化"言说风格的衬托，与"国际化"受众相遇。

如此的言说表述，令"国际化新闻传播话语"叙述基调形成影响"国际化"目标受众对"世界格局"的"认知"，从而体现在所及被其引导的行为上。

第三，关于"娱乐化"话语基调。

"国际化"大众传播系统以要么是"客观化"的话语基调，告知着"新闻"衬托的"事实"，要么是经"戏剧化"的话语基调，推介着"广告"辉映的"商品"方式，来获得其在"国际化"受众心目中预设的"客观性"与"实用性"。但是，作为"社会人"的受众，还需要能够获得"情感化"的心理满足的内容。这样，就形成了"娱乐化"的话语基调。这类"国际化英语传媒"出产的"媒体传播产品"，在内容上定位于"情节化"丰富的虚拟故事及动听悦目的歌舞，或为"情绪化"发泄的真实赛事及惊心动魄的冒险等。

从这类话语基调形成的普遍效应来看，"娱乐化"了的主题通过大众传播建立"虚假公共性"，令受众在媒体对极小事宜投入高度关注和介入形成的"放大型"效应，心情舒适地从"大范围"的视域扫视到的"苦难"里得到心理平衡感或解脱感。依据在如此的"虚拟空间"里获得的"理想类型"呈现体，获得对充满"不易"或"挑战"的现实空间存在，或是"视而不见"的释然感，或是"认知错位"的梦幻感。所以，在此类言说话语基调的引导下，受众按照在现实生活中大多寻不见的戏剧色彩浓厚的纯粹范例，协助大众传播实现其"被运用"为"娱乐化"工具所形成的、由法兰克福学派"文化工业"理论建构者拉扎斯菲提出的"麻醉"功能。

所以，今天的大众传播所建立的"新新闻生态"向"国际化"受众提供过的"媒体传播产品"，已经不是传统意义上单纯的"事实化"硬新闻，而更多的是"拟剧化"及"情绪化"主导的"故事化"软新闻。由此，就促成了现有"世界格局"里的"国际新闻传播公共英语话语空间"中，处处可见的"'西式'大片"及其烘托出"明星般"的"俊男靓女"、"西方歌舞剧"演绎的"宗族化"的"恩怨情仇"等，将所有的"哲理化"、"宗教化"情感表达传输的逻辑解释，附着在"浓妆淡抹总相宜"色彩化情绪里，推进受众的认知体系里。因此，当今在"非西方文化圈"里存在的有关"被西化"的"意识觉醒"，及其带出的激烈论辩态势，都是大众传播作为"传播源"所执行的言说话语策略基调的呈现结果。

最后，"情境化"历史事件与"国际化新闻传播话语"基调。

在大众传播的言说文本里，除了以上提及的内容外，还有以"历史事件"为中心建构的叙述。在所有类别的"社会文化情境"里，各自彰显本族特性的"历史事件"的梳理与排序，都是依据各自情境看重的"历史事件"具有的特点显示

"民族化"定义的"本质"完成的。况且，在一般意义上，民众的被称之为"历史"的内容，都持以"尊重"和"认可"的心态。即便是在"跨文化交流"过程中，只要不是双方处于"敌对"的立场来相互审视，就不会对"历史事件"立足的依据有所质疑。

但恰恰是在这一相对宽松的地带，使得"国际化英语传媒"在呈现各自认可的"历史事件"时，会形成与己对立的情境发生冲突的言说基调。毕竟，任何类别的"社会文化情境"对自身"历史"轨迹的寻踪所得，都是顺从宗族情感激发出的情绪反应的结果。这样，只要是已逝的"事件"再"被呈现"于现在时的情势里，就是"情境化"了的情感表达，其具有的"客观性"，已经是大众传播依托的"新闻化"的一个障碍式限制。所以，作为"传播源"的"国际化英语传媒"，不论是以"局外人"的立场来聚焦他类情境定义的"历史事件"，还是以"局内人"的视角仅仅对自身本土情境的"历史事件"加以呈现，都已是脱离了"客观性"的前提，在对择定的"事实"加以"新闻化"框架的嵌入。如此带给"国际化"受众的言说话语基调，就不再是单一的"新闻化"表述，而是接近软新闻特点的"戏说"。

附着了"新闻化"依据的"客观性"的"戏说"，令"世界空间"里的"国际关系"链条呈现出令受众"迷惑"的"雾霭效应"。此时的"国际化英语传媒"原应持有的促进"跨文化型比较"，并以此产生相应的"跨文化理解"效果，就会大打折扣。这就是大众传播系统被其立足的"社会文化情境"里的政体所操控后的结果。当然，大众传播在今天的"全球化"形势下的作用，大多是执行着政治传播的任务。更加之，"历史"的记录，也从来都是为当政者服务的。所以，当作为"传播源"的"国际化英语传媒"同充当"执政者"控制工具的"历史事件"两者相遇时，就会按照符合"政治势力"的话语基调，来窄化已经是以"新闻化"名义完型的表述口径，达到策略性地完成预设的"告知"。

总之，"规范性刻板印象"在其被建立的"社会文化情境"里据有的功能，对那一群体而言是"理所应当"的"真实"，所有情境化了的"社会人"，以这一"真实"体现的"意义"为规范，来运行个体与团体所在"组织化"社会领域里的所有规程。但是，当这种已经是"规范化"了的"刻板印象"，与他类建立的"那种"相遇在大众传播形成的言说平台上时，在大多数情况下，就会呈现不同的话语基调。尤其是当"国际化"的传播带动的"跨文化型比较"效应，更是对被触及的"教育资源"、"大众媒介"及"历史事件"得以被确立的体制的整体化质疑,甚至是颠覆。这也是为何在"媒体传播全球化"的生态里,各类"社会文化情境"都意识到了"国际化"传播,尤其是以运用"国际化"了的英语语言进行的"国际化英语传媒"产生的效应为代表,对自身本土文化形成的"文化冲击"可能性,更有"强势媒体传播源"构筑的"文化帝国主义"话语权的操控,造成的"文化侵略"成果之一"文化殖民"。

2. 跨文化非叙述性刻板印象与"国际化新闻传播话语"依据

与决定"国际化新闻传播话语"言说基调的"跨文化规范性刻板印象"相对应的,是被称之为"跨文化非叙述性刻板印象"。尽管两者的"被定义"与"被解释"是建立在"二元论"思维方式的逻辑基础之上,仍然对于"国际化英语传媒"设计有效的言说话语文本内容,提供了颇具"客观性"的依据。根据其在跨文化传播意义上的所指,是关于按照在大自然生态里自行直接呈现和映射的"印象"。

恰是因为这类"印象"是自然现象在"社会人"眼前的"呈现",所以,其"原生态化"的自然存在本体,已经不是其在大自然形成的环境里,仅是"自生自灭"的"现象"了。与之相反,这类"印象"必定是与其所共存的"社会文化情境"相互交织的产物。从社会学的意义上而言,就是由其催生的"情境化"了的"人文情怀",将其孕育为"社会人"眼中的"印象"。

那么,这一"印象"的存在体呈现态势,尽管还是由大自然的"鬼斧神工"完型的,但在"社会人"的"印象"解释中,就已经是"被赋予"了"定义化"的叙述性色彩。诸如矗立在日本境内的富士山,已经被定义为"国之象征"的"印象";而流经印度境内的水域部分被命名为恒河后,又"被赋予"了"神性";位于中国云南省境内的石林,因其具有的形状而"被赋予"了神话故事,建立了代代相传的"阿诗玛"传说,诸如此类等等的"被赋予"特定"情境化"所理解的"意义"的叙述性印象。

由此,这类"非叙述性刻板印象",在"被运用"于"国际化新闻传播话语"言说文本里后,就会以"情境化"为基础衍生出的"文化化符号"形态,决定言说话语的基调。从表面上看,由其呈现的话语基调是无声的、非人工的,以及只是来自大自然造化的实体存在,但是,就其形成的本质而言,已经是大众传播系统颇为青睐的话语元素了。从大众传播的特性上审视之，就已经是对"符号"之类的话语成分的"客观化"契合，并且自由不可比拟和替代的表意功能与地位。当然，其具有的言说力也是经过"情境化"了的"人文情怀"所塑造的。而"人文情怀"的"情境化"社会意义，是完全源自认为的设定与假说为前提的。也就是说，在"这一类"社会文化情境诞生的"情怀"里，一块笔直屹立的长条石，就"被视为"美丽少女阿诗玛的化身；而在"那一类"文化审美情怀中，却是左看右瞧只是一尊"石条"的存在。

显然，在"国际化"传播的"新闻化"叙述里，任何"被强调"为来自某一"情境"里的自然存在，都已是"情境化"的"文化审美"建立的"情怀"的假说，而非具有自然意义上的"客观性"。这是大众传播本身具有的"戏说"色彩的"真实化"体现，更是"情境化"在文化价值领域里的"刻意"创造之成果。而这类"成果"伴随着代代的传递后，就有了"以假乱真"的塑造效应。从而，形成一个"情境"的文化体系组成部分。更会在其民族审美观的建构上，起到"情境化"心理态势上的约定。

所以，当"国际化新闻传播话语"的言说表述被展开时，最具有造成"跨文化沟通屏障"的因素，就是由"跨文化非叙述刻板印象"里的"文化化"符号引起的。对于"国际英语新闻传媒"来说，既要克服在运用自身习以为常的本土"非叙述性刻板印象"的"情境化"约定依据，又要兼顾其触及的他类代代相传的诠意定势依据，从而努力设计出近乎达成"跨文化型比较"的话语依据，在最大限度上完成既定的传送表述任务。

总而言之，"国际化新闻传播话语"的社会学范畴构成，并不是要求"国际化英语传媒"来呈现具体的"社会领域"实体，而是以各类的"社会文化情境"秉持的"文化价值观"，并由其引出的"文化价值取向"形成的"跨文化认知视域"所覆盖的"意象化"存在为言说的领域。这样，此一"视域"的覆盖力，就取决于作为"传播源"的"国际化英语传媒"和作为"接收者"的"目标受众"双方所获得的"跨文化认知强度"及"跨文化感知程度"的效能。自然，对于任何"被择定"的"新闻化"了的"事实"的言说话语表述，都是受到双方的"社会文化情境"特点的限制和规约的结果。如果仅仅依据任何意义上的"单一化"标准来言说或解读的话，双方采用的"编码/解码"体系，都会引出只有"偏见"色彩的谬论，而绝非即便是几乎"客观性"要求的"意义"来。因此，从社会学视角来探讨"国际化新闻传播话语"的特性与作用，实际上就是对作为"传播源"的"国际化英语传媒"体系与其所触及的现有"世界格局"里的"国际关系"间的关系的分析，这时的"国际化"传播，也就是"软新闻"的"政治传播"体现。

二、国际化新闻传播话语的社会样貌

——"跨文化型新闻传播意象情境"

当哈贝马斯提出了"公共领域"的时候，还主要是以希腊式的"广场般"人群聚集形成的言语讨论的范围。但是，当人们的讨论及反响，经过大众传播的传送后，就大大超越了这一"公共领域"方式，而以"公共空间"的看似无形无状的态势，将看不见的各类人群聚集起来。这一极具"凝聚力"的概念化存在，就是令今天世界上处于不同地理位置的国家里的人们，都被告知的"信息时代"的"信息"。在这一体现所谓"现代社会"特点的"时代"，就是由"大众传播"促成的"媒体传播全球化"效应。最为关键的特质是：这一效应，令人们熟知的"某一地"具有的"空间"，被分离出来，没有了"时空"一体所展现的"面对面"。

这样的存在本体，不仅深刻呈现了"信息"的"无形"之"有形"，更体现出"媒体传播"具有建立只处于自身特性的"空间"，在传播学意义上被称为"媒体空间"，且其具有双重化功能，即：同一事件会发生在两个不同的"地点"。一是"被传送"的"信息"依托的"事件"发生或产生的具体"地点"；一是"被传送"的"信息"所达至的"目标受众"所在"地点"。

可见，处在"信息时代"里的民众，已经在所接收到的"媒体化"了的"信息"的引导下，将所生存的日常"生活空间"完全超越可想象范围地扩大了。这种经过媒体传播建立的"信息化"意象空间，就是"新闻化"了的"虚拟时空"，在现有的传播学理论研究里，这种"环境"被美国的李普曼定义为"拟态环境"。基于"媒体传播"形成的如此"虚拟环境"，在"媒体化"建立的"传播源"与"目标受众"之间，构成了"环境—拟态环境—脑海中的图景—行动"。尤其是当"全球化"促成的媒体传播化"地球村"意象的存在，令"国际化"了的媒体传播，具有了新的意义，即："跨文化传播"层面上的国际化新闻传播。而在其中，最为令受众获得视听引导效应的，当属处在各类社会政治体制里运用英语语言进行"国际化"传送的"国际化英语传媒"系统的效应。因此,"国际化英语传媒"的传送效应经由"跨文化情境—跨文化拟态情境—跨文化认知交错图像—行动"的流程而被达成,也就是"国际化英语传媒"系统对所传送给"国际化"了的"目标受众"的"信息"赋予的"跨文化新闻传播意象情境"的形成。

(一)国际化新闻传播话语框架化的"间接'世界'"

此处的"间接'世界'"源自美国的 Lippmann 在对"传播效果"的研究后建立的"环境模型"概念基础之上,将能够设身处地融入其中的称之为"直接环境"或"真实环境"。所以,相对如此的解释对比,就是人们不能亲自到达而只能凭借知识积累建立的"感官认识"的环境,就是"间接环境"亦可称为"拟态环境",在传播学的层面上,就是那些由大众媒体传播进行的传送活动创建和维持的。既然是一个"模型",那么其对人们的影响就已经不是单纯地"新闻化"了的"信息"的告知了,而是对人们的认知体系进行着塑造和建设。经过这一功能,其传送的效果也就改变着"真实的"自然世界在人们认知系统里的模样与存在状态。从而,这个"间接'世界'"就决定着人们在所处的社会化了的环境中能力的发挥与实施。毕竟,人们的认知能力决定着言行举止依赖的判断水准。而对于本书探讨的"国际化新闻传播话语"形成对这一"间接'世界'"最终被预期地建构的效果,就更是一个影响着"国际化"了的受众,只能依赖于由"国际化英语传媒"言说提供的"间接化"了的经验,来理解"世界"、适应"世界"了。

这一"间接'世界'",是由"意义"建构的。而"意义"的生成,却不完全取决于"国际化英语传媒"系统拣选的"事实",而是"围绕"其设计的"国际化新闻传播话语"言说文本"被赋予"的内涵,经过其"目标受众"的认知能力的消化后的结果。这是作为"话语"的"新闻化"言说文本,在其具有"社会化"过程里"制造"和"再造"意义的功能决定的。由于这类"国际化"新闻传播话语的设计,也是依据社会化、历史化及制度化形构(formations)特点的产物,进而,其呈现给"目标受众"的"间接'世界'",就是这一产物的立体化存在。

当任何社会存在被"新闻化"后,就具有了符合称之为"新闻"的框架状态,即:开头+主体+结局的结构。所以,在纷繁的现实世界里,当人们并未介意或梳理任何一个实体存在的具体方式时,那一实体的"意义"并未被凸显。但是，当其"被新闻化"地"聚焦"后，就有了一个"立体化"的呈现状态。这时，人们的观察不是原始的，更不是自身感官的反响，而是一个经过"被告知"后的"再反应"。而最重要的是，这一"被再反应"的"实体"，已经不是人们在其存在地看到的"实在本体"了，而是一个"框架化"了的"新闻实体"。由此，以国际化新闻传播话语框架建构的"社会化"了的"世界"，自有其"社会化"的特质。

1. "被言说"的国际化新闻传播话语框架社会

当一个对于"国际化英语传媒"的"目标受众"来说是遥不可及的社会存在，以大众传媒的呈现方式，带着异域风情的色调告知着其具有的生活方式时，"近在眼前"的"社会"样貌，是鲜活并真切的。"目标受众"在接受着这一"呈现"时，将自身立足的现实社会里的相应实体存在迅速调出，并直接加以对比。而这一"对比"得以进行，是受众顺应了"被呈现"时的语言化的解释，这时既有"有声的"言说，也有"无声"的画面表达。

然而，这一"被呈现"了的"社会"实体，却是已经完全"被捏合"后的结果，也就是遵从新闻规则具有的框架丈量后，完成一系列的取舍步骤的"作品"。尽管这一被称为"作品"的实体，是以"戏剧化"特有的"声音"、"背景音乐"、"特写"及"蒙太奇"等技巧建构的，但是，其与被划为娱乐作品范畴的电影电视剧内容的完全虚构不同的是，其涵盖的所有"内容"都是源自社会化真实的，即：真实的人物、真实的地点、真实的细节、真实的结局。恰恰如此，对受众而言，这一"实体"是社会现实的体现，是值得信赖的。

值得肯定的是，这一"被呈现"的社会实体，的确是"国际化英语传媒"所聚焦的某一社会的真实存在部分，但只是其整体的"一部分"。而且，这一"部分"，又是按照新闻规则的要求"被框架化"了的结果。所以，其具有的"社会化"元素，是起到对"目标受众"加以告知的核心动力，因为这是其形成被信赖和被接受的前提。任何在大众传播过程里呈现的"社会化"元素，不仅是受众进行评判的标尺，也是媒体传播自身告知功能得以持续实现的必备特质，这就是对"事实"的呈现。有了这些看似"雷打不动"的实体存在，不仅大众传播运行系统，有了言说的核心点，也使得其"目标受众"具有了在感官上极具"掌控"的"实在感"。当然，这一切，都是在"事实"经过"被新闻化"后设计的言说话语生效后，才能够达成的效果。

显然，由"国际化新闻传播话语"言说的"世界"，是一个按照一定的新闻原理设定的框架塑造出的、被语言特点组建的"社会化"存在。当言说话语经过语言的表达后，受众感官接收到的是声调、语气、语速、词汇、画面、配乐及新闻人物的叙述被聚集后的混合体，而绝不是作为个体亲自经历"脚踏实地"般地"走过"与"碰触"的感受。就目前在国际化传播媒体系统间的比较来看，那些以母语为英语语言进行告知的"国际化英语传媒"，大多运用着美国新闻界推崇的"倒金字塔型结构"形成的框架。由此塑造出的"社会化"特点，就是"美式"的"实用主义"思维与运型的社会。就这一点而言，当今的经济一体化促成的"全球化"，之所以被越来越视为"美国化"，与"强势化"的"国际化英语传媒"设计和持续被运用的"国际化新闻传播话语"言说文本依托的叙述框架，有着直接的关系。

2. "被言说"的国际化新闻传播话语历史社会

对于"国际化英语传媒"而言，在运用"社会化"了的实体存在"事实"基础之上，更需要对建立具有"社会化"特点的其他类元素加以有效选定和运用。这其中，具有历史色彩或表现力的"事实化"了的"事件"、"物件儿"与"人物"的运用，就是另一种重要的体现了。

就目前存在于"世界格局"里的任何类型的"社会文化情境"来说，都是在一定程度上顺延其发展至今的轨迹而运行的。就试图达成有效的"国际化"新闻告知的"国际化英语传媒"系统而言，追溯带有历史色彩或背景形成的影响效果，是最具信服力的方法之一。毕竟，所有的"历史化"元素或成分，大多都是在世界范围内早已被熟知的，尽管对在其背后具有的"意义"的认识、理解或诠释的程度及水平不同。有了围绕"历史"背景的衬托来分析或解释所聚焦的"事实"，就会令受众提炼出一定的"逻辑线"来理解和认识"被告知"的"意义"。然而，这类"意义"的获得，对于担任"传播源"的"国际化英语传媒"与其"目标受众"来说，都是各有各的理解和结论的。这主要是"国际化新闻传播话语"在被设计时，其触及的他类"社会文化情境"里的"历史化"事件或人物，都是带着"跨文化型"成见或"有色眼镜"来进行审视与选择的，从而形成"表意化他人"与"普遍化他人"的"象征互动化"效应。

以"国际化新闻传播话语"言说的某一"社会文化情境"里的"历史化"事件或人物自身在其本土上的定性,来审视其"被言说"后的样貌,就会看到"被塑造"的成分或色彩。毕竟,"历史"本身就已经是"被书写"后的实体存在。如果再经过属于"局外人"的"国际化英语传媒"设计的言说话语的表述,就会在"定性"及"定位"上获得要么是"超越"其自身特性的"赞美",要么就是"超出"其本土想象的"贬低",而不会存在"不好也不坏"的"中间性"表意。因为对于任何类型的媒体而言,"黑"与"白"的表述是西方新闻学的基本原则。如此,就会形成西方新闻传播学意义上的"象征化存在"。这就是由言说立场引出的"表意化他人"与"普遍化他人"后的效应。

当"国际化英语传媒"所聚焦的"社会文化情境"与其存在着文化价值观上的对立后,就会形成意识形态上的竞争。这一竞争,带动的是在对双方认知定位上的冲撞。而体现各自固守的意识形态所具有的合理性,都是在对历史的进程中所发生的"有用"于当今的"事实"与"人物"的凸显和放大。而当双方处在对立面定位时,自身所"放大"和"凸显"的"历史"存在,就是他人必然会"抹杀"或"贬抑"的部分。相应地,当面对近乎"同盟"或"盟友"的"社会文化情境"里的"历史"元素后,就会运用"普遍化他人"的方式加以言说和呈现。这时的"普遍化"的衡量标准,是以自身秉持的意识形态为尺度来完成的。按照西方新闻传播学被建构的"二元论"原理来分析,就会寻找到这两种对"历史化"存在的言说方式,是一直持续地被运用在对"国际化新闻传播话语"设计过程中的。这也说明了为何"世界格局"的无形实体,在人们的世界观里是时时存在并活跃地影响着国际化事务存在的。

因此,当"国际化新闻传播话语"所言说的"历史化"存在时,其"目标受众"输进各自认知体系的"世界",不仅具有"这一种"历史性的积淀,而且还一直在为"这一种"社会的当今运行,起着"有因"与"有果"的影响效能。当然,在所告知的"目标受众"是被定位在与"传播源"相对立的状况下,来审视"被言说"的自身本土"历史化"存在的"表意化"样貌后,就会愈发加深已经"被建立"的"对立化"敌意情绪,因为这时的情绪化反响带出对"传播源"的言说定论,都看做是"偏见"与"敌对"的表现。退一万步来审视,即便有些言说是相对"客观"的,也会引发如此的接收效果。归根结底,这种结果,是由话语自身的"意义"创造及"再造"的功能决定的。

3. "被言说"的国际化新闻传播话语制度社会

当任何类型的"社会文化情境"在"世界格局"里"被定性"与"被定位"后，就会以遵守其价值观为基础的相应"制度"进行运转，从而使得具有不同功能的"社会组织"，得以按照其整体情境的计划和目标来运行。这样，在看似固化且机械般存在的"制度"，实际上是保证"社会文化情境"执行意识形态的间接化结果。然而，当"社会制度"的运行方式被"国际化新闻传播话语"言说时，就会按照"符号化"的表意来完成"倾向性解读"（preferred reading）。就话语自身具有的表意功能而言，能够对任何物理性质的存在都会赋予顺应观点化的解释，这里的"观点化"是按照一定的"视角"来测衡的，因此就取决于得以建立"意义"的"意识形态"，此乃一切"说法儿"的基础。

以现有"社会制度"的类型来分析"制度"带来的"解释"，只有宏观层面上的"社会主义制度"与"资本主义制度"的组织化运行方式。在理念设置层面，还有"共产主义制度"的理论化描述与相关的解释。如果不从这些制度的理念对生存在其中的人们生活方式的决定效果来审视，就只是其带动出的"组织化"社会里各类群体的生存圈。然而，当以微观视角来分析各个群体之所以如此运行的缘由，并将不同类型制度里相对应的群体加以对比时，就会凸显出各自所依据的理念，而这又直接引导着相同"组织化"社会群体的认知风格与能力，从而形成以"言说化"的"意义"为存在前提的传媒话语设计。

在目前"世界格局"里呈现的"国际关系"背后依托的逻辑里，虽然有着因经贸合作而显出相互间颇为高频率的往来，令"国际关系"表现出单一而又务实的态势。但是，由建立不同"社会制度"为基本理念的"意识形态"决定的行为方式，使得顺应其规则的群体建立了不同的"世界观"。从而，按照这种观点带来的视角和视域，对个体与群体在如此社会化游戏规则里形成的人性，进行言语化的描述与表达。

单以存在于"社会主义制度"与"资本主义制度"间形成的"意义"，来回味在大众传播领域已经被建立的言说话语内涵时，就会罗列出一整套、一系列的语言词汇。仅就英语语言中被媒体常用的词汇而言，就会形成"二元论"原理推导出的语意范畴来，诸如：洲际层面上的美洲被化为"南"与"北"、联盟层次上的"欧盟"与"东盟"、理念导向上的"美国"与"巴西"等，而在词汇上的内涵赋予，就有了"民主"与"专制"、"自由"与"独裁"、"平等"与"阶级"等。当大众传播在国内范畴"言说"时，就会形成作为"传播源"的"媒体"在"体制内"的表达，尽管其受众表面上是本土化的民众，但实质上是对"社会化组织"形成的阶层群体依附的"党派"的灌输。而当掌控言说话语权的媒体已达成"国际化"范围的传播时，就是对本土外的民众的描述了。这时的描述话语，虽然以"传播源"的定位表明了"国际化"，但是，就其言说的内容而言，却是指向性极强的"目标受众"所立足的"社会制度"。最为关键的是：紧紧围绕因为"社会制度"的不同而呈现的生活方式与社会规则上的差异及其效果。

以现有"国际化新闻传播话语"对"社会制度"的表述方式上来分析，是围绕着"被聚焦"社会文化情境运行的制度形成的"社会效应"为倾向性解读，从而就具有了"贫困"、"疾病"、"压制"、"家长制"等话语内涵。当然，这类话语内涵的"被解读"，是"传播源"以"审判官"或"仲裁者"的态度和语气，对按照以其"社会制度"为"参照物"建立的比较系数为标尺，来定义属于"社会化"的问题，并将其视为"事实"来选择，经过一系列"新闻化"的话语言说设计后，形成输送给其"目标受众"的"意义"叙述，从而形成貌似"以事实为准绳"的"倾向性解读"。

因此，在目前俨然是"全球化"生态里的"世界公民"，尽管同饮所谓"国际化"品牌的饮料，同观所谓"国际化"制作的大片，同是凸显"国际化"范式的西装领带着装，却不都是"国际化新闻传播话语"言说文本中的主角。其"主角"的选定，是由"主角"所处"被定性"的"社会制度"属性来决定的。而其所持的标准，就是"国际化英语传媒"所秉持的文化价值观依据的意识形态。进而，所有的话语言说都有了其逻辑化的"倾向性解读"，以此来完成对其预设的指向性明确的"目标受众"的视听引导。

（二）国际化新闻传播话语描述化的"拷贝支配"

当"国际化新闻传播话语"的描述功能起作用时，在其"目标受众"的接收视域里，就是大众传播借助媒体系统营造的"大众媒介化世界"，但不是一个自然化的真实世界。对这一特点的分析，使得日本学者清水几太郎建构了"拷贝支配"理论。这一理论强调了由媒体传播建立并解释的世界，只是一种"拷贝"，并且是由商业力量和政府权力扭曲后的图景，在现实世界里是不可能被还原的。与此相对应的，是由另一位日本学者藤竹晓提出的"信息环境的环境化"解释。

从媒体具有的特质来看这两种定论，都是可以直接找到依据与逻辑的。但是，当与现今颇为普及的"国际化英语传媒"的特性相联系时，就会观察到其仍是"拷贝"的一种新类型，并在这一前提下更强化了"支配"的功能。毕竟，当媒介化图景被描绘出与受众相见时，在本土文化情境里受众的认知能力与逻辑判断定位，都会即刻与之相匹配般地互动，尤其是以声像传播的广播电视类媒体制作的产品，讲究能使受众最直接理解其表意的言说话语设计，进而大多是日常言说词汇和风格，价值是以自身本土共享的语言词汇语义及认知风格引导的逻辑为接收判断依据，所以，"支配"的能力及效果都是可以被预见的。

然而，对于向"国际新闻传播公共英语话语空间"里传送"信息"的"国际英语传媒"而言，面临的是"国际化"了的受众，这些秉持不同价值观的社会化公民，其判断力及逻辑组织方式，都不是以向本土受众言说的媒体可以相比拟的话语设计导向及呈现风格。在此，仍然是对"新闻化"了的部分世界客观存在的"拷贝"，但却是形成"国际关系"敏感波动的"支配"更显得刺眼和易起心理上的反弹。尤其是当"国际化英语传媒"产出的"媒体传播产品"在按照既定的理念，配以为所立足情境选择的政体吆喝时，本已是"新闻化"了的"信息"在被言说后建立的"环境"，在更大的范围内扩张着，形成覆盖更大比例的"世界格局"现有"板块"，造就"信息环境的环境化"效应。当然，任何类型媒体的传播，不论其理念定位如何，都会产生一定的话语言说效应。但是，当"国际化英语传媒"的话语言说达成预设的效应时，大多还是以"被扭曲"后的"新闻化"变型为存在实体的"拷贝"。此处的"现实化"镜像效应"拷贝"，对"国际化"受众的认知体系的改变，是其终极目标。

1. "商业力量"扭曲后的"国际化新闻传播话语"描画

在"国际化英语传媒"设计和运用的"国际化新闻传播话语"言说文本里刺眼的"商业元素"，之所以令受众注目，是因为它的出处是"传播源"担任的"局外人"角色立足的"社会文化情境"。而其在话语言说过程中起到的作用，却是犹如醒目的着色外包装带动的"促销"。自然，对于任何类型的媒体系统的生存来说，商业化广告的支撑是起着决定性作用的。但是，当"国际化"传播的"国际化英语传媒"系统所赖以生存的"商业因素"起着视听引导作用时，对"目标受众"而言，就已经是一种消费文化和商品生产厂家建构的"世界"样貌的推介了。

在众多的"国际化"传送的"媒体传播产品"类型中，最为直接的商业化支撑方式，当属"冠名播出"。在一般意义上，当一种商业元素被呈现时，是为了引出其"赞助播出"的后续节目。更多的时候，其赞助的是其本土情境"极愿意"呈现的内容。这时的传送，不仅完成了对"那一内容"的"广而告之"，同时也使得为了"冠名"而付出千金赞助费的商家，赢得了国际推介平台。自然，这一套"播出"排序形成的受众接收步骤，是直观的也是可以理解的。但是，对于作为"传播源"的整体告知内容的改变效果，却是不太引起受众关注的，更不会意识到原本已经是"信息环境"的话语言说体，已经因为"冠名"的嵌入而发生了完全的改变。这一改变，体现在"目标受众"的认知体系里，就是"被扭曲"了之后的"世界"。

可见，如此的"描画"，看似是在为获得"冠名权"的商家生产的商品的推介，也使这类商家得以在本已充满信息的"国际新闻传播英语公共话语空间"里，获得了"发声"与"露脸"的推介机会。毕竟，大众传播言说过程里的一秒钟，都是按照近乎天文数字的标价来"叫卖"的。如此的身价被呈现在被放大的国际平台上，引导受众透过其色彩化的描画，改变着已有的判断或建立新的审美视角。所以，此类"商业元素"在"国际化新闻传播话语"言说文本里，已经是一种特殊的"符码"。它是对"商业大亨"具有的操控力的张扬，也是对"资本主义制度"提供个人积累财富最大化的自由的宣讲，更是对"有钱能使鬼推磨"的"社会达尔文主义"理念的软性化赞美和推崇。

由此，在看似丰富多彩的声像文字言说话语的描画下，一个"在别处"的"世界"被完整地"拷贝"后，呈现在"国际化英语传媒"既定的"目标受众"的日常生活里。因为是"拷贝"，就愈发令受众信服其真实地存在于"那一处"，进而强化了人性中"风景在别处"的心理，也就促使受众的想象愈发"乌托邦化"。带着一种心态衍生的情绪，受众的认知视角就会随之而转向，要么是对"那一处"的"风景独好"心驰神往，要么是对"自由富庶乐土"的"欲达而不能"后，而形成对当下所立足的自身本土情境的抱怨或拒绝。

因此，看似具有独特"冠名播出"意义的一条商业广告，或是一段"故事化"设计的生产线特点呈现，都起到了双重的作用，即：推介商家及其产品，弘扬其冠名播出的文化产品涵盖的精神气质。

2. "政府权力"扭曲后的"国际化新闻传播话语"叙述

在常规的"国际化"大众传播的告知流程里，人们获得最基本印象是对"突发事件"的"硬新闻"报道，并期待能有些许与众不同的评论和深度分析个中缘由。但是，当人们面对越来越密集化的国际事务告知的信息流时，却发现更多内容，还是只集中在几个所谓"热点"议题，而且这些议题都与国际公认的几个大国或经济强国相关。至于那些处在世界贫穷定位上的国家，却似乎是消失了般，没有任何声音与踪迹。这样的现实，就引导国际化大众传播的研究者开始关注一个问题，即：是什么因素决定着"国际化"大众传播的聚焦内容，并采用怎样的视角来审视所呈现的内容？为何庞大而复杂的"国际关系"，在"国际化"大众传播的言说过程中，竟然成了呈现和解释仅仅几个国家间的交往或争斗呢？对于这些问题的释疑，就触及其与"国际化"大众传播间已经形成的刻意化关系。

这一关系的建立，就是在已具"强势"引导力的"国际化"大众传播体系立足的情境里政体的权力体现。这样，在近乎政治传播的"国际化"大众传播领域，政体具有的操控力，使得"被传送"的新闻化"信息"，有了必须紧紧围绕着一个核心而"被择定"和"被言说"的前提。这种指令性的意念化为"国际化"大众传播过程里必需的职业行为，而对所选择的"事实"加以"新闻化"包装。当然，政体的代言人政府是不可能以一个媒体传播职业人的角色，直接出现在日常维持言说的制作过程的。但其操控力的体现，却是由其认可的"智库"或称"智囊团"，以"公关公司"的名义进行介入和规约的。

进而，当"世界格局"里有任何关乎某一大国的政府高官或决策出台的信息时，都会在"国际新闻传播公共英语话语空间"里出现几乎是一致话语口径的言说文本，即便更多的"国际化英语传媒"是通过对新闻稿内容的翻译后再呈现的，也只是对第一稿的直接重复。由此引发"世界格局"里各类"板块"间关系的起伏或震荡。对于"国际化英语传媒"的"目标受众"而言，这时的言说话语尽管仍是由媒体自身发出的，但却已经是"替声"。此处的关键点是，此类报道的任何关键词，都不是由媒体自身选择的，而是使用的政府智库决定的口径。所以，一旦此类报道"被言说"和"被呈现"，受众的直接反应就是"重量级"的"国际新闻"，而且同强势国际化传媒为同盟或盟友的"传播源"，不论运用何种语言来报道，都是采用一致的言辞和调子。如果有不同的表意的话，那就是其对立面的敌视态度的直接表现。

显然，当受众按照这类报道言说话语来理解"身在此山中"的"世界格局"的话，就完全是只有被触及到的几个大国的部分媒体化塑造的形象了。这时的"媒介化环境"已然完全取代了受众原本已觉熟知的现实世界了，更会随着持续不断的"被告知"，而经过符合自身认知能力判断后的取舍，将这类"意象化"的世界作为重要的认知来源和依据。这种由政府权力操控的"新闻化"言说，更多的时候是以"叙述"的风格来呈现的。这种风格的奠定，是以对所选择和排序后的"事实"的呈现，而且是以逐一详细解释的过程来提炼其中的"来龙去脉"，从而使得已经渗透在言说过程里的"官方口径"，或曰"操控意向"，都被"事实"带出的"不容置疑"特点所遮蔽。

因此，在"国际化新闻传播话语"的言说文本里，令受众单纯感受到"政府权力"操控的"强调"，不是普遍存在的，而只是在以直接聚焦政府官员的"官方化"活动时，才会感受到其被编辑在头条的理由所在。

3. "媒体传播技术惰性"扭曲的"国际化新闻传播话语"强加

在媒体传播依赖的声音图像及文字表现力技术日益超越人类的想象时，就会被运用到凸显声音方面的奇特、画面图片的生动，以及文字排版的视觉冲击力方面。这时的"新闻化"话语言说，就多了比"被聚焦"的"事实"自身具有的"意义"了。在看似迅捷变化的"淡出淡入"烘托的剪辑效果下、在颇显出乎意料的"叠加化"音频制造的立体声回响音效下，更在极具时空交错的"图文并茂"的文字序列凸显下，原本令受众期待的"新闻化"事实带来的"意义"，完全被眼前的"丰富多彩"或"眼花缭乱"的视觉效果所遮掩，成了附属品。这时的"新闻化"告知，反而成了极具"艺术化"观赏效应的"作品"了。

诚然，新闻传播所出产的"媒体传播产品"本身就是一种艺术品。但是，这种"艺术"却绝对不是纯戏剧效应的翻版，更不是替代新闻化意义的艺术家之手艺功夫的成果。不可回避的事实是，就目前引导世界受众视听的"国际化英语传媒"所呈现的内容，大多都是增加了戏剧艺术化的成分比例，而仍稍有些新闻色彩的"事实"，却依然变成一个点缀的点了。以声像产品为例来说，电视节目的片头与片尾的蒙太奇式剪辑，提供给受众的只是"碎片化"画面的无序集合，貌似多重化时空的交错，事实上却是毫无意义的填充时段。

这种依赖高科技制作手段形成的效应，使得法国籍研究者让·波德里亚的总结，得到了更确切地证明（陈 & 易，2009，第 93—95 页）："越是用色彩、突出等手段老追踪真实，对世界真实的缺席随着技术的日臻完善就会越陷越深。"而如此的技术惰性在"国际化新闻传播话语"言说文本的设计过程中被运用后，就会使得原本就处在"跨文化型比较"接收过程里的受众，不仅在感官上受到吸引而偏离对新闻报道之核的关注，而且在认知心理上形成一种观赏化反应。于是，哪一媒体提前掌握了更为高超的编辑技术，它就会以"出奇"或"不可捉摸"的技术支撑，来吸引受众的关注。即便是收视率的统计量化增高，但却转化为更为虚拟的环境，并完全属于只是媒体才有的推论模式、信息类型及臆造意义。如此的技术惰性最终带来的结果，就是媒体化大众传播的新闻化言说话语的设计，更趋向肆意和随性，并伴以一个接一个的"新闻化"了的"事实"为相互的存在，担任着彼此的参照物。

而由于大众传播本身的告知，就是依据一定的符号体系来完成的。这样，通过媒体传播的必要"新闻化"流程，使得图像或图片的显像更为任意、素材也更为随意地被剪接，进而传递给"国际化"的受众一个铁定的认知印象，即：作为这类"传播源"的"国际化新闻传播话语"，对世界格局的定义和解释是无所不能的。但是，对于受众的理解和接受系统而言，"国际化英语传媒"提供的言说话语是抽象而又逻辑化地强加。究其原因，作为"目标受众"的国际化民众，没有亲力亲为的可能去对"被告知"的内容，加以身体力行地理解。更何况就是因为如此地技术艺术化处理，越来越多的受众把"国际化英语传媒"系统的传送，也视作为日常生活添加"调味品"的娱乐机器而已。当然，这是因为媒体对技术过度依赖后形成的遗憾，但是大多数人逐渐认可的"媒介即是信息"的观点，又是另一种惰性的表现，也就是被动型的思维惰性。好在提出了"地球村"这一概念的麦克卢汉，终于如同提倡"村化"意象时般，正在大力告知人们：作为技术的媒介。终于，还是将"媒介"归到了其本身的"技术"功能实质上。

（三）国际化新闻传播话语塑造化的"第三人效果"

大众媒体的国际化传播形成的影响效应，不是仅仅停止在对其所选定的"事实"新闻化制作后的告知，而是对其所预设的接收效应的实现程度。尽管通过相关的研究总结出了大众传播的基本流程，不外乎是关于"说话者—文本—目标受众"间形成的互动关系，但是，这其中最为关键的还是取决于其"目标受众"能够理解的言说话语背后依托的社会化背景。

进而，这一最基本的新闻传播言说关系，就具有了一个"社会人"的综合化个体的存在，并对所接收到的任何信息，进行符合其社会背景的认知过滤网的筛选。所以，大众传播的预设效应的达成，已经扩充为"主体"＋"他者"＋"第三人效果"的意念化互动后的结果。从认知层面来看，主体与他者间的关系是自然的、天生的，更是永远存在的。

但是。由大众传媒形成的言说效果而在受众认知系统里出现一个"第三人效果"，却是因人而异并会时常发生程度不同的变化的。毕竟，相同的社会背景不能保证在其中的成员，在任何方面都是处于一个水平上的。但是，经过媒体传播的言说，整体上获得统一认识的可能性还是很大的。

1. "主体"之双重角色＝局内话语认知社会人＋目标受众

作为"国际化新闻传播话语"言说文本"阅读者"的"目标受众"，是隶属于某一"社会文化情境"所建构起的话语体系塑造的"社会人"。进而，尽管在人格上考量，这一"社会人"是一个完整而又独立的"个体"，但是，从社会学的意义解释审视，就可以看出"个体"是其立足的"情境"的产物。当其接收来自以大众传播形式进行言说的话语文本时，他/她的话语认知能力并不与所接收到的文本相对接。即便接收到的"媒体化"言说文本是有声有色的、简单易懂的语言表述，但其中运用到的词汇表意，却并不如词典里的标注一般，而是已经只属于新闻传播领域的、为"能指"和"所指"服务的"术语"了。

鉴于具有如此特性的"个体"，作为"传播源"的"国际化英语传媒"系统的言说特点，就远远超过一般意义上的大众传播的话语设计了。尽管还是以"新闻化"为言说标准，但其具有的"国际化"特性，已经要求其在话语设计上，必须首先以"跨文化传播"理念为前提。这样，原本只是"目标受众"的"主体"已建构的话语认知能力及其接收范畴，才会被纳入设计的影响元素之列而被加以重视。由此，更多的"国际化英语传媒"系统，都会努力顺应在现今"世界格局里"被公认为"强势化"传播源的话语词汇体系。

当然，这时的"主体"，并不会因为"国际化新闻传播话语"的设计加紧了在国际上通用的词汇，就会完全接受所"被告知"的内容。毕竟，这一"个体"的话语认知能力，在大多时间都是紧紧围绕着其"被设计"的"局内话语认知体系"的。进而，在这一传播特点的限定下，作为既定的"目标受众"和自身本土文化价值观塑造的"局内话语认知社会人"两种角色，着实提供给"国际化英语传媒"最大的挑战。况且，不容忽视的是，这一"主体"在接收到"被告知"的言说话语内容后，也需要既启动自身本土话语认知编码，也需在尽可能短的时间内，搜寻到可以作为助其梳理逻辑线索的"参照"解码，来尽快做出说服自己内心感受的解释来。这一能够起到"参照物"的解码，就如同"主体"在日常生活里处理所有事务时，从自身认知体系里"随叫随到"般的那些"知识点"，来诠释所有相对应的信息条目。

然而，这种"参照"解码的获得，却远比自身早已熟知的那些"解码"要困难得多。究其缘由，就在于"解码"能够起到应有的作用的前提，是那些需要"被解释"的话语元素，能够进入其认知系统。但核心问题是，此处的"话语元素"是来自本土话语认知体系之外的，近乎令"主体"形成不了接收的"耳旁风"般的陌生存在。而只有一种可能会产生有效助力的"解码"，就是与"主体"一样接收到相同"被告知"言说话语内容的、处在其本土情境之外的"局外人"，也就是相对于"主体"而言的"他者"。此处的"他者"对"主体"所接收到的言说话语的反响，是"主体"得以展开能够说服自己来正视所产生的解释的"参照化"解码。

2. "他者"之双重定位 = 局外话语认知社会人 + 目标受众

在面对"国际化英语传媒"传送的、以"新闻化"信息方式进行言说的话语排序时，不论是"理解"后获得了令"主体"自身感到平衡的"解释"，还是"不理解"后形成的让"主体"本身感觉纠结的"迷惑"，抑或是"无视"后产生的将"主体"原本并无"反应"的"无解"结果，都是被设定的"目标受众"作为"社会人"，在寻找到的"他者"形成的"反响"后，对两种"反响"记忆"比较"后的结果。可见，这一被用做"参照化"解码的"他者"，也是"国际化新闻传播话语"形成言说效应的结果之一。

当然，在对"国际化新闻传播话语"言说文本设计和运用时，预见其催生的"他者"程度的努力，不亚于对作为其"目标受众"的"主体"可能产生的"反响"的预设努力程度。在新闻传播意义上来看，这两种程度相差无几。毕竟，两者都是试图形成"国际化"传播引导力的大众传播系统所言说的目标，只不过"他者"相对于"主体"而言，是副产品罢了。能够令"目标受众"选定为"参照化"解码的"他者"，也自有其令"主体"建立信服感的特性。虽然此处被定性为"他者"，也只是以与其相对应的"主体"而言的。如果站在"他者"的立场来接收"国际化英语传媒"传输的"新闻化"言说信息时，"他者"就是"主体"了，尽管此时的"他者"并不是"国际化英语传媒"设定的"目标受众"。所以，"他者"对"主体"具有的任何重要"意义"，都是从"主体"的标准来测衡的。因此，形成"主体"建立新的认知判断的"他者"的"反响"，具有更自然和客观的特性，毕竟，这些"主体"运用为"参照化"解码的"反响"，不是"他者"为了"主体"的"解释"而有意或刻意做出的，而是"他者"整体感受系统"被刺激"后的即刻反应结果。

就相对于"主体"的"他者"而言，其具有的自身特性也是隶属于其自身本土"社会文化情境"的产物，即，本土话语认知熔铸体（濡化）。进而，作为"个体"的"他者"，不仅是"社会人"，更是独立的认知"个体"。这样，"国际化新闻传播话语"的言说引导力对其产生的各种效应，都与这一被看做"他者"的社会文化背景紧紧相连的。如果将"他者"呈现的各种反应，与"主体"的反应进行比较后，出现任何的异同，都是经过了"跨文化型比较"后的结果。即便有一类型的"他者"是来自与"主体"相同的"情境"的"个体"，比较后的"异同"也是源自"个体"间各自在认知判断力高低或所处层次的不同上。这样，在"他者"与"主体"间形成任何层次上的"比较"，都是由两者间具有的"可比"前提，也就是"主体"的特性能够同"他者"的特性同处一个层次，进而可相遇可比较。

显然，任何类型的"他者"，都是一个从属于其立足的"文化价值观"的产物。"国际化英语传媒"以"新闻化"话语言说的方式运行的信息传送，不仅需要其设定的"目标受众"来实现"传播源"的首要目的，更需要能够激发作为"目标受众"的"主体"，在对自身的"解释"做出进一步判断的参照者"他者"。这也是大众传播所形成的效应的另一种表现形式。更为重要的是，作为"国际化英语传媒"所预设的"目标受众"的"主体"的自我存在意识的形成，也是以被称为"他者"的存在为前提的。但是，这两者间的对比关系的形成和最终建立，还需要能够使"主体"平衡与满意的"结果"来保证，这一结果也就是传播学意义上所说的"第三人效果"。

3. "主体"与"他者"各自依赖的"第三人效果"

传播学理论中的术语"第三人效果"，是指主体只会在有作为可比较的、或可作为参照的"第三个存在"前提下，才可以将自己的观点或行为加以归为或评判的"中介"式催化剂。在大众传播对信息传送的言说过程里，其"目标受众"所形成的接收反应，不论是接受或是拒绝，还是无动于衷，都是传播学意义上的"传播效应"。但是，对于作为"目标受众"的"主体"而言，衡量这一产生于自身的"效应"的标尺，却不单纯取决于自身内在所持的标准，还需要有能够令自身心悦诚服的一个"外力"，或"客观性"的"同型"反应，作为其最终做出判断的"尺度"。这不能不说是人性中普遍存在的"从众心理"或"归属感"的另类表现，更是"主体"对其"反响"转化为"意义"的途径。当一个"第三人效果"被选择为进一步对比的参照物时，就已经是"主体"试图将自身形成的"解释"向具有"社会化"共鸣的"意义"转化的开始。

事实上，这一"主体"在心理上产生依赖感的"第三人效果"，不仅仅是对"主体"本身形成判断价值的因素，更是大众传播系统能够将其设计的"媒体传播产品"，依靠"新闻化"言说话语的表意功能，将其转变为一定"社会意义"的关键。毕竟，任何"意义"的形成，都不是仅仅指向单一"个体"的，其得以存在的必备条件，一定是某一特殊团体或群体认可其为"共识"后的践行。所以，当"意义"引导其认可者的言行时，就具有了令其"生根开花"的土壤。久而久之，"社会化"的接纳态势就会形成，并逐渐演变为"真理"般的标准。但是，不容忽视的事实是，当一种言说的话语表述被转化社会化"意义"之后，对某一群体内部的成员而言，是标尺化的"雷打不动"，但对于"外人"来说，可能就被视为一种"不可名状"的"偏见"，甚至是"难以理解"的荒谬逻辑。所以，联系到"主体"在寻找"参照化"解码而将"第三人效果"奉为标尺时，其产生的"跨文化碰撞"或"跨文化适应"效果，都是对"主体"与"他者"自身反复修正后的"妥协"。

可见，"第三人效果"的生成，不仅仅是"主体"自身对"国际化新闻传播话语"言说表述的"个体化"解释的"修正"或"补充"，更是对来自"他者"

的"反响"的"有取"及"有舍"后的"再构"。进而，"第三人效果"对于"国际化英语传媒"的言说存在，不是对其所传送的"新闻化"信息的直接认可，而是经过由"主体"到"他者"，再到这两者间的"交融"后，又一次形成与"被告知"的"个体"相碰撞后的完型结论。不论其对原汁原味的"新闻化"信息具有多少"改变"后的接纳，都是"国际化新闻传播话语"言说表述后的效应。所以，任何类型的大众传播所获得的传播效应，都是以最终建立的"社会化"了的"意义"及其影响程度，为测量其引导力强弱的标准。诚然，不论"被传送"的"新闻化"了的"信息"在这三者间如何被接受或拒绝，看似具有独立认知能力的"社会人"，不管是处在"主体"还是"他者"的立场上，都不再是呱呱坠地那一刻的婴孩，而是被多重"国际化新闻传播话语"塑造了的媒介化认知体。所以，其每一次呈现的"反响"乃至到达可被认可的"意义"层次，都不是唯一单一的"国际化英语传媒"所设计的言说话语的结果，而是多维度多视角多情境交叉后，在某一次对某一"新闻化"信息接收后，又以某一"第三人效果"为参照解码后，所形成的这一次接收后的最终"意义"。而最自然的情况是，这一"意义"，又会被接踵而来的新的"新闻化"信息接收所改变或修正，进而，一个新的"第三人效果"又会被寻找到，来作为参照解码完成新一轮的"跨文化型比较"。

因此，对于"主体"很重要的"意义"的最终被确立，表面上看是作为"目标受众"的个体，在调动自身的认知体系来进行判断和理解，但最终的决定因素，却是"国际化新闻传播话语"背后的社会背景及"目标受众"所立足的"社会文化情境"依据的"文化价值观"背景。

三、国际化新闻传播话语的社会特质
——"跨文化型新闻话语语境"

语境，这一在传播学理论研究领域里被广泛使用的术语，尽管其被赋予的所有解释，都同某一社会文化情境的具体和直接的特征紧密相关，也就是成员间的互动方式及传播交流的环境特点等，但在各类社会文化情境通过"国际化"大众传播相遇时，语境，就已经具有了独特的意义和解释。

以本作探讨的"国际化新闻传播话语"为出发点，来从运用英语语言进行"国际化"传播的系统"国际化英语传媒"的视角理解"语境"，就必须将其划分为"社会语境"、"情境语境"及"表达语境"三者同"国际化新闻传播话语"间的关系。进而，促成了只属于"国际化"类大众传播系统的"跨文化新闻话语语境"。

（一）"社会语境"与"跨文化型社会新闻话语语境"

作为支撑"社会文化情境"在整体化顺畅沟通与传播的"语境"，"社会语境"是一种"符码"，不仅是"意义"得以形成和运用的前提，也是"语言"得以被使用和被赋予特定内涵的基础，更是这一情境里的所有成员间形成"身份认同"及"心理从属感"的必要条件。其呈现状态，是语言的特别叙述、行为的无双特点及符号的独特象征。

显然，"社会语境"是以"独一无二"的势头，来呈现着能被称为"这一"情境表征的沟通与表达的方式。而"话语"本身，又具有只是在一定的"语境"下"可说的"那些内容或所指。进而，"话语"与"语境"间的关系，从来都是互为前提的。触及以"国际化"大众传播方式运行的"国际化英语传媒"，就会将其设计和运用的"国际化新闻传播话语"同其所预设的"目标受众"所处的"社会语境"紧密联系起来，并且必须将其中的关系梳理清楚。这样，才会使得这一特殊的话语定位所具有的本质分析出来。

鉴于"国际化英语传媒"是以对"新闻化"了的"事实"的言说，这样，为了使其设计和运用的"国际化新闻传播话语"起到被预设的作用，就需要使得其言说表述核心，能够在最大程度上与其"目标受众"的"社会语境"在语义和表意的所指与能指上"咬合"。尤其是这类言说话语还是依据"社会语境"建立的，但是在运用其中的语言表达方式、语义指向定位，以及语态能指目标等基本特征，都会从其"被设计"和"被运用"的"母体"情境里抽离出来，而被置于"国际化英语传媒"依据的"国际化"新闻传播的职业表述框架。为了能使"被选择"的"社会语境"元素，同"国际化英语传媒"依据的结构化表述形成最大程度的"契合"，也就是"咬合"，就必须服从其既是"社会化"又是"新闻化"的因素部分。

从而，使得"国际化英语传媒"系统所运用的"国际化新闻传播话语"的言说文本所促成的"语境"，生成令其"目标受众"不仅在语言叙述的"意义"方面，同时，也在其表述的"新闻"内涵方面，建立起顺应其在心理感官上"自然而然"的接收效应，这就是其促成的"跨文化社会新闻因故话语语境"。而其中最关键的核心，是新闻传播意义上的"社会新闻"。

1. "国际化传媒"的"跨文化型社会新闻话语语境"之"互构所指意义"

当"国际化英语传媒"的运行以传送由其"新闻化"重构后的"事实"时，已经是把其设计的言说文本，将"国际化新闻传播话语"作为载体，提供给了其预设的"目标受众"。而传媒的言说，是经过对与其需要表达的内容，得以符合大众传播的形象化视听特点来完成的。这一特点，就是相应的"符号"或"象征"的呈现方式。而如何呈现，就形成了决定"国际化"大众传播成败的条件之一，而对于以英语语言运转传送的"国际化英语传媒"，就更具挑战性了。毕竟，看似在国际范围内被普遍使用的英语语言，其实已经是与各类情境的本土语言相互融合后了的"洋泾浜"了。进而，再以母语为英语的情境所建立的语义标准的话，就只会形成"自话自说"而全无"国际化"传播的效果了。

在以语言被运用后所表达的"意义"，更多是只会在其被分享的群体成员间形成。而经过媒体化大众传播对语言的"新闻化"运用后，就只能是语言所建立的"描述化"的"符号"或"象征"所形成的"意义"了。然而，具有挑战意味的是，"国际化"大众传播系统作为"传播源"后，对预设能够产生相应的"意义"的"符号"或"象征"的理解与选择，就只能去触及能够生成"被聚焦"的"事实"的"社会语境"了。事实上，也就是对"那一"情境的社会神经的碰触，而非"被运用"的语言本身的了解了。那么，"被赋予"了"社会化"意义的"符号"或"象征"，怎样经由"国际化英语传媒"的"新闻化"表述，才能令其"国际化"的"目标受众"所理解和共鸣呢？

第一，需要梳理出"被聚焦"的"事实"，与相应的"社会文化情境"里的"社会语境"中能够体现相应"社会事宜"本质的"符号"或"象征"间的直接关系，以及形成这一关系的"社会化"缘由。比如，在瑞典当今社会表意系统里，地址"玫瑰园"就是一个极具"所指意义"的"符号"或"象征"了，因为它是因"战争"而从"中东"移民来的"难民"的居住区域，他们是穆斯林。

第二，尽可能分析任何被运用的"符号"或"象征"所蕴含的"社会化"心理情绪，即，是"正面的"或"负面的"，抑或是"中性的"定位。在此，还是以瑞典的"玫瑰园"为例：对于一般的瑞典公民而言，这一地址就是一个新建的居住区，而且是为了那些流离失所的"难民"能够维持其生活习惯的地方。对于"新纳粹"而言，这一地址意味着来自贫穷的"中东"的穆斯林难民们，不仅无融入主流社会的就业素质，而且还是损害原本令世界羡慕的社会福利体制的"蛀虫"。对于另一些人来说，"玫瑰园"是瑞典向世界展示自身"博爱"的"展品"。

第三，竭尽全力分析出采用相应的"符号"或"象征"的"国际化英语传媒"与其需要秉持的"客观性"的因果关系。任何被定位为"社会新闻"的"事宜"言说，都是极为敏感的，即便是在"传播源"对所立足的本土文化情境的言说过程里。对于以"国际化"为传播定位的"国际化英语传媒"系统来说，此点所具有的风险度尤甚。毕竟，任何"社会文化情境"里的"社会语境"所涵盖的"符号"或"象征"，都是其社会成员积累的各种经验的体现。当"国际化英语传媒"体统以"局外人"的身份来使用相应的"符号"或"象征"对"被聚焦"的"事实"身后表达的"经验"加以"言说"时，都会令"目标受众"形成对其要么是"雾里看花"，要么是"自以为是"的定论。更为直接的媒体化言说效应是：在"目标受众"的反应力，其充分呈现了"传播源"对所运用的"符号"或"象征"蕴含的"经验"的"心理意象"，也就是"国际化英语传媒"对"被聚焦"的"事实"立足的"社会文化情境"所持的"态度"。

显然，此时"国际化英语传媒"的"跨文化型社会新闻话语语境"之"所指意义"，已经不能仅仅是按照大众媒体的对内传播理念来言说了，而必须采用"跨文化型比较"的风格来展开话语表述文本，即：无论何种类型性质的"社会事宜"被"新闻化"制作后，成为"社会新闻"时，一定是由以"国际化英语传媒"为"主体"的本土同质社会事宜，与就"传播源"立场而言是"他者"的"社会事宜"间的直接比较体。这其中，既有"局内人"对"局外人"的观察和理解程度的体现，也有两者间相互映射后的"互濡"效应。

2. "国际化传媒"的"跨文化型社会新闻话语语境"之"互映能指对象"

在由经济一体化促成的消费理念及态势的"全球化"表面，看似趋同的审美标准、以西方化科学态度护佑的真理定位，以及由语言表达上的相互交错（中国语境里的"大妈"出现在英语语言系统中的"购买力"、英语语境里的"Bus［公共汽车］"出现在汉语中成为"巴士"等等）带动人们的"国际化"言行举止。但是，在这一趋同的势头里，却是各种文化对自我认同身份的另一种意识清醒，即：文化本源的守护。这是因为，当各种文化相遇时，在互相因好奇而生成的好感与羡慕后的融合过程，逐渐被各自又具有的"负面化"存在所冲撞而中断，进而反过来重新审视自身本土文化的所有存在方式，并加以格外注重的"合乎"。当然，不排除有趋向"本族中心主义"的色彩或极端表现。最显著的例子就是处在各类文化情境中的"中国城"及其形成的群体意识与行为。

但是，当"国际化"大众传播的言说文本所促成的"意义"被"目标受众"接收时，在一般层面上，就是人们普遍意识到的对其所涵盖的"符号"或"象征"具体所指称的"东西"的审视与理解。却意识不到在另一层面上，"符号"或"象征"已经"被赋予"了其"使用者"之外的"东西"。此处的"使用者"又是指"符号"或"象征"产生地内部的"本土文化熔铸体"（Enculturation），以及其外部的"重组文化融汇体"（Acculturation）即："国际化"了的"受众"。因为，当"受众"在接收了"被告知"的"国际化新闻传播话语"言说文本表述后，同时也就开始了对其含有的"符号"或"象征"的运用，继而获得相应的对整体言说文本或是接受或是拒绝的结果。更有在即便是"跨文化型比较"后所形成的各类文化情境塑造的受众反响效应。

不能否认的是，不论"国际化英语传媒"促成的"跨文化社会新闻英语话语语境"之"所指对象"是"使用者"本土化"社会语境"的"符号"，还是在"使用者"立场为"他者"之"象征"，都会生成"被接受"或"被拒绝"，甚至是"被忽略"的反响。但是，作为"传播源"的"国际化英语传媒"促成的"所指对象"形成的"能指"，就会在"跨文化型比较"后再次形成对其强烈的"反弹"，或是更加顺应这一言说话语文本，或是完全切断与之所有的关联。所以，在这种看似矛盾的状况下，"国际化英语传媒"在选择聚焦的"社会事宜"时，尤其是在"世界格局"里具有"争议"色彩的"事件"或"议题"发生后，如何来测衡其具有的、用某一标准定性的"是"与"非"，是对"社会语境"所依据的"社会文化情境"承载的"文化价值观"的全方位认识。只有对所触及到的"社会议题"如同是展开社会学层面的思考或探究，方能做出既在尊重群体情感方面，又在人文社会科学方面达成相对程度的碰撞和交汇。

例如，在当今的"世界格局"里，因为由"西方"话语的"二元对立论"体系定义的"东方"经济发展迅速崛起，使原以"西方"游戏规则主导的经济运行体，在不仅需要来自"东方"的社会文化价值观的牵制，还在一系列具体的经贸活动过程里相互竞争。而经贸上的竞争，就必然使得社会成员财富间的比例失调。如何既强化人们在经济社会里的竞争力，又令全体成员在基本的生老病死方面得到基本的保证，这时在"国际社会新闻"条目里，频率出现最高的当属"全民社会保险"了。那么，围绕此词汇形成的社会机制，就被称为"社会保障体系"了。在人类发展至今的历史上，瑞典的以"社会福利"形式达成的保障体系，受到对其他类型的社会文化情境的启发和追捧。于是，瑞典作为一国的名称，在"国际社会新闻"的报道条目里，却是被赋予了等同于"高福利"、"高安全感"及"高生活质量"的新内涵。然而，却没有引导"国际化"受众认识到一个仅仅九百万人口的国家会积累如此雄厚财富的原因：一是没有受到欧洲"二战"炮火的摧毁；二是在战争结束后，其以系列工业化产品的方式，为那些亟待"战后重建"的国家，提供了大量的社会建设及生活需要，得以迅速积累了高于他国的社会财富。

所以，在今天已是一个顺应联合国的要求而接纳战争难民的国家，在面临大量的新型社会问题时，就必须建立适合这一生态的新型"社会语境"。最令笔者受到启发的是：其主流媒体的言说方式，在触及以各种移民类型为代表的"他者"社会文化情境时，都会以"放低"或"自嘲"的方式，来分析自身本土社会文化发展至今日状况过程里的"真实"，或曰"不回避"那些令人想"刻意回避"的历史存在。

因此，在新的国际社会生态里，以"国际化"大众传播的水准来运行"国际化传媒"体系时，就必须尽量建立"国际化"社会语境来适应新的国际社会成分。而以覆盖面及引导力最强的"国际化英语传媒"体系的运行来看，其依赖的"国际化新闻传播话语"在运用一定的"社会语境"里的"符号"或"特征"后，促成的"跨文化社会新闻话语语境"言说定势及比较心理，就必须做到尽可能将"传播源"所立足的本土文化价值观设置在"无优越感"的定位上，更多的时候还需要有"自我审查"的"定调"。

3. "国际化传媒"的"跨文化型社会新闻话语语境"之"互衬镜像隐喻"

以"国际化英语传媒"为例来看"被运用"的语言体系，在其媒体传播化言说表达的过程里，所具有的新样貌。对本已是所谓"国际化"了的英语语言的职业化运用，已经是一个从原生态英语语意向"国际化"普适推介的过程，加之其由"新闻化"的职业框架来"被重组"后所呈现的言说话语指向，已经远远超越了英语语言原本被赋予的语意了。这时的表述，不论是其承载的"新闻化"事实的客观存在，还是"被言说"后建立的新解释等"晕轮效应"，都构成了新的语境。尤其是在对其所聚焦的"社会事宜"展开的貌似"谈天说地"的过程里，言辞及词汇的交融，在一环扣一环地建立着抽象化的社会语境。如果不是那一"被言说"议题的专家或研究者的话，整体"谈话场"呈现的"社会语境"，都是"云山雾罩"的"幻象"。究其缘由，是其中不可回避的"跨文化"表意。就以"国际化"了的英语语言支撑的"国际化英语传媒"而言，成也英语败也英语，即：此"英语"，非彼"英语"，而是"英语化"了的"跨文化社会语境"所涵盖的多重隐喻的交叉重叠言说话语体。这样，就触及到了对"国际化英语传媒"的"跨文化型社会新闻话语语境"之"互衬镜像隐喻"的分析。

在新闻传播研究领域，"镜像隐喻"这一近乎理论的学说，直接将大众传播系统作为"言说者"的特质，即：媒体有自身的言说形式、内容及行为方式，但却是从一种外在于其自身形式、内容或机构方面运行表达和描述的。随着大众传播具备犹如"流水不腐"特性的被持续维护，就引导受众在心理感受层面产生了对其巨大的依赖感和信任感。于是，所有"被告知"的内容，都成为"理所应当"的"客观化"标识。在这一"告知—接受"的流程里，却不再有对其以何等标准、何种定义及何类参照物保持"那一"言说的质疑。在媒体传播是以向其本土受众告知的"对内传播"定位时，似乎并未产生强烈的民众反弹，大多是"共鸣化"的"一边倒"般的"接受"。

然而，当大众传播的定位是"国际化"了的时候，就不可避免地或曰必然面对以下方面的质疑，即：如何对那些在他类情境里既存自明的现实加以"媒体化"的表述和话语描述？如何反映奠定他类情境得以存在和运转的"社会化"经济基础？如何说明所运用的言说"话语模式"在承载了某种主张中得到复制的惯性？这些最容易引发对"国际化"大众传播的言说话语质疑的问题，在"跨文化社会新闻英语话语语境"促成的"互衬镜像隐喻"支撑下，在一定程度上的到缓解或降低。

首先，对他类情境里"既存自明"了的"现实"的"言说"。

对于"国际化英语传媒"的"新闻化"聚焦选择来说，是永远顺应其建立的传播理念定位的。这样，其对任何他类"社会文化情境"里的"现实"的择定，都是为所预设终将同其在"世界格局"中的"国际新闻传播公共英语话语空间"里的"目标受众"见面的言说文本承载的"意义"紧密相关的。也正是"意义"，使得"国际化英语传媒"的存在具有了合理性。

但是，如何将世人都能看得见的"现实"赋予令"受众"感到有接受的必要，而非是与其他媒体的言说相似或相同的言说。在这一挑战前提下，"国际化英语传媒"在设计其应具有"国际化"引导力的话语时，就必须将作为"传播源"的"国际化英语传媒"所依托的本土情境里相对应的"现实"，同其所聚焦和准备加以言说的他类情境"现实"，进行"镜像化"地相互衬映。

这种处理的出发点，不是将那两种相近的"现实"简单或影像化搬到一起的"排队"，而是将两者在不同类情境里具有的"社会化"抑或"人文化"的"意义"被赋予的缘由，进行同向且并列地解意呈现。此处，"呈现"的只是"现实"在"被赋予"了"社会化"的"意义"后的"情境化"气质，而非需要在两者间"一比高低"。况且，这类大众传播的出发点本质上不是展开道德化的评判。这样，也就实现了媒体得以存在的"言说话语化"告知的目的。

其次，对他类情境里"支撑运转"的"经济基础"的"言说"。

对于以任何类型文化价值观定位的社会体制而言，在测衡其"经济基础"时，大多还是以量化了的数字来说明所有社会领域的经济活动效应。就目前已经形成的全球"经济一体化"所运用的经济指数来看，尽管大部分都是按照已经运行多年并自成一体的"西方"经济模式设立的参数为基本推导标尺，但经济活动的展开，还是要受到其所处的体制的限定和制约的。这样，就会对"国际化英语传媒"的言说形成"无从说起"的挑战，因为看似好像无可比性的"经济化"指标，毕竟是紧密与其从属的社会体制相连的。

鉴于如此的现实，就需要"国际化英语传媒"在聚焦他类情境的"经济基础"时，对所运用的"言说话语"文本的设计定位，就需要在"相互映衬"的前提下，做出对两个"经济指标"间具有的差异及其程度，加之其形成的对相应"社会化"运转影响状况的说明。虽然这类说明的基础形成了"比较"的色彩，但还是没有"是"与"非"的判定及对立足的情境的定性。

在目前形成的貌似全球经济一体化的形势下，大部分的"国际化"传媒系统对经济活动及其效应的呈现，还是按照"西方思维"的"二元对立"引导出的"市场经济"与"计划经济"间的"政治化"判断。在"西方阵营"的新闻传播话语体系里，"计划经济"意味着是与"自由"和"民主"的"西方乐土"完全对立的体制。这样，在日常的"国际化新闻传播话语"言说文本里，经济活动的"被告知"就具有了片面的意识形态化的政治角力。进而完全忽略了两者自身都存在"计划"和"自由"的成分，只是被运行的方式不同而已的事实。

单以在英国实行的"全民医疗体制"和"社会保险制度"为例，就是"计划经济"在支撑情境运行的具体方式。所以，在对与英国在此方面采用相同制度的国家的经济基础进行言说时，"国际化英语传媒"的言说映衬效果，不可能不考虑到如果不实行如此的制度的话，这一"被言说"的"经济基础"还能仍呈现如此的结果吗？毕竟，即便是一项看似单独运行的经济活动，也是一个"社会文化情境"整体的一部分，其具有"牵一发动全身"的影响力。因此，单纯仍以"二元对立"思维形成的相互不容的参数，对影响整体机制运行的元素加以割裂的话，是完全以"西方"的"本族中心主义"为标准的呈现。

最后，对他类情境归置于"话语模式"表达"主张"的"言说"。

在"国际化"大众传播呈现的媒体"新闻化"言说话语里，最敏感的莫过于引发受众质疑的对某一"主张"的告知。但是，不能否认的事实却是：任何类型的媒体传播，都是在对其拥戴的"主张"的"推介化"言说。进而，媒体化的告知，就是一种"新闻化"话语模式的推介。而这种所指与能指形成的"定向"，已经有了对能构成或强化"主张"的"事实"的搜寻与择定了。但是，这种"不言自明"的"媒体化"言说的"主张"，在"国际化英语传媒"的告知文本里，是需要同那些对内传播的媒体运作方式区别开来的。

对"传播源"自身本土文化情境传播的媒体言说，就是要对社会主流价值观需要推介的"主张"，进行强化般地"弘扬"和"解释"。但是，以"国际化"传播定位的"国际化英语传媒"，在其言说话语的表述上，就必须既能兼顾其"跨文化型比较"要求的"互濡"效果，又能够对所预设的"言说"目的加以确切地实现。在这一原则下来设计和运用言说话语文本，就要在表明作为"传播源"的自身立场，并加以呈现这一立场带来的视角和态度，并着重解释其带来的言说"偏见"可能性。这样，将所运用的"互衬镜像隐喻"被展开的"话语模式"呈献给其"目标受众"。从而，使得"国际化"受众认识到所接受的言说话语，是属于某一"传播源"的。即便时不时会有一定程度的"偏见"或"刻板印象"色彩，但还是可以令受众分辨出其中具有的"告知"诚意的。

例如，在当今的瑞典社会里，因为接纳了大量的战争"难民"而变成一个多重文化价值体系共生的社会，也就是本土瑞典民众所称的"小联合国"了。但是，在媒体的言说方式上，只要是触及某一"移民"文化价值观，就会在节目中或是通过主持人表达诸如："这样的问题，如果是像我这样在以前单一瑞典式思维指引下，就会……。"或者是"本节目中触及到对这一话题的评论和分析，可能会有偏颇，请您就权当做是我们这些'愚蠢的'白脑袋还有待开发吧！……"这样的处理，就是在建立"互衬镜像隐喻"解释体过程里，在"传播源"谦卑式的表达上，既完成了对自身本土价值观塑造的认知视角建立的"主张"的介绍，也同时呈现了对所聚焦他类情境里的"现实"牵连出的"主张"或其他缘由的分析。与这种有效的设计相对立的例子，就是发生在美国的一档名为《儿童圆桌会议》（Kid's Table）谈话节目的失误上。

（二）"情境语境"与"跨文化型专题新闻话语语境"

在以"语境"为中心展开的类别划分中，"情境语境"是涵盖面最广的一种类别。在宏观意义上的"社会文化情境"层面，这一语境将一个情境里的所有"社会化"的"组织"都囊括在一起，毕竟，每一个"组织"又是一个微观化了的"社会文化情境"的具体呈现和存在。所以，在新闻传播学理论的研究里，"情境语境"又被称为"文化语境"。

但是，在本作对"国际化新闻传播话语"的研究中，还是选择其被称为"情境语境"的名称展开分析。究其缘由，一是因为这一名称可以更清晰地描述微观化了的社会领域个体化的语境特质；二是鉴于"文化情境"的涵盖面太大，容易使得研究走向呈现循环状况，且容易混淆作为个体化的一个个社会领域，在宏观情境里属于自身运转所需的语境特点。所以，在以下的行文里，"情境语境"就是微观视角下的"文化语境"。

当透过"国际化英语传媒"体系运转的视域，来审视"情境语境"带动的"国际化"大众传播的特点时，就会发现：不论是其所设计和运用的"国际化新闻传播话语"言说文本如何呈现不同的表述风格，都会在顺应其所聚焦和言说的议题所处的"情境"特点，来结合这一"情境"的"语境"，进行表述化呈现。以目前形成的"媒体传播产品"类型来划分的话，"国际化新闻传播话语"所形成的"跨文化专题新闻英语话语语境"就有以下几个特点：第一，社会事件类专题语境；第二，人物类专题语境；第三，历史文化类专题语境。

1. "国际化新闻传播话语"的"跨文化型社会事件专题话语语境"

任何话语结构都要求表述所聚焦"问题"的定义，同时，这一"问题"依托的"事件"的定位，以及如何解决这一"问题"。当以"言说化"的"媒体传播产品"来呈现时，就是用话语来解释故事或描述其所处的语境。

对于进行着"国际化"大众传播的"国际化英语传媒"系统而言，选择和聚焦一个能够在"国际化"媒体言说平台上表述的"社会化事件"，是一个极具风险性的过程。尽管这类媒体已经完全意识到了这种表述本身具有的敏感性，已经不是仅仅对"事件"的诠释而言了，更多的是对"事件"背后的"社会文化情境"运转所秉持的"文化价值观"的"解释"和"评论"了。这样，就会形成作为"传播源"的"国际化英语传媒"体系固守的"意识形态"与其聚焦和言说的"事件"所处"社会文化情境"选择的"意识形态"两者间的直接碰撞和交锋了。

由"言说化"媒体传播产品形成的"意识形态"间的"碰撞"和"交锋"，是以语言的"被运用"方式，也就是话语的描述定位带出的定性化结论。而对于任何类型的"社会化事件"或"议题"的媒体言说，都是对其产生于的"情境语境"的产物的聚焦，即：在"这一"类"情境"里被视为"社会事件"或"议题"的"事儿"，在"那一"类"情境"里会被视为"正常的"、"媒体怎么会关注？"的社会生活存在。然而，就是如此的"认知反差"，造就了"国际化英语传媒"对能够在"国际化"大众传播平台上，对极具"情境化"特点而显现"差异"的"社会化事件"及"议题"的言说。当然，这是良好的、积极色彩浓厚的跨文化交流出发点。但是，因为媒体传播言说带出对所聚焦"事件"依存的社会心理的敏感化"刺激"，或是煽动化"鼓动"效应，就敦促"国际化英语传媒"在选择和言说"被聚焦"的"社会化事件"或"议题"的话语走向时，更加"讲究"。同时，也将"情境语境"里与所聚焦的"事件"的相应文化积淀有效地结合起来。

这样，"国际化新闻传播话语"的"跨文化型社会事件专题语境"就形成了独有的定势：第一，"事件"发生的微观情境在宏观化"社会文化情境"里的本土定位；第二，这一定位赋予其具有的社会功能；第三，被聚焦的"事件"之所以由如此样貌产生的缘故；第四，此种"事件"在何种假设情势下可发生在"国际化英语传媒"所立足的"社会文化情境"里；第五，此种"事件"发生后，对"国际化英语传媒"立足的情境会形成怎样的社会效应。

经过如此的"编织化"设计，此时的"跨文化社会事件专题语境"就会呈现给其"目标受众"一个既具体解释"被聚焦"了的"社会事件"的特点及其之所以如此产生的社会化缘由，以及其产生了的社会影响，也包含了具有"跨文化型比较"带出的、令"目标受众"和其他"国际化"受众期待与好奇的"镜像化"比照效果。

2. "国际化新闻传播话语"的"跨文化型人物专题话语语境"

在任何的"社会文化情境"里那些具有"社会化"意义的"事儿"，都离不开生活在其中的"社会人"，也就是中国的俗话"事儿都是人做的"所蕴含的哲理。而在这些"社会人"当中，能够成为"国际化英语传媒"系统认可并迫切地需要去聚焦的，就必然有其之所以"被关注"和"被言说"的"国际化"价值。当然，对于"国际化"大众传播言说的"立意"和"动机"的审视，也是随之而来的，毕竟，"被聚焦"的"人物"在不同类型的"社会文化情境"所固守的"文化价值观"测衡下，其具有的社会定位、定性及角色层次，都可能是相对立的，抑或是相互排斥的。

这样，"国际化传媒"首先面临的挑战，就是选择"怎样的"一个个"人物"？就目前已具有国际化影响力的"国际英语媒体"的具体选择来看，属于"西方阵营"及其盟友传送的"媒体传播产品"所呈现的"被选择"的"人物"，一是按照其意识形态标准定义的、在与其对立或非联盟关系的情境里的"异见者"；二是其在那些需要"被改变"的情境里培植的"反对党"或"在野党"的"领袖们"；三是在其所立足的情理的组织以奖学金之类的赞助下"成功了"的学者或科学家们。而在进入经济一体化促成的"地球村"信息时代后，由那些属于"非西方阵营"的情境建立的"国际化英语传媒"系统所选择和言说的"人物"，一是自身文化情境里定位的"英雄"或"名人"；二是在"西方"影视界由票房号召力的明星艺人们；三是多少给"西方阵营"造成困扰的"黑马们"。

可见，在"国际化新闻传播话语"言说的"人物"类文本表述上，"选择"体现的"刻意性"是不容置疑的，在当下的"世界格局"里形成的"国际关系"层面上，也是"不可置否"地直接给予"被选择"的"人物"以具有"国际化"

影响力的"话语权"。显然，在对"人物"的言说方面，"两军对垒"的态势已经是"路人皆知"的了。但是，在经贸方面"互惠互利"促成的"捆绑式"合作现实，又要求"国际化"传播尽可能减少或回避鲜明政治化的色彩。这样，仍然努力秉持新闻媒体赖以生存的"客观性"的"国际化传媒"系统，还是试图将本身就具有"国际化"影响力的"人物"推介到"国际公共话语空间"里的受众面前的，而非利用"被选择"的"人物"，来制造令"世界格局"里的"板块"间关系紧张或不安的言说话语。进而，"国际化新闻传播话语"的"跨文化人物专题语境"就形成了如此的价值取向：第一，在世界范围内得到认可的自然科学研究领域里的"科学家"；第二，在各类文化情境里的各种艺术领域的"艺术家"；第三，在世界史进化中影响了人类文明进程的"历史人物"；第四，来自某一"社会文化情境"里的人文社会领域的、能够引发至少两个不同类型情境的大部分民众产生强烈心理共鸣或反响的"人物"；第五，作为"传播源"的"国际化英语传媒"强化推介只代表其媒体立场和观点所分析"被聚焦"的"人物"之所以生成如此社会影响效应的缘由以及其"被选择"的理由。

3. "国际化新闻传播话语"的"跨文化型历史文化专题话语语境"

"历史类"的记叙和将其同当今社会存在相联系后，并对产生的现实意义的表述，是所有类别的"社会文化情境"都采用的话语型态，也就形成了以此为基础的"历史文化话语语境"。尽管这一语境仍属宏观的"情境语境"范畴，但是，其具有的串连"过去"和"现在"，并由此来预测"未来"的逻辑化话语语境特点，就是区分不同类别的"社会文化情境"的"分水岭"了。毕竟，对具体"历史事件"及"历史人物"的定论，是依照各自的视角来做出的。由此，也就令"国际化英语传媒"的选择及言说的展开，对"国际化"受众而言是既具好奇心，又多了一分敏感的审视度。因为对属于任何类别"社会文化情境"里的"历史"元素，由媒体化大众传播系统的"再次"搜出，并加以"新闻化"言说的行为本身，就已经是令世界瞩目的"事件"了，更何况是在"国际公共新闻话语空间"里呈现呢？

如此几近国际轰动效应的行为，其本身已然是值得令受众关注和反思了，加之这类"被选择"在当代言说和解读的"历史"元素，本身所承载的"意义"就面临着被重新定论或颠覆的可能。这样，不仅会令所触及到的"历史"元素存在的情境政体及成员产生敏感心态，也会使得其盟友形成警觉感，更会让"传播源"本身处在被攻击的可能。尤其是在面对几乎成为在"国际社会"完全认可的历史定论时，这种引发新的世界大战的可能性也是存在的。在目前的"世界格局"里，即便按照"西方"在当年按照"二元对立"思维方式划分的"东西方"板块来说，各自都有被世界认可的历史定论，比如在欧洲的"希特勒灭绝犹太人"做到的"种族灭绝"，在亚洲的"日本军国主义"执行的"南京大屠杀"等。这些至今都具有挑动"世界格局"里"国际关系"神经系统的历史元素，不仅构成了那一段已然属于"过去"的"历史"，同时，也促成了在当今现实世界形势下仍起决定"国际关系"布局的影响功能。

可见，在这种不能不言说又必然引发不同强烈反响的"新新闻生态"里，"国际化传媒"所设计的"国际化新闻传播话语"言说风格促成的"跨文化历史文化专题语境"，就具有了独具的风格：第一，"传播源"进行"选择"的出发点是在不同类别情境里具有"矛盾化"定论的"历史"成分；第二，"传播源"解释对其形成如此"矛盾化"定论的各自理由；第三，"传播源"提供在不同类别里的民众对这一"历史"元素的当代现实认识及其获得各自结论的渠道；第四，"传播源"邀约类别不同的情境中相应的历史专业研究人员，进行适时的分析；第五，"传播源"呈现不同的定论对不同类别情境当今运转的社会意义及效应；第六，"传播源"提出模拟化的假设来预测不同定论对"世界格局"里现存"国际关系"的影响效应。

（三）"非言语语境"与"跨文化型文娱新闻话语语境"

在依照各类文化价值观运行的"社会文化情境里"，呈现着数不清的行为方式。由于是以各自情境具有的文化符码而被运用和编码解码的，所以，对于那些情境中的"社会人"来说，一切都只是为"局内人"明了的"意义"而存在的。这样，对"局外人"而言，就是所称谓的"文化屏障"了。广而言之，那些被视为"只可意会"就足够的形体语言所构成的"意向化"意义氛围，就是本作定位的"非言语语境"了。当然，这其中也不乏所有那些令"局内人"生成"意义"、"解释"及"象喻"的"符号化"存在，更有通过艺术方式兼顾了历史与现实、时间与空间的表述和描写语汇系统了。

对于以"国际化"大众传播为运转形式的"国际化传媒"来说，所有在最大限度上、最广范畴内都不能令"局外人"明了，而需要职业的"文化符码"翻译来解释的沟通和传播语汇，都是更接近从"符号互动论"覆盖的内容为基础展开的"跨文化型"呈现。这些内容主要是依据戈夫曼（Erving Goffman）的"拟剧理论"（dramaturgy）及"标签理论"（labelling theory），再辅以"内省式观察"（sympathetic introspection）来认识和解释的。这种在跨文化传播前提下展开的"非言语语境"形成的最主要特点，就是促成了"国际化新闻传播话语"表述的"跨文化符号互动"的"跨文化符码解码"与"跨文化符码编码"。进而，使得在"跨文化媒体传播情境"里的"无言化"话语语境的内涵，得到相对清晰的呈现和被解读状况。

鉴于由布鲁默（Herbert Blumer）提炼的"符号互动论"一说，是以三个前提为基础的，即：第一，"社会人"是依据"意义"来进行相应的举止言行的；第二，"意义"是在相应"情境"内形成的社会化活动中生成的；第三，"意义"是由"社会人"经过阐释性过程才可实现和变化的。这样，当各种由"符码化"的"意义"出现在"国际化新闻传播话语"言说文本表述中后，就有了一个引导"国际化"受众加以解码和编码的过程。这已经超越了单纯地对"被告知"信息的接收与接受层面了，而是经历一个由接收到的符码，同自身认知系统感到熟悉或"有意义"的"符号"碰撞后，形成的"再编码"冲突与角力的过程。所以，当"国际化新闻传播话语"的言说文本必须面对大量以"非言语话语"的言说时，就得建构起辅助其有效的言说话语产生效果的"跨文化型文娱新闻话语语境"。如此，恰好适合了在各类情境里，依靠"非言语话语"描述的艺术化文化文娱活动及作品的内涵。

1. "国际化传媒"以"跨文化拟剧符码"建立的"跨文化型文娱新闻话语语境"

"国际化传媒"的"跨文化拟剧符码"的形成，主要是作为"传播源"的"国际化传媒"系统，与其所聚焦的"社会文化情境"里的"艺术类"言说话语构成的语境关系，是"外行"看"热闹"的"局外人"同"局内人"的关系。如此，在"局外人"眼中的"热闹"，实在是"局内人"的"门道"，甚至是其赖以生存的"意义"之"精气神"的体现。但在"局外人"的认知视域里，却是颇具"戏剧化"色彩的"莫名其妙"社会戏剧演出。

诚然，人类的社会化、制度化、程序化及惯性化日常生活流程，在一个不熟悉其中依托的理念及价值支撑的脉络化"游戏"规则的"局外人"眼里，都似人为编导出的"一台戏"，在各种运行制度的牵引下而带着相对的规则，一代传着一代而形成共同认可的"传统"。从而，在这个犹如一方"舞台"的社会体制里，各类社会化组织及在其中生存的个体们，就具有了自身的位置与需要起作用的角色，更有其角色承载的社会责任与使命。这样，在"局内人"相互间所熟悉的"剧本"里，用着各自的"台词"表述着具有所指的"意义"，更按照集体化的"非言语话语"体系，使得整体的"剧目"一幕一幕顺畅地呈现着。但是，在"局外人"的眼里，就只有尽快搜索着自身的认知体系里的看似合理与可拿来进行比较的符号，作为对其再次编码又再解码的"参照物"。

这一过程形成的认知心理辨识步骤，就促成了"国际化传媒"对其所聚焦的那些他类情境里的"艺术类"社会活动及行为的言说话语框架，即："跨文化型文娱新闻语境"。"国际化传媒"的"跨文化拟剧符码"促成的这一语境，形成了对相应言说话语能够表达的那些"内容"。

首先，可以"被剧说"的"社会现象"。

在"国际化传媒"的"跨文化拟剧符码"被"新闻化"排序后，其构成的"语境"，在现实里的"社会现象"的描述上，就具有了对典型化社会个案的提炼、组合与多重诠释上。

在提炼方面，实际上是"国际化传媒"系统作为"传播源"必行的"选择"步骤。但是，在这一关键点上，其聚焦的是已经由预设"被言说"的"社会文化情境"经过影视化作品描写和讲解的"社会现象"。尽管这类"现象"是源于情境的现实存在，但已经是被"艺术化"了的"意义塑造体"。这时的言说话语是指向能够引起所聚焦社会情境里的民众心理共鸣、情感共振的"精神源"，进而，其形成的语境是以"观赏者"欣赏画品的心态所带出的描述语汇。在声像话语言说效果上，是以按照对聚集的情境有所研究的专业人士，抑或就是来自于被聚焦情境的本土人士的指点，选用的本土音乐做背景来烘托"意义"内涵，用被聚焦群体心理依托的色彩展示"意象化"审美的呈现，更是通过在群体里被普遍运用的典型举止或话语，作为凸显其精气神的基础元素。

在组合方面，由于这一"跨文化型文娱新闻话语语境"提升的是具有影视作品话语的内容，所以，其对已经成型的作品主要社会元素的提取，是一个进行近乎蒙太奇式的"组合"过程。加之这一话语言说内容是在属于"新闻化"框架里，以"硬新闻"的语境模式"被表述"的，进而，就将具有五个"W"和一个"H"的"社会元素"编排出或是"倒金字塔结构"，或是"正金字塔结构"的文本。当然，因为这类语境本身具有的"艺术化"色彩，使得"被组合"后的再现体，多了娱乐的夸张表达，以及形式大于内容的叙述。毕竟，成型影视艺术品自身具有的感染力，已经是典型化了的"社会现象"独具的影响及隐喻"意义"了。这样，当"国际化新闻传播话语"在"拟剧化"言说话语依托的"跨文化文娱新闻语境"，就表达了更加强烈的戏剧化冲击力和引导力。

在多重诠释方面，这类语境所烘托的话语言说，使得与那本是按照"艺术化"视角提炼出的"社会现象"，更多地呈现其之所以"被选择"的"典型性"的一面，毕竟，"艺术化"自再现任何意义上的"社会现实"，都会使得其具有的代表性得到一定程度的强化和凸显，以使得其"被赋予"的能够影响社会更广泛层面的"意义"，得到尽可能有效的表述和接受。由于是以现实社会情境里的某一"真实存在"的"事实"为基础而展开的艺术创作，所以，其具有的功能，也就一定是顺应"源于生活"而又"高于生活"的影响效益为出发点。进而，当"国际化传媒"对这类"艺术化"影视作品里呈现的"社会现象"加以选择后，在对其进行"新闻化"框架地重构后，不仅将原本庞大而又复杂的社会运行机制，以影视剧"蒙太奇"的剪辑方式，浓缩为一段跨越时空的报道，更使得由代表整部作品核心点的特写镜头、主题音乐及凝聚主题思想的几段对话，发挥令受众最大限度地展开想象空间的多重演绎，由此也就达到了"国际化新闻传播话语"在对"被剧说"的"社会现实"加以"新闻化"言说的初衷。但是，这并不意味着其言说话语所需要的"跨文化型文娱新闻语境"就得以设计完型，而是具有了形成这一特殊语境的结构，即：现象依据的"环境"、阐明"现象"得以生成及样貌的缘由情节、定性"现象"所立足的"体制"特性的逻辑。

在以"国际化"大众传播为运行定位的"国际化传媒"系统视角来审视所有以"艺术化"影视戏剧方式言说的"社会现象"，都是有着典型性和代表性的"独特之选"。这样，对于其即将展开的"再构"言说话语，就只是需要将能够在"国际化"受众群中产生情感共鸣后的好奇心的元素加以强化，以符合"硬新闻"报道的时长，加上具有娱乐色彩的"MTV"重叠交错声效后，使其引导受众在认知心理上获得一个看似是多维时空的、多向视域的以及多重联想的"意向化"反射，进而对还未接收到的作品的整体的形成一种"先入为主"的"第一印象"。这样，即使受众在等待观看整部作品的时间里仍有很大的反响空间，对所接收到的"碎片化"的声像文本语境进行印象深刻的、不间断的反刍。从而，纵使到了整部作品在被传送时，受众因为特殊原因或自认为对其已经完全了解，而决定不再接收时，"国际化英语传媒"以"跨文化拟剧符码"建立的"跨文化文娱新闻语境"，也是的"传播源"的言说话语得到了生成预设"意义"的空间。

这种对"艺术化"了的"社会现象"的言说话语，不仅具有强化"国际化传媒"对其聚焦的预设目的的实现几率，而且使得其言说的选择目标，也辅助其表明对"被言说"的"艺术化"现象源自的"情境"的定性和定位。如果这一"艺术化"了的"社会现象"，是从属于其社会文化价值观的"情境"，那么，其张扬的内容就是为了推介。相对立的，就是其需要贬抑的、属于同其价值观对立的"情境"的"社会现实"。其中具有的"映射"效应，是在仅仅对"娱乐化"的艺术作品的报道表面下，得以看似"恰如其分"的文化交流过程中达成的。诸如此类的话语依托的语境效应，最典型的莫过于有日本出产的系列动漫影片，使得这个国家成为"电脑游戏"与"智能制作"的代言人；而在中国大陆掀起经年不衰的"韩流"的那些韩国电视连续剧，更使得如此近距离的两个邻居般国家，原本应是达到相互非常了解的印象，却是来自"被剧说"了的那些影视剧化了的"社会现象"，而使得众多慕此印象而去看了究竟的大部分中国大陆游客，倍感失落而归。但其对"社会现实"的影视剧化艺术再构的创新能力，又保证了"韩流"一波一波持续地袭来。

其次，可以"被戏说"的"历史人物"。

历史，对于任何类别的"社会文化情境"而言，都是体现其作为人类进程里，一个族群进化的荣辱兴衰步骤。而其中被记载下来用以告知子孙后代的"历史人物"，就更是构成其历史长河中熠熠生辉的"珍珠"了。这些曾经真实活过的"人儿"，因为只属于其"情境"群体心理与情感的定位需要，而被定义为"不可忘却"的"历史人物"。自然，既然如此，他们一定是体现了某一段历史的特性、彰显了族群在某一时段具有的精神、更有为当下情境的整体运转起到有效辅助作用的"精气神"。一句话，"历史人物"是"社会文化情境"需要牢记、弘扬和彰显于"国际公共新闻话语空间"里的"精神气质"。

显然，当这类"情境化"的"历史人物"，经由其依托的社会文化价值观的重塑后，在"艺术化"的影视作品里出现时，就掌控自身本土文化情境的政体而言，其具有的教化作用是不言而喻的，也是其"社会人"可以理解和接受的。同时，还是以结合当今情境的现实，来进行"与时俱进"般的诠释和接受的。毕竟，"历史"本身的特性，在任何类别的"社会文化情境"里，都不会摆脱其自身的局限性，即："历史是任由打扮的小姑娘"。此时的"艺术化"着装，不仅符合了当下的审美要求和定位，也为其形成令当下"情境化"了的"社会人"感到在外形上共鸣、在言行举止上紧扣一直"被告知"的、只属于"那一历史段落"里的"人物"的言谈举止心理。一语中的，"古为今用"的中国哲理，在这一层面也同样具有普适解释力。

但是，在以"国际化"大众传播方式运行的"国际化传媒"系统的选择和聚焦后，任何情境里的"艺术化"再现的"历史人物"，就一定是其自身抑或是其所处的那一历史时段，具有了"被赋予"符合当下"世界格局"需要的"意义"之处。毕竟，"历史的经验值得注意"，"忘记了历史就意味着背叛"之类的警句，还是经过了历史洪流的冲刷后，得以在国际社会被认可的道理。虽然此处的"历史人物"是由"情境化"的"社会人"作为"艺术工作者"进行预设化地再创作的艺术形象，但是，其承载的对那一"真实活过"的"人物"的灵性，以及"人物"自身经历的那一"时段"的寓意的"再表述"，却是与当下现实里的"世界格局"得以呈现如此样貌的"国际关系"紧密相关的。这也是为何会引起"国际化英语传媒"必须对其进行聚焦和言说的缘由。

同时，也正是如此经影视剧戏曲般"艺术化"再现的"历史人物"，使得进行"国际化"言说的"国际化传媒"系统，在设计相应的话语时，没有了对原始"历史人物"聚焦是必需的"客观度"及研究过程。加之其所有的视角形成的多向视域，又都是仅仅以"娱乐化"艺术新产品诞生为中心而展开的。这样，原本具有主动"国际关系"敏感神经的"历史人物"，在"被戏说"后所形成的似有似无、可多说可少说可不说的娱乐定位上，就得到了很大程度的弱化。当然，不能忽视的事实是，这种"被娱乐"的"适度"，是以"历史人物"的本土情境的最终完型版本为准绳的。尽管"国际化传媒"在择定后对其进行的"新闻化"重构，是一次遵循其传送规则的再创作，也一定会加进属于"传播源"秉持的价值观带出的色彩，但在"娱情"播报的前提下，都使得令艺术品制作方产生敏感反应的成分，转化为对"艺术品"的推介。

　　然而，当任何跨过某一文化边界的行为，将成为"国际化"意义的生成土壤时，都会令支撑"国际关系"态势和样貌的脉络，在一定程度上受到拨动，从而形成对既定"世界格局"产生变化的作用力。所以，如果按照"西方"一致采用的"二元对立"思维方式划分的世界格局，再审视"国际化传媒"对相应"艺术化"了的"历史人物"聚焦时，就一定有其预设的传送目的和其需要实现的传播效应。毕竟，大多数的"历史人物"，在当下"世界格局"里的定性与定位，还是受到"西方的"、"东方的"，或"南亚的"及"中东"与"远东"归位的限定。这样，只要是"国际化传媒"聚焦的"历史人物"是属于"西方"的，那么，其具有的现实意义一定是有利于"西方阵营"达成围绕其为中心而展开的言说话语的"意义"，也就同各国对"艺术作品"带出的"娱乐报道"一起，形成了在"国际公共新闻话语空间"里促成"跨文化型文娱新闻语境"的土壤，提供给"国际化"受众群以回味这一"被呈现"的"历史人物"具有的现实意义。诸如在"西方"人文社会科学库里的"拿破仑"、"希特勒"、"艾森豪威尔"等"被赋予"的现实意义，就体现着当今"世界格局"里"国际关系"走向或张弛度。

　　与之相对应的，是"国际化传媒"系统对属于"非西方"人文的"历史人物"艺术形象的聚焦和"新闻化"言说。毕竟，既然这一"人物"是来自于"传播源"自身文化价值观相对立的情境，那么，就具有完全相反的定性带来的历史定位，也就是说，在"历史人物"本土情境里被定性为"英雄"的，在属于"西方阵营"文化情境的"传播源"来看，就是敌对的，甚至是"敌人"。所以，当这一类聚焦形成时，就会形成要么是表面上的"娱情报道"般的艺术作品介绍，实质上是提醒属于盟友链条上的各板块里的"社会人"，作为与己相对立的"制作方"立足的情境，在"情境化"社会心理整体上的走势，或可映照那一情境里的政体在执政理念和对现有"国际关系"的态度。如此，在表面上的"娱乐化"报道，却是对某一情境人文历史整体的推介或贬抑，更有政体争夺"国际公共新闻话语空间"里相应话语权的赞美化或妖魔化色彩。

　　就目前在"世界格局"里触及"国际关系"最激烈的"艺术化"了的"历史人物"而言，美国好莱坞出品的影片《辛德勒的名单》以及中国大陆出品的影片《金陵十三钗》，都在一定程度上在国际社会引发不同社会文化情境里的"社会人"强烈的反响。

最后，可以"被神说"的"族群幻象"。

对于任何类别的"社会文化情境"来说，在与自然生成的地理现实互动过程中，逐渐建立了只属于自身族群的一系列生存方式和技巧，进而以此为基础演化为一代传一代的生活理念或曰哲理。从而，在形成能够在众多族群共存的自然世界里被称为"这一"文化情境的族群，就有了凝聚起成员的一整套习俗和传统。但是，在随着这些既定的惯性般的生活方式一同进化的过程中，族群需要的"情境化"社会心理与情感的表达和寄托方式，也就成了在物质得到一定程度的满足后的最大精神需求了。

由此，使得整个"社会文化情境"在与自然界要么共生、要么互动的同时，按照最能寄托本族群情感的方式，来哲理化地想象、解释并塑造一系列的高于现实世界的存在，从而构筑起一个令所有成员心服口服且永远向往的"时空"。这样，在"二元对立"思维下设计的"东方"，就有了"阳间"与"阴间"，在西方就有了"天堂"和"地域"般的"世界"。同时，也有了与这些"时空"相反对应的"图腾"，即："老天"、"上帝"等，更有"天堂"与"诺亚方舟"等可供将"想象"得以"具象"的实在物体。

在此基础上，一系列令人感化或形成在这一现实时空里继续生存下去的心理平衡作品，以尽可能地令观众瞠目、震撼和心灵"被洗涤"的"戏剧化"言说话语，完成对那些原本是"凭空想象"出的"时空"，及在其中存在的"实体"，同在这一现实世界里的"社会人"在心理上情感上，形成完全交融和依存的关系。于是，在"东方"情境里出现的寺庙、在"西方"人文中矗立的教堂，都成为在这一现实空间里"神话"时空的具体存在方式所在。带着"被赋予"的"神性"，其最具影响力的功能是允许"情境化"的"社会人"，以无条件的方式将心理上的依附感托付于其上。当然，这种好似"海市蜃楼"般显现的"神话"，充满了族群的感情世界具有的精神气质。在这里，某一族群的喜怒哀乐、是非曲直、高尚低贱等形而上学层面的感受，都得到了详尽而又具体的解释和呈现。也恰是在这个似乎看得见也能摸得着的"世界"里，"情境化"的"社会人"在现实世界里不能实现，或不可想象的"理想化"渴望，都能按照一个令人感到实际存在逻辑解释，而去一一对应。当然，不可能如这一现实中自然存在般掌握在手中，却是可以时时由"梦境"般的意念方式，融合在渴望者的血脉中，以"灵性化"了的神情附着在其命脉上。于是，在被定义为艰难的世俗世界里，就有了态度坚定的"朝圣者"那"一往无前"的无言"执著"，也有了神情淡定的"膜拜者"那"始终如一"的谦卑"笃定"。在如此的画面里，各类情境所固守的价值观、赞礼的信仰图腾，都成为代表相应的"社会文化情境"之"精"、"气"、"神"的独一无二元素。

从"西方"建立的"自然科学"体系运用的标准来衡量这些"元素"，都是被归位于"幻象"的成分。但是，当其由"国际化"大众传媒聚焦并展开言说时，就形成了"国际化传媒"所需要的以"跨文化拟剧符码"建立的"跨文化文娱新闻语境"。这类以"族群幻象"为中心展开的言说话语，是以"被神说"的基调来设计的。虽然还是按照"艺术化"的作品来呈现，但是，其具有的"不切实际"般的"无边无际"创新，将所有本是"想象出"的成分，以大多数"社会人"秉持的逻辑线来排序，从而，建立一个个委婉动听、凄楚唯美、人定胜天、善人善报等可寄托情感与梦想的"神话"剧。尽管所有的"社会人"都明了其本是"幻象"的所有"真实"，但还是全身心地投入全情地接受，进而成为"一梦不醒"般一生记忆之存在，也成就了其作为"精神支柱"般的"图腾"之"意义"最有效地实现。

所以，就影视剧戏曲这类以"艺术作品"存在的言说话语而言，虽然是形而上学层面上的"意义"呈现，但却可以成为"国际化"大众传播将那些刚性的"国际社会现象"，以"软新闻"类别里最无新闻色彩的"拟剧化"言说话语来表达。也就是因为这种原本是大众媒体主导的新闻传播需要的"拟剧化"言说，并不决定于那些必不可少的"纯粹的事实"，而有了最自由最无规则限定的想象与创作空间。进而，使得"被神说"的艺术作品，就有了一次次令观众瞠目结舌、大开眼界、刻骨铭心及终生难忘的特技设计、三维活画，以及飞天入地般的"幻象"具象化效应。对"国际化英语传媒"的传送和表述来说，就是将复杂棘手的"国际社会现象"或"事务"，通过隐喻的科幻手法，进行其所持"态度"的呈现，盟友链条的划分，以及相应策略的暗示。同时，有对其作为"传播源"而言是更重要的"弘扬"或"贬抑"立场的婉转表明，更有其在看似以不轻不重、轻松愉悦、轻政治重人性般的"娱乐化"语境里，完成其所设计的话语承载的意义的着陆，进而使得处于"国际新闻传播公共英语话语空间"里的"国际化"受众们的认知心理形成的视域中，永远都会被这类最易触动感觉神经系统的言说话语所牵引，使得"彼岸"的一切，成为"幻象"般的"永恒"。在艺术的层面上，可以被称之为"经典";在认知的体系里,就是被认可的"信仰"与"价值"。

就目前在"世界格局"里促成所谓"国际化"文化交流的此类"跨文化文娱新闻话语语境",强化了"被神说"的"族群幻象"之作品,有来自英国的系列影片《哈利·波特》(Harry Potter)、有出品于中国内地的长篇电视连续剧《西游记》(Journey to the West),更有逐渐被现有各类板块都认可和接受的莎剧《哈姆雷特》(Hamlet)、《超人》(Superman)。而最近在中国大陆不仅赢得票房,也赢得对其特技制作能力赞誉的美国影片《环太平洋》(The Pacific Rim),更使得大部分的年轻中国观众,只是念念不忘那些上天入海的"勇士",而忽略了整个故事的价值取向和战略实施方法的引导。毕竟,观众感到最有力的、最容易的回应是:那只是一部娱乐大片而已!

总而言之,当"国际化传媒"通过对"非言语语境"具有的使媒体传播话语意义得以生成,而用"跨文化拟剧符码"建立出符合"国际化"大众传播要求的"跨文化型文娱新闻话语语境"后,就使得那些属于形而上学层面上的"情境化"社会存在,以"硬新闻"的报道框架,经"软新闻"原理支撑的"故事化"言说文本,使得所有敏感而复杂,且难以直接表述的"情境化"精神特性的存在,有了媒体传播依赖的声像言说话语文本承载的"意义"播撒的途径和生根的土壤。在新闻传播学理论体系里的"拟剧论",也得到了具有新视角的运用。当然,作为"传播源"的"国际化传媒"系统,在对其所聚焦的"情境化"了的社会存在时,其所具有的价值观带出的色彩形成的言说局限,是不可忽略的。毕竟,这类聚焦和言说,是对"社会文化情境"所依托的"族群心理"整体的触及。这些看似具体而又有形的"社会存在",实际上是"意象化"实体的"艺术化"再现。所以,这类存在是别聚焦"族群"的心理与情感神经脉络,以具体形式呈现的方式。如果大众传媒对任何一个自然现实世界里的"社会现象",加以理念上及价值观层面上的评说,都可归类为文化价值观间的冲突。而对这类精神产品的些许误读引出的误解言说,就可能如同刺向整个族群神经系统的利刃,形成"树敌"或强化"敌意"的后果。对于"被聚焦"和"被言说"的"社会文化情境"而言,就是有意的侮辱和挑衅。这种已然形成"国际事件"的例子,至今仍是"定时炸弹"般地会在某一时刻达到近乎毁灭性的破坏效果,诸如美国记者在国际电影节上看到影片《狗镇》后的集体离席而去发表的一系列"抗议性"的文字;"中东文化圈"在看到有丹麦漫画家发表的系列漫画后的持续数周的抗议,以及随之带出对

147

整个丹麦及西方国家的仇视心理等等。相对应的，在中国大陆开始引进俄罗斯、新加坡、泰国、英国及韩国出品的电视连续剧时，原本显得冷淡的外交关系，有了趋向温和的转化。这就是"国际化传媒"作为"传播源"，在促成"跨文化交流"方面具有的"双刃剑"功能。这两种传播效应的达成，主要取决于在"国际公共新闻话语空间"里具有"强势"传播力的"国际化传媒"所持的言说出发点上。

2. "国际化传媒"的"跨文化标签符码"构筑的"跨文化型文娱新闻话语语境"

在众多只属于"情境化"的"非言语语境"里，能够充分促成有效沟通与传播的因素，在超出任何自身本土文化价值观系统的状况下，并不是丰富和普适的。虽然有看似数不清的足以达成"心有灵犀一点通"的符号、标识及无声化的举止眼神等，但都仅限于在其"被赋予"相应"意义"的那一"社会文化情境"，且即便在此人文环境里，也只是在被认可为"成熟的"那些"社会人"之间生效。显然，如果依靠"拟剧化"的角色塑造方式来诠释"非言语语境"的深层内涵的话，也仅限于那些能够"被剧化"的"社会现实"，而非适于所有社会现实中的存在。尤其是在试图将多元化的"社会存在"，经过"国际化"大众传播的渠道，以媒体传播的"新闻化"框架规约的言说话语加以表述时，原本在本土情境里就已是极为敏感的"社会议题"，若经过"国际化"大众传播系统向"国际化新闻传播公共话语空间"传送后，就会在"世界格局"里形成动荡化的"国际关系"。毕竟，任何如此"被言说"的"社会议题"，已经不仅仅是其所呈现的"事件"、"人物"或"观点评说"的过程本身了，而是与这些聚焦点紧密相联的"社会文化价值观"运转的"社会文化情境"及其产生的群体心理依据了。

那么，如何对那些不能轻易"被剧说"的"社会存在"进行"国际化"大众传播要求的言说呢？这类"非言语语境"适合怎样的"新闻化"媒体言说话语以生成相对确切的"意义"表述呢？

面对如此的问题，纵观所有类别"社会文化情境"在沟通和传播支撑下得以运转的方式与特点，就会发现这样一种必备元素，即："被标签化"了的"社会存在"及其构成的沟通与传播特点。在新闻传播学理论研究的层面上，尽管斯蒂夫·布鲁斯（Steve Bruce）的"符号互动论"（Symbolic Interactionism［亦译为

"象征互动轮"]）在很多方面为"国际化"新闻传播的有效展开，弱化和排除了许多风险与挑战，但是，面对"情境化"的多元社会存在这一现实，就必须有另一种方法来对其进行补充与辅助。这就触及到了威廉姆·詹姆斯（William James）探讨的"社会自我"这一概念衍生出的"标签化"社会现实细密的分解。尤其是本作借鉴的由查尔斯·库利发展了"社会自我"后的视角，即：当个体化的"个人"在与"他人"进行互动时，才会在认知上形成对"自我"存在的意念反射，也正是如此，使得独立的"个人"在"他人"的观念表述中发现"自我"，并认识和了解"自我"。而相对于"个体"形成存在意义的"群体"，又是"个体"在社会文化情境里不可或缺的"背景"。这样，"个体"在由使其产生"归属感"的"群体"烘托基础上，感受作为"个体"的"自我"所具有的"社会化"意义和功能。这种"个体化"的"自我认知"意识的形成与持续维护，是以其自身接纳的"被标签"了的"社会化"角色，以及这一角色"被赋予"的社会功能与职责引导出的结果，也就是"新闻化"传播意义上的"镜中我"（the looking glass self）的具体表现。

基于如此梳理获得的认识，本作运用由哈罗德·加芬克尔（Harold Garfinkel）立足现象学原理建立的框架理论原理，辅以"常人方法学"（Ethnomethodology）关注日常生活现里人际互动研究的视角，来研究"国际化传媒"在运用"跨文化标签符码"系统时，如何对达成有效传播的"跨文化型文娱新闻话语语境"的构筑。进而，本作围绕以下几个方面，展开"国际化英语传媒"以"跨文化标签符码"来分析"非言语语境"来设计其需要的言说话语的探究。

首先，"跨文化型文娱新闻话语语境"的"情境化"个体自我社会心理标签。

当"国际化传媒"对任何可称之为"社会现象"聚焦时，无论如何设计对其"新闻化"的描述和呈现，都是触及其所处的"社会文化情境"的整体脉络，尽管这是中华文化的思维方式与视域，但是，在今天的经济一体化促成的"全球化"认知风格，使得原本只是固守"二元对立论"的"西方思维方式"及其生成的视域，也逐渐被"蝴蝶效应"所补充。且不论其作用实现的程度如何，毕竟还是有了"翅膀在太平洋东岸煽动后带给西岸的震颤效应"的认识。这样，进行着"国际化"大众传播的"国际化英语传媒"系统，在对"社会现象"加以聚焦时，就有了即刻形成的"全景画"视域的认知走向。这时的"社会现象"，是由一个个在"一条船上"的"个体化"了的"个人"来支撑的，这时的"个人"作为被认可的成熟"社会人"，在已建立的"认知风格"引导下，构筑起了属于"自我化"的"社会心理体系"，以及与其所处宏观化社会情境紧密联系的标签符码。

在此基础上，"国际化传媒"系统在对所需要的言说话语进行设计时，就需要运用"跨文化型比较"理念，将所聚焦"社会现象"生成的"社会文化情境"宏观的社会心理及"现象"得以产生所依据的"个体"自我社会心理，与作为"传播源"的"国际化传媒"系统立足的"社会文化情境"几乎对等的社会心理及"现象"得以生成所依据的"个体"自我社会心理，形成"对称化"的"平行呈现"。例如，当"传播源"计划聚焦某一情境的"医疗保险对退休人员"的政策实施状况时，就需要将"传播源"立足的情境里同一"标签化"的政策，与之加以同时同步化地呈现。

如此宏观层面上的呈现，在"国际化传媒"言说话语呈现上，大多会是接近一致的，这是因为此一"标签"是处于两类情境中，但其具有的定性是一致的。但是，这一层次上的"平行呈现"，仅仅是起到对"标签化"的"情境定义"加以呈现。在此基础上，能够形成"国际化传媒"言说话语表述"意义"得到"国际化"传播的成分，就是对这一宏观呈现下，对微观的"个体"在所聚焦的"社会现象"认知上具有的"自我社会心理标签"的解释上。进而，就会使得在宏观层面上显得几乎一致的"社会现象"，因为"个体化"自我社会心理标签的"意义"，大多是依照"个体化"自我的认知能力所得出的"唯一"。也正是如此的"唯一"，使得在宏观上"平行呈现"的同时，具有了对"国际化"受众用以理解"世界现实"而寻找所需"参照物"，以此产生新"意义"的建立与解释期待，提供了实现之的心理说服"逻辑源"。

"国际化传媒"在这一言说话语文本的展开过程里，作为"传播源"，其职责是呈现"标签化"了的"被聚焦"内容，之所以有如此这般"意义"的缘由。而这些"解释化"的缘由具有的"个体化"自我"标签"，更需要在言说话语文本里强化其具有的自我社会心理视角产生的视域及其构建的"社会化"意义。例如，在由美国独立纪录片制作人迈克摩尔（Michael Moor）完成的名为《医疗内幕》（SiCKO）一片里，其对具有统一"情境化"了的"标签"的、分别处于英国、美国、法国、古巴的医生们的聚焦化采访，就是兼顾了同为"医生"而依据差异巨大的各自"自我社会心理"层面上的"意义"解释。这样，在宏观上同为"社会化"定义的"医生"的角色，在一系列各自的依赖于"情境化"而定义的"标签"内涵，得到了最具"个体化"地表述和记录。这时的结果，对于"国际化"的受众与"国际化"的大众传播系统"国际化传媒"而言，已经足够了。

究其原因，是因为这种对"个体化"了的"标签"，进行大众传媒化的戏剧化人文娱乐色彩的渲染，而使得经过"蒙太奇"独具的拉近各类时空的呈现功能，得到最有效地实现。分出各类"社会文化情境"里的"国际化"受众，在最近的距离获得了对遥远的"他者"的了解，进而也同时"看到"了由这些"他者"对应的"自我"。

其次，"跨文化型文娱新闻话语语境"的"情境化"组织流程社会现象标签。

所有现存的"社会文化情境"的整体运转方式，尽管是在其秉持的"社会文化价值观"原理的支撑下进行的，但却是由处在中观层面上的各类"情境化"的"组织"持续其流程化运转的效应政体呈现。虽然今天的经贸活动全球趋同，使得很多的互动行业符码得到共享，因而趋近一致。但并不意味着在各类社会文化情境内部的各种"组织"运行的流程是相同的。如同在中国大陆已经出现了"西方化"的"Seven – Eleven"（通宵便利店）及 24 小时营业的"麦当劳餐厅"，尽管在外形及管理运行流程上完全是复制其在"西方"文化情境里的方式，但却与其在那里的营业效应大有区别。其中，自主要的原因，是中国人的"夜生活"习惯范围的狭小，以及对"西方快餐"的消费理念。

由此，"情境化"的"组织"运行流程方式具有的"社会化"符码的内涵，是一种颇具"国际化传媒"系统所需要的言说话语表述其"被赋予"意义的"语境"构成元素，即：在各类"社会文化情境"里都设置的、具有相互对应性的"组织"，以及其与所依托的情境形成的互依关系。因为是对具有"情境化"特征的社会组织运行流程被定性后形成的"标签"加以呈现，这样，就触及到了牵涉整个"社会文化情境"里的规则及法律、道德和规范对流程辅助与制约的关系。这样，对于"国际化传媒"的言说话语表述，就自然会集中在运行流程是如何"被辅助"和"被制约"的层面上。所以，具有"国际化"解读方式的"镜像化"映衬呈现定位，促进了"跨文化型文娱新闻话语语境"的完型。

"社会化"组织的运行流程，看似是以其所依赖的职能特性而进行的。但是，在"情境化"了的价值体系里，其运行的理念却是立足在社会道德规范的前提下，以族群建立的规矩化政策、条理为最具体的框架来展开的。当然，这些条件的达成，还是依靠驾驭和操纵这些流程的"社会人"。也正是在这一看似为"组织化"

运行的流程里，为"国际化新闻传播话语"所需要的语境，提供了与所聚焦"社会文化情境"相联系的条件，因为"组织化"流程里的"人"，就是更具体更个体化的"社会人"。他们具有的"符码化"标签，是契合媒体传播所需的话语以非言语方式描述的关键。这样，在对所聚焦的那些带有强烈组织化运行流程的社会现象时，相应言说话语的设计出发点，就是那些在"组织运行流程"里的"个体化"了的"社会人"。以他们在"那一"流程里的言行举止为"语境"，辅以其能够如此那般掌控其符合组织规范言行的"社会化"背景的呈现，通过个体的解释来梳理两者间相互支撑的关系。进而，令运行中的流程呈现的社会现象，获得了鲜活生动的因素。尽管那些流程里的组织化行业规则是"非言语的"，但是，经过提供言说表述的个体之"声情并茂"的话语涵盖的"符码"，就为"国际化新闻传播话语"需要的"跨文化型文娱新闻话语语境"的"被聚焦"方的生成，完成了具有决定性作用的元素的提供。

在基础上，"国际化传媒"作为掌控相应"新闻化"言说话语设计的"传播源"，就可以根据已获得的有关"被聚焦"组织流程社会现象，来寻找和选择与之可形成平行呈现的"参照体"，使得两者间具有"异同"，以顺应各自流程得以进行的"轨道"运行的"特点"，在凸显其具有的社会影响效应的对接上，来为"国际化"受众提供可形成"镜像化"互衬的空间。由此，不论是繁杂的专业化流程体现的社会现象，还是在他类情境眼里近乎是"游戏"的流程烘托的社会现象，都可以令受众感到在有逻辑的前提下，进行互映般地接收和接受。进而，"国际化传媒"所需的"语境"，在看似"标签化"的描述过程里，不论带着允许他类情境里的"社会人"，以其自身本土的文化价值观来审视形成的"漫画式"反射，还是引导那些产生带有"好笑的"、"荒谬的"，抑或是"榜样式"的认识，都使得"被聚焦"的一方，与担任"参照体"的一方，在任凭受众可以产生的认知心理基础上，获得只属于"这一"国际化大众传播系统言说话语的表述。也正是如此，使得"国际化新闻传播话语"的多元表述视角，在当今"媒体传播全球化"生态里，得以建立"国际化"受众需要的多重内涵，并在其多样文化价值观的支撑下，呈现的多视角视域效应。

最后，"跨文化型文娱新闻话语语境"的"情境化"社会结构实用主义标签。

在以经贸合作促成的各大洲间连接起来的"经济一体化"效应，造成人们一种感官上的认识，即：即便是在非洲吃不饱饭的那些"最贫困的"国家里，人们也是穿着和那些"经济最发达的"国家中的人们一样的牛仔裤与 T 恤衫。这样，所有对"全球化"及"地球村"的内涵理解和接受，都被这类认知错位所取代。久而久之，在此基础上也就形成一系列按照经济学上的"投入与产出"的"实用主义"原理，来解释所有能引起感官反应的"社会现象"。在此，最关键的问题是，人们常常满足于这些能够产生感官关注的"表面化"的"社会现象"形成的"社会影响效应"。顺应对这类表面现象的推理，被已经定义和理论解释上完型的"地球村"或"全球化"的本意，就由这类习惯性的推理结论所替代，成分为主导认证社会文化机制里，主导社会各个组成部分运行方式所依据的理念及其带出的、制约和引导"社会化结构"得以形成"生命力"的规则和条例，尤其是那些成为人们塑造自身心智的决定因素。

不能否认这种效应的产生，也不能忽略是由"表面化"现象推导出的所谓"肤浅的"结论和认识，毕竟，任何能够令人们关注的"存在"，都是由其呈现的"具象化"的本体来完成的。人们的感受器官带动的认知风格，也就是在这一前提下，开始履行其具有的功能。正是因为如此的逻辑，以"国际化"大众传播方式运行的"国际化传媒"，在聚焦那些被视为"情境化"社会结构实用主义表现的"社会现象"时，就需要与之相对应的、能够产生"跨文化甲流"效应的"语境"，来提供其运用的"新闻化"言说话语表述"意义"得以生成的"小生态"。当然，借鉴在所有类别的"社会文化情境"里都运用的"社会化"符码依据的"标签"，是借助言语表达这一途径得以运行的"国际化英语传媒"必然注重的。只是，这种"关注"，是"刻意地"聚焦在那些体现具有"实用主义"原理和本质的"标签"。进而，寻找和定性那些符合这一需求的"标签"，就是这类"语境"得以生成的关键。

尽管"情境化"的"社会结构实用主义"是具有特定"社会化"色彩及特性的因素，但是，由这一理念在现实"组织化"了的社会体系里被具体践行时，就归结到了其在"西方"定义的"自由市场经济"主导的"量化"数字上。进而，那些表述"社会化"结构产生的功能效益的数字、曲线和表格，对与其紧密结合在一起的"组织化"了的"社会人"对其的解读、认可或质疑的反响，就是看似冰冷的"标签"背后可被挖掘并使其呈现"意义"的言说元素，也就是"国际化新闻传播话语"在对这类"社会现象"进行话语表述时所需的"语境"产生的一个个元素。而如何将这些"干巴巴"、"冷冰冰"的"符码"，能够使其转化为既鲜活又不失其本身具有的厚重社会意义的特质呢？

因为经传媒表述的言说需要色彩化的拟剧呈现效果，即便是定向为"国际化"的受众传送一定的"意义"，也必然会顺应这一特质来运行，加之"国际化传媒"本身既定的受众是"跨越"多种文化价值观建立的思维与认知屏障的，就更需要直观和形象化的描述效果了。就目前已经形成有效媒体"跨文化认知交流"的"结构实用主义"符码规律而言，还不是体系化的，仅仅局限于那些穿插在令受众感到茫然和难以持续观看的整体呈现里的碎片化部分，这就是以"时不时"穿插出现的"线条化"图示、表格、箭头及动画效果的设计成分。就本作的探究来说，这些成分是促进"国际化新闻传播话语"对这类"社会现象"进行言说话语表述时，将"意义"得以形象化、直观化呈现的"语境"。也只有在这种呈现方式的基础上展开的"国际化新闻传播话语"，才能使得被聚焦的那些"情境化"社会结构实用主义标签，转化为"国际化英语传媒"独有的"跨文化文娱新闻英语语境"。

总之，当看似完全是形而上学层面上的"个人化"社会心理、组织流程体现的社会现象，以及社会结构实用主义原理带动的"运转机制化"价值观，在"国际化传媒"需要的"新闻化"言说话语的表述框架规约下，以"跨文化标签符码"的方式呈现时，就会构筑成"跨文化型文娱新闻话语语境"。而恰是因为"国际化传媒"具有的"国际化"表达覆盖效应需要的"跨文化认知风格"，从而决定其必须使用形象化的、直观化的声像效果来呈现，这就是三大类"标签"："情境化"个体自我社会心理标签、"情境化"组织流程社会现象标签，以及"情境化"社会结构实用主义标签。在这三种起到支撑功能的"标签"助力下，"国际化新闻传播话语"对那些只属于"情境化"的"非言语语境"里的"社会现象"的"跨文化型"话语表述，就提供了有效的设计和运用"跨文化型文娱新闻话语语境"的元素。

3. "国际化传媒"的"跨文化内省观察符码"形成的"跨文化型文娱新闻话语语境"

虽然话语语境具有众多的类型，但都是为其所承载的话语具有的内涵获得被表述的预设效果服务的。尤其是"新闻化"了的话语表述，更是需要具有符合这一行业特质的语境来支撑。毕竟，任何能够由言语表达的内容，都必然附着在特定的语境里方能实现其具有的"意义"。在当今文化情境看似依托经贸合作形成的交错互动态势里，由媒体传播建构的"意义"表述体，面临着多类别文化价值观秉持的视角，从而形成结论可能完全相反的诠释效应。

形成如此的结局，不是媒体自身的责任，也不是驾驭媒体传播内容的职业人的刻意为之，而是致使他们必然会"那般为之"的价值取向和意识形态起到的支配作用。在这类话语的表述上，大多时仅仅依靠特地跟的语境来完成的。而这些"语境"得以"被编织"所需的"符码"，也是完全"情境化"的产物，对于"局外人"而言是如同来自"外星人"的语言。这样，这类"语境"对其需要"解码"和"再编码"的话语内涵的"呈现"，就是形成"国际化"受众按照其建立的"认知风格"来诠释的"内省观察"结果了。毕竟，这类"语境"的形成，就是根据"国际化英语传媒"所选择的那些具有令受众产生"内省"心理反射的"符码"。具体到那些能够形成"国际化"解读的语言词汇上，诸如：恐怖主义、恐怖分子、罪犯、英雄、模范、歹徒、家庭、婚姻、国家利益、合法性等"定性化"的词语。

如果仔细探究的话，这类"内省观察符码"的"被排序"，以完成对"国际化新闻传播话语"需要的有效表述的达成，必然是按照其"被赋予"的近乎"普适性"特点来操作的。然而，这里的"被定性"，还是不能摆脱已经在世界范围内形成"惯例"认知走向的"二元对立"视角，及其推出的视域状况。显然，在"国际化"大众传播的话语言说流程里出现的那些"正面化"、"负面化"及"中性话"的词语，表面上看是语言的使用，实际上，是如此使用其的"社会人"固守的文化价值观支配的结果。由于这种"惯例"已经成为"国际化"大众媒体传播所持的职业化标准和行规，所以，本作还是按照如此的"惯例"，来展开这部分的分析。

首先，"正面化"的"内省观察符码"与"跨文化型文娱新闻话语语境"。

当一种通过语言的功能得以生成"情境化"的定性"能指"与"所指"的"符码"，在"国际化"大众媒体传播的传送流程里，"被赋予"既定可以解读的"内涵"时，却并不能在最大程度上达到那一预设的传播效应，因为"被运用"的"符码"必须经过"跨文化型"的"转码"处理后，才有可能去承担这类使命。毕竟，任何具有对"社会存在"加以"定性"功能的"符码"，都是依据只属于其得以生成的"社会文化情境"固守的"文化价值观"体系。

那么，如何确保同样是以"国际化"大众传播言说流程进行运转的"国际化传媒"系统，能够在"价值观"交错抑或重叠的"媒体传播全球化"产生的"新新闻生态"里，获得其"新闻化"言说话语表达的生命力呢？

触及这一问题，也就牵连到了所有能够被"国际化传媒"系统聚焦，而对那些"社会文化情境"里"被定义"为"正面化"语汇的"社会化"内涵的开发。事实上，这种"开发"就是一种对"被聚焦"了的"非言语话语"呈现的"社会现象"立足的情境里，其语言系统与社会文化间的关系的探究。某一语言语汇，之所以"被定性"为"正面化"的内涵表达，其在"被运用"的过程中对其"情境化"了的"社会人"之心理与情感的挑动效应，是处在或来自他类情境里的"社会人"所不能想象和意识到。如果仅仅只是寄希望于对一定"被聚焦"情境定义的"正面化"语汇的准确使用，就可达到实现那些"被赋予"的"意义"得到符合"被期待"的结果，是不够的。

这样，在保证"准确地"使用相对的"正面化"语汇的前提下，还需要将其与其表达的"被聚焦"了的"社会现象"在这一价值观体系里的定位。如此的顾及，就会使得早已是"被聚焦"情境里的"社会人"认知惯例的心理定势，得到契合度最高的顺应。否则的话，即便是些许的"误读"，也会引发那些由"惯例"构筑起的"心理定势"，产生一定程度上的反弹。从而，使得所有的言说话语结构遭到否定或反驳，而那些"被预设"的有效表达，就成为无从着陆的"空中楼阁"。所以，在对那些"非言语话语"需要言说的"内省观察符码"的使用上，除了达到准确外，仍需要同"被聚焦"的"社会现象"所产生的缘由，同其随之形成的"社会心理"及"社会机制"运行态势的影响，进行宏观结合中观化的联系。

这时的"媒体化"新闻式文本表述，就需要有能够体现两类相近或截然相反的情境对"同类""社会现象"的社会定位，以及其中的原因和解释。如此的结构是在既"平行"又"对照"的同步进行中建立的，其中顺应的"逻辑线"是：如果这一"被定性"为"正面化"的"社会现象"，在一个与产生其的"社会文化情境"里出现时，形成的"社会心理"和"社会样貌"是如何的？如此的"比照化"结构，引导受众在世界观察到"被呈现"的凝聚化了的"现象"后，自然会形成对自身立足的本土情境再审视的"内省观察"心理效应，即：哦，如果真发生在我们这里，又会是怎样的结果呢？

如此的结构，在媒体化的言说表述上，基本上不需要太多的介绍性语汇，只要将能够产生"比照化"效果的那些具有"正面化"语义的"符码",进行相对应地排序。所以,这类"新闻化"言说话语的框架,不应再依据"倒金字塔结构"来设计,而应该将其所带出的"社会心理"反射效应首先提供给"国际化"受众,引导他们关注究竟是"什么",使得整个"情境化"态势形成如此的情绪波动。由此,使得受众的关注度能够持续地被吸引,更渐进式引导他们的情绪逐渐契合"被聚焦"的"社会现象"之所以产生的逻辑。从而,认识到"正面化"的定性,只是"情境化"的结果,更是其秉持的"价值观"的作用结果。

其次,"负面化"的"内省观察符码"与"跨文化型文娱新闻话语语境"。

在具有了对"被聚焦"的那些可"正面化"诠释的"社会现象"言说的"语境"后,似乎对与之相反的"负面化"了的"社会现象"的话语表述,就是简单的过程了。事实上,在现实的媒体化言说过程里,越是"被定性"为"负面化"的存在进行聚焦和言说,就越是显得棘手和复杂,甚至是带出"剪不断理还乱"的结局。毕竟,任何"负面化"的存在,不论其存在和呈现于哪一"社会文化情境"里,都一定有其"被定性"为如此的理由和逻辑。更是不容来自他类情境的"局外人"加以"评头品足",因为没有被认可的"资格"。这就是在现实"世界格局"里,从大到关乎现存"国际关系"可能崩溃的"国际事务",至小到微观层面的"个体化"社会人或许几近疯狂的"家庭琐事"。

毕竟,这类之所以被视为"负面化"的存在,是敏感到可以令"情境化"的社会神经系统发生裂痕或断裂的"判断体系"的再现。显然,当如"国际化传媒"系统般的"国际化"大众传播流程,对其加以聚焦和媒体传播化的放大时,就已经不是单纯地"告知化"的言说了,而是在"被聚焦"情境的反应系统里,带着刻意的"幸灾乐祸"、"恶意炒作",甚至是"蓄意挑衅"的对立情绪。从而,就是对作为"传播源"的媒体系统及其所立足的"社会文化情境"产生敌对的立场。

可见,面对任何具有"情境化"了的"负面化"定性的"社会现象"的聚焦,应该按照全面"援引"的"新闻化"言说话语来表述。其中最为关键的话语走向,应该是在"根据××××情境的结论,这一事件是……"这样,"国际化"受众,就会以如此的"语境"生成的话语"意义",来完成最起码是同自身本土情境的"比照"过程。并以此为基础,来建立自身的解读与结论。

当然,不能回避的是:在现实的媒体传播生态里,因为不同意识形态的作用,即便是在成熟运转的"国际化"大众传播系统之间，也会形成大致两种极端的言说话语走向，也就是要么是"援引"，要么是与"被聚焦"情境的定性截然相反的"再解读"。这就是以"西方阵营"为中心辐射开的那些"西方"媒体传播源，一致对"非盟友"及有"敌对"关系的"社会文化情境"所定性的"负面化"社会存在的表达出发点，以及其预设能够达成的传播效应，即：妖魔化。而另一类则是同"被聚焦"情境形成了"正常化"外交关系的"盟友"或"朋友"的"他者"的"援引"传播效应。

正是如此的国际化媒体传播生态，使得现有支撑"世界格局"的"国际关系"，一致处在"麻烦不断"、"战火不断"、"争吵不断"的态势里，更有"一触即发"的、再次爆发"世界大战"的苗头。就存在于以俄罗斯为代表的和以美国为中心所呈现的、对现在处于混乱状况下的乌克兰的态度，就可以令"国际化"受众深刻领略到由国际化大众媒体传播系统发出的截然不同的"声音"。显而易见，这已经不是"国际化英语传媒"间貌似所持不同视角才形成的效应，而是各自所倾向于的"价值观"与"意识形态"支持的政体，通过大众媒体传播发动的"意识形态"竞争的必然结果。

因此，对于经过"非言语话语"表述所需的那些"负面化"的"符码"作用，使得"国际化新闻传播话语"依据的、对"负面化"社会存在"新闻化"言说话语表述所需的"跨文化型文娱新闻话语语境"，以"内省观察符码"的"被原因"，而形成"跨文化型"的有效传播。尽管不能消除"再解读"的刻意强化传播，但"国际化"受众还是会形成"比照化"接收和接受逻辑的。就在笔者书写着部分文字时，一则题目为"中外媒体对恐怖事件的报道用语"的"图解新闻"报道，令在中国大陆和华人文化圈里的受众产生极大的反响。其中被中国中央电视台中文国际频道点名加以指责的是作为"国际化"了的"传播源"CNN（美国有线电视新闻网）。而CNN的报道"再解读"化的刻意，是中国受众及华人圈不陌生的。自然，对其所持的用意和态度，也是了如指掌的，更是对其产生愈发强烈的反感社会心理。

最后，"中性化"的"内省观察符码"与"跨文化型文娱新闻话语语境"。

纵观所有被定性为"情境化"层面上的那些"中性化"表意符码对媒体传播的意义设计而言，大多是没有太大辅助效能的"温开水"，达不到火爆的"炒作"效果，也形成不到那种一闻就记住、一眼刻终生的程度。进而，在多数的媒体传播系统里，是属于基本不被采用的部分。而对于受众而言，不论属于哪一类的"社会文化情境"，这种被定性的"符码"能够呈现的内涵，也都是属于那些日常生活里"吃喝拉撒睡"的生活琐事现象。既然同为人类，虽在上层建筑层面会有"天壤之别"的"牛头不对马嘴"的差别，但是在人性最基本的生存需要层面，应该都是一致的。所以，也就没必要加以关注了。

但是，对于以"国际化"大众传播方式言说的"国际化传媒"系统而言，如果要获得全球范围内的关注与认可，就必须对这类一直"被忽视"的元素加以更多的关注。尤其是在今天的"新新闻生态"里，已获得了解远在万里之外"他族"之生活方式的信息，是扩展自身认知视域及建立国际视野的重要渠道。而对于"国际化新闻传播话语"言说文本的表述影响力来说，也会将已是令受众感觉神经疲惫于那些近乎"政治化"的沉重议题，在更具人性体现的、看似"婆婆妈妈"的生活现象辅助下，形成"有张有弛"的传播效果。这样，引导"国际化"受众，在了解要么严峻要么平和的"国际关系"的同时，也会对维系人类繁衍和文明推进的普通民众所具有的精神气质，通过对日常生活维系的琐碎细节的呈现与解释，而更具有接地气般的"跨文化传播"风格。从而，能够增大受众的信赖度，更有益于对预设传播目的的达成。

所以，在对这类"被定性"为"中性化"的社会现象的"新闻化"言说话语的表述，大多应该是能够体现"情境化"生活方式的那些"细节化"、"流程化"的"社会现象"，尤其是聚焦到有关维持日常生活能够得以顺利进行的那些细节。这类看似只是生活层面的必然现象，却是完全"情境化"的结果。即便是在同一宏观化的文化价值观里的不同地理情境里，"情境化"的"社会人"，也是有着只属于各自情境特点和规范的"生活方式"。这样，在对宏观层面的、能够引发"国际关系"波动的社会现象进行聚焦的同时，伴以对微观化的民众生活方式得以形成的缘由的介绍，是以具有"软新闻"原理的"心文"提供的感染力的传送。这时的"国际化"大众媒体传播所展开的言说，就是促进"跨文化交流"，已达成"跨文化互濡"的传播效果。

以如此的方式呈现的"国际化新闻传播话语"言说表述文本，是更倾向于温和的、有血有肉的信息提供者角色，而非被相应的意识形态操控的"政体"所利用过的"宣传工具"，即便其承载的言说话语内涵仍然聚焦相对重大的"社会现象"解读，但已经多了"告知"的色彩，而少了"意识形态"间"竞争"带出的

"强加"说教及"争斗"的"强烈度"。进而，令"国际化新闻传播话语"在聚焦这类"非言语话语"的社会存在时，所需要的令其"新闻化"言说话语"被赋予"的"意义"得以生成的"语境"，成为另一种以"内省观察符码"描写的"日常生活方式"里的"琐碎化"社会现象为基础的"跨文化型文娱新闻话语语境"。在当今呼吁"人道主义"原理支撑的"以人为本"大环境下，"国际化传媒"所覆盖的面之广、接收度之高，都应对此加以弘扬和推介，起到以温和的"软新闻"功能来担当凝聚各类"板块"的"黏合剂"作用。

总之，在本书的第二章里，笔者首先通过对"国际化新闻传播话语"具有的社会学意义的分析，使得其在社会学范畴内形成的"跨文化认知视域"覆盖的内涵，得到系统化地梳理和分析，即，具有以下几个方面：第一，国际化新闻传播话语与跨文化认同强度（strength of identification），其呈现在"跨文化认同强度"渲染话语色彩、"跨文化认同强度"定夺话语态势，以及"跨文化认同强度"裁决话语导向"客位与主位"和"局内人与局外人"的层面上；第二，国际化新闻传播话语与跨文化感知程度，其表现为"跨文化感知程度"引领话语覆盖"领域"中"文化价值"所处的"社会领域"模式、"跨文化感知程度"分类话语表述"风格"里"情境文化传播"模式、"跨文化感知程度"限定话语表述"任意性"上"组织化价值观"模式，以及"跨文化感知程度"简约话语表述"普适性"依据的"共生化文化价值"模式样态上；第三，国际化新闻传播话语与跨文化刻板印象，其表明第一，跨文化规范性刻板印象与"国际化新闻传播话语"基调；第二，跨文化非叙述性刻板印象与"国际化新闻传播话语"依据。

其次，是展开对"国际化新闻传播话语"的社会样貌，以构筑"跨文化新闻传播意象情境"为中心，来聚焦其与现实世界的关系。这样，形成了对这样三个维度的探究，即，第一，"国际化新闻传播话语"框架化的"间接'世界'"，其包括了三种类别，一是"被言说"的"国际化新闻传播话语"化框架社会；二是"被言说"的"国际化新闻传播话语"化历史社会；三是"被言说"的国际化新闻传播话语化制度社会。第二，在此基础上对其形成的"新闻化"言说表达方式的分析，从而使得其运用的"国际化新闻传播话语"描述化的"拷贝支配"理念中涵盖的支配性特点得到分析，即，一是"商业力量"扭曲后的"国际化新闻传播话语"描画；二是"政府权力"扭曲后的"国际新闻传播话"呈现；三是"媒体传播技术惰性"扭曲的"国际化新闻传播话语"强加。由此引出对其形成的传送效果的探讨，亦即第三，"国际化新闻传播话语"塑造化的"第三人效果"，这一效果从三个层面综合呈现出，一是"主体"双重角色＝局内话语认知社会人＋目标受众；二是"他者"双重定位＝局外话语认知社会人＋目标受众；三是"主体"与"他者"各自依赖的"第三人效果"。从而，"国际化传媒"系统运用的言说话语依赖的"语境"被赋予的"社会特质"，得到深化地分析。

最后，深化分析"国际化新闻传播话语"以"跨文化型新闻话语语境"体现的"社会特质"。这一"社会特质"主要有三个方面的定位，即：第一定位是"社会语境"与"跨文化社会新闻英语话语语境"，其具有以下三个功能：一是"国际化英语传媒"的"跨文化型社会新闻话语语境"之"互构所指意义"；

二是"国际化传媒"的"跨文化型社会新闻话语语境"之"互映所指对"；三是"国际化传媒"的"跨文化型社会新闻话语语境"之"互衬镜像隐喻"。第二定位是"情境语境"与"跨文化型专题新闻话语语境"，其衍生出三个相关联又相对独立的"语境"，即：一是"国际化新闻传播话语"的"跨文化社会事件专题语境"；二是"国际化新闻传播话语"的"跨文化型人物专题话语语境"；三是"国际化新闻传播话语"的"跨文化型历史文化专题话语语境"。第三定位是存在于"非言语语境"在不同视角引动下，与"被聚焦"的不同"社会现象"互动后而催生的"跨文化型文娱新闻话语语境"，即：一是"国际化传媒"以"跨文化拟剧符码"建立的"跨文化型文娱新闻话语语境"；二是"国际化传媒"的"跨文化标签符码"构筑的"跨文化型文娱新闻话语语境"；三是"国际化传媒"的"跨文化内省观察符码"形成的"跨文化型文娱新闻话语语境"。

至此，本书对以"国际化"大众媒体传播为形式的"国际化传媒"系统，在为达成有效的"新闻化"传送而设计和运用的"国际化新闻传播话语"表述下，生成的只属于"国际化"新闻传播特点的社会学意义，得到了以话语特质为中心展开的系统化研究和分析。

第三章
国际化新闻传播话语的
传播关系

当任何类型的媒体以传送信息的方式，来履行其具有的"职责"时，且在此暂不探究这一"职责"到底是谁赋予之的问题，单就其以特定型态与样貌的"信息"，来大范围地进行言说表达的过程而言，就必然会触及其传送的"信息"达至之地所有的社会关系，进而，形成其极具特色的媒体传播关系，即：作者—文本—受众。尽管这是媒体传播具有的功能，可以建立的基本的、一般意义上的传播关系，但是，其所昭示的媒体化新闻框架建立的话语，在经过如此的运用后形成的传播关系，就已经是与类别化的媒体传播紧密相关了。

具体到本作研究的"国际化新闻传播话语"在"被运用"后形成的传播关系，尽管仍是属于一般意义上媒体传播必然形成的"作者—文本—受众"的关系，但是，因其是以"国际化"传播为定位的，这样，能够形成其独特的传播关系的三个关键元素，也就在成分、本质及特性上，有了独到之处带出的独特作用，以使得所促成的"传播关系"具有的独到的解释。究其原因，可以归结到：

首先，两者拥有的"作者"。在一般意义上运行传播的媒体，其"作者"只是本土文化情境里的"职业人"；而运行"国际化"大众传播的媒体的"作者"，要么是"本土职业人"，要么是"异域职业人"或某一"被聚焦"领域的"行家"，更可能是某一"被聚焦"情境里的"专家"；进而，各自所持的"认知风格"及其引导的"视角"，就有了很大的不同。

其次，两者完型的"文本"。从事对自身本土文化情境传播的媒体系统，其完型的言说"文本",是只以自身本土社会体制里的及异域情境里发生的"新闻",加以"内部化"解释导向的书写定位。而从事"国际化"传播的媒体系统,由于是虑及到其所"撰写"的"文本",是否能够跨越由他类文化价值观建立的"文化屏障",而形成有效的传播,就必然要对"文本"中一切涉及具有"跨文化"内涵的语汇,加以格外地选择和理解。

最后,两者面对的"受众"。以向本土情境传播为定向的媒体系统所面临的"告知"对象,是预期共享同一"文脉"的"社会人"。进而,所有的言说内涵,都是相识的词汇、明了的语义,以及连带出的直接的"意义"。但是,对于向分散在全世界各类"文化情境"里的民众,进行媒体"新闻化"的"告知",就是在"双刃剑"上舞蹈的效应了。毕竟,这类"国际化"了的"社会人",是"情境化"的社会产物。如果这类媒体单纯仍以对内传播的惯性,来向如此的受众进行言说的话,大多会是"鸡同鸭讲",或是"自说自话",更可能是"挑衅外交关系"的"煽风点火"效果。

所以,运用"国际化"的英语语言展开的"媒体化"新闻言说,其话语能形成的传播关系,是必须被探究的关键元素,因为其决定着不仅仅是"告知"的效果,更是能否在"世界格局"里可以形成令"国际化"受众认可的、信赖度高的传播服务系统的前提。因此,本作就这一议题,对以下几个方面进行系统化地梳理和分析。

一、国际化新闻传播话语的"陈述者"

由于"话语"自身就是一种言说的"过程",而非"言说"其本身,更是超越了那些组成话语言说展开的语言符号及语汇的"系统"。这样,"话语"的"被设计",就不是简单地如同对某一"产品"的精雕细刻,而是对一个有开始、有主体,和有结尾的"过程"的"被琢磨"式预测。这其中的最基本原因是,在各类媒体传播过程里呈现给受众的那些语言支撑的"谈话""聊天儿",以及"说辞"本身,都不是"话语",而当接收这些言语式的"内容"后,将其牵扯到的社会背景、人物定位、言说者自身的定位及其所秉持的文化价值观间形成的关系,加以梳理后形成的逻辑化内涵,才是"话语"本身。进而,"话语"是一个特殊的"陈述系统"。

当这一"陈述系统"是以运行"国际化"大众传播的媒体系统为平台来运转

时，就是一个对既定的言说过程进行有目的的展开的"陈述"。这时的媒体系统，似乎在担任着"说文解义"的"言说者"角色，实则不然。这一角色的功能看似是媒体在实现，也就有了媒体在说话的一般认识。但的确是使用和驾驭媒体运转系统的"人"，在担任和履行着"陈述者"的角色职责。这些人，在媒体传播领域就是在一线跑腿的记者、编辑和制作者，以及组织和管理整个如此生产过程的制片人和主编。就是这样的职业群体，成为"陈述者"。在本作里，就是将一定的"内涵"赋予进"国际化新闻传播话语"言说文本里的"陈述者"。这一"陈述者"，是对需要转化为话语可承载的"内涵"的陈述，也是对与之相关联的所有社会关系的陈述，更是对这一陈述将形成的影响效应的预先陈述。

（一）"国际化新闻传播话语"的微观传播关系

当"媒体传播"的运行是以言说其所预设传送的"内容"时，其自身作为一个系统的呈现"功能"的实现，就有赖于其"新闻化"表达的特性建立的范畴了。在既定的大众媒体传播运行的定位上，聚焦和解释"现实存在"具有的"意义"，是所有类别的媒体传播系统共同的目的。

但是，这一"现实"及其衬托出的"存在"，在大众媒体传播系统的传送定位及其目标定向为"国际化"传播后就具有了这类媒体传播独有的言说体系。当这种言说体系对其具有的影响力付诸实施时，在国际覆盖范围内，会产生怎样的传播关系呢？

根据大众传播覆盖功能以及由此引发的影响力导致的关系来看，主要是在表面上呈现为形成于作为"传播源"的大众媒体传播系统与其所既定覆盖的"目标受众群"间的关系。然而，在实际的传播效应达致的范围而言，其体现的最直接和最镜像化效应的传播关系，就是在微观层面上的"陈述体"与"目标受众"的双向反馈进程里。依据作为大众传播言说系统固有的特质，来探究以"国际化"传播为定位，其"目标受众"定性为"国际化"了的"社会人"的"国际化英语传媒"所设计和运用的"国际化新闻传播话语"，其所担任的"陈述者"在言说表述文本展开后所建立的微观化传播关系的话，就会发现有这样几个方面，即：被聚焦"事实"与"操作型现实主义"框架、被契合"语汇"与"文化科技"框架及被编织"逻辑"与"文化接近"框架。

1. 被聚焦"事实"与"操作型现实主义"框架化关系

当"国际化英语传媒"在为必需的"新闻化"言说话语具有的"内涵",寻找保证其向既定"目标受众"生成预设的"意义"所需的"语境"时,就非得设计出紧紧围绕其所"择定"的"事实"为中心的表述框架。尽管在"后解构主义"时代出现了名目繁多的"框架"理论,但是,这类媒体传播系统只能选择"操作型现实主义"框架,来对已"被择定"的"事实"加以"再构",并须对之施以"国际化"新闻传播言说的包装。由此,来保证其所设计的"国际化新闻传播话语"在"被运用"时,既定的微观化传播关系得以顺畅地建立。

当然,建立这一关系的过程里不可忽视的是被聚焦"事实"的"再归位"前提在"国际化英语传媒"系统以"新闻化"言说为传送运转必要条件牵引下,其所需要聚焦的任何属于现实的存在,都必须是符合"新闻化"因素这一要求的。而在超越了所有社会文化情境定位的受众而言,对大众媒体传播言说的关注,就是其所呈现的"客观化"了的"事实"。以此为中心来展开自身理解的"意义"逐渐形成的认知过程。

可见,寻找和择定相应有用的"事实",是不可否认的媒体传播系统都在履行的职能。但是,当"国际化英语传媒"也在发挥着同一职能时,就会形成一个更为复杂的"再归位"过程。这是因为此时的"事实",要具有达及"国际新闻传播公共英语话语空间"并产生一定视听引导力的作用。在这一"空间"里,"国际化新闻传播话语"的言说引导力,不仅仅是指其对这一"空间"的引导力,而是在其中来自各类"社会文化情境"里的"目标受众"依附的"认知风格"。这些支配人们言行举止的关键风格本身的形成,是取决于各自立足的文化价值观决定的"情境化"了的"社会现实"。

这样,当经过以"国际化"新闻传播为定位的传播系统选择了的"事实",一经其按照规则来进行"新闻化"的"再构"时,就必须考虑到其"目标受众"所立足的多样化"现实"的要求。否则,就不可能将言说话语依赖的"语境"完型,"目标受众"就不可能对"被传送"的"事实"所承载的"意义"加以接收,因为不契合他们的认知风格,进而,进一步预设的"接受"也就不可能形成。显然,造成如此传播尴尬结局的原因,就是"国际化英语传媒"的"再构"新闻化"现实"没有与其"目标受众"赖以生存的"现实"达致相契合。要达成一定程度的"契合"，在设计相应的"国际化新闻传播话语"言说表述体时，就必须依靠"操作型现实主义"的原理，来对需要"再构"的"事实"进行确切地归位。

就目前由经贸互动形成的"一体化"促成的文化在精神层面上的互濡效果来看，任何的"意义"都是通过依据"可视性"与"可触性"的物化存在来体现的。这样，当"国际化英语传媒"的"新闻化"言说话语以一定的"事实"来展开时，就可以将尽可能多的"情境化"符码，以交错和互叠的风格在最短的时间段里，以"时空"互映的效果，在体现围绕"被聚焦"了的"事实"的各类典型"情境化"释义，进行系列的编码排序。

这样，单一的"事实"作为纯粹的"现实存在"，在"碎片化"社会意义解读效应的烘托下，引导依据各类文化价值观建立的"社会化"现实成分，来选择能够"看见"和"触及"的因素，再同自身的"认知风格"构筑的"跨文化型"认知体系相交融，从而在一定程度上形成接收后的传播关系，即：对于"个体化"受众而言的"瞬间心明眼亮"，抑或是"似乎有些道理"的"意义"所在。这种经过媒体传播职业化运用的"操作型现实主义"的原理，也就引发出"国际化英语传媒"在对所聚焦的"事实"被"再归位"后所形成的存在于"传播源"与其"目标受众"间的微观传播关系。

2. 被契合"语汇"与"文化科技"框架化关系

语言作为沟通和传播的工具，其不可替代的有效性是达到普遍认可的。而以语言为基础建立的"语汇"负载的"语义"在沟通和传播中所起到的作用，却不是被如此普遍意识到的存在了。而当大众媒体传播系统在进行"国际化"范畴的言说时，能够对其具有的作用形成职业化意识，就会决定其传播的效果了。这种"职业化"意识的具体呈现方式，主要体现在：一是媒体传播运用的"语言"本身的"国际化"程度不是单一地测量其在国际现实社会里被运用的范围；二是"语言"自身具有的"语汇"所承载的"语义"，并不会仅仅依靠自身的"被使用"而得到呈现；三是媒体传播"新闻化"了的"语言"具有的"语汇"及其"被赋予"的"语义"，必须借助相应的言说话语框架的规约后，才可能形成对既定"意义"的生成。

就担任"传播源"的"国际化英语传媒"为达成其设定的"意义"得以顺畅

地表述而言，对言说话语依赖的"语境"建构所需要的"语汇"是格外细致的，目的就是为达到实现真正态势的"国际化"言说与表述的目标。进而，其所运用的已经被定性为"国际化"了的英语语言，就必须结合"被聚焦"或是"被牵连"的"社会文化情境"类型，来进入将相应的"语汇"与之相契合的过程。为此，只有将在一定程度上确切的"语汇"，同媒体传播系统可运用的现有"文化科技"框架结合起来，才可以建立起在"传播源"与所聚焦的"社会文化情境"间的中观化传播关系。

事实上，在媒体传播的具体运行过程一经启动，其所依赖的"语言"本身，就已经开始呈现其已经"被新闻化"了的色彩和功能了。这样，顺理成章地令对其传送的任何言说内容的接收与接受，都有赖于其被职业化规约后的"语汇"及其呈现的"语义"了。而对于以"国际化"新闻传播定位的"国际化英语传媒"系统而言，首先要完成的就是对既定的"国际化"语言英语语汇的"再选择"，这也是在职业化层面打破"惯性思维"带出的"习惯认知"的必要步骤，即，将"只要是'英语的'，就是'国际的'"的理所当然结论。毕竟，英语语言不仅有被以"母语"为定性的使用效果，还有被以"非母语"定性的使用结果，更有被"职业化"运用的效应。其中，大众媒体化传播对其形成的运用效果，是最不能还是按照英语语言本身具有的"原生态语汇"被赋予的"语义"，来设计和展开其言说话语表述体了。

具体到"国际化英语传媒"所需要的"语汇"必须首先面临其"国际化"了的"目标受众"立足的"社会文化情境"本质。也就是说，在即便是美国和英国这两个以英语为母语的文化情境里，双方只有在相应的价值观定位一致的前提下，才会达成对相互告知的媒体言说内容加以接受的效果。究其原因，就在于各自对所应用的"语汇"带出的"语义"的定义归位是一致的。而对于同样是运用英语语言展开言说话语表述体的大部分"国际化英语传媒"系统而言，排除那些母语为英语的系统，单就以母语为非母语的系统展开分析，就会呈现出同样是英语语言体系里的"语汇"，其生成的"语义"可能就会因"国际化英语传媒"系统所立足的"社会文化情境"在价值观及政体立场上的不同，形成与英语语言自身原生态完全相反的"意义"。

此时的"国际化英语传媒"系统，在设计相应的"新闻化"言说话语表述体时，就需要将当下已经具有的"文化科技"框架与其所运用的语言里的"语汇"

紧密地结合起来。尽管在一般化意义上来理解这一"文化科技",仅仅是一系列的经济一体化生态里的新消费科技,但是,在国际新闻媒体传播的视野里,却可以担任在"传播源"与其所聚焦的"社会文化情境"间的中介。这种"文化科技"的形态,在国际化媒体传播的职业视野里,不再简单地被视为那些能够提高言说话语表现力的画质、音质及排版多层次效应上的"术",而是以在"经贸一体化生态"里普遍存在的"意"上,即:那些令文化潮流的走向受到引导的消费观念的媒体化言说体现风格。这种在"心智控制"方面的实现,具体到对"国际化新闻传播话语"言说表述的"语义"对接上,就是将那些可引导受众理解为何此类因素是"潮流"或"流行"的缘由,同"语义"结合起来,从而形成"国际化新闻传播话语"言说表述体承载的"社会现实",同"国际化"了的"目标受众"立足的各类"情境化"现实,在一定程度上相互契合的中观化传播关系。

3. 被编织"逻辑"与"文化接近"框架化关系

当以大众媒体传播建立的"告知"渠道,来对一定的"意义"进行跨文化型的表述时,决定其是否能够形成实现预设的有效传播目标的最关键元素,是将由语言具体体现的"语汇"建立的"语义"串成"意义"的那条"逻辑线"。这条线本身具有的表达功能,是与被运用的语汇在各个层面都是相互牵制的。当然,两者间获得如此牵制的决定性原因,是"被运用"的"语汇",作为"情境化"和"媒体传播化"的"符码",必然要经过"被编码"后"被释义"的过程,也就是达到"被解码"的目的地。顺利地完成这一过程,就要求"国际化英语传媒"的"新闻化"言说话语的设计,同现有"世界格局"里的大多数"板块化"了的"社会文化情境"相接近。

但是,这并不意味着"国际化英语传媒"系统的言说话语表述体,就必须被赋予顾及所有类别"情境化"的"符码"内涵。与之相反的是,这类"文化接近"的达成,是以媒体传播具有的"蒙太奇"剪辑特性完成的"时空"交错,以及发挥"以点带面"的呈现特点,来对已经是"典型化"了的"被聚焦"社会存在,置入那些被归类为相近文化价值观或文化传统的认知风格框架里,由此引导同"被言说"的"社会存在"在定位、定性及解读上,能够在大多数状况下顺应同一或接近的"逻辑线",来完成对其中具有的"意义"的理解过程。

事实上,这一传播言说策略的形成,也是对新闻传播学理论研究层面里的

"路径依赖理论"的"跨文化型"的拓展。毕竟，如果按照现有"世界格局"里的"文化圈"来设计的话，还是显得一般化带来的笼统效果，也就是"点"太小，而"面"太大。以致不会形成清晰的"逻辑线"。但是，如果将这个言说话语表述得以展开需立足的"点"，聚焦到各类"文化圈"里的民众在日常生活里所需的"衣着"、"饮食"、"交通"、"幼教"，以及"宗教信仰"、"公共卫生"及"退休养老"之类的系列"符码"上，就会使得各类文化情境都必须顾及和关注的"社会存在"，在"被呈现"的"这一"事实上，得到"被串联"的效果。如此而形成的"互映"或"互濡"，即便只是"镜像化"的传播效应，也是达到了将异质类"情境化"了的"社会存在"拉近距离的目的。

这一"异质化"文化情境，在"国际化"大众传播形成的言说引导下，逐渐向"同质化"转向或转化，虽然一直是引发各类情境关注的"文化帝国主义"及"新型精神殖民"被强化的源头，但是，如果一味强调这一效果达成的"危险性"的话，就会形成同经强势经贸互动带来的一体化浪潮相悖的冲突。虽然此类"冲突"是可以理解的，但是，没有各类异质化情境间的相遇形成的碰撞，就不会形成文化间的相互了解和接纳，也就不会有在相互尊重基础上的长久"共生共荣"生态的存在。所以，在如此的媒体传播生态里，以"国际化"传播为定位的诸如"国际化英语传媒"系统之类的言说，就需要在其话语表述的设计上，以"跨文化传播"所希冀达成"互濡"为出发点，按照可以形成"互映"效果的排序风格对相应的"符码"进行再组，从而，在达成一定程度上的"共识"或"认可"层面所需的"逻辑线"梳理上，完成有效的"再构"过程。

（二）"国际化新闻传播话语"的中观传播关系

在"国际化英语传媒"言说话语表述体被呈现在"国际化"大众传播的运转流程里后，任何的言辞化语义及语汇的综合作用，使得其能够表述具有的"意义"内涵，在作为"传播源"可覆盖和达至范围内，构成引导视听效应的"新闻化"话语权。这种"权力"形成的"权利"，已经有了诸如社会体制里的"第四势力"之说和一系列的研究。当然，这种定位或形容大众媒体具有的传播力构成的影响权力，是适合于作为"传播源"的媒体系统所立足的、可被称为其自设本土"社会文化情境"的。

然而，本作认为在此必须明了的是：在大众媒体传送的任何"新闻化"了的

"信息"，以"告知"的方式跨出自身文化情境而达到与其相对的"异域"或"他者"的情境时，即便是试图达至，"第四势力"的说法及一切逻辑化解释，都面临着"被再审视"和"被再质疑"的局面了，因为这一"势力"具有的影响力，是在对"异域"里或"他者"的"什么"构成"影响"？"为何"要对其"影响"？之类的问题随之产生。其中具有的情绪是"情境化"的、"社会化"的，更是挑动现存"世界格局"神经的。

究其缘由，就是在于此类媒体传播系统的所有言说建立的"话语权"，经过"国际化"新闻传播框架设计的"编码"被赋予的"所指"、"能指"及"符码"，在"表述体"展开后转化为"解码"内涵。尤其是对其达至的"异域"的或"他者"的"情境化"受众所依附的"社会文化情境"的整体影响效应。表面上看，这种"影响"仅仅是"这一"媒体系统特指的"社会文化情境"，而非"世界格局"的整体，但是，处于"世界格局"里的任何类别的"情境"，都是一个相对独立的运转"体制"，从而，"这一"媒体系统的"所指"效应，已经建立了"国际化新闻传播话语"的中观传播关系。这一关系具有的敏感性及复杂性，可以从以下几个方面的探讨得到系统化的清晰分析。

1. 被言说的"所指"与"国家的议程"

当"国际化英语传媒"以"传播源"的身份展开其设计的"国际化新闻传播话语"言说表述体时，言语提及到的任何"新闻化"了的"事实"所依附的"社会文化情境"，都已不再是简单和直接的"那一"具体"所指"之"事儿"或"人物"了，而是其所依附的庞大的体制、文化及社会群体。这一"牵一发动全身"的传播言说效应，主要是有表述依赖的"话语"承载的"内涵"，在大众媒体传播功能生效下构成的"话语权"效应。结果，看似只是施行媒体传播系统固有的"告知化"服务公共大众的职能，但却是在这一"权力"的实效下，引发一系列"社会化"神经的"张"与"弛"效果。

在具体到单一的某个"社会文化情境"的惯性话运转上，这种"国际化"大众媒体传播的"话语权"引导效应，是产生几乎不可抗拒的理念再塑和心智掌控的原动力。如果"情境"的运转时自成一体的"传统化"人文生态，那么，就一定有其时代传承的精神依托。如此，这类"情境"的运转控制机构，就会对具有"改变力"或"引导力"的媒体"告知"视为"危险的"和具有"颠覆力"的

"负能量"，而加以坚决地拒绝。

事实上，任何类别的"社会文化情境"，都是一个独立的运转体制。如果将其置于宏观化的"世界格局"里，它就是微观化的。但是，如果以"国际化英语传媒"的既定"目标受众"为"参照体"，它又是被视为"中观化"层面的活体。这样，"国际化英语传媒"所设计并运用的"国际化新闻传播话语"言说表述体，就是在对其所应达至的运行中体制，施以"外力化"的"挤压"或"再塑"能量。当按照其业已形成的运行轨道"按部就班"地运转的"情境"，受到如此的外力"碰撞"时，就是对其执行的"国家议程"的"再设置"。

如果仅仅审视"国际化新闻传播话语"言说的"所指"是某一具体的"事实"的话，似乎媒体传播的话语内涵仅仅是"就事论事"，而非对其"内涵"强化以扩大其"外延"。但是，因为是覆盖面极大的媒体传播化言说，这种"外延"的"被扩大"，是属于其运转本身机能的。进而，就会带出对"被言说"的"事实"所依附的整体"国家议程"。在新闻传播的层面上，"国家"一词的覆盖，已经不是单指某一"社会文化情境"的名称及地理位置了，而是在其中的所有"社会化"了的"情境存在实体"。这其中含有民族及其传统和文化习俗、宗教解释和规范言行，以及各种党派自身秉持的纲领与信念等等，更有将这些"异质化"社会存在实体凝聚在一起的"社会化"理念及价值观。显然，在"被言说"了的"事实"或"人物"牵连出的"情境"具有的"视角"审视下，"国际化英语传媒"作为以"国际化"新闻传播言说定位的系统，是属于"他者"的定位及定性的。

这样，其以服务为出发点的任何"新闻化"告知，都是"被赋予"意义的，而且是"情境化"了的"意义"，本身就已经是特殊的"所指"了。这时的"所指"，是形成"具体的事实"烘托了的"价值取向"引导和说教，对于被定性为与作为"传播源"的"国际化英语传媒"立足的"社会文化情境"秉持的"文化价值观"的对立者，就是"宣传"的实施。进而，在此方式上建立的"中观化"传播关系，就呈现为"被告知"、"被引领"引出的"被宣传"和"被洗脑"的"敌意化"效应。所以，"国际化新闻传播话语"的"所指"，尽管借助了对任何类别的"社会文化情境"而言都是"客观化"的"事实"在表述，但对"这一"实际存在的所选择而带动的"所指"含义，就是形成"国际化"大众传播希冀达成的有效"跨文化交流"的决定性元素之一了。就目前属于"强势传播源"的

"国际化英语传媒"的言说选择"事实",以逻辑化牵连其预设的"所指"方式来分析,大多是以其"价值观"建构的"意识形态"为基础,具体实施的方法是:不论是被认可为"好"与"坏"的"事儿"或"人物",只要是属于自身本土情境的,以及是盟友体制内的,都不会选择。所以,在"世界格局"里的"国际新闻传播公共英语话语空间"中,几乎都是这些"强势传播源"所立足的"社会文化情境"秉持的"意识形态"相对立的社会体制里的"坏"事和"持不同政见"的"人物"。对这类选择的言说,就是在展开以其"价值观"设立的评判标准和"是"与"非"底线。

2. 被表达的"所指"与"原教旨主义"

在进行以"国际化"范围"新闻化"言说定位来运转的"国际化英语传媒"系统,虽然对"被选择"的"事实"进行呈现的过程,只是一个近乎"原汁原味"提供的"告知"服务程序,但是,其具有的"以'事实'为准绳"的诠释进程的展开,却是"意义"体现的"文化价值观"的推介。在以经贸互动关系为基础形成的"全球化"过程里,越来越体现出是物化"商品"带动的精神"趋质"流程的效应深化。

这样,就形成了由"西方"人文社会科学发动的对被称为"原教旨主义"的探讨。追其根源,就会发现其之所以被探究,是因为很多文化族群在抵制这种精神层面的"趋同化",而同时又欢迎和接受着物化形式的"同质化",使得那些努力推进以某一类型文化价值观为标杆的"趋同化"进程的族群,感到顺应经济一体化潮流而理所应当形成的文化价值的"跨文化濡化"结果,遇到了人为建立的"文化屏障"。这一"屏障",就是"原教旨主义"。其意指:复活了的"原教旨主义"坚持努力保留想象中的国家、民族和宗教教义与条例的纯洁。以此为认识衍生的结论,就是现今在经贸一体化生态里持续着的表现于"全球公民权"与"流动消费主义"两者间的战争。

然而,面对如此的界定,在"国际新闻传播公共英语话语空间"里就被激发出了不同的"声音",即:"消费"谁的"主义",哪一"范围"内能被视为"全球的"公民权?以这类问题为中心衍生出的媒体化"发声",就形成在"世界格局"里的"公共英语话语空间"中,如同"分水岭"般的"阵营化"争论。这类争论尽管是媒体传播言说方式的,但却是立场与态度、文化价值观间的激烈战争

"无硝烟"的表现。

但就对这一"被命名"为"原教旨主义"的语汇追根溯源而言，就已经涵盖了以"价值观"为"分水岭"的"语境"，也就是以美国生活方式为标示的"现代文明"，同"被定性"为与其相对立的"伊斯兰文明"间的"角力"态势。这样，就直接牵涉到亨廷顿向整个几近消费模式一体化的"世界格局"讲解的"文明的冲突"之所以出笼的背景。显然，如果两者都可"被视为"是"文明"，那么，"平等"带来的"交流"是存在于两者之间的根本，而绝非"这一个"应该"改变"另一个的设定。然而，现实却是想着后者的状况趋近。进而，就有了在"9·11"后的日益明显的"二元对立"思维带动的"你来我往"。自然，不可否认的是：这种态势在"世界格局"里形成泾渭分明的"界河"，就是"国际化"大众媒体传播在起着"告知化"的"推波助澜"作用。

在"国际化"大众媒体传播系统的言说话语表述的过程里，"国际化"民众通过其持续的"告知化"推介与解读，而知道了所谓"宗教共同体"与"世界主义者"的真正内涵，由此"被引导"为要么支持要么反对这两种定义带出的解释，从而各自走进了一认知定位带出的"自动排队"效应。于是，一方面是"国际化"大众传媒赖以高效运转以获得高利的"全球化"经贸互动催生的消费主义理念带动的具体交易活动，另一方面就是在"市场化"理念支撑下通过物化的消费品来清除在各族群血脉里传承的形而上学层面的"血脉"与"图腾"辉映的"家园化"边界。因此，以美国媒体化言说风格设计的表述和描画类型，被强势地推介后得到广泛地复制，更在"信息时代"的定义辅助下建立起的冲击力极强的"传播流"，击穿现有"世界格局"里的大多数"情境化"板块，从而，使得在表面体现为日常生活方式的衣食住行样貌，都在"美国化"中产阶级秉持的价值观引导下，成为在信仰、教育、审美及身份认同上，变为单一的"美国化"。

尽管这种"美国化"普及程度的达成，不是以"炮火硝烟"的方式来实现的，但是，在"被覆盖"的族群认知里，却是同一理念以不同的途径得到实现的结果。进而，就出现了对承载和传送能够达成如此效果的"国际化"大众媒体的传播，形成拒绝或抗拒的敌视态度和行动。可见，就目前具有国际影响力的"国际化英语传媒"系统的言说而言，其设计和运用的"国际化新闻传播话语"的表述效果，在"世界格局"里的"国际新闻传播公共英语话语空间"中建立的中观关系是倾向于"强势传播源"立足的"西方阵营"价值观的。而最为关键的是：

这一关系的建立，不是在全球范围内真正实现美国中产阶级里富裕的生活状态，而是塑造能够顺从和执行其价值观后，心甘情愿听任其指挥的"从属国"民众心理。也正是意识到了这一点，才会出现难以被清理干净的"角力化"中观传播关系。至今仍然活跃地运转着其言说话语体系的"半岛电视台"，就是直接对抗"英国广播公司"的推介策略的典型。具体表现为："西方不高兴了。"、"'半岛电视台'和'BBC'对着干"等世界范围的反响。

3. 被描述的"符码"与"精神堡垒"

在当今的"世界格局"里发出相对响亮"声音"的"国际化传媒"系统，主要是那些在价值观决定的意识形态层面保持一致的、隶属于在殖民主义时代就成为惯性思维的"西方"文化圈定的"传播源"。这些"言说者"通过对大量其文化价值观涉及和定义的"符码"的描述，来加强对自身文化圈的坚固化构筑，同时以这些适合媒体言说的"符码"来冲击"异族"或"他者"已有的"精神边界"，努力摧毁那些"异己化"的"精神堡垒"。在体现由"国际化新闻传播话语"言说效果建立的"中观传播关系"方面，其表述的"符码"，是必须加以深化关注和剖析的重要元素。

由于"国际化新闻传播话语"的言说表述，在形成对其"目标受众"的视听引导力的"微观传播关系"基础上，形成的更大传播效应实际上是对个体手中依托的"社会文化情境"。毕竟，作为"情境化"了的"社会人"，个体所持的认知风格带动的组织化影响效应，是直接碰触社会体制运转神经的"指尖"。如果用以凝聚整体社会群体的认知风格不再顺应同一理念的话，以具体社会组织方式存在的"文化精神家园"，就会出现溃堤的趋势。所以，这一看似"微观传播关系"在个体"社会人"意识里的作用，就是群体认知风格决定的"中观传播关系"得以建立的"风向标"。这一"风向标"得以发挥其作用的成分，就是由"国际化新闻传播话语"以言说表述方式展开时，由一系列"符码"串成的"意义"或"内涵"得到"被诠释"的认知空间。

以目前具有强势视听引导力的"国际化传媒"系统为例展开本作对这一主题的探究，就会触及到被普遍运用以致近乎理所当然的那些"符码"，以及由它们触及到的"情境化"了的"精神堡垒"的反响效应。这类"符码"颇得"国际化英语传媒"系统的青睐，是因为它们具有在现今经贸一体化的"地球村"里，呈现着"互惠互利"的"经济合作"色彩的外衣,极易令国际化受众接受而无质疑。但是,在这一表面之下,却是在经贸相互勾连下的政治、军事与结盟层次上的联手。事实上,就是"政治共同体"的"经济化"变型存在。于是,在这一由"国际化新闻传播话语"言说表述描画的"意象拼图"上,就有了"欧盟"、"北约"、"基地组织"、"联合国"、"北美南美",和"南南合作"、"东盟"、"东盟3+1"、"金砖五国",以及其带出的"成员国"、"互免签证"、"盟友"、"联军"和"他者"、"生人"、"外人"、"他族"的标识。

显然,看似日夜如川流不息般的"信息流"的负载物只是由各个"事实"构成的"新闻条目",但是,在这些"新闻化"的内容所具有的引导效应,却是源自这些充当"分水岭"的"符码"。这些"符码"的"被编织",不仅同担当"梭子"的、"被择定"了的"事实"一起,构成"国际化新闻传播话语"言说预设的"目标受众"认知视域里的"意象化"图示,而且在此基础上又更具体地伫立起制约认知心理的"精神指向"和"路标",更由此而圈定这一范畴内的"想象空间",从而完成对受众在意识层面上的建立"标识化"的"精神堡垒"。这一"城郭般"的意识化存在,使得受众在有意和无意之间,对自我身份与自身本土文化情境,在这一"视域化"空间里的定位,自然而然地加以自动"排队"或"分类",从而与定义自身本土文化情境是属于"成员国"还是"外人"、"盟友"还是"他者"的"符码"内涵相对接,完成由此"被规约"和"被定夺"的认知过程。

尽管这一过程在现已形成的"网络化"信息时空里,会受到看似多元化的符号冲击效应而达到整体的建构完型。但是,在大众媒体传播的层面上审视这一态势,就会发现:即便是在表面上呈现为相对独立的网络时空里,其充盈的内容,也是源自各类媒体传播系统提供了的"符号"带出的"编码"和"解码"之综合,即便是有些"符码"只属于由网络时空设计和塑造的,但仍是与"国际化新闻传播公共话语空间"里的现有内容相关联的。所以,网络时空建构的看似形成跨越时空的凝聚力量,在现实的"世界格局"里已有的"国际关系"中,还只是一个仅仅提供给国际民众茶余饭后的谈资而已。因为,任何关乎"国家利益"的"国际关系"的"张"与"弛"言说因素,都是各类情境政体依赖的智库所关注的,也是由他们进行梳理与筛选的,在大多时是不会随意出现在网络时空里的。这也是为什么在国际民众认知体系里,网络时空是最自由言说表达的所在的原因。

所以，当"国际化新闻传播话语"的言说与其所选用的"符码"被描述后，就是其建立"中观化传播关系"的结果。这一结果形成的效应是在"社会文化情境"层面上被体现的，不仅由"情境化"的"社会人"在个体认知视域里对"意象空间"的建立，更使得这一空间接纳的"内容"，在其依据的一系列"符码"内涵的引导下，形成引导或改变认知风格的"精神堡垒"，从而完成对自身以及所依托的本土文化情境身份认同定位的过程。在一定的"跨文化型"意义上，这一"精神堡垒"同人们熟知的"网络时空"相对应，似乎为人们提供了两者"互映"后的"互濡"效果。但实际上，后者的"虚拟化"只是对人们的认知产生短暂的引导，是表面化的。而前者的引导则是在精神上的深层次规约，形成心智掌控方面的引领效应。

因此，"国际化传媒"通过对其运用的"符码"的"言说化"描述，使得"中观传播关系"的建立，是在对直接决定社会机制运转的"社会文化情境"的群体化心智的引导和再塑。

总而言之，在对由"国际化新闻传播话语"言说表述展开后形成的"中观传播关系"的探究过程，实际上是对其话语被设计完型依赖的一系列"符码"所具有的"内涵"，在被"国际化"大众传媒以"新闻化"表达方式传播后，所形成的社会化引导效应的分析，即：言说话语嵌入语境 — 意义得以生成的编码 — 由受众完成的解码。而在"国际化英语传媒"类的媒体传播系统所达至的范畴内来梳理这一言说逻辑线，就是对其所运用"符码"内涵"所指"意指的与"被聚焦"的"情境化"了的"国家的议程"间的关系、其表达的"所指"与现存关乎"世界格局"里"国际关系"的"原教旨主义"间的关系，以及其描述的"符码"与存在于各类"社会文化情境"里的"族群化"的"精神堡垒"间的关系。对这几层关系的梳理和分析，就会形成一个观察和理解"国际化新闻传播话语"所建立的"中观化传播关系"具有的视听引导力依靠的"真义"。

（三）"国际化新闻传播话语"的宏观传播关系

以大众媒体传播方式运行的"告知"，是对"意义"在大范围覆盖后形成的视听效果的预设。自然，这种"广而告之"通过媒体"新闻化"的叙述，就更有了与其他任何传递消息的方式不同的"告知"与"被告知"间的关系。在此，这种因对特定"信息"的传送和接收形成的关系，在大众媒体传播层面，就是传播关系了。

鉴于"国际化传媒"的"告知"运行，是以"国际化"传播定位的，进而其在对"个体化"受众及其所立足的"情境化"社会体制产生的影响，所形成的微观及中观化传播关系，都是能够令个人及其依托的组织能够通过感受器官感知到的，也就是具体"被告知"的"事实"或"人物"，在"被新闻化"后对他们产生的直接影响效应。

但是，这两种传播关系合力后形成的效应，就是超越个体及其依托的组织所能直接意识到的关系了，这就是"国际化新闻传播话语"形成的宏观化传播关系。这一关系形成后的具体表现，在表面上看是形而上学式的，即：意象与理念化的认识；而在本质上又是一系列体现在"情境化"外交政策、国际策略及盟友关系修改、产生或变动的影响上。对于个体的"社会人"及其"组织化"的"社会机构"而言，这些影响是属于政体运作者的，而非"力量有限的"芸芸众生可以驾驭的。但是，又会直接以国家或社会政策的变动，对其形成日常生活、工作运行的影响效应。可见，这类话语的言说能够产生的传播关系，是相互关联和互为前提的。当然，为了更直观的学术分析，本作在此还是将每一种关系抽离出来，以相对独立的方式加以解剖和展开探究。由此，就形成了以下三个方面的分析态势，即：一是被建构的"意义"与"全球地方化"，二是被赋予的"内涵"与"国际混合物"，三是被定性的"诠释"与"文化主导权"。

1. 被建构的"意义"与"全球地方化"

"意义"，对于任何类型的信息传播系统而言，都是最为核心的承载所在，也是其之所以存在并持续以"被激活"的态势，对其"告知化"运转过程的呈现。简而言之，没有"意义"的承载与告知，是不符合传播系统得以存在所持有的逻辑的。进而，"意义"的"被赋予"并以言说话语的"新闻化"样貌加以传递，并希冀其在着陆处再生成"意义"之上"媒体传播化"的"意义"，就是一个系统化的工程了。

在进行"国际化"大众传播的告知过程里，"意义"在被置于其得以达至预设目的地的进程中，已经是以完型的"媒体传播产品"被输入进系统的。这样，其自身具有的所有"内涵"，都在其被预设到达的地方，开始发生与接收对象间的"碰撞"，从而，使得接收对象形成"被碰撞"后的反响，以及留下的所有"印记"。但这种"碰撞"与"印记"带出的"震动",却不是仅仅体现在单一个体或群体上的,而是其带动的似乎是"余震"的宏观化效应,即:"国际化传媒"以言说话语传送的"媒体传播产品",在其包含的"意义"被释放后,形成了对抽象化的认知心理构成的"意象空间"的"冲击",并且是"内外夹攻"后致使"再生化"的"意义"生成。

这时的"再生化"了的"意义",是以"媒体化传播"风格衍生出的意念、想法及观点的具体存在方式,来与其组成的"意念空间"相互动的。这样,在看似只是语言表达的"新闻化"事实及人物的言说、情绪或言辞,都成为只属于观点世界的重要组成元素,犹如不可缺少的空气般进入意念处于这一空间里的大系统之中,从而建立起能够对其加以改变或引发震动的效应。这种在理念层面上发生的任何波动,都是属于宏观系统上的改变。由此,一个看上去只是"一言以蔽之"的"想法"或"点子",就是能够引发"星火燎原"之势的"原动力",从而使得整个族群固守的"文化价值观"发生颠覆性的改变。

自然,这种"改变"的最终促成,还是要追溯到那一属于"原动力"的"媒体传播产品"化的"意义"上。当这一预设的"意义",经过"新闻化"言说话语表述体的"被包装"后,就已经具有了令其所达至的目的地原有的"意念空间"接纳之的成分。毕竟,以"国际化"传播为出发点的"国际化传媒",在聚焦其择定的"事实"后所进行的一系列契合这类定位传播系统的加工过程,就已经是一个对所赋予的"意义"将要达至的"空间"进行深入了解和分析的同步进程了。这样,作为"外来物"的"意义",就一定会在现存的"情境化"事物上,进行顺利地着陆并开始对被期待的"意义"达成"再生"的过程。

就目前现存"世界格局"的五大文化圈构筑的"意象空间"而言,任何"媒体传播产品化"了的"意义"的进入,都是一个从"全球"到"本土"的相遇碰撞过程。这时的"空间"获得最终"再生化"了的"意义",就是"全球地方化"的结果。且不论这一结果是"全球"还是"地方"占有大的比例,只要是具有的"新的思潮"、"引进的观点"、"他者的做法"之色彩的"地方化"反应,就是一种程度的"全球地方化"的完型效应表现,也正应了"国际化英语传媒"系统,经过对最具体真实的"事实"的"新闻化"呈现,使得其赋予之的"意义",在"国际化新闻传播话语"表述风格的推进下,完成了其"被期待"的任务,即:"'观念化'意义"遭遇"'情境化'意义"后碰撞出"'全球地方化'

意义"。

2. 被赋予的"内涵"与"国际混合物"

在"国际化"大众媒体传播持续发酵的意念全景画"地球村"的簇拥下，以"新闻化"告知方式得以穿透各类"社会文化情境"的地理疆界后，出现的是对经济一体化的普遍认可心态，进而发展到当今现代化世界"互惠互利"，是唯一的出路，也是"现代化"下"后现代主义"得以出笼，并融化在大众媒体传播的日常叙述中。

然而，到底何为"后现代主义"？是"现代主义"的发展至今，还是仅仅借用了"现代主义"这一词汇及其内涵后的新观念？

显然，这一"后现代主义"在带有"现代主义"的色彩之上，被添加了新的"内涵"，这就是在当下经贸互动后的"文化交流"之结果，亦可称之为"文化杂交"后的"国际混合物"。在国际大众媒体传播层面来审视这一结果，就会聚集到其具有的"内容"本体上。排除物化了的具体商品物件后，"互惠互利"的最高层面，是体现在以文化活动带出的精神交流与审美交错的认知体系的元素多元化。但是，形成这一态势的决定性元素，又是哪一类文化在起支配作用呢？

面对如此的问题，很多西方研究者在应对已几近被普遍认可的"'后现代主义'就是关于世界如何想象自己是美国人"的认知心理反射效应时，认为即便"美国文化"的"消费主义"在经贸一体化的生态里如鱼得水，具有极大的影响力，但是这一文化并非只是简单地有"美国中产阶级白人的文化"构成（约翰·斯道雷，第27页）。试图来强调"美国文化"本身就是由多元化的族群构成的，当其被推介到非西方文化情境后，整个过程也是与其他多种元素互动而非单一化地单纯走进的。然而，笔者认为，今天的"美国文化"固然是由组成目前的美国社会构成决定的，但是，再多的族群同处于一个文化情境里，也是有一个主流文化价值观在起着决定性的主导作用的。就目前美国文化审美及其引导定位看，自然是在其主流文化价值观引导下的、中产阶级白人文化具有代表性和"美国梦"得以实现之表达功能。这也是为什么但从文化产品来看，美国的价值观代表形象，都是白人而非黑人，即便是黑白混血的现任总统奥巴马，也还是在以白人的"声调"言说着、组织着和呈现着其立足的美国精神气质。

进而，在"后现代主义"思潮的推动下，"世界格局"里的大部分"情境化"

社会文化板块，都在以美国的文化价值定位和取向为榜样，更以最接近美国的行事特点及运作模式为骄傲。大到社会组织化运行的麦当劳化之"量化"管理细则，小到孩童渴望拥有的一个金发碧眼"黄金分割点"分明的芭比娃娃，更有令大部分亚洲青少年几乎疯狂模仿的"NBA"球员的肥大服装及鞋帽，等等。表面上看，是文化产品输出后的欣赏。但从深层次的文化交流再观察之后，就会发现：这是单一文化在其他多元文化情境里的"一花独秀"，而在以美国为代表的"西方文化圈"里，却很难得见到"非西方"文化精神气质的"被模仿"现象。有些研究者将这种结果归结为文化的影响力不够上，也有的观点认为是文化产品没有竞争力上。但却是忽略了获得强势引导力的文化产品，是在被赋予了一定的"价值取向"包装后才获得的，更在巧妙的"媒体传播策略"的有效推介下，才会产生如此的"混合物"结果。

值得一提的是，这类被定性为"国际化"的"混合物"，并不是在双方文化成分或元素对等前提下的"混合"，而是强势的"美国文化"以在其本土文化情境里的"大熔炉"的强势，对他类文化进行同样的"主导性"融化后的结果。这就是为何在"世界板块"里对"经济帝国主义"的警惕同时，也更加强了对"文化帝国主义"具有的"精神殖民"功能的拒绝。这也是为何在"后现代主义"认知心理生态中，竟然由"原教旨主义"一词带出的"内涵"被一再聚焦和解读，并投放于"世界格局"里的最敏感的"文化差异说"这根神经上，来演绎所有存在于"伊斯兰文化价值观"与"基督教价值观"间的"矛盾"的缘由之一。

因此，以"国际化"大众媒体传播方式展开"新闻化"言说的"国际化新闻传播话语"，在将绝对具体客观的"事实"本体置于职业化的新闻叙述框架后，就具有了"被赋予"的"内涵"。而正是这一"内涵"，被传送到不同的"社会文化情境"后所生成的"意义"，随之建立起了足以改变整个"情境化"社会体制运行的惯例轨道，以及顺应这一机制的"社会人"秉持的认知风格的宏观化传播关系具体呈现结果，即："国际混合物"。

3. 被定性的"诠释"与"文化主导权"

在由"国际化新闻传播话语"言说功能作用下，"意义"的"再生成"转变为"国际混合物"，从而获得其具有的影响力的被加强的过程。在这一由 认知风格主导的认知心理的引导后，个体的"社会人"伴以"社会化"组织机制的运转，而对带来"新鲜感"及"国际化"的"混合物"，进行融合符合其所处"社会文化情境"遵从的主流价值观，开始了深层次的"理解"。事实上，是对已经"被定性"的"诠释"，展开"再诠释"的"消化"过程。当这一过程由一个个逻辑化的解释堆砌后，就完成了对自身及其立足的"小生境化"的情境的"新型"主导理念。

也正是依据如此的理念，使得引导"情境化"了的"社会人"开始对已是惯例的主要社会存在，诸如规则、条例及管理机制等，进行逐步的改变，直至形成获得社会主体的呼应，而出现主流风气的效应。这样，处于能够引发如此社会意识风潮变化的结果，就是文化在朝理念方向的改变了。这时的由"国际化新闻传播话语"传送的"'被定性的'诠释"，在作为"社会人"的接收后"再诠释"下，形成了宏观层面对其立足的小到"情境化"组织运行机制，大到组织系统依托的"社会文化情境"运行机制的改变。这般具有如此强大影响力得以形成的"原动力"，实际上是来自"国际化新闻传播话语"言说表述体承载的"定性化"意义诠释对文化价值观的冲击力，从而建立"文化主导权"需要的心智控制功能。对于"情境化"的"社会人"而言，这种在认知心理构成的生态里形成的控制，是从对其赖以思维的世界观、人生观、审美观及道德观的规约，从而完成对其掌控的言行举止的规范化牵引。

虽然这是一个从对所接收信息的接受吸收过程，但实际是引导"国际化新闻传播话语"的既定"目标受众"及其所立足的"情境化"组织机制，在思维展开的同时进入其话语表述的"媒体传播化"了的"智识街区"。进而，得到从其叙述的"'被定性的'诠释"从外至内的"浸泡"或"熏染"效应的洗礼。也就是在这一"意念化"的"街区"里，由"经济一体化"带来的对"共同利益"的认可情绪驱使，开始对自身本土文化价值观及其引导的社会机制，做整体化的审视和判断，并完全以"被告知"的定性诠释，来建立再诠释后的价值取向，从而行使加以对其改变的行为与相应的逻辑化说辞。

但是，在以所谓"共同利益"达成的共识为基础形成的所有想法或理念，都是有前提的。这就是："共同"的"利益"所涉及的"共同体"构成成分是怎样的？"利益"的定位与定性又是以怎样的标准来测量的？对这类问题的澄清与其中蕴含的利害关系，就可以认识清"智识街区"被充盈的言说话语具有的"真义"。

就目前具有强势传播言说引导力的"国际化英语传媒"系统所呈现的类型化

言说话语表述体来看，主要是以"软新闻"原理为基础变形后的各种叙述型纪实节目，更辅以现场直播、随意街坊、真人秀和谈话节目衍生的"脱口秀"，以及五花八门的娱乐型节目带出的叙述等。所有这些类型的节目化叙述，使得"强势传播源"青睐的价值取向所定位的情感、审美、是非等"智识化"诠释，都随之被传送到受众的日常认知世界里。在时政新闻的事实化"事件"的本体呈现下，"客观性"得到推介；在财经新闻的量化"数字"的系列排序下，"公正性"得到阐释；在文娱新闻的情绪"演绎"的个性塑造下，"人性化"得到张扬。于是，在"国际化新闻传播话语"整体推动下，使得受众的"跨文化认知空间"里"被嵌入"了组合这些叙述类型的"智识街区"。而能构成其具有的特殊"小生境"需要依托的"共同利益"情绪，也随着这些"事实"、"故事情节"、"人物形象"、"数字指标"、"赛事奖杯"等等形象化的存在，而转化为逐渐被视为"共同的"认可，以致最后成为给情境里"社会人"追求的理想或生活目标。

因此，原本是"情境化"了的"社会人"，于身处的现实里获得了掌控和指导其思维方式的"智识街区"，从而使得引导具体言行举止的"认知风格"有了"意念化"的具体活动空间，尽管是抽象化的，但却是驾驭整体感受神经系统的"文化主导权"。

总而言之，当以"国际化"大众传播的方式展开言说时，"国际化传媒"所涉及和运用的"国际化新闻传播话语"，就在表述展开其"被附着"的"意义"之时，已经有其传送的被建构"意义"在所达至情境产生"全球地方化"的交融效应；同时，有其"被赋予"的"内涵"同其所触及的"情境化"了的"内涵"相碰撞后，生成一系列"国际混合物"，完成一次次传播言说预设的任务；更有其被定性的"诠释"同其着陆的"情境化"文化机制相遭遇后，以较量后形成强势引导力。如此的多层次"杂交化"再诠释体的积累后，完成"文化主导权"的获得。从而，建立起在其言说效应下的宏观传播关系。

二、国际化新闻传播话语的"叙述文本"

对于以"国际化"大众传播定位的"国际化传媒"而言，在设计和运用其认为有效的言说话语表述体时，必须要考虑到其预设的"目标受众"接收时的反应，也就是如何来引导其更接近"被赋予"内涵的途径，以最快捷、最直接的方式完成接受的过程。然而，因为是"国际化"表达，因为是达至"国际化"的多重

"情境化"社会人，也就不可避免地出现"被赋予"的言说"内涵"，在不同视角及认知风格的引导下，产生完全不同的诠释结果的状况。

但是，为了尽量接近"普适性"诠释所需视角和认知视域的范畴，"国际化传媒"的"新闻传播式"言说话语文本的设计，就需要以现今几乎达成"国际化"共识的视角和语汇，来编织一系列的言说话语文本。就目前获得大多数情境认可的"国际化"大众传播系统的言说风格来看，大多试图以"文化接近性"的理念，将言说话语文本的表达加以分类，也就是有专门指向"世界格局"里各类"文化圈化"了的"情境"定位言说，诸如：澳大利亚广播公司（ABC）的"ABC – Asia Pacific"（亚太频道）、美国有线新闻网（CNN）的"亚洲台"，法国5频道的"亚洲台"，以及"美国之音"（VOA）的"对华广播"等特别分类。

这种特别指向定位的"媒体传播化"言说话语表述文本的完型，实际上是依据"路径依赖理论"的原理来进行的。毕竟，任何类型的"媒体化"言说，都是以"文化资本"的实质来面世和获得话语权的。进而，在"国际化"传播的平台上，其具有的"资本化"价值，就成为获得各类"社会文化情境"对其能够被接受的评判关键所在了。这样，就引导"国际化传媒"系统，在设计其需要的言说话语体系时，必须考虑到其"目标受众"的多元层次、情境化因素，以及制作价值成本等制约性的决定因素。

（一）事实报道：强化"客观性"的"硬新闻型"叙述文本

以一个个不容置疑的"事实"串起的"新闻报道"，在大量多样化"媒体传播产品"当中，是最令国际化受众带着信赖感加以接收与接受的，因为这种几乎不带任何感情色彩的"实事儿"，是可入任何类型"社会人"之眼并获得"'事儿'就是'事儿'"的心理反射。于是，以这种言说表达的类型，就成为所有"国际化"大众传播系统所青睐的"叙述文本"，即："硬新闻型"叙述文本。毕竟，在以西方新闻学和传播学理论为基础的学界，以及由其引导的业界已经秉持为惯性的体现"客观性"理念，是"被体现"为最直接和最不可能带来怀疑的唯一体现方式。进而，就有了"新闻是媒体的龙头"之类的认知。

但是，在以"国际化"传播定位的言说平台上，立足于任何文化价值观的"国际化英语传媒"系统，在面对看似是仅仅对"铁板钉钉"的"事实"加以聚焦后的报道时，已经是引起"国际化"受众随之而来的心理要求：为什么会发生如此的事儿？这样，就需要作为"告知者"的"传播源"来提供进一步尽可能详细的解释。当然，这是有关"硬新闻"节目另一类型的探讨话题，即：深度报道。在此，本作只聚焦"硬新闻型"叙述文本，经"国际化传媒"依据现有新闻学与传播学理论原理后，在言说话语设计和运用方面所形成的特点。

1. 单一事件报道建立的"硬新闻"叙述文本

当任何一个单一化的"事儿"经媒体特有的框架呈现时，就凸显其具有的冲击力了，这时因为在现实生活里时刻发生着数不清的"事儿"，而当媒体传播系统聚焦后呈现给现实里的受众时，就是"被特写"的、"被放大"的，以及"被揭示"的"大事儿"了。所以，只要是处在这一分类里的"事儿"，都是有"被聚焦"与"被放大"的理由与特点的。但对媒体传播系统而言，其还具有"被揭示"的"价值"。

按照现已在国际化传媒领域认可的"硬新闻"采集理念指引，那些被定性为接近"人咬狗才是新闻"的具体"事儿"，就是媒体传播系统首选的报道元素了。这样，被圈定的"事儿"，在契合这一叙述文本框架前提下被搜寻的，当属这样三种：灾难型、问题型及时政型"事实"。

以"国际化"媒体传播方式进行言说话语表述的"国际化英语传媒"系统，自身具有的"跨文化传播"特性，及其必需的"跨文化型比较"叙述的本质，都是带有既定目的化的"映现"，而非合乎一般意义上的传播规律性的"再现"。这种特质，使得其对"事实"选择的出发点及预设在被其"新闻化"告知后的效应做出总中的判断后，才可实施具体的"选择化"行动。就已经建立的相关跨文化传播理论中相应的分析来看，其"选择"指向分为与其"同类"和"异类"的"情境化"事实。按照现有以西方新闻学及传播学原理建立的行业规则为标准，符合新闻专业主义理念定位的"新闻"，就是那些在人们心目中的"坏新闻"。此处的"坏"，就是西方文化价值观里的"负面的"、"陈旧的"、"落后的"及"专制的"等具体存在和其能够产生的影响效应。

顺应这一职业化理念，大多能够被认可为"强势传播源"的、属于"西方阵营"里的"国际化传媒"所呈现的单一事件报道建立的"硬新闻"叙述文本里，只要是对那些与其为"非同盟国"或"盟友"的"情境化"事实的聚焦，大多是"灾难"、"问题"及"政治矛盾"。即便是纯属"自然灾害"的"事实"，也是被赋予了"情境化"的色彩，起到引导自身本土情境里的民众得以产生"我们真幸运没有生活在那里"的心理反射，而对于"人为灾难"的"事实"，就更是被解释为"社会化"的归因，形成告知天下被聚焦的"灾难"立足的社会体制具有的缺陷、民众的素质低下等，从而形成婉转地提升自身所处社会体制的完善与民众的高素质。

以秉持的此种逻辑线出笼的"单一事件报道建立的'硬新闻'叙述文本"，就已经不是简单的"事实化"告知了，而是在借助"国际化传媒"言说平台，来展开"自我文化诉求"对"文化他者"的社会存在内涵加以置换的过程。只有经过如此的"呈现化"的"映现"，才会使得"传播源"立足的自身本土民众，在"被告知"的"灾难"、"事故"及"争斗矛盾"闪现的"阴郁"色彩里，映衬出自身社会文化体制中的"明朗"光辉来。显然，此时的"硬新闻"叙述文本已经超越了对具体"事实"的"呈现"，而是以其被赋予的"映现"效应，生成一个鲜活而又无可置疑的认知语境：如此负面的"事儿"，就应该是在如此这般的社会文化体制里的"暴民"之中发生；抑或是"几代需要拯救的可怜人们"。至此，那些被以"新闻化"告知与呈现的"负面化"事实，就具有了为"传播源"自身本土文化圆满"自我确认"和"自我凸显"的需要，充当有效"催化剂"的角色。

2. 综合报道构筑的"硬新闻"叙述文本

尽管名为"综合报道"的"硬新闻"聚焦仍是以某"单一化"的"事儿"为中心展开表述，但是，其最终呈现给受众的"叙述文本"具有的容量，却是远远超过那一"事儿"之本身的。这是因为，媒体传播系统为了体现其应具有的、也是被期待和被预设的"客观性"，而借助与其聚焦的"事儿"相关联的、源自其他媒体传播系统的发现与报道内容，试图向受众提供具有多视角、多信源化的表述。虽然这种出发点是很接近受众期待值得，但是，对于从事"国际化"大众传播的媒体系统而言，就有了对其所采用的其他信源的筛选问题了，也就是：其筛选的标准是什么？其之所以择定某一信源的理由又是什么？

作为"国际化传媒"言说话语表述的一个重要文本，其做出的筛选就更是引人注目了。毕竟，任何"被视为"具有体现为综合报道提供一定表达的"传播源"，都应该具有在一定程度上体现"国际化"传送与告知资质与公信力的。更有其与构筑这一"综合报道"的"传播源"相同或接近的理念与定位的前提。这样，"国际化传媒"的"综合报道"向"国际化新闻传播公共话语空间"里提供的"硬新闻"叙述文本，在很大程度上呈现为其所构筑的"同质化"言说话语定向。由此，围绕那一被聚焦的单一化"事实"，其展开的话语是以精细样貌呈现的"承上启下"般的"意义"词语，诸如："meanwhile（与此同时），in another development（另据报道）、while（而……）以及 similarly（同样……）等，旨在将几个不同的事实有机地衔接、串联起来。（英语新闻业务研究，2010，第 40 页）。因而，在国际化受众眼里是一连串由不同"传播源"呈现的"同一个"事实，但是，却是有了一条将这些处在"世界格局"里不同位置的"社会文化情境"串联起来的"逻辑线"，这就是他们"共享"的意义生成认知风格。当这条"逻辑线"形成纵横交错的网络时，就达成了对"意义"的完型。

进而，在这类由"国际化传媒"运用与其对"硬新闻"的"综合报道"视角建立的叙述文本，就会呈现出由"纵"与"横"两个走向相会交错而成的"意义"表达。其"横向"（horizontal roundup）将在不同地点和不同时间发生的好几件同类型事件，综合起来后围绕一个"主题"来写。这时的"主题"建立，就是一个"以'事实'为依据"的叙述体。在一个个"雷打不动"的"事实"相互串联后，"主题"的"内涵"便通过一处处由"信源"体现的"地点"背后依托的"社会文化情境"定位、视角及解释定性，完成"用'事实'说话"的"意义"表达。

与此同时，由"纵向"（vertical roundup）"逻辑线"体现的"被聚焦"单一化重大事件，经"国际化传媒"系统对源自不同"信源"却又相关联的"新闻素材"综合后，以描画出这一"事件"的样貌。在这一走向"逻辑线"呈现的表达里，多方位的"信源"引导受众产生"认知心理"上的信赖判断感，进而将其定义为"全面"而非"片面"的可信言说。在这一前提下，"新闻素材"的丰富和多元视角的体现，使得原本单一化的"事件化"事实，就在"被新闻化"后的框架里，形成令受众开眼界的"多棱镜"效应般"意义"表达。

所以，此类的"综合"化"硬新闻"报道叙述文本，在符合新闻媒体作为"客观性"化身的"意义"表述方面，起到了激发受众顺从"新闻报道理应是客观的"认知惯性反射，从而强化对"媒体化"之"告知"依托的言说话语内涵接受期待感，并在信任与认可的接纳态度引领下，将其归位于认知体系里。

3. 连续报道编排的"硬新闻"叙述文本

在对"硬新闻"类"事实"及"人物"的媒体化言说方式上,"连续报道"形成的视听引导力具有独特的效能。这种类型的表达,是在一个将"综合报道"的依托的叙事"逻辑线",转化为凸显"被聚焦"之"事件"顺应时间轮显现的"来龙去脉",使得受众的认知视域被"蒙太奇"般交织起来的"旧事重提"效果所覆盖,使得"记忆复苏"带出的"反刍"反射,在"事件回放"的具像化勾连下,以眼前最新的进展来倒推出"之所以如此这般"的认知解释。

但是,这种构成得以"连续"的告知前提,是"传播源"能够将"被聚焦"的"事件"在"世界格局"里的各类重要"板块"中的影响或"视角化"诠释,及时而又加以选择后地呈现。这时的"国际化传媒"作为"传播源"进行的"告知化"呈现,其必需的言说话语表述建构过程里,不可回避的审视和择选步骤在持续进行着。如果仅仅是对"事件"本身的聚焦,也就显得颇为单纯和直接了。

然而,如果仅仅是这般操作的话,就失去了作为"国际化"大众传播系统存在的价值了。因为"被聚焦"的"事实"具有的"被国际化"言说的价值,不仅仅是体现其作为媒体本身的功能所在,更为重要的是其能够给"传播源"所秉持的价值观、其所立足的本土文化,以及其"盟友"们的情境获得"自我诉求"所需的元素和成分。这些被运用为体现"系列化"呈现的"事实",以脉络化的表达线索配以相应的描述语汇,令所有围绕"事件"本身的那些外延体,具有了承载"传播源"需要的"他山之石"功能,并在"新闻化"言说框架的支撑下,完成对"国际化"受众不仅持续顺应其话语表述体的展开,而且还引导其在如同电视连续剧、系列广播剧带动的发展动态里,建立并强化对如同"被表达"文化他者的存在,对"传播源"自身本土文化价值观的说明和的对比心态,也就使得西方新闻学秉持的"坏新闻"理念,有了合理的着陆。由此,"国际化英语传媒"的存在和运行的缘由,也都获得了"理性化"的解释。

就目前以强势状态运行"硬新闻"言说的"国际化英语传媒"系统而言,其聚焦的"事件"得以"被连续化"报道的前提,主要是"事件"本身具有与其文化或社会紧密相关的联系和映衬作用,更是顾及到事件的最新动态对其情境的牵引所用。可见,只有当"国际化传媒"的"硬新闻"连续报道"内容"具有如此的功能时,才会被其持续地关注和言说。其具有的话语内涵是引发"世界格局"

里的"国际社会"对其政体能力、"社会人"心态及文化价值观主导的主流道德底线等。进而，使得原本是以某一"被聚焦"的"新闻化"事件为中心的"告知"，转化为能够在较长时间段里完成对"传播源"立足的自身本土文化的自我诉求使命。毕竟，在国际化受众的眼里，这类连续报道提供的多阶层化视角，是其以自身的传播定位来选择的结果，在话语的表述档次上，仍是"传播源"依赖及推介的主流价值观的体现。

所以，这时的"国际化"告知在"硬新闻"的表达上，不仅是对"世界格局"中原本是"知音"的"板块"的进一步凝聚，更是对"被表达"事件所连带的同类情境的反衬，使得"被表达"一方成为"表达"方所需要的"自我身份"再现和认同的有效"材料"。

总之，原本是在一般认知水平上最能体现媒体传播实质的"硬新闻"化"事实报道"，经以"国际化"大众传播定位的"国际化传媒"系统的运用后，其被冠以的"龙头"标志，就有了新的"内涵"了，即：仍是"新闻化"的直接而又强调"客观性"的"硬新闻型"叙述文本，在"国际化"传播限定的特殊言说话语表述定位引领下，其所建立的表达框架就形成了三种对"硬新闻"的国际化传播报道叙述文本，也就是本作梳理出的第一是"单一事件报道建立的'硬新闻'叙述文本"、第二是"综合报道构筑的'硬新闻'叙述文本"，以及第三是"连续报道编排的'硬新闻'叙述文本"。在这三类"硬新闻型"叙述文本的相互交错与重叠化作用下，"被表达"的"事件"的"媒体传播化"样貌得以"多棱镜"效应的呈现，使得"国际化"受众获得在感官上可加以比较的多视角。同时，也是的对其展开的言说话语具有的"内涵"，以"新闻化"声像激发的视听效应，获得鲜活、即时且镜像化的表述，也就是引导了国际化的受众将"事件"发生地的社会文化精神气质，与各自所依托的本土化同类型进行"好与坏"、"对与错"、"黑与白"的比较后，衍生出"自由与专制"、"落后与先进"、"过时与时尚"，及"丑陋与美好"的"认知心理"反射，从而完成"意义"的最终建立传播话语言说效果。

（二）故事讲述：推介"价值性"的"软新闻型"叙述文本

在当今由网络促成的社会媒体无处不在、卫星直播覆盖大多数"社会文化情境"的新媒体时代，以对"硬新闻"的抢先报道为生命力的传统媒体传播系统，遭遇到了前所未有的冲击和挑战。似乎新媒体以其更便捷更及时的特点，即刻就会替代按部就班以播出时间表来运行的传统媒体。然而，这种预测并未实现的那么快，随着时间的推移，似乎永远也不会发生。

究其原因，是因为传统媒体在保持对"硬新闻"的报道的同时，还提供着越来越丰富的"软新闻"化了的"故事讲述"型的报道。这些色彩丰富境界曲折的"故事"，不仅与"硬新闻"的"纯粹事实"相辅相成地出现受众面前，而且还弥补了新媒体传播言说的空间，并借助其特点得到更快速更便利的传播。尤其是与"硬新闻"的"客观化"相对的"软新闻"之"主观化"暖色调相比，"故事讲述"的温暖、婉转与接地气和人气，更具有了触动国际化受众作为人类共有的心底共鸣。

尤其是对于"国际化传媒"的言说而言，这种"软化"的表述不仅令受众获得"似曾相识"的"镜像化"效应，将自身的感受与现实生活与之相联，更会在娓娓道来的"情节"展开带出的逻辑引领下，为国际受众梳理出作为"被讲述"的"故事"所具有的、符合自身感受的"意义"来。这也是为什么在今天的"新新闻生态"里，那些极具体现"故事化"了的"人物"和"情节"依据的"社会文化情境"，会给国际受众留下深刻的印象，并如同影视剧一般获得受众的期待与欢迎的势头越来越强劲的解释。而尤其是当以"国际化"大众媒体传播定位的"国际化传媒"也开始依靠"软新闻型"叙述文本，来运转其设计的"国际化新闻传播话语"言说话语时，就会产生极具"跨文化传播"特色的表述导向。本作从以下几个方面来分析，即：

1. "异域体制"构成"故事化"欣赏的跨文化比较型"素材"

当"媒体传播产品"以"故事化"的类型来呈现时，就是与"硬新闻"相对的"软新闻"了。在一般意义上的媒体传播层面，这类呈现是"专题化"的框架，其所聚焦的核心仍可能还是如"硬新闻"般的单一"事实"和个体"人物"，但是，整个传播系统给予其"故事化"讲述的展开时间长度，却是成倍地长于"硬新闻"，有的甚至是以近乎"微电影"的长度来呈现的。这里既有那一"事件"被故事化所需要的"外延化"的"渲染"效应，也有将"被预设"的"内涵"嵌入整个表述体的需要，更有将显得单独而又孤立的"事实"或"人物"置于"再构情境"中以凸显"新意"的要求。

这时支撑"故事化"呈现表述的"再构情境",是以接近"被聚焦"现实中的社会文化体制的叙事风格来完成的,这就是影视剧样貌下的纪录片框架化的横向梳理之类型。也就是试图涵盖当前"被聚焦"的"异域体制"之所以呈现如此这般态势的历史进程,以及以当前为转乘点的未来趋向分析。在此处简化其叙事流程,就是从"现在开始"+"回到过去"+"再到现在"+"预示未来"。覆盖这四个方面的来龙去脉进程,在大众媒体传播的言说框架下,是完全不同于文字化的风格定位的,因为媒体的声像图在以秒钟为单位计算的呈现上,可以穿越千年的时空限制,而将历史的进程长度浓缩在一张照片配以仅仅是半分钟的"画外音"辅助上。

这种传播言说特质,对于以"国际化"大众媒体传播定位的"国际化传媒"的操作而言,就更是具有了不可比拟的优势。毕竟,国际化的受众对远在自身日常生活之外的"异域体制"的"了解",如果不是基于个人的兴趣,是不会翻阅如同词典般的大部头历史或研究书籍介绍的,只有既形象又直观生动的声像画呈现,才会达到令他们"惊鸿一瞥"的反应。所以,这种对"异域体制"的"故事化"叙述,首先是在对"碎片化"了的"历史素材"进行"情景再现"般的"情境"再置基础上,再展开顺应其理念化逻辑线的叙事过程的。

首先,对"现在开始"环节的"素材"整合。

既然这个环节的聚焦点在"现在",就是一个最具挑战的整合了。对于"国际化传媒"系统而言,涉及"现在"的任何"点"与"面",都是最敏感和最即时的,毕竟,"现在"就在所有媒体的眼睛里。这就触及到对有关"现在"的众多"事实"以什么视角和"被择定"出发点来建构表述体了。

就"国际化传媒"之所以运行的终极目的而言,这时的运作自然是选择那些与自身立足的文化情境紧密相关的"点"与"面",以完型其建构的"意义"表述体了。显然,这就要基于对其"自身文化诉求"的需要所能达成的效果了。鉴于"国际化传媒"对任何有关"现在"状况的特色文化情境的聚集和言说,都是具有挑动现有"世界格局"神经的作用,因而,即便是为了满足"自身文化诉求"的需要,也不能不顾及到其中牵扯到的"国际关系"态势。所以,这时的"整合",就需要对"素材"加以大强度的梳理。

对能够体现"异域"线性"体制"的"绝对化'事实'"的"择定",是会发生在所有类型的"国际化"媒体身上,也就没有了令"被聚焦"文化他者产生布满或愤怒的理由了。但是，聚焦后的如何言说，就是需要考量的了。在定性方面，作为"言说者"的"国际化传媒"，是不可能背离其秉持的价值观的。这样，就会引出表述体展开的走向，也就体现了其本身定位的"立场"。

可见，"国际化传媒"的自身视角体现的"价值观"和"立场"形成的传播效应，是不可避免和改变的。由此，也就引导其完成的"择定"，也是符合其"自身文化诉求"需要中的要么经过"跨文化型比较"，对自身"情境化"社会文化群体产生"提升精气神"的"激励"效用，要么是形成令其整体情境在经历灾难或挫折后得以"疗伤"的心理安抚效果。否则，他类"事实"即便在发生地具有怎样大的影响意义，也只是属于单一化"硬新闻"中"突发事件"的"条目化"介绍而已。

所以，对任何聚焦有关"现在"的"异域体制"所需的"素材"择定，都不可能偏离"国际化传媒"所秉持的价值观决定的"定性"。在这个过程里，任何的试图"委婉式"表述，都是"弄巧成拙"。

因此，这类议题在"国际化传媒"平台上的"故事化"呈现，都仅仅局限在"深度报道"类的政治传播上。

其次，对"回到过去"环节的"素材"再现。

"回到过去"的环节"素材"梳理，实际上是对"历史化"了的"事实"的"再探究"。但是，这时的回溯出发点却不是"辨真伪"，而是"古为今用"。毕竟，在"国际化传媒"言说话语里诠释那些曾经发生在"他者文化"中的"事实"，是按照今天的"情境化"眼界与认知展开的。更有为达到令自身本土受众获得预设的"跨文化型比较"的效应，即，引导他们产生顺应其价值观标尺的评判。看上去只是对那些"被选出"了的"史实"的评判，但实质却是对其作为历史脉络构成的"现在"的审视和定性。

以"自我文化诉求"为中心展开的对"异域文化情境"的"国际化新闻传播话语"言说表述体，在对"异域情境化"的"过去"素材的"再现"，是属于追溯和描述的方式进行的。这时的处理，可能是一张泛黄了的照片，也可能是一段模糊的影像，还可能是一段变了调子的音频记录，更会是那些无言的历史物件等。这些"史实"自身是不会完成"传播源"的"自我文化诉求"需要的，而必须将其由或是"画外音"、或是"文字简介"、抑或是"长篇叙述"的表述串联起来，才会生成一定的"意义"。

　　这样，在此列的叙述文本里，大多透露出的是围绕着"被选出"的"史实"表达出的情绪与态度，而非单就那一"史实"再"说事儿"了。加之其努力建立的"跨文化型比较"色彩的引导，使得受众的认知风格得到进一步地辅助后，来将同一历史时段的、接近同类型的"史实"，对眼下"现在"的社会机制具有的影响和塑造"意义"进行比较，从而得出他们认可的逻辑化解释和判断。但是，不可否认的是：受众据以获得逻辑化意义的"史实体"，却是经过"国际化传媒"按照其遵从的传播言说规则完成的选择结果，更是在符合"国际化"言说传播规律的规约下，进行符合"国际化新闻传播"原理的制作产品。进而，对于国际化了的受众而言，其最终得出的判断和定性，也只是"国际化传媒"出产的"媒体传播产品"承载的"意义"之外延而已。

　　再次，对"再到现在"环节的"素材"衔接。

　　这一"再到现在"的环节，虽然在视觉呈现上是"蒙太奇"般的时空穿越感，但是，其中用于衔接两处时空的"素材"，却是有着必然的逻辑关联的。这时的叙述文本被赋予的功能，是将"古为今用"的特质以"如果顺应那一'历史'进程脚步的话，就会达到'现在'如此这般的样貌'"的"内涵"来运笔的。虽然在随后的表述展开部分，还会有相应的"史实"穿插其中出现，但已经是"夹叙夹议"的为言辞烘托的"现在"服务了。

　　进而，其中被逻辑线串联起来的"解说词"、图片下的"简介"等解释说明型的部分，都是体现作为"言说者"的"国际化传媒"所持有的态度和引导走向理念。顺应其"自我文化诉求"的预设值，这些紧紧围绕"史实"展开的表达与部分化的"现在"化的"点"与"面"相结合，试图引导"国际化"受众形成在这类"被聚焦"的"史实"与此刻"被呈现"的"现在"间存在的必然联系，以使其预设的"意义"获得生成的空间和逻辑。

　　但是，仅仅按照如此的预设来展开叙述文本，还不能保证受众的认知风格可以完全顺从。这时能够起到顺畅衔接作用的"素材"，还需要加进研究相应"被聚焦"史实的"专家"之语汇。此类最佳的叙述文本，是作为"传播源"的"国际化英语传媒"应尽力邀请到或获得其聚焦的那一"史实"所属"社会文化情境"里的相应历史学者或"专家"的言辞。这样，就使得作为媒体传播系统的"传播源"，不仅体现了受众接收心理建立的对"平衡化"呈现的期待和要求，也会使得"被聚焦"的"史实"，在两方"专家"各持视角产生的诠释支撑下，令受众的认知风格有了接收被引导前的判断，从而使得他们在心理反射层面，获得一定的平衡度。当然，在试图完成"自我文化诉求"需要的前提下，来筛选"被聚焦"史实情境里的"专家"或"历史学者"，也是有其一定的规则的，即：能够基本顺应"传播源"预设的逻辑线来展开语汇的罗列。

可见，在这一环节的"素材"选择方面，不仅无言的"史实"选择是依据既定的"中心"进行的，即便是有声的"专家"筛选也是完全顺应这一"中心"，并使其与之相辅相成地融合在一起来完成的。

最后，对"预示未来"环节的"素材"推理。

任何对"未来"的言辞都是属于经验学派的推论结果，尽管其具有的"一旦……就……"令大部分文化情境都将此类"结果"归位于"可能性"，而非"必然性"的认知定位上。在日常生活里这是可以理解的，但却是不适合大众媒体传播言说话语被赋予的"内涵"表意的。这时因为，任何来自媒体传播的预测都具有视听的引导作用，并使得受众的思维朝着其建立的"视域"里踏进，而且随着媒体言说的持续及频率的增加，就更会令他们的认知心理对"预测"产生依赖态势，从而对其产生信任并完全接受之。

这种环节叙述文本整体里是起到结论性地呈现和收尾作用的。因而，也就受到格外地关注。因为从某一"史实"的"被聚焦"起，到对"那"一段"历史"与"这"一部分"现在"的交替呈现，都是为了对这一环节呈现的铺垫。更为重要的是：此环节的所有言说，是作为体现"客观性"的媒体传播系统，以"新闻化"框架来言说自身观点的集结点，也可算是"点睛之笔"吧。这是因为以下几个原因：

第一，"情境化"了的"体制"之"未来"，是一个被判断的结果。这其中需要的"论据"，就是那些已经"被择定"的"素材化"史实。对这些元素的梳理与分析，是顺应其秉持的认知定位进行的。进而，必然会使得"判断"的生成，具有不可抹杀的"理念化"成分，且是另一"情境化"的逻辑与反应的结果。

第二，作为在"国际公共新闻话语空间"里的"强势传播源"，其对"素材"之再构具有的完全掌控主动权，使得"被聚焦"的情境没有任何与其"对话"的机会和资格。这样，"被预示"的"未来"就成为其使用的叙事"框架"规约的结果。尽管是"一言堂"的呈现，但却因其"强势"的传播言说能力，而使得媒体自身固有的放大力，对其形成最有效地呈现，"未来"的实现度与可信度，也都成为引导视听效应的关键元素后，反而成为受众只关注其言说效果而忽视其必然性的助推成分了。但是，在此这类叙述文本对"素材"进行的"推理"引起受众认知体系的震动，就是其所预设的传播言说话语表述效果的恰到好处实现。

第三，"预示"尽管是"猜测"、"推论"或"推理"的表现，但是在覆盖面极大的"国际化传媒"系统上呈现和告知，就是受众认知体系里的"客观化"表述的所在了。这种反射，尤其是会对那些属于"传播源"立足的社会文化情境之"敌对国"或"对立"意识形态的"情境化"社会群体而言，显得更具视听引导作用。毕竟，这种"预设"用于相互对立的情境后，作为"被告知"的目标受众，就会在其持续的告知过程里，逐渐开始产生怀疑自身社会体制的功能，而且加倍放大体制里的合理不完美成分，同时以"晕轮化"的放大方式来想象"传播源"描绘和表述的"另一"情境化的"社会体制"。因此，随着时间的推移，就会在"以史为镜"的逻辑线牵引下，完成对"敌对"情境的在认知心理上的再塑，达到分化和颠覆整体社会机制的运作。

总之，当任何类型的媒体言说以"异域体制"为中心展开相应的言说话语时，其表述体都是由吸引力十足的"故事化"历史史料为"素材"获得构成的。尤其是其顺应"国际化"大众媒体传播的规则，将"跨文化比较型"的原理运用其中后，就更符合如同"国际化传媒"般的言说系统的叙事定位了。进而，在整体的看似是围绕某一"被聚焦"的"异域社会体制"为核心展开的表述，事实上是以"情境化"了的"史实"为"元素"，经过对"现在开始"环节的"素材"整合、对"回到过去"环节的"素材"再现、对"再到现在"环节的"素材"衔接，以及对"预示未来"环节的"素材"推理四个步骤后，完成了顺应受众的"以史为鉴"认知风格而对所预设的"意义"加以"再构"的过程。从而，也建立了引导国际化受众对"被聚焦"的"异域体制"进行评判和定性的过程。

2. "异域人文"形成"故事化"好奇的跨文化比较型"对象"

在以大众媒体传播为载体的"故事化"言说呈现过程里，最令受众关注的内容，除了那些达到令人震惊得瞠目结舌的"突发事件"及暴力犯罪类事实外，就是那些具有让人们满足好奇心的"人文"风格表现及其内涵解释的部分了。在这个由"经济一体化"潮流冲刷的生态里，面对以"西方"的尤其是"美国白人中产阶级"消费理念促成的生活方式逐渐覆盖，越来越多的族群文化意识到保护和弘扬自身本土文化及生活方式的重要性与必要性。这种迫切的心理，一方面是对"自我文化身份认同"定位的坚守，另一方面是对所谓"后现代主义"暗示的"美国价值全球化"的审视与有所保留。

在这种经济化生产与消费牵制的文化价值观带动生活方式改变的生态里，已经很难将形成一个"社会文化情境"仍维持某一定型化存在体所需的组织化情境分离开进行考量。毕竟，经济、文化与生活方式是在社会体制框架下不可缺少的、相互依存交错的部分。所以，对以"国际化"大众传播定位进行言说式话语表述的"国际化传媒"而言，如何对那些既能引发国际化受众关注而满足其好奇心，又能对自身本土文化价值观起到保护和弘扬的"异域人文"加以呈现？就成为一个能否兼顾有效达成引导自身本土受众"自我文化身份诉求"的心理期许，又将具有附着在经济消费产品上的强势异域人文之色彩"镜像化"的探究重点。

根据目前分布在"世界格局"里各个文化圈的"国际化传媒"对"异域人文"加以"故事化"言说话语表达的方式来看，顺应实现"自我文化身份诉求"的逻辑线来设定"故事化"聚焦的"点"与"面"，而展开对跨文化比较型"对象"具有"色彩化"呈现的策略，已是一整套"故事化"话语包装类型在言说的势头。本作的探讨与分析从以下三个方面展开，即：第一方面，"物以类聚"的"文化圈"化"情境板块"；第二方面，"人以群分"的"文化圈"化"情境理念"；第三方面，"阵营壁垒"的"文化圈"化"映现对象"。

首先，"物以类聚"的"文化圈"化"情境板块"。

在现有"世界格局"里存在的所有看似以"自我经营"态势运转的各个"社会文化情境"化"板块"，事实上是在决定其得以如何存在的"文化圈"价值观主导下得以维系的。尽管这些已具有相对稳定性的"文化圈"在微观层面上，是独立的、同质化的，更是"自我的"，但是，在宏观层面上，却是被清晰地以犹如"分门别类"般地裁定后，设置于"副册"或"又副册"的归位化存在。而处在"正册"位置上的"文化圈"，就在经历了几个世纪的文化身份建构与表达后形成的强势话语权的引导下，对那些属于"非正册"的"文化圈"加以"支配化"、"指导化"抑或是"训诫化"的表述。久而久之，那些"被表述"的"文化圈"在自身的意识里，开始向着那一"被呈现"的"自我"转化；同时，作为具有支配力的"表述者"，演化为定义"被表述者"的裁判者。

顺应这一言说话语逻辑线，任何存在于"非正册"文化圈里的"不同"，就成为"正册"文化圈"表述者"眼里的"另类"，代表着"国际化传媒"叙述体里的"异域风情"、"另类"、"文化他者"，以及"他们"的言说话语元素构成。由此，在现已形成"强势化"的"国际化传媒"言说话语表达里，只要是对有关"非正册"文化圈的"社会化"存在的聚焦，就一定是微观"情境化"的"灰色地带"，或曾经是以"历史"出现在"正册"文化圈里的"过去时"。于是，尽管在音频产品的呈现上，其表现为"奇妙的"另一类"声音"存在，但其是"非现代的"而是"传统的"过去存在；在视频产品里的直观描述上，其展现的是"非普适的"而是"古老的"传承赝品；在文字记述中的写意上，其传达的是"非现实的"而是"追溯的"回忆过往。此范围内的一切言说话语，在呈现表面上是以能勾起或满足受众的"好奇心"为中心来设计，由那些属于"独特"、"猎奇"、"另类"为色彩元素来串联，将"只是属于'那类'"、"现在竟然'仍有'"般的认知心理反射加以强化，进而完成对"非我族裔"、"异域风情"、"非属后现代主义"的，"传统的"、"守旧的"以及"落后的"认知理念的"软新闻化"委婉地表述与传送。

如此的聚焦点设定，可以在对"世界格局"里"国际化新闻传播公共话语空间"里的国际化受众引导上，形成视听感受的直接对比结论，即："那一处"的"文化他者"存在之状况"点"。与此同时，在认知心理上建立"映现化"自我文化圈里的"同类项"间"比较"效应，为得出"自我身份认同"带来的"满意感"、"优越感"及"自豪感"，建立"事实化"客观合理逻辑解释"面"，进而强化了"文化他者"带出的"他者"内涵定位。"界限化"的"疏离"、"异类化"的"排斥"、"文化他者"的"非我"认知元素，转化为提升"强势传播源"立足的"文化圈"，为达成"自我文化身份诉求"所需的认知视域里的"面"。从而，完成对从属于"正册"文化圈身份定位的受众视听感应的全方位覆盖。

所以，尽管各个"文化圈"同处一个"世界格局"里，但是存在于相互之间的"圈子化"界限，是确认各自成员"文化身份"的清晰心理准绳。纵有所谓"经济一体化"大潮的冲刷，不仅未被清除掉，即便是些许的清洗也未出现，反而是越发清晰耀眼，时刻攫取国际化受众的视线。究其缘由，皆因已是"强势传播源"的那些"国际化传媒"系统所设计与运用的"国际化新闻传播话语"言说表述从未间断地提示着"文化他者"的存在与不同。进而，"好奇心"满足后的国际化受众获得了"被引导"后的"比较"。

其次，"人以群分"的"文化圈"化"情境理念"。

当各类"社会文化情境"由原本的族群传统进化到可称之为"文化情境"后，就使得极具民族色彩的言行举止生活样貌"被类型"化地凸显和解释。这样，在"世界格局"里的各类"社会文化情境"就以"板块式"的存在体，承载着自身被类型化后的族群风貌，具体到其"情境化"了的"社会人"个体上，就是代表着"族群"整体精神气质的呈现了。也正是这样那样的"精神气质"，使得"刻板印象"的定势模版被运用于跨文化交流的微观往来间跨文化传播的宏观媒体传送层面上。所以，当具有"跨文化"色彩的任何交流与沟通，都成为据"人以群分"为基本认知出发点而展开的心理感受与诠释结果。

至今在"世界格局"里最具体现和解释这种对"文化圈"进行"定型"的言说话语体系，就是由"西方"人文社会科学领域经过百年研磨出的"东方主义"。顺其脉络衍生出的，就是"东西南北中"的"地缘政治化"板块托起的"文化圈"。而当将各自当做支撑生存、维系运转的或可称为"生活哲学"，或可定义为"民族价值观"，抑或可视为"民族魂"的认知心理依靠，归位于体现"文化价值观"的"情境理念"后，本已是"被群分"的"社会人"就成为在"跨文化型"表述与呈现过程里不可或缺的"比较元素"。

据此，当运作"国际化"大众传播言说的"国际化传媒"对任何"个体化"的"社会人"进行聚焦时，都是"软新闻"原理支撑下的宏大叙事婉转呈现。进而，当通过被视作"人物专访"的叙述文本向国际化受众表述时，看似"单一化"的"个体"，在要么是"谈笑风生"要么是"娓娓道来"，更或是"荡气回肠"情绪伴随而来的"声泪俱下"言语里，实则是"刻板印象"烘托出的"文化圈"化了的"精神气质"映衬效应。这时的"国际化新闻传播公共话语空间"里的"国际化受众"能感受到的，是"个体化"言语者所立足的"社会文化情境"得以维系"如此"运转的政治、经济、文化及心理等支柱型元素的"具象化"体现。从而，也就将因其形成的"镜像化"晕轮效应，转化为与自身"文化圈"规约出的"情境理念"进行"跨文化型比较"的"素材"。

虽然"人物专访"作为媒体传播言说的基本叙述文本，但是，在"国际化"传播的言说话语平台上，作为"传播源"的择定素材、"新闻化"成分，以及"媒体传播产品"的"卖点化"内核，都已是其言说话语体系框架限定后的"材料"再构作品。进而，那一原本是"个体化"的"社会人"，已经是被塑造成令

"国际化英语传媒"视为具有国际化传播价值的宏大叙事体元素，达成"文以载道"效果得以形成的"画龙点睛"。

所以，本是由"人群"类型为基准划定的"类型化"文化圈，在"国际化新闻传播话语"言说表达框架下，成为以"个体化"的"社会人"言说表达为中心的"人物专访"叙述文本。这其中可以是"新闻人物"的言语解释、也可以是"传奇大家"的言语描述，更可以是"流行人物"的言语弄潮效应。但是，无论这些门类多样的言说话语如何表述，都已经是在"国际化新闻传播话语"既定的框架里，进行"以人说群"带动的引导受众强化产生"自身文化身份认同"理念的"文化圈"定性与定位。

最后，"阵营壁垒"的"文化圈"化"映现对象"。

"全球化"作为单纯的语汇向世人提供的语义，似乎是"世界格局"在全方位实现了"同质化"。然而，究竟是各类文化的"全球同质化"，还是经贸活动规则的"必须一致化"，却突然令世人产生了对被称作"后现代主义"的学说，同"美国文化国际化"的势头联系起来加以审视。结果是：以"美国价值观"为中心的"顺我者昌逆我者亡"的"国际社会"运行规则，正在借助经贸间的互动行为，以相应规则得以实施的推手方式在同文化价值观结合起来。

在如此"一手遮天"般的"单极化"国际规则操控态势里，强势的国际化大众传播源凭借其立足的文化圈，将已建立的优越感通过对其择定并聚焦的他类"文化圈"部分存在，进行放大和推介，并完成对与其相异的"文化圈"形成鲜明界河般"壁垒"的加固。由此，可以令世人意识到：即便是经贸互动的频率不断增多、牵连的覆盖面不断增大，但"冷战"时期就已经是"泾渭分明"的"阵营"格局及其形成的影响效应，却并未消失，反而在增强和扩展。如此的状况，不仅仅是历史惯性的释然，更是当今经由"国际化"大众传播言说的助力，以比当初"殖民主义时代"竭力达成的"精神殖民"更软性的方式，完成"寓教于乐"式的认知风格再塑，进而对以自身"文化圈"为中心的"阵营壁垒"进行外延化地扩大。

这种言说的风格，是按照"文化圈"已掌握的话语权影响力强弱度来展开的。其建构言说话语表述体的宗旨，是能够将"阵营"具有的优势转化为语言的描述，从而给国际化受众建立"意念化"的"彼岸"想象空间，激发出顺其描述的优越性而产生的推断晕轮效应。这不仅是对"传播源"所需"自身文化身份诉求"的进一步转型言说，更是在此基础上衍生出的"软新闻"原理支撑的"心理战"式"檄文"。当然，在经贸互动日益紧密的形势下，此类的"檄文"，已经不是充满火药味的挑战文字，而是近乎波动心弦的"新闻化"了的"心文"。

以如此软性表达风格为出发点建立的叙述文本，是那些在"世界格局"里的"国际化新闻传播公共话语空间"中已获得"强势传播源"标志的"国际化传媒"系统，在面对通过"经济一体化"烘托出的那些在历史进程中就不属"正册文化圈"的社会情境获得的新意识，即：经贸互动全球化模式不能套用于文化的发展，毕竟各个文化情境都具有族群自身深远的文化传统，其文化模式是其中的民众或民族生活意义生成的所在。为了冲淡或清除这一近乎"文化主权"与"文化抗争"意识，立足于"西方阵营"的"强势传播源"设计和运用的"国际化新闻传播话语"言说体，就在"软新闻"原理的框架下建立了如此的传播话语表述策略，即：依托"西方流行文化"（也就是"美国化流行文化风格"）为传送表达平台，由其运转的跨国传播公司将"西方化消费主义文化"同"西方文化价值观"及"西方化政治意识形态"三者，平民艺术化地巧妙结合起来，同时辅以其具有的政治、军事及文化传播战略的同步支撑，对"非正册文化圈"社会情境展开渗透力和摧毁力极强的攻势，进而引发了为了民族族群文化生存形成的激烈竞争。正是如此的传播生态在持续不断的经贸互动全球化的簇拥下，那些被视为"弱势文化情境"的"文化圈"之"文化主权意识"越发清晰，随之产生的与所谓"强势文化情境"的"文化圈"之"文化渗透"进行抗争的势头势如破竹，最具代表性的例子当属在"阿拉伯文化圈"及"国际化新闻传播公共话语空间"里日显其"国际化新闻传播话语"影响力的"半岛电视台英语国际频道"设计的国际化媒体传播叙述文本。

总之，当具有自身规模与族群生存心理依据的"异域人文"，在"国际化传媒"所设计与运用的"国际化新闻传播话语"言说表述体中，转变为能够引发国际受众好奇的"故事化"跨文化比较型"对象"后，被其聚焦和表达的是"个体化"文化他者也好，还是"单一化"现实存在也罢，都是围绕着媒体传播特有的"新闻化"框架规约后的叙述文本得以表述的支撑脉络，即：通过对某一"客观化"的社会现实存在本体的聚焦，顺应了"'物以类聚'的'文化圈'化'情境板块'"；经过对某一"个体化"的情境"社会人"在专访类型的呈现，提示了"'人以群分'的'文化圈'化'情境理念'"；在此两者表述的基础上，透过对其所聚焦的"人"、"事"和"物"的"表达",达成"镜像化"地婉转凸显"'阵营壁垒'的'文化圈'化'映现对象'"效应。进而,令"世界格局"里以"板块化"存在的各个"文化圈"间日益"泾渭分明",而非达成"互通有无"的"和谐相处"意义上的"文化全球化"理想。

3. "异域规则"建立"故事化"表达的跨文化比较型"评判"

在对任何类别化了的社会文化情境进行"国际化"大众媒体传播方式的言说与呈现时,通常在受众的感受系统里留下的大多是"事实+人物"构成的"故事化"报道。由此,在一般受众的认知结构里,受记忆支配的意识显现的大多是经过媒体言说了的这些"人"与"事"依托的细节,来勾连其认知风格指向的"人"与"事"相关的情境。即使受众对所想象出的情境没有任何涉足的经历为依据来支撑其所有的结论,但是,那些以"碎片化"镜像效应留存在记忆里的"映现",却是令他们倍感信任与权威的所在。所以,任何的有关"异域"的"结论",都是合情合理的、客观真实的,尤其是"颠扑不破"的"真相"。

但是,当"国际化"受众带着自身的期许,以亲力亲为般的涉足行动来"一睹尊荣"时,却发现了眼见得"现实"与媒体言说化的"实际"间存在的不可言说的距离。尽管他们知道媒体传播职业化带来的剪辑后呈现时可理解的特点,但却明了了一个实实在在的"真相":媒体化言说与呈现,只是属于媒体传播这一行业化的表述,除此绝无他用。然而,当媒体传播以"国际化"传送为定位后,其呈现的所有叙述文本内容,都有了独一无二的"用武之地"。

这时的"用武之地"源自其获得支撑的"国家利益",以及设计这一利益的情境之政体与精英集团,以及他们赖以存在的利益集团所有的期许。进而,当"国际化"大众媒体传播系统诸如"国际化英语传媒"组织的言说,呈现着只是关于一个令国际受众"开眼界"的"事件"背景或"人物"经历时,所有的表述都已经是达到"剑指咽喉"般的"被表达者"身后的社会文化规则和规范。这些决定"情境化"存在从"内"到"外"特点与风格的元素,在其"被弘扬"与"被否定"时,都会产生极具颠覆效果的作用。这也是为何今天的"国际化传媒"所设计和运用的"国际化新闻传播话语"言说文本,将越来越大的比例都投注在看着简单而直接的"人"与"事"上的解释之一。

首先,宏观规则化"世界格局"是谁的"表象"?

在对国际社会具有的意义进行认识与理解，就必然要触及到现今世界形势在整体上的呈现样貌与态势。这样，就形成了对排除具体地理位置风貌等自然因素的构成，而直接将由政治、经济、文化与军事四大元素相互支撑与制约形成的合力效应决定出"人文化"世界版图作为剖析与分析的本体了。就目前直接影响和决定"国际社会"动态的力量与随其决策而律动的部分，按照"拼图板"的方式一一对应后，就呈现出了"八国集团"、"北约"、"欧盟"、"东盟"等"地标性"的存在体。当然，这些透视应在另一个被称为"联合国"的存在体统筹下，进行符合"国际社会规则"的所有运行。

但是，当诸如"国际化传媒"系统般的"国际化"媒体言说对这个世界进行描述时，出现频率最高的词汇当属以上被列出的了。而这时唯有"国际社会"这一词汇是永远被连带着同时出现的。但在相形之下却是给人最无形的存在本体。尽管如此，"国际化新闻传播话语"的言说依然在此词汇为中心的前提下，展开所有与被列出的"词汇化"存在体有关联的任何叙述文本。进而，"国际社会"似乎又是与"世界格局"相辅相成的"连体人"。诚然，作为"国际化"受众里的"情境化"中产阶级社会阶层，都能够认识到两者间的本质区别。因为，前者只是涵盖了所有类型的社会文化情境中的一部分，而后者是对现存所有社会文化情境的规则化排序本体。显然，"世界格局"是现实地球人类的一种语言符码的形容方式，而"国际社会"则是一种体现国际关系现实的政治语言符码。

然而，当媒体以"国际化"言说的态势来运用"世界格局"时，就出现了必须面对的问题，即：这一词汇具有的语义该如何来界定其内涵？也就是"世界格局"呈现了谁的"表象"？

回溯历史来审视这一问题带出的反响时，就需要将曾经出现至今仍在其效应的"第一世界"、"第二世界"及"第三世界"构成的"意念化"版图。毕竟，彼时此刻的国际政治、经济、文化和军事关系的建立、改变乃至撤销，都与这三个类别紧密相关。从而，有了在政治上相互共用的理念、在经济上相互遵从的条例、在文化上相互欣赏的色彩，以及在军事上相互定夺的敌人，等等。当以"后现代主义"学说支撑的"经济一体化"带来的"全球化"消费理念与相应的行为后，似乎消费品达至的覆盖面完成了"全球化"的所有意义，当时由此一、二、三分类构成的世界，成为了由"国际社会"为前缀的"世界格局"。在这个生态里，经过"国际化传媒"般国际大众传播系统的言说，令其中的所有类型化社会文化情境间，在经贸平台上建立了存在"主仆"间的"侍从关系"；在政治舞台上构筑起"盟友"间的"有难同当"；在文化交流渠道里完型了"分享"般的"你中有我，我中有你"；在军事战略里布局了"联军"式的"同盟"。

如此的"世界格局"在运行态势和存在样貌上，都只能是按照在政治、经济、文化和军事四个方面具有"强大"控制力的"优势方"意愿来设计和运行。进而，如"国际化传媒"般的国际言说系统上的新闻话语走向，就成为实际掌握强势话语权的"国际社会"意愿的风向标。其言说的内容、预设的效果，以及遵从的条例，都是源自这一强势的意愿。所以，由"国际化"大众媒体传播系统言说话语描述的"世界格局"形态，实则是"国际社会"行使掌控力的体现，只不过是经过媒体职业化呈现的言说"表象"而已。

其次，中观规则化"异域情境"是谁的"认识"？

当"国际化新闻传播话语"言说表达文本里，将意指"与……不同"的"异类"、"异化"或"异于"等词汇，运用到"社会文化情境"依托的族群、团体、人群及群体时，就已经是向其目标受众传递一种"认识"结论。而就是在这种经"语言化"表述逻辑体现的"认识"，成为对某一族群的生活方式加以定性和定论的结果，以完成对受众认知视域覆盖面的引导和定型。

也正是在覆盖面达至"国际化"程度的诸如"国际化传媒"系统的"新闻传播式"言说话语的表达，令"国际化"受众在认知心理上建立了接收定势，即："国际化"的就是"世界化"的，也就是"全球化"的，自然理当是"权威化"的、"普世化"的，更是"客观真实化"的"认识"了。但是，当"信息化"时代辅以"经济一体化"的互动交往机会增多，"相互间"的"串门儿"就成了"家常便饭"。也正是在这一过程里，原本坚信仅仅依靠"国际化"大众媒体传播的呈现，就是最权威的获得对"世界格局"正确"认识"的渠道了的"'国际化'受众"，用自己的双眼和切身经历发现：亲力亲为的"实地考察"永远比道听途说的"声像告知"更真实，进而获得最符合实情的"认识"。从而面对"国际化新闻传播话语"的言说，产生如此的问题：国际化大众媒体传播描绘的"异域情境"是谁的"认识"？

探究这一问题引出的议题，就必然要对形成那个如此言语表达的源头进行追溯。在将现实存在的本体以语言化表达的词汇"异"和"同"来对立化完成的，是依据"二元对立"思维方式构筑的认识论完成的表述体系。在对世界族群的认识以"异"和"同"来获得"合理化"逻辑，再演化为庞大知识构成的认知学说的，当属以"西方"为中心主体建立与其相对立的"东方"参照物的"东方主义"认知体系。对于这一被命名为"东方主义"的学说，是如何出笼并随着"殖民主义"潮流对世界各类族群的冲刷程度加强，而变为一种"理所应当"的存在之原因，已有很多的探讨结果，本作在此不再赘述。但是，通过现今运行着的"国际化传媒"系统的"国际化新闻传播话语"言说表述文本构成，还是可以经常看到由这一学说衍生出的理念之支撑内容。

进而，凡是触及"非西方化"的社会文化情境议题，在"国际化新闻传播话语"言说的表达上，都是顺应这一"东方主义"学说建立的词汇和语境，来强化其具有的"异类"背景，进而可以产生如此的"文化他者"本体，从而"被聚焦"对象的所有"不同"，都有了现成的"被赋予"归位去处。这样，符合那一学说所建逻辑的，任何族群的出现，就有了特定的词汇和内涵来前缀，诸如："英裔美国人"（Anglo – American）、"英印混血人"（Anglo – Indian）、"央格鲁撒克逊人"（英国血统的人），以及"日耳曼人"（German），等等。以此推导出的祖先血统、地缘宗亲及文化脉络的联系，使得在自然地理位置上为亚洲区域的印度人，因为是白人血统而成为一个符码化的内涵存在，日本的地理位置和亚洲血统，并不会影响其作为"白人"构成的"西方阵营"里的营员，而向亚洲其他社会文化情境展示着文化价值观身份的荣耀。

显然，以"异域情境"的"异"来体现与"同"相对立的"文化他者"之"认识"，实则是"东方主义"学说建立者为其赋予的"内涵"，在新时期的变形化发展和衍生的结果。这样，已被定性为"异域"的"异"之"社会文化情境"之所以与能在相比之下令其具有"异"之色彩和逻辑的那一类"非异"参照情境，就具有了近乎言说话语的"道德高地"而强化其运用的学说之逻辑根据，从而完成对其定义的"认识"叙述文本的建立。

最后，微观规则化"社会存在"是谁的"意志"？

在任何社会文化情境里的"社会存在"，在以言语方式表达的大众媒体传播而言，都是"人文的"。进而，也就是经过"个体化"的"人"、"情境化"的"体制"，以及"自然化"的"地理环境"三者长久互动后建构的结果。所以，这一"社会存在"是人工的、认知化的，更是规则化后的"意志"存在。就是由于情境内统一的规则起到了规约作用，其产生的引导或是塑造其成员转变为"情境化"

的"社会人"的功能，就成为那一行使着统筹情境整体运行的"意志"。这是任何类型的社会文化情境，在形成和建立之所以是如此样貌的过程中都需要的"意志"。

然而，当"国际化传媒"系统在聚焦了某一情境后，以其独特的"新闻传播式"话语展开言说时，那一"被言说"的"情境化"了的"社会存在"，就具有了新的"意志"。而所有围绕其展开的言说话语表述，就是以这一"意志"而非形成情境的那一初始"意志"为转移的。显然，这一具有决定"被聚焦"的"社会存在"，如何被"国际化新闻传播话语"言说来表达，似乎是完全是顺应作为"传播源"的"意志"，而且对于其目标受众而言，还是媒体传播职业化要求的"意志"。但是，当一整套具有视听引导力的"新闻化"话语，在紧紧围绕着某一"被聚焦"的"异域情境"展开时，所有的语汇、语义及其连带出的语境，却已经完全不是作为"传播源"的"国际化传媒"系统所能单独决定的了，而是在其立足和接受并加以"国际化"媒体传播运用的"文化价值观"建构的认知理念。

审视当今已具强势引导力的"国际化英语传媒"所设计和运用的"国际化新闻传播话语"内涵，都是那些属于"西方阵营"里的"传播源"所共享的认知理念，即：以"东方主义"学说为基础发展而来的"后现代主义"思潮，对现有"世界格局"的"新式"表述。这类表述更多的是把"西方消费主义"崇尚的"个性化"与"自由市场体制"提倡的"自由主义"衍生的"个人主义"树立为塑造"国际化"社会人的标准，从而为"异域情境"里的"情境化"了的"社会人"提供了这两者结合起来后形成的"新型'意志'"。

而最为关键的是，本作定义其为"新型"的，是因为在"意念化"的"地球村"认知视域里，"意志"带出的语义和其能够生成的语境，带给受众的第一感知就是"权威的"、"必需的"、"强加的"想法或决定。而此时的"新"，就在于其转化为"常识"的定位同国际化受众见面。尤其是当其与看似风行"世界格局"里所有"社会文化情境"的"消费主义"带动的观念相结合后，原本"意志"极具"刚性的"色彩而变形为国际化受众在心理上积极"努力顺应的"普适思维及生活方式。进而，也就将其视为"与国际接轨"的、现代的、先进的，尤其是文明的定性。所以，构成"社会文化情境"的微观化存在，在"国际化新闻传播话语"言说表达的引导下，经过"传播源"的媒体传播职业化提炼和制作后的"意志"，以更为"软性"和"普世"的特点与色彩，熏陶着"国际化"受众的认知心理，从而逐渐地完成走进其认知结构的最终过程。

因此，当"国际化"大众媒体传播系统的言说话语，以"新闻传播式"的框架来呈现其选定的"异域规则"时，其建立足以令目标受众注目的"故事化"表达，就必须以"跨文化比较型"的原理为支撑展开相应的"评判"。这种言说话语的"能指"和"所指"，都是非常烦敏感的，且是直接触及"被言说"的"社会文化情境"的整体脉络，虽然表面看上去只是对"一人"或"一事"的聚焦。毕竟，这种言说话语的内涵，已经而且必然是覆盖三个层面的，即：在本节里已经被剖析的三个方面：第一是宏观规则化"世界格局"是谁的"表象"？第二是中观规则化"异域情境"是谁的"认识"？以及第三微观规则化"社会存在"是谁的"意志"？经过对这三个方面的探究，使得原本在媒体传播化言说话语叙事风格上，颇显"挑衅的"、"激烈的"和"批判的"定性化"评判"，在"经贸一体化"需要的"互惠互利"制约下，转化为"软性化"的表述。当然，此时所传递的"内涵"也已变化为更易打动国际化受众"人性通识"的"常识"推介和弘扬。这样，就以极为委婉的叙事风格，提示了"被聚焦"的"社会文化情境"里的"被言说"社会存在，是不与"常识"相符的，是需要改变为同"国际社会接轨"的普世化"常识"的。伴随着"国际化传媒"持续不断地言说话语表述，其传递的"常识"就会完全走进国际化受众的认识体系，而转化为引导其思维及生活方式的"理应如此"、"人家国际上就是这样的"等认知心理归位效应。

总而言之，新闻学传播学意义上的"软新闻"，在"国际化传媒"系统设计和运用的"国际化新闻传播话语"以故事讲述方式展开其"叙述文本"时，这种表达就是对其定性为具有"价值性"的"被聚焦对象"记忆"软新闻型"的推介了。因为是"故事化"的定位，这类以"软新闻"原理建构的叙事，就会在仍然按照媒体传播"新闻化"特质的要求，将体现传播价值的"点"与"面"进行传送。围绕这一出发点，这类叙述文本主要从这样三个"点"切入，进而经过"新闻化"的"故事"再构后，成为可以覆盖的认知视域"面"，即：所聚焦的"异域体制"，构成"故事化"欣赏的跨文化比较型"素材"；所择定的"异域人文"，形成"故事化"好奇的跨文化比较型"对象"；所呈现的"异域规则"，建立"故事化"表达的跨文化比较型"评判"。由此种环环相扣的方式，将原本是极为复杂的"社会文化情境"得以存在与运行的支撑"骨干"凸显出，进而将所有依附于这些支柱的"软化"存在及其原因，加以媒体传播要求的"软新闻化"框架的再构，最终将依据既定认知风格而完型的"叙述文本"，以"故事化"的表述方式传送给国际化受众。

（三）深度分析：展示"公正性"的"调查新闻"叙述文本

在大众媒体传播领域被视为"新闻"的第三个类型，就是以"调查新闻"框架建构的"深度分析"叙述文本了。这类新闻叙述文本内涵，是可足以引发"被聚焦"对象所依托的"社会文化情境"，在政治、经济、文化及日常生活等方面产生"爆炸"或"地震"般效应的。毕竟，只要是触及到"调查"这一词汇，就会产生"审查"、"裁决"，甚至是"揭露黑幕"般的媒体话语语境，进而形成如同"多米诺骨牌效应"的连锁反应。尤其是当媒体传播式言说是以"国际化"传播为定位时，任何近乎"调查"的行为或是些许的色彩，都是具有挑衅性的。所以，作为"传播源"的"国际化传媒"系统的言说，尽管只是"告知"而非法律系统的"审判"，但其能够生成的"意义"却是相近，甚至是几乎效果相同的。因此，这种媒体化国际层面的叙述文本特点，就是一个必须被探究的重要部分。

单就因词汇"调查"带出的定性化色彩而言，能够触及到"被言说"社会情境神经的元素，关键是涉及"公正性"的定义，而且秉持哪一标准或曰由谁制定的标尺的问题。况且，鉴于媒体的职责只是"呈现"与"告知"，并未获得替代法律系统和法院般执行化组织的功能，若要触及带有"调查"意象的"事件"或"人物"，必然会遭遇到极大的挑战和障碍。即便是那些对自身本土文化情境传播的媒体系统来说，也是几乎到了"寸步难行"的地步。相形之下，"国际化传媒"系统的传播定向及出发点，都只会有比那些对内传播的媒体系统更难运作的境遇，而非相反。

就目前已经在国际化传播生态里获得较高"公信度"的"国际化英语传媒"系统的运作而言，还未出现能够令"被言说"社会文化情境以及"国际化受众"满意的此类叙述文本。鉴于此，本书就只对这类叙述文本具有的难以完型的特点，加以深化探究，以此提供给相应的传播系统以启示，即：避开这些形成障碍和挑战的方面，就可能会建立起服众的言说话语表达文本来。

1. "调查事件"被运用为"变型'阴谋论'"

在一般理论层面对"阴谋论"（Conspiracy Theory）的定义与解释，基本是如此展开的："通常是指对历史或当代事件做出特别解释的说法。此类特别解释不同于一般广为接受的解释，将事件解释为个人或是团体秘密策划的结果。而且此类特别解释中特别激进者还会进一步驳斥那些广为接受的解释，认为那些是阴谋策划者的掩饰。"（www. baidu. com）。但是，当其被大众媒体传播系统运用来设计和展开其言说文本的"告知"后，就有了新的被理解的视角，即："'阴谋论'是一种看待权力关系的建构与运作的观点，它将发生于组织、制度及广大社会中的活动视为由某些高度协调而未必可见的少数精英所直接与有意控制的过程。这个精英集团的'隐秘'动机，一般在于将自身利益与各种确保其统治的社会与政治条件之实施结合起来。从这个视角看，大众媒介就被理解为强大的自动中转机器，直接控制在某个阴谋集团的某些强力成员手中，他们能够影响与说服轻信的受众被动地遵从其阴谋。"（Fiske，Li Bin［trans.］，2004，第56页）。能够令人对如此解释直接获得认同般理解的事件，就是在英国王妃戴安娜"车祸"丧生后，由媒体化言说"告知"给"国际化"受众的"车祸阴谋"说。尽管事件在时间概念上已经过去了很多年，但是，这类媒体化"告知"带给人们在认知系统层面上的震动，却是不会消减的。在此，本作选择以下的媒体报道文字，为接下来探究此类型的"国际化"大众媒体传播所运用的"新闻传播式"话语具有的特点，加以铺垫。

戴安娜王妃之死到底是怎么回事
www. baidu. com 2007 −11 −23 13：34

最近，来自法国对戴安娜王妃之死的专案调查组的调查显示，越来越多的证据指向英国王室和英国政府，越来越有迹象表明英国王室和英国政府一手导演了戴安娜王妃车祸至死的事件，以试图阻挠其与埃及富豪之子结婚并生下他们爱情的结晶。

关于戴安娜王妃之死的调查一直是英国报章乐于追踪的话题，《每日邮报》17 日报道说，新证人向调查人员提供了惊人证词。如果属实，将再次指向英国王室在戴妃之死背后起到的作用。

《每日邮报》提到了两名关键证人，首当其冲的是英国驻巴黎大使馆的一名前无线通讯调度员，报纸将他称为 XXX 先生。他在戴安娜与男友多迪·法耶兹身亡当晚在使馆通讯调度室当班。在车祸发生的 8 月 31 日 0 时 20 分之前约半小时，也就是 8 月 30 日。

深夜接近午夜时分，两名"操着上流社会口音"的人进入他的办公室，命令他离开，没有得到通知不许回来。XXX 先生在他解密期结束后的 2000 年曾告诉别人，其中一人正是英国女王伊丽莎白二世最亲信的近臣之一、她的私人秘书罗伯特·费洛斯，费洛斯还是戴安娜的姐夫。根据英国官方记录，戴安娜车祸当晚，费洛斯正在英国乡下休假，他自己也否认当晚曾到巴黎。《每日邮报》说他最近受到了史蒂文斯调查组的传讯。

《每日邮报》提到的另一名关键"证人"是英国蒂赛德机场一名保安。戴安娜身亡当日，英国首相托尼·布莱尔正是从这个机场乘坐英国皇家空军飞机回到伦敦迎接戴安娜遗体。报纸将他称为 YYY 先生。《每日邮报》说，根据从调查组内部传来的消息，YYY 先生告诉调查人员，他在跑道上与飞机副驾驶员闲聊，副驾驶问他："到底发生什么事了？我们（两天前）星期五下午 5 点就在待命，要把首相接回（伦敦）诺索尔特（机场）。"

除了 XXX 先生和 YYY 先生外，《每日邮报》说史蒂文斯调查组还传唤了两名车祸发生时驻巴黎的英国外交人员，报纸说两人都是隶属英国秘密情报处（军情六处）的"间谍"，在获得了军情六处首脑约翰·斯卡利特的允许后，两人最近首次接受了调查人员问讯。报道说，这两人在两年前引起了调查人员的注意，因为调查中的不少线索都提到了他们的名字，其中一人在戴安娜死前数日才派驻巴黎。在接受问讯时，两人都向调查人员出示了票据和文件，证明他们在戴安娜死时不在巴黎，其中一人在法国南部度假，另一人则在希腊。

此外，调查人员还在对戴安娜尸体处理的一些疑点进行调查。报纸援引法国调查人员的话说，在戴安娜遗体离开巴黎返回伦敦的 8 月 31 日，英国方面要求法国方面为尸体做防腐处理。而法国法律明令禁止为需要验尸的尸体防腐。报纸猜测说，这一举动也许是为了掩饰戴安娜可能已怀上多迪孩子的事实。

尽管这一世人皆惊的"事件"已经在英国官方的"纯粹是车祸"的调查结论宣布后，令媒体的"告知"停止了"喧嚣"，更似乎国际化受众的感受神经系统，也不再被其牵扯。但是，如此的对"事件"展开的"调查"带出的"质疑"和

"揭露"色彩，却是民众心中永远的"纠结"。这种认知心理上的"黑洞"，使得任何具有"调查"性质的媒体化行为及言说，都成为"变型"了的"阴谋论"，形成民众意识空间里不可吹散的"阴云"。这种被媒体化调查报道叙述文本引发的言说话语效应，已经不是单纯来测衡其是否具有"公正性"的问题了，而是此种表述具有的"公正化"深度分析本身，对于作为"言说者"的"国际化英语传媒"系统，以及"被言说"的"事件"在"被定为"具有"被调查"的价值后的传播效应，尤其是对在"世界格局"里的"国际化新闻传播公共英语话语空间"中"国际化"受众的传播价值所在。具体梳理后，有以下三个方面，值得深究。

首先，国际新闻化"调查事件"话语转型为"阴谋化'社会体制'"。

任何所谓"好"或"坏"的"事件"发生，都是紧紧与其"出现地"所处的"社会文化情境"相连的。这样，当一件被视为"需调查"的"事件"在定性后的被关注时，其所处的"社会"作为一个整体，就成为了必然"被分析"的所在。这时的"被关注"焦点，是引发如此的"坏"事件之所以能够产生的"社会化"原因，也就是"社会体制"的"合理"与否上。

这种"逻辑线"是在一般意义上的"分析"或"调查"所需要的，也是已经被视为合理的"惯性化"思维的表现。但是，当这种思维方式被运用到媒体化的调查与分析后，尤其是其获得的结果被媒体化地呈现时，就需要以直观和形象的方式来完成了。因而，"事件树定性分析"具有的特质，恰好语气所需完全契合。这种分析引导的调查，是以"被聚焦"事件发生与持续的时间流程，以最原始的"事件"状态为中心，展开"推论化"的"可能性"建构，进而以梳理相关联元素完成逻辑化辨识的方法。其思路是围绕着"因果关系"为中心来运转的，结果是向受众呈现如同树干般的所有脉络，并将其中的逻辑化解释加以言说话语层面上的告知。尽管这种方式可以既定性又定量地了解整个"事件"的动态状况，并推算出各阶段的概率，已达到最终了解"事件"进展过程中各种状态的发生概率，但是，以媒体的"视听化"文本的呈现方式来告知，就会形成在定性方面对具体"社会体制"的言说。这类言说的内涵，具有因"调查"程序的逐步展开，引发近乎"挑拨"、"煽动"和"挑衅"受众情绪的态势。在"国际化"传播的过程里，越是持续时间长的"媒体化"调查过程，越是会刺激受众的"逆反心理"。尤其是当相关的"似乎"合理因素，被"新的"证据推翻后的"反复化"论证的呈现，更是会令原本具有的"公正性"调查，转化为"变型'阴谋论'"，而使得受众被引导至向具体的"事件"所处"社会体制"发怨、泄愤。

在本书运用为案例分析的"戴安娜车祸阴谋"中，由于媒体系统的一系列"深度分析"基于的"事件调查"，而在短短的三天时间内，经英国境内媒体通栏标题"Where is Our Queen?"（我们的女王在哪里？）的提示，令"国际化传媒"纷纷转载后，使得"国际化公众"将在"事件"发生后产生的心理冲击和挫折感，统统向女王发泄。一时间，似乎整个令人难以置信和不可接受的"事件"，根本不触动"原本就不喜欢戴安娜"的女王情感神经，一直到女王被逼亲自站在媒体的摄像机镜头前发表"电视讲话"后，这一"敌对情绪"还是未能完全消散。在此基础上，公众的愤怒与无助又在一直带有"质疑"色彩的媒体化调查分析告知引领下，开始将属于英国"社会体制"重要组成部分的"王室"，推上道德化的审判层面。似乎这一令人唏嘘的"事件"，就是因为由这一建制的存在造成的。相对如此的媒体传播效应，带有讽刺意味的是：公众完全忘记了正是这个同一的建制，在推出"神话般"的"灰姑娘嫁王子"之"查尔斯戴安娜婚礼"时，带给他们的喜悦、羡慕及骄傲的心情。

显然，"香消玉殒"的"车祸"与"终成眷属"的"婚礼"，作为两个只因一个人而发生的"国际化事件"，在媒体化的告知文本里，其是采用了两种言说话语表述定位，进而令媒体传播特有的"鸦"与"鸽"两面性特质，被其独有的放大化、色彩化的叙事风格所致，而形成夸张化的传播效应。同一"社会体制"，也就成为截然不同的社会存在本体了。

其次，国际新闻化"调查事件"话语转型为"阴谋化'文化价值观'"。

当媒体以"新闻传播式"的"告知"对相应的"被调查"事件进行言说时，在引导受众对相应的"社会体制"展开定性化地评判同时，也使得这一"社会文化情境"所秉持的"文化价值观"受到"怀疑式"的审视。尽管人们在理论层面明了"价值观"是不能简单地被"好"或"坏"来评定的，但是，在媒体化言说话语的指引下，就会使得"情境化"了的"文化价值观"受到这种"非黑即白"的定性，也就是对"文化"进行"好"或"坏"的判定了。尤其是当这种言说话语在"国际化"大众媒体传播的平台诸如"国际化英语传媒"系统展开时，受众对"文化"的"一方水土养一方人"理解定论，就会将"被调查"的"事件"

色彩与其相连，从而使得"文化"当中任何可能形成所谓"负面"效应的因素，就会被视为这一"文化"的整体代表。显然，"国际化传媒"系统为迎合受众心理而设立的"深度分析"叙述文本，实际上在其设计相应的"国际化新闻传播话语"言说表述体时，已经是在为自身所弘扬的"文化价值观"进行"镜像化"的推介了。虽然在呈现的本身来看，并没有任何指向自身"文化价值观"的片言只语，但是其显示的"调查"方式依据的"质疑"调子，就是在对其所持的"态度"的强化，进而彰显其建立的评判"标准"。

在本书用作案例分析的"戴安娜车祸阴谋"的媒体化调查传播效应里，最令国际化受众在认知心理层面引发颠覆的，是对英国这一国家秉持的"民主"文化价值观的真实状况的质疑。例如，有中国网民就发出了以下的个人心理反响：

> 我就搞不懂了，英国是典型的西方民主国家吧，可是为何英国王室还有那么多特权？为何其还能干预政府的行政？为何其还能操纵政府资源去对一个与王子离了婚的女人花费那么大的力气来进行暗杀？难道仅仅因为那个女人和王子离了婚要和别人成婚破坏了所谓的王家体统就该死？在现代社会，离婚已经是被普遍接受的一种生活现象，也是女性权益的一部分，为何在现代的英国，作为王妃离婚就被视做大逆不道？就必须用生命来作为离婚的代价？况且，离婚的责任并不在戴妃，而在于那查尔斯的花心。我希望那些天天鼓吹西方民主怎么怎么好的人士能够出来对此现象解释一下。（www.baidu.com，2007，佚名）。

单就任何一个令世界关注的"事件"形成"个人化"的认识与理解，都是再正常不过的事了。但是，当一个发生在遥远的外国且当事人也是素昧平生的外国人时，一位普通的外国受众，也会根据其所获得的"媒体化"报道而形成如此强烈的反响，就是一个很值得探究的议题了。其追问的关键点，集中于"王室'干预'政府"、"王室'操纵'政府资源"、"王妃离婚大逆不道"，以及"查尔斯'花心'"等"事实化"语境建立的逻辑上。在世间的道德层面上看，是普适的、合情合理的，即便是对于外国文化中的外国人来说。但是，当这些被媒体传播反复强化的"事实"，被置于已经离世的戴安娜身上时，烘托起的是"冤死"、"谋杀"和"阴谋"的认知反馈。而如果是发生在一位普通英国平民身上的话，又是怎样的受众解释和反响呢？

事实上，如此这些"事实"可以在任何文化情境里发生，而且至今也是时刻发生着。只是人们大多不是"王妃"和"王子"，进而，是不与人们所秉持的"文化价值观"有着绝对化联系的。但是，即便道理在此，却还是可以在"媒体化"言说特点的引导下，使受众不自觉地产生对相应"被言说"的"调查事件"所处"文化价值观"及其"文化"整体的"质疑"和"评判"情绪的。这就是"国际化新闻传播话语"所体现的言说"内涵"得以被赋予的缘由所在了，因为其传递给受众的所有语汇、语义及语境的状态，都是"以事实为准绳"的。而在受众的认知系统里，只有"用'事实'说话"的"新闻传播式"报道，才是值得信赖的，才具有"客观化"的真相。但是，却在"事实"的一连串化的渲染下，完全忽视了媒体自身因为已经陷入深深的"同情化"、"惋惜化"及"调查化"的情绪里，使得整体的"深度分析"文本理应具有的"公正性"淡化，甚或是缺失了。从而，导致"调查事件"的"理性化"调查，多了感情化煽情色彩而少了理性化分析逻辑。所以，这种情形下的任何言说话语表达，都是将相应的"文化价值观"整体推向了"阴谋化"存在本体的思维走向上。

最后，国际新闻化"调查事件"话语转型为"阴谋化'政府与组织'"。

当触及任何有关存在于"媒体"和"政府"间的"关系"一类问题时，大多时引发相似的反馈，即：关系很复杂或是奇妙。但是，从接近理性的学术探讨层面来分析的话，又有太多的学者认为在大多数情况下，媒体还是本着服从于政府的言论，以达成为政府提供服务的目的。在西方社会里，有些事件经由媒体的曝光或揭露，而显得这类报道的提供者很令公众刮目。但是，如果细究其之所以能够提供如此的报道的原因，却是因为党派间的"角力"，或是获得了强势"利益集团"的支撑等。尤其是当媒体系统以对某一"被定性"为应"被调查"的"事件"时，实际上已经是在顺应某一持有"应调查之"的观点方的立场了。

可见，尽管媒体在"被视为"了"第四种权力"后，引导公众对其应有的权威性、客观性及真实性加以放大化地"期待"或"预设"，进而使得其具有的话语权也就提升了其实际具有的言说力。最为关键的是，这种"权力"的行使与被接受，令其在公众眼里的同"政府"间的"关系"，变得"疏离"与"监督"和"被监督"的"想象"，而忽略了两者间互相配合、互为依存及互惠互利的真实关系。尤其是以"国际化"大众传播为定位的"国际化传媒"系统里那些"强势传播源"与驾驭其立足的"社会文化情境"的"政府"间的"关系"，在其能够形成现有的"强势"过程，在媒体传播职业化言说策略上更为娴熟，愈加善于在形式上淡化或隐形自身秉持的政治态度，却在内容串连表达上贯穿自身的理念或价值观，进而令受众产生一种"客观性"与"公正性"传送的假象。尤其是这些在西方以"私有化"定位而隶属那些"媒体大亨"和"传播巨头"的"强势传播源"，作为垄断化了的舆论工具，必是担任着垄断资本家的代言人角色，并以维护其所属阶级利益而运转着。在西方的这种定性为资产阶级新闻事业的"国际化传媒"系统，是隶属于社会化阶级的，更是追随各自支持和获得利益的党派的"社会化"组织存在。

鉴于如此的背景，那些在当今"国际化新闻传播公共话语空间"里的"强势传播源"向国际化受众提供的"调查事件"叙述文本，就有了一个最基本的底线。这就是在不触及或损害自身"拥有者"所属利益集团或社会阶级的前提下，定夺其所应该调查的"事件"，尤其是以怎样的言说话语来传送其预设的"意义"。所以，当震惊世界的"9·11事件"发生后，一系列的关于其是否是"诡计"或是"利益争夺"的表达，或是以极具说服力的"纪录片"叙述文本，或是以充满想象力的戏剧化"故事影片"描述文本，在国际化受众的认知心理上刻下了永远不可抹去的"认知"痕迹。总结起来，这些以"阴谋论"展开分析的结论，大致被归为以下几类：

"9·11事件"六大阴谋论

（一）李代桃僵论

布什政府策划并实施"9·11"袭击，然后栽赃给"基地"组织。

这个说法的确吓人，但让我们从头审视从世贸北塔被撞到五角大楼遇袭这52分钟内发生的事情，就不难发现，假如没有"总统级"的干预，无论恐怖分子策划得多么周详，"9·11"都不会发生。

2001年9月11日8时46分，被劫持的第11号航班撞击世贸中心北塔。美国早就规定了处理这类事件的标准程序，即一旦发现任何迹象表明航班有可能遭劫持，10分钟之内它就应当被战斗机拦截，如果第11号航班在遇拦截后拒绝执行跟随战机着陆的标准指令，它将被击落。但实际情况是，第11号航班的无线电通讯和应答器关闭长达26分钟，飞机已偏航20分钟，而劫机应急标准程序却没有被启动。

在此之后，第二架飞机（第 175 号航班）明确地朝着世贸南塔飞去，北美防空联合司令部在 17 分钟内居然没有去击落、或至少拦截这架客机。处于严格指挥体系控制之下的劫机应急标准程序为何没有发挥作用？如果没有最高层的美国军事指挥的参与，这种程度的违规根本是不可想象的。

（二）蛇鼠一窝论

布什政府和"基地"组织勾结起来，前者策划，后者实施。

"9·11"发生后，拉登家族成员泰然包机离开美国。媒体都认为这是沙特王室在行使特权。其实，拉登家族和布什家族关系不一般，长期存在生意上的接触，他们都同全球最大私募投资基金美国凯雷集团有业务来往，而这家公司的年会召开日期恰是 9 月 11 日，那一天，老布什和拉登的两名兄弟都出席了年会。

在"9·11"之前，审讯过穆萨维的美国特工哈里·萨密特就向其上司米歇尔·毛比提出过逾 70 次警示，称穆萨维的身份属恐怖分子，而且还特别提醒"基地"组织计划在美劫机。在"9·11"发生之后，情报机构在袭击发生后的几个小时内，FBI 和 CIA 就能立即公布劫机犯的名字和相片，而且知道他们经常出没于哪些住宅、餐厅和飞行学校。

据称策划了"9·11"袭击的哈立德·谢赫·穆罕默德和拉姆齐·比纳尔谢赫，分别于 2002 年和 2003 年落网，"9·11"调查委员会要求探监，但是未获批准。虽然他们已经落网数年，但谁知道政府不是找了两个"替罪羊"来提供"需要"的证词呢？

（三）顺水推舟论

布什政府预知"9·11"袭击情报，但却沉默纵容袭击发生。

在"9·11"袭击发生前，多家外国情报机构向美国政府发出警告，而布什政府并未根据这些情报，事先逮捕恐怖分子。他们似乎在等待袭击到来：最高法院大法官阿什克罗夫特早在 3 个月之前就停止了乘坐民航客机的旅行；旧金山市长威廉·布朗在"9·11"事件发生前的 8 个小时，接到了有关出门旅行危险的安全警报；拉姆斯菲尔德在第一架飞机撞击世贸前两分钟，就预见到了恐怖袭击。

世贸双塔是如何倒塌的？美国官方的说法是：飞机携带的十几吨燃油，

全部淋到楼体上，大火将楼体的钢筋烧软，因此整个倒塌。但是，据美国《波士顿环球报》报道，初步检测显示，世贸大厦的钢架结构符合质量要求。"阴谋论"代表人物，杨伯翰大学物理系终身教授琼斯称，在世贸中心废墟上发现的熔化金属是一种高温铝热剂所致，因此他推断也许是某人使用了炸药炸毁了双塔。此外，争议最大的是世贸中心7号楼的倒塌，因为这栋47层高的建筑，并未受到客机撞击，却迅速倒塌，假如不是被炸药炸的，又能作何解释。

（四）黑账危机论

五角大楼2.3万亿美元去向不明，发动"9·11"成功搅混账目。

在2001年9月10日，拉姆斯菲尔德宣布要开展一场"针对浪费的战争"，因为一次内部审查显示，五角大楼"失踪"了2.3万亿美元，不知都用于什么项目。在2001年9月11日之后，这一切都被彻底遗忘了，再也没有人提起这件事。此外，因"9·11"而发起的反恐战争，还使五角大楼有无数个理由增加军费开支，要求国会通过更多国防预算。

其实，在"9·11"事件中，最奇怪的就属撞击五角大楼了。从第一架客机8时46分撞击世贸，到9时38分五角大楼被撞，之间有长达52分钟的时间，五角大楼居然没有采取自我防御措施。要知道，美国是第一大军事强国，作为这个国家的国防部，周围的防空部署可想而知。而且，驾驶波音飞机撞五角大楼的飞行员哈尼·哈居尔，连轻型飞机的飞行员训练都通不过，怎么能驾驶一架大型客机，在空中做出高难度特技飞行动作，以刁钻的角度撞上五角大楼？整件事情最诡异之处在于，那么大一架波音757-200型客机，在撞毁后居然未留下任何残骸。

（五）影子政府论

以切尼为首的新保守主义分子为争权夺利策划"9·11"。

一直以来，美国国内都有说法，称在布什政府中，还存在一个潜在的实权派，就是奉行新保守主义的那批人。为了更彻底地推行自己的理念，他们必须挤走最大的"绊脚石"鲍威尔，同时从CIA和FBI手中分走情报权。

这些潜藏的实权派是哪几位呢？在"9·11"袭击发生时，布什、拉姆斯菲尔德和迈尔斯"恰好"都在处理别的事情。那么在当时，是谁在控制局势呢？是切尼、理查德·克拉克、诺曼·明尼塔以及之后成为"9·11"调查委员会成员的几个人。

"9·11"之后，因反恐而推出的《美国爱国者法案》，可谓新保守主义的一大胜利。美国民间调查机构这样写道：它（《美国爱国者法案》）在"9·11"发生前已经被撰写出来，国土安全部和"影子政府"在"9·11"之前已经策划很久了。为了压制国内骚乱，当权者几十年来一直在尝试创造出一部新的、《宪法》之外的《宪法》，让他们可以宣布任何人是"敌人"，以莫须有的罪名拘捕他们。"9·11"让当权者们找到发表《美国爱国者法案》的借口了。

（六）滴血钞票论

预先疯狂买保险，销毁证交会记录，恐怖袭击不过是超级商战。

据美国哥伦比亚广播公司报道，在世贸大厦遭受到攻击的前一个月，世贸大厦的房东把大厦的所有权整体出租。据大厦的使用者说，在大厦遭受恐怖袭击的前几周，突然有许多公司从大厦撤离，撤离的公司数量和人数都是"不同寻常的"。他还进一步说，这些公司和个人肯定在恐怖袭击发生之前已经知道，或者得到了某些消息。例如，9月4日，一家以色列的航运公司搬出了世贸中心大厦；在恐怖袭击发生前的两个小时，受雇于以色列的一家快递公司的雇员们收到了用快递送来的恐怖袭击的警报。而且，一些投机者好像预先知道"9·11"袭击一样，在那之前几个月疯狂投保。世贸大厦的主人从世贸大厦的倒塌中，轻松获利15亿美元。

袭击发生时，美国证券交易委员会办公室就设在世贸中心第7号楼，成百上千起证券欺诈调查因7号楼的倒塌而中断了，是否有人从中获益？获益多少？没人能搞清楚！

背景：阴谋论在美国

实际上，阴谋论极具美国特色。翻开历史的篇章，你会发现从100多年前的美西战争，到40年前的越南战争，美国都是通过编造理由发动战争。3年前为了发动伊拉克战争，美国再次重施故伎，制造了萨达姆拥有大规模杀伤性武器、与"基地"有联系这样的借口，悍然对伊拉克发动军事袭击。

就连"9·11"这等国难事件，阴谋论者也认为这只是美国为发动反恐战争而精心策划的阴谋而已。

当然，阴谋论并不新鲜，纵观美国历史，只要是重要事件，就会出现不同版本解读。而且美国政府参与某些违背美国的国家利益和民主原则的阴谋并非没有可能，这也为阴谋论的存在提供了客观条件，"水门"事件、"伊朗门"事件便是最好的说明。

时光进入21世纪，阴谋论者找到了新的有力的盟友，它就是互联网和电子邮件。阴谋论者凭借这两种武器，可以将他们的阴谋论迅速传播开来。

美国社会学家利布里兹认为："阴谋论者往往从结果里找原因，譬如，他们看到美国政府发动反恐战争，有人从战争中获得了好处，于是就联想到是这些人制造'9·11'。"利布里兹认为，随着时间的推移，阴谋论会越来越耸人听闻，越来越合乎"逻辑"。

在回顾关于这段历史的基础上来认识诸如"国际化英语传媒"系统般的"国际化"大众媒体传播所起到的作用，就能够认识到：在出产和传送这些文本的传播机器里，自然有不拥护当时布什政府的媒体组织及其支持的党派，也有那些与支持布什政府的"利益集团"角斗的"利益集团"，更有那些与整个美国捍卫着的"国际利益"格格不入的外国政府和利益集团等等。在此，如果先撇开这类言说对具体所指"政府"和"组织"的影响结果，单说接收了这类表达的"国际化"受众的认知反应及所产生的效应，就可以看出："国际化新闻传播话语"在言说任何性质的"事件调查"后，其具有对所牵扯到的"社会文化情境"在整体上的颠覆力，且不必任何具有杀伤力的传统"武器"抑或"军火"，单单只是言语被组织后的"媒体化"传播的"新闻化"话语叙述文本。

2. "深度分析"被转成"异端行为扩大化"

在以言语化的"告知"为必要存在前提并持续运转的大众媒体传播系统，都在为以最快速度、最先于同行将"事实"传送到"公共空间"，而争分夺秒般地"抢新闻"。当然，这时的"告知"仅仅是"事实化"的"硬新闻"。由此，某一"事件"发生后，旋即通过传统和新媒体的传送而充斥于由媒体传播编织的"信息网"里。这就是今天的"媒体传播全球化"最直接的表现形式，也是令大部分受众倍感"应接不暇"后就"遗忘"的出处。究其原因，是因为单纯的"告知"那一"雷打不动"的"事实"，在超过两家"传播源"的同样"呈现"后，就已经是"旧闻"了。那么，能够令受众"惊鸿一瞥"后仍能"念念不忘"地加以"跟踪"的"告知"，又是什么呢？换言之，受众在获得了那一对"单一化"的

"事实"的"告知"后，随之而来的期望是什么呢？

就受众在一般意义上对媒体传播化"告知"的期待心理，是在对"事实"获得认知后的"原因化"的"解释"，也就是"深化报道"带出的"深度分析"。而对以"国际化"大众媒体传播为"告知"定位的"国际化传媒"系统而言，这种在对"被告知"的"事实"呈现后的"深化报道"，是建立其在"国际化新闻传播公共话语空间"里权威性和可信度的关键所在，而非是仅仅对"事实"呈现的速度上。毕竟，在多重文化情境交织与重叠的这一"公共话语空间"里，大量"新闻化"告知的"信息"是需要"被梳理"后以引导国际化受众的认知风格去接纳的。所以，这也就是为何在当今的"新新闻生态"里，"观念传播"是否能够"被建立"起来，就成为定夺一个"传播源"能否"脱颖而出"的核。

自然，对任何"媒体化"了的"新闻'事实'"的"深化分析"，不仅有审视、有调查，更有了"推断"的色彩。当然，这一色彩是以一定的逻辑为基础而呈现给受众的。进而，"国际化"大众媒体传播的"深度分析"言说话语表达，就成为一个最具吸引力、最显思维惯性挑衅和最易引发争论的叙述文本。原因是：其得以"被建构"的原理框架是"异端新闻"言说话语。其能够达成以上列出的三个"最"的唯一解释，就是其秉持"逻辑化"了的"推断"色彩，带给受众的无边"理性化"空间里的合理因素排列，以及能够成为"被深化报道"的"新闻化"了的"事实"，自有令"国际化传媒"系统认可的"异端"之处，从而使其转化为足以令"国际化"受众，在认知定向层面产生或是"颠覆"或是"挑衅"的效应的"新解"。更为重要的是，这类"深度分析"依托的"深化报道"，在"世界格局"里带出一系列牵动"国际关系"神经的"异端行为"之"扩大化"。

首先，"被推断"的前提是"事实"具"异端"元素。

当由诸如"国际化英语传媒"系统的"国际化"大众媒体传播告知流程，以其"新闻化"的职业操作方式，将某一"被择定"的"事实"为中心，展开不仅在时长上延伸，而且在解释上深化的"推断"过程后，就使得这一"事实"本身所牵连的各种"元素"，都具有了必然"被推断"的成分。虽然这些"元素"在表面上是依托"被推断"的"事实"而存在的，但是，这一过程的整体却是与其具有的"社会化"、"情境化"和"个体化"的实质紧密相连的。

显然，此类以"深化分析"为基础呈现给"国际化"受众的"深度报道"，只是因为其出现在"国际化传媒"建构的言说话语平台上，而具有了最具强烈反响与震撼的视听引导力，因为其出现在跨越其自身本土文化认知疆界后，进入的是构成"世界格局"精神气质之一的"国际化新闻传播公共话语空间"，而直接对"国际化"受众的认知形成视听层次上的引导。对于受众来说，只要是"被推断"的"新闻化"内容，就一定是有其"与众不同"且能够为"传播源"带来新闻传播价值的。尽管对于他们而言还不会立刻意识到这一"与众不同"，就是新闻传播层面上的"异端"定性。但这种"被推断"的呈现，就已是足以令人"注目"的所在了。

事实上，如果细究在新闻传播层面上的"推断"一词，就会使得这类"深化分析"解剖的"元素"具有话语的张力了。其被定义为："一个来自符号学的专门术语，用来表示这样一个句子，它可从另一个作为其逻辑上必然结果的句子而导出自身的意义"（Fiske, et al, 2004，第95页）。由此，以本书当做案例的"9·11事件"为背景，来进一步理解这一词语在新闻传播学层面的含义。当人们"被告知"那两架撞向纽约"双子楼"的飞机，是由有"中东"文化背景的人驾驶后，在人们的认知体系里很快就将"伊斯兰教"、"穆斯林"及"原教旨主义理念"，统统与"恐怖主义"联系起来，更有随后而来的"反恐"就是防范"有色人种"，尤其是来自"中东"的"阿拉伯裔"或"穆斯林"。进而，只要是听到"恐怖分子"，只要是看到"中东"模样的人，就有了多一份"防范"的心理。

更具有视听引导意义的是，随着"被推断"过程的展开，一系列具有定性本质的言说话语表达，也相继进入受众的认知体系，进而形成如同一个完整思维体系在"引导"公共话语空间形成"共识"的时段。如此的认知态势段落，带动的是如同"气场"般的"推波助澜"思潮，来冲刷着人们的理性神经，并同时拷打着各类文化价值观已经建构的"道德准则"。由此，令"世界格局"里现有的"国际关系"，出现要么走向"张"要么走向"弛"的两极化角力。这样的效应，足以使得"阵营化"了的"板块"共生共存局面，出现"碰撞"或"倾覆"的结果。此处仍以"9·11事件"为案例来审视这类"被推断"后，形成的"被'异端'"之结果。由于所有围绕"9·11事件"为中心展开的"推断"，指向伊斯兰文化、中东人，少数中东和有色人种族裔，使得"反恐"的言说话语内涵，直接对世界格局里的"中东板块"，形成"目标化"的"众矢之的"。美国之所以出兵中东，引起阿富汗战争和伊拉克战争，就是因为其所称的"反恐需要"。同时，作为一个国家的美国与有些"中东"国家的关系在整体上表现为恶化。加之，因为世界重要石油产地是中东，其对世界的经济有着巨大的影响，所以，美国扶持属于其敌对国家中的反政府力量，尽力在政治层面上打压对手。因此，在"世界格局"里的"板块化"社会文化情境间，以其标准定义的"独裁武断"就呈现为"变本加厉"。而其认可的那些可视为"民主自由"情境，也在"跟"与"不跟"间显得"左右为难"。进而，使得原本近乎安全稳定的"国际关系"，恰是由其几乎是"蛮不讲理"定性后行为，使得其大加主张的"反恐"，在那些"非西方阵营"社会文化情境看来，就已演变为侵略他国而大声叫喊的"冠冕堂皇"理由。

最直接的结果是：所谓的"恐怖组织"变得更加隐蔽，其呈现的"恐怖手段"更加不可预测。即便是美国不违背国际法宪章，自闯第三国将其称谓的"恐怖主义头子"本·拉登击毙，"反恐"的行动已然没有结束，"恐怖主义者"的活动还如常地进行着。与此同时，就美国作为一个国家而言，其借助"反恐"之机以发动所谓的"正义之战"，实现了进一步控制世界能源，并谋求世界领导地位，且将一些与其意识形态不符或存有明显利益冲突的中小国家，视为其军事打击的矛头。并加紧对俄罗斯和中国内地进行遏制。最为明显的是，伊斯兰教世界与基督教世界间的矛盾和冲突迅速加剧，美国的极权主义与伊斯兰教世界的宗教极端主义尖锐对立，伊斯兰教徒掀起了一股较大的反美、反基督教国家的浪潮。

因此，当已经是媒体"新闻传播式"的"事实"，在"被告知"后的基础上又"被推断"下，使得"国际化新闻传播话语"的言说表达，更令已然是因些许"异端"元素而转化为"新闻化"了的"事实"，具有了只是放大"异端元素"而促成承载貌似强大"合理性"和"正义性"的话语，而对后续"国策"和"行为方式"的逻辑化解释。昨天的"9·11事件"带出的"反恐"，今天正在进行的"马航370失联"引导的"搜寻正在进行时"带动的"紧张"，都出自这一类"话语"。

其次，"被深化"的过程是有"异端新闻"内涵的"元素"嵌连。

当一个"铁打"般的"纯粹事实"在新闻传播框架下"被推断"后，就具有了比一般意义上的新闻条目更引人"侧目"，而非"注目"的色彩与"内涵"。是"侧目"而非"注目"，是因为其挑动了人们的神经系统，引起惊讶、震撼、炫目和惊悚的心理记忆、情绪积淀，以致久久贮存于认知心理的深处。之所以如此，是因为这类"新闻化"告知的"条目"里，有令人感到"不同寻常"的成分，而且其具有超出一般情况下可接受范畴的"标识"。这时其在受众的认知体系里，就是"异端新闻"了。而那些支撑这些条目之所以具有如此冲击效应的"成分"，就是构成这类新闻条目"内涵"的"异端元素"了。

当任何"事实"经过媒体传播系统的"深度分析"后，就已经"被视为"有"不同于以往"的"成分"可以"被推断"了。进而，那些"成分"在置于"新闻传播"的言说框架后，就形成了"异端新闻"必需的"元素"了。但是，这些"成分化"的"元素"，并不是那一"被聚焦"后在"新闻化"框架里"被言说"的"事实"细节，而是一系列"文化符号"及"文化身份"定位层面上的"符码"再排序。正是因为这些"被再排序"的"符码"，是令"国际化"受众近乎耳熟能详的存在本体，所以，其被看做是"事实"代言人的功能，就替代了那一"被聚焦"后加以"被言说"的"事实"本身。从而，令受众感到无比信任和完全客观的效果毋庸置疑。所以，这类"异端新闻"，只要一"被传送"到"国际化新闻传播公共话语空间"里，就会建立难以磨灭的视听引导力，甚至可以被传递给几代人，以成为"传说"般的"大事件"。久而久之，这些烘托"大事件"的"传说"建立的"认识"，就成为接近于"共识"的"刻板印象"了。

在新闻学与传播学的研究领域里，术语"刻板印象"是指那些"常以高度简单化和概括化的符号对特殊群体与人群所做的社会分类，或隐或现地体现着一系列关乎其行为、个性及历史的价值、判断与假定。"（Fiske, et al, 2004，第273页）。可想而知，当任何一个"事实"在"被聚焦"后而受到"推断"时，其在过程里被剖析的部分，就集中到了其牵连到的"社会化"背景及运作风格等等人文的因素。于是，人文的"内涵"同"刻板印象"相遇后，产生出了更令受众必然接受的"真事真人真地点"的"新闻化"故事叙事。于是，这类叙述文本"被赋予"的"内涵"，就有了特定的"元素化"符码编织成的逻辑线加以衬托。最为明显的诸如：民族及其共同体（例如：穆斯林、北爱尔兰、魁北克）、种族（例如：日耳曼、维吾尔、土著印第安）、阶级（例如：白领、蓝领、中产阶级）、性别（例如：男人、女人、人妖）、职业（例如：无业、黑车司机、外企白领），以及异端行为群体（例如：妓女、同性恋、单亲家庭）等。对于"国际化"大众传播言说系统而言，其建构的表述话语指向大多是以"一率化判断"（undifferenti-ated judgement）思路为中心，而展开对相应的"符码"加以排序的。如此，带给国际化受众的认识反响就是系统化的、社会化的和普适化的高度概括。

在此，仍以本书用作案例分析的"9·11事件"为例，来进一步说明这类

"异端新闻"具有的因"深化分析",而具有的强大视听引导力。当"9·11 事件"发生后,随着时任美国总统小布什的"America on War"以及"新'十字军东征'"之类演讲词语的使用,"世界格局"里的各类"板块化"了的"社会文化情境",就进入了有"反恐"带出的震颤之中。这一"震颤"的"内涵",源自以"911 事件"为中心提供给"国际化新闻传播公共话语空间"的一系列"异端新闻"。其中支撑这些新闻言说条目的"元素"一是"美国的安全观"、二是"阿富汗战争"和"伊拉克战争"、三是重开"海外军事基地"、四是"非友即敌"的"二元对立"思维的强化效应。正是这些"元素",在"世界格局"里的"国际化新闻传播公共话语空间"里充斥着"恐怖分子"、"美国国家利益"、"本·拉登"、"基地组织"、"人肉炸弹"、"自杀式恐怖袭击",以及"盟友"或"邪恶轴心"的变型化言说指向等等内容表述。

因此,这些"元素"构成的"故事"表述,决定了人们的视听带出的视域范畴,也就成为规约其认知心理走向的关键逻辑走向。若简化这些所有的"内涵",人们就只会看见带着仇恨而又努力摆出"正义"面孔站在两堆废墟面前的、"惊魂未定"的美国政客们的嘴脸。相形之下,是那些"被标签化"了的、值得怀疑为"潜在的"恐怖分子的"异族"群体,甚或是个体。随着这类"异类新闻"的不间断传送,带给"国际化"受众的认知心理反射,就是"世界格局"里"异端行为扩大化"的晕轮效应。

最后,"被转化"的结点是"行为"呈"异端扩大化"效应。

既然是"媒体传播化"的"新闻传播式"言说"告知",就一定有其预设的传播效应。当"国际化传媒"系统传送到"国际化新闻传播公共话语空间"里的"深度报道",将经过"深化分析"后得出的"推断"结论加以"新闻传播式"框架的"再构"后,由其聚焦的最原始的"事实"、"事件"或"人物",就已经被要么是生动的故事讲述,要么是义正词言的调查揭示赐予新的"内涵",令接受其的"国际化"受众个体或群体,产生对表述所触及到的所有"异端事宜"、"异端人物类型",以及"异端群体"精神气质,有了清晰的认识。于是,在其引导下的"国际化"受众的感官里,充满了这些人、事及存在。这一传播效应,就是新闻传播层面的"异端行为扩大化"(amplification of deviance)。

由"国际化传媒"系统提供的"深度报道"形成的"异端行为扩大化"(amplification of deviance),仍是一般新闻传播意义上的同一术语解释,在传播定位和指向不同的"传播源"建构的言说话语表述下生成的效应。事实上，就是那些"被定义"的"异端行为"（deviance），在"被树立"的"刻板印象效应"放大化的具体呈现。在理论解释上是被定义为"主要由大众媒介加以协调和充分表达的某种社会反应，被冠以异端的初始行为愈发增加或'放大'的过程。"显然，正是此处不可回避的"放大"之说，使得带着些许"调查"色彩或"深化"意向的"报道"，在"国际化"大众传播的言说平台上，就有了"异端新闻"带来的特殊传播效应，即：告知受众几乎遍地都是的"异端行为"。此处仍以"9·11事件"为案例展开其发生后，由媒体传播系统依据其特点而形成的那些"新闻化"言说告知生成的"异端行为扩大化"效应。第一，在"9·11"恐怖袭击后第二年，在美国以阿拉伯裔和其他长得像穆斯林的人为攻击目标的仇恨犯罪显著增加，竟然高达14倍之多（人民网，2003）；第二，在被定性为"反恐"的漫长征途上，美国遭遇了空前的政治和军事阻力：阿富汗和伊拉克战场几乎成为吸噬美国财政和美军生命的"黑洞"（新文化报，2006）；第三，"基地"组织则展开大规模反攻，半个月前的10客机爆炸计划虽没有得逞，但已让美国和几乎整个西方心惊胆战。最要命的是，由于美国把世界打乱，导致油价像"太空穿梭机"一样扶摇直上，直接推动了俄罗斯的全面复兴，乘此机会，俄军甚至展开了前所未有的军事大变革，试图追上美国（同上）；第四，"9·11事件"推动楼市走向目前的繁荣。"9·11事件"之前，纽约楼市处于衰退期，楼价开始下降，成交量萎缩，当时预测这种趋势将一直延续到随后两年。美联储在"9·11事件"后调低了利率，导致抵押率下降，从而刺激楼价攀升，也就是看到的房产增值（同上）。这也为后来震惊世界的"次贷危机"埋下了伏笔。

随之而来的是以这些"元素"为主色调，建构起以美国为首的"西方阵营"里那些"国际化英语传媒"系统，对其需要的"新闻传播式"言说话语的设计、完型和传送。进而，当"国际化"受众听到"阿富汗"这一国名，就会在脑海里出现战乱、贫瘠、无序及愚昧的图像，而当听到"美国"时，就是美丽的海边别墅、悠闲而洒脱得似乎一切都是理所当然和唾手可得的神态，更有"基地"一词带出的"恐怖主义者"的中心地所在等等心理反应。最为关键的此类新闻传播式言说话语表达效应，是令"世界格局"里的所有民众头脑中，都"被嵌入"了这一如同深刻记忆般的"认知定位"和"认知定性"。于是，若按照每一个成年个体人头来计算的化，经由"国际化传媒"系统提供的"深度报道"形成的"异端行为扩大化",已经是在心理和精神层面上的覆盖,并深化到潜意识里以代代相传的方式"扩大着"。所以,任何由单纯"事实"引发的"国际化传媒"系统传送的"深度报道",不论是"周播"电视栏目化的呈现,还是"季播"序列化地广播或电视讲述,都是以"调查"所谓"异端"元素为出发点,来传递一种极具视听引导力而再塑受众认知体系的言说话语叙事。

因此,"深度分析"被转成"异端行为扩大化"的最终传播效应达成,是经过了一个由作为"传播源"的"国际化传媒"系统,在对其所需要的"国际化新闻传播话语"言说表述体的加以设计过程里,完成了三个步骤,即:第一步,对其所聚焦的"事实"进行"被推断"的前提是其具有"异端"的元素;第二步是那一"元素"得以"被深化"的过程是提取建构"异端新闻"内涵的"元素"嵌连逻辑线;第三步,"再构"后的"新闻化"叙事"被转化"的结点,是"行为"呈"异端扩大化"效应。

3. "调查言说"被附着于"皮下注射模式的变型"

在"国际化"受众眼里极具"刺激性"和"揭示性"的"深度报道",在其以"调查化"基调烘托的"深化分析"结论"被表述"后,其对接收者认知心理上留下的"刀刻般"烙印,却是难以磨灭的,哪怕在接收的短暂彼时只是"惊鸿一瞥",也是已经"被熏染"和"被感受"了。这就是此类"深度报道"具有的告知魔力所在,也恰是"国际化传媒"系统在"世界格局"里的"国际化新闻传播公共话语空间"中得以获得"强势传播源"标识的关键缘由。这其中的"法宝",就是由其依据的媒体传播模型之一的"皮下注射",在对其变型后的策略化使用。

在媒体传播与文化间关系的研究层面,所谓的"皮下注射模式"(hypodermic needle model)是这样被定义和解释的(Fiske,et al,2004,第126页):

> 它是有关媒介——受众关系的一种机械而简单的模式,认为媒介把价值、思想与信息直接"注射"(injecting)到每个被动的、原子式的受众个体身上,从而产生一种直接的、不经任何中介环节的效果。

这是在理论上的一般解释,而当其被诸如"国际化英语传媒"的"国际化"大众媒体传播系统运用到"深度报道"时,就已经是"变型"后的叙事框架了。

这一运用为了凸显此类"报道"具有的"深化分析"需要支撑的"调查"色调，就将其具有的强化存在于"'媒体传播'与'社会暴力'"间的特殊关系的功能，转变为其"新闻传播式"言说话语的叙述框架，进而令"媒介权力"获得将"调查分析逻辑结果"，以"被告知"的"信息"成为"注射剂"的方式，直接"填进"受众的"个体化"脑海中，也就是他们各自的"认知心理"。这时用于"被注射"的"信息"，是与其所必须"告知"的相关"隐喻"紧密编织后，以"叙述文本"的样貌，顺应"调查"和"分析"进程展开其"故事化"的"呈现"与"表达"。因为这类文本依托的"深化"方式、"调查"定性及"分析"定位带出的"剖析"与"揭露"调子，吸引受众加倍地关注。致使对"信息"从接收到接受的过程，近乎是"被熏陶"、"被感染"引发"中毒"后的"健康"受损。事实上，是特指这类"模式"被用于"国际化英语传媒"提供的"深度报道"后，因为其带有的"跨文化型"言说，而产生的不可逆转的视听引导力对受众认知体系的再塑造效应。

此处本书仍采用"9·11事件"作为案例分析，对这一效应进行分析。

首先，激发"道德恐慌"心理。

根据《中国日报网》孙玉庆的文字介绍，当"被定性"为"恐怖袭击"的"9·11事件"发生以后，日益增多的美国民众抱怨在工作中受到宗教与种族方面的歧视。这个覆盖面可以从德克萨斯的飞机机械士，到沃尔玛的导购人员，乃至于许多组织或社团也纷纷在不同场合抨击这种歧视现象，呼吁政府和社会关注并解决这种问题。阿裔美国人协会指出，数以百计的工人由于其籍贯或宗教信仰，而在工作中频遭歧视或区别对待。其中大约100多个工人已向联邦就业机会均等委员会提出申诉，其他的一些人则决定不管结果如何也要找个说法。阿裔美国人协会的发言人雷金纳德·威尔士说："如果不是因为发生9·11袭击事件，如果不是因为他们来自中东地区，这样的事情在以前是连想也想不到的。"

法马赫·阿纳布塔维是约旦裔美国人，是个穆斯林，原来在纽约 Island Park 洗衣店任职。9·11袭击事件发生后的第三天，公司老板以其他员工害怕见到阿纳布塔维为由将她辞掉。倍感委屈的阿纳布塔维说："老板告诉我，他们害怕见到你，害怕你可能在仓库里放炸弹。"

不仅如此，在沃尔玛工作的埃尔科沙利也遭到了类似的待遇。他说自己曾在工作中受到其他雇员的戏弄，曾有两名员工指着他的鼻子并举着拉登的画像问

"是他干的。"几天之后，埃尔科沙利被叫到经理的办公室，并被质问了两个小时。尽管如此，一些公司则称，他们没有采取任何歧视或者区别对待阿拉伯裔人的做法。他们还解释说，公司裁减员工，实在是不得已而为之，是纯属经济形势不景气所致。阿裔美国人协会还说，由于美国政府在处理9·11恐怖袭击事件中将主要怀疑目标定在阿拉伯人身上，导致美国舆论和社会对阿裔民众的态度发生着不断的变化。一些穆斯林经常遭受白眼，并无端受到攻击或者嘲弄。

以上这些被罗列出的部分社会现象，在大众媒体传播与文化关系研究层面上，就是与媒体化社会政治经济学说紧密相连的"道德恐慌"议题了。这一术语是指："一个凸显社会反应及控制、大众媒介与某些异端行为等种种势力相互作用制过程的重要概念。Cohn（1972）将这个术语引入大众媒介及其触发社会普遍关注之能量的研究之中，他将这个过程描述为：'某个情景、事件、个人或人群凸显出来，并被界定为对社会价值与社会利益的一种威胁。'（1972，第28页；1980，第9页）。"正是应了如此的解释，"穆斯林"族裔群体在"9·11事件"后，即便已是身份上的"美国人"了，也借着"反恐"的最高"国家利益"和"国家安全"之名义，而"被凸显"在整个社会认知定位探照灯下，承受几乎是"体无完肤"的"过滤化"审视与"清洗般"地排斥。对于"被凸显"的个体作为"那一"已是媒体告知的"特定"群体成员，在精神层面是背负着"被标识"后的"十字架"，反向到生理整体上的疲惫；而在社会层面是对所来的"归属感"的丧失或"被剥夺"。这种已经是社会效应的"连环化"恐慌，已不是"被凸显"族群或群体一方的状态，更是将这一势头具体化到特定"对象"的那些"非'被凸显'"方所具有的内在恐慌，在这种反向上的具体呈现程度和覆盖面。所以，从表面上看，是"被凸显"群体或族裔在某一"事件"被言说后承担"道德恐慌"的效应，但实质上却是那一社会文化情境在整体上波及所有成员的"恐慌"程度体现。

其次，强化"窥视者叙事"效应。

在触及到任何有关"深度报道"的叙述文本言说话语时，都不可能将"抽丝剥筋"般的"分析"带动的"调查"视角效应有些许的忽视，也正是这两种特质，足以令经反复按照"深化分析"框架告知受众所生成的"期待般"好奇心，如同"温水煮青蛙"般与时俱增。这是大众媒体传播得以维系其言说魅力的特质之一，因为作为"传播源"的"国际化传媒"系统，实际上是以"客观性"和"公正性"的名义，在尽情地"扫视"、"巡视"及"审视"任何的社会存在本体。但是，相形之下，"被聚焦"对象却是在不知情的状态下，"被记录"、"被透视"和"被分析"的。在被称作"深度报道"的媒体传播叙述文本的建构过程里，这一策略是最有效的，也成就了在新闻传播理论上定义的"窥视者叙事"[voyeur]这一术语，以及其在现实中的高频率"被运用"的局面。

单就这一术语的定义来看，是非常符号"国际化"大众媒体传播系统，在体现敏感的"国际关系"的"世界格局"里，向"国际化"受众提供既有吸引力，又令受众"过目不忘"的"深度报道"，并借助其强大的引导力来"发声"的。因为，这一术语的字面意义是指："从某个隐藏或隐秘位置看到特别景象的人或角色。"（Fiske，et al，2004，第305页）。而当其与英国传说"窥视者汤姆"相连后，再与媒体传播受众互动后，就是特指"其身份同社会情景中的旁观者进行有效的对比；旁观者是公开身份的，他们所看到的行为也是公共性的，而窥视者则深入一种基本属于私人的世界。"（同上）。如此的身份定位，就注定使得被视为"窥视者"的媒体化"传播源"，在聚焦视角、择定议题，以及呈现方式上，都会形成"这种深入通常产生危险知识，而这种知识一旦公开将导致当事人身败名裂。"（同上，第306页）。于是，这时的"窥视者"所处的"位置实际上包括在叙事结构中（窥视者汤姆被分派的角色可能是'英雄'，也可能是'罪犯'），观看者窥视者'间谍'（spies on the spy）"（同上）。

显然，被视为"窥视者"的"传播源"，并未"被标识"为负面的"可恶者"，抑或是"不道德者"角色。事实上，作为媒体"传播源"就不可能被单纯地定性为"好"与"坏"。只是令谁"心花怒放"和让谁"无地自容"的那些"被呈现"的对象，根据所需来自行裁定而已。这也是为何媒体传播系统从来都被当做"工具"，而从未更改过这一定位的原因所在。进而，对于接收媒体"传播源"言说的受众而言，就会在感受系统产生"这些说辞，都是只能两听着的，不能完全当真。"的心理定势。只有当诸如"国际化英语传媒"般的"国际化"大众媒体传播系统，在以"窥视者"的视角与出发点来言说其所"捕捉到"的"猎物"时，那一被接纳为"深度报道"的言说话语叙事内涵，是令受众即刻明了其具有的"负面性"、"社会危害性"，以及令人"同仇敌忾"的"敌对性"之所特指。与此同时，作为"窥视者"的"传播源"，也提供给"国际化新闻传播公共话语空间"里的国际化受众一个"无所不能"的"无冕之王"气势。最为契合媒体传播系统作为有效言说工具的关键点是：如此一来，能够呈现既有吸引人的

"爆料般"事实，又具改变视域的"客观化"分析的"传播源"，就有了令受众信服的既可触及过去，又能牵扯未来的"权势"。所以，在这种"窥视者"叙事框架的规约下生成的言说话语，引导着受众在重复猜测的"反刍"中，整个认知体系进入一种猜谜般的"神秘"又"想象"的叙事漩涡里。最终，只是"接受"而全无任何"反思"带出的"质疑"，成为任接收到的言说话语叙事走向牵引的"跟随者"。

就本书以案例分析而出现于此的"后9·11事件"效应而言，"受害者"美国展开的所有"反恐"活动，都带着自身本土的民众及国际化受众，走到了一个"欲说还休"的境地。到底谁是"罪魁祸首"？本·拉登已经被灭掉，为何"恐怖袭击"仍未减少，反而愈演愈烈？根据星岛网的介绍，在美国国内执行窃听、监控清真寺、打压移民、公开支持带有种族歧视的盘检（racial profiling）、禁止一些穆斯林学者访美等新闻，已使许多美国穆斯林感觉成为种族歧视的目标。来自密西根迪尔柏恩高地的伊拉希伊玛目说出许多人的心声。他抱怨道，包括布什总统在内的官员使用"伊斯兰－法西斯"之类的措辞形容激进分子的威胁。他们说这些字眼具有煽动性，且将他们的信仰比做独裁专政。伊朗出生的什叶派宗教领袖伊拉希说："这种事真的很伤人。"（星岛网讯，2006）。毋庸置疑，在"国际化英语传媒"般的"传播源"为强化其需要言说的对象时，其必然会努力找到能为设计出最有效言说话语的"叙事框架"而不遗余力。而在所有的框架里，只有"窥视者"视角及方法，可以助其完成这类"深度报道"的完型，并达到预期的传播效应。

最后，建立媒体引导的"认同"。

在以"国际化英语传媒"为代表的"国际化"大众媒体传播系统构成的庞大"言语化"告知的"信息生态"里，尽管其为芸芸众生提供了足以令他们在茶余饭后取之不尽的"谈资"，但是，最关键的是：这些以看似"东拉西扯"的"谈资"，是能够引发大众们"共鸣"的话题或想法。而且，其具有的牵引力是突破社会阶层与职业分工的。这就是媒体传播以言说的方式，排除各种世事变迁因素带进现实中的心理屏障，经久有效地存在的原因。毕竟，在现实里的普通民众们，之所以"被形容"和"被描写"为"需要领头羊的羊群"般存在，就是源于其固有的"从众"特性依赖的"顺应"心理。在当今被定性为"信息时代"中，大众媒体传播的言说就在试图扮演者"领头羊"的角色。通过言语的说辞进行"告知"，对民众一致灌输的"生存法则"就是人人必须"遵守"的法则，也就是最终成为"习惯"、"传统"及"文化密码"的"共识"，亦即："认同"。

当然，就大众媒体传播的言语告知方式及风格而言，并不只是依赖于"硬新闻"的框架，来向公众传送这一附着了实现更大范围"认同"的"内涵"，而是以多样"类型化"的路数来实现这一"告知"的终极目标。在传播与文化探讨领域，"类型"这一术语是指"具有'联想关系'的'公认套路'，某种特定媒介（电影、电视、写作）的全部作品都被分门别类地纳入其中。"（Fiske，2004，第117页）。这样，在受众/观众/读者的心目里，从这些渠道所获得的"知识"或可称为"信息"的言语表达，就将其"被赋予"扩大"认同"范围的引导目的"淡化"了，表面上看是完全没有"强加"的推动力，而是给受者"自由自在"、"因人而异"的方式，来完成"自行解码"的过程。但就是如此的"日积月累"般地"告知"，而使得受者逐渐"被引导"，完成对那一"隐喻化"的"认同"内涵最终地接受和消化。

进而，在"硬新闻"传送并呈现的"纯粹的事实"基础上，围绕这一无需造假的"真事儿"展开的一系列按照"软新闻"言说原理制作的"类型化"表述文本，诸如纪录片、纪实片、专题片、访谈类等等，使得所又可以"被挖掘"的"内涵"呈现，都可以从不同途径以"精彩化"的呈现风格，走进受众的视听领域里。与此同时，就是最具关注度的"深度报道"的言说类型了。即便是在完全可以加倍虚构演绎的电影故事片和电视剧类型中，也会以此种风格进行"天马行空"般的"深化"演绎和分析，成为"变型"了的"深化分析"。于是，在以"事实"为"点"的前提下，只要在片头打出"本片根据真人真事改编创作"，或是"本篇故事纯属虚构，若有雷同，请勿联系"等字幕，就是"艺术创作"而非"纪实片"了。但是，其对受众的认知启发和引导意义，却是如同"新闻化"的"深度报道"如出一辙，甚至是更具信服力和再塑力。

此处仍用本书之"案例"的"9·11事件"发生后"被运用"效果，展开此部分的分析。当"9·11事件"以彻底颠覆人们常识的方式出现在现实后，所有媒体的"硬新闻"方式的"突发新闻"、"滚动新闻"及"直播报道"的"告知"方式，以"排山倒海"之势冲击着国际化受众的"视域"，形成只有接受和"宁可信其有"的心态。同时，按照"软新闻"原理推出的"人物专访"、"亲属热线"，以及"现场寻踪"类的"描述"展示，让受众获得越来越细节化的"发现"

和"解释"。自然，以"阴谋论"原理为支撑的"深度报道"裹挟着受众，陷入深深的认知恐慌和无序之中。此时的心理预期值是：只要是"告知"，就有价值。但是，即便如此"无处不在"的言说覆盖，也不能将所期待的"反恐"急迫性的"认同"，即刻覆盖"世界格局"的所有"板块化"社会文化情境里。于是，在已有"告知"效应基础上，又出现了电影电视剧的言说表述。例如：由 Dylan Avery、Jason Bermas 和 Korey Rowe 联合编剧，Dylan Avery 导演的影片《9·11 恐怖大骗局》（英文名字为 911 – Loose Change 2nd Edition），在"9·11 事件"发生四年后的 2006 年，与国际受众见面。

影片主要提出了三个问题：1. 五角大楼被撞问题；2. 世贸大厦七号楼的倒塌问题；3. 撞入南塔的飞机可疑之处。受众在观看了《9·11 恐怖大骗局》列出如此多的证据，终于在引导下接受了"9·11 事件"不过是布什政府为了转移社会矛盾，同时为自己的军火集团大量敛财提供契机。所有的恐怖袭击和本·拉登并无关联，只是利用替身出演假的拉登来宣称负责恐怖袭击，利用声音模仿技术伪造电话录音罢了。在布什政府的"美国利益"之前，一切质疑之声都被打压下去。尤其是在其罗列种种铁证的同时，本片没有给出任何理论、建议，只是让观众下结论，很客观公正。对于其作为"传播源"传送的"告知"所形成的言说效应而言，最具意义的是：这一"告知"，引导受众找到了其与历史上的"珍珠港事件"间的逻辑关系，即：两者间的相似之处在于，为了转移现存的矛盾而寻找发动战争的借口，可以故意让些人送死、可以定向爆破双子楼、可以动用一切国家机器。更引发受众建立"你看到珍珠港发生什么了吗？惨痛失败—民众悲愤—领导号召—万众一心—掠夺利益，一样的。"（www. baidu. com）。进而，使得受众开始思考一切有关本·拉登个人之所以成为今天的"恐怖主义者头子"的历史背景，从而得出："上个世纪 90 年代初，苏联被阿富汗战争拖垮，让拉登一度以为敌人已经消失，但回国不久的拉登，很快就陷入到了另一场思想的漩涡中——1991 年海湾战争爆发，拉登向沙特王室提出启用'基地'组织来保护国家的建议。在苦苦等了数天之后，拉登等到的却是沙特王室的一口回绝。而沙特政府甚至同意美军设立军事基地。此举令拉登十分不满。拉登不在乎沙特政权，在意的是在整个中东、北非的阿拉伯地区，实现 14—15 世纪那样的阿拉伯帝国的复兴。为此就必须要打败他所认为的'最大恶魔'——美国。拉登认为，美国是苏联之后对阿拉伯世界最危险的敌人。"（同上）。

与本片相互辉映的"告知",是一本名为《9·11惊天阴谋》的书提供的"调查式"分析与解释。其要点是(同上):

世贸双塔楼的倒塌是极为可疑的。因为飞机撞击的部位只是塔楼的最高层,飞机只有燃油不足三十吨,整个塔楼都是钢结构的,使用三十万吨钢材整体连接构造,当顶部被撞击并引起高层油料燃烧,整体巨型塔楼的钢结构,绝对不可能在短暂的时间内,使全部钢架结构都达到同时融化和同时倒塌所必须的融化温度——800度,从而全搂在顷刻之间轰然爆炸和倒塌。更不可能使相距甚远的数座塔楼发生同样情况的爆炸和燃烧,几乎同时错落倒塌。从对事件爆炸图片和视频图像的分析看,该楼爆毁的图像,应该更像是内部预先设置了能引致高温导致钢铁融化的爆炸物,被同时引爆后爆炸和燃烧的结果。而在"9·11事件"发生之前两天,该楼可疑地发生了以更换电缆名义进行的两天人为全楼断电事件。换句话说,存在作案的时间和机会。同时更为巧合的是,负责双塔楼保安公司的老板,恰恰是布什总统的弟弟,而该公司在"9·11事件"后即神秘解散消失了。

此外,"9·11事件"当日,对五角大楼被撞击现场的分析表明;真正撞击大楼并引致爆炸的不可能是一架飞机,而是一颗小当量的波音巡航导弹。在五角大楼被撞击现场所找到的是某种不明航空器(巡航导弹?)的零星碎片,而并没有搜集到任何可以确认为是波音飞机的残骸部件。

"9·11事件"前后,美国股票市场金融市场和国际石油市场都发生大规模有组织的资金流向异动,使得布什切尼利益集团从中攫取了巨大金融利益,防长拉氏所代表的军工利益集团在事件后也获取到大额国防备战订单。因此,"9·11事件"的真相是非常可疑的。一种可能的推测是:在知悉穆斯林少数恐怖分子有劫机阴谋后,CIA以及FBI反而予以协同配合,并且设计布置了一系列建筑物爆炸,以便借此动员和宣布开始一场全球反恐战争。另一种可能是,这一事件完全出自布什、切尼、拉氏三位一体的金融石油及军工利益集团人的设计,要借此发动全球反恐战争,推进美国的单极主宰世界的战略目标。近年历史中留下了几个神秘疑团,一个美国9·11,一个台湾3·19,相信都总有水落石出的一天。

　　另外，在如此的叠加式言语"告知"积累的几乎"一边倒"的"认同"基础上，还有美国导演奥利弗·斯通交出的电影《世贸中心》，以及让·苏斯肯德所著的《百分之一主义：美国"9·11"以来反恐内幕》等"深化分析"式的"告知"表述。在这些以言语"告知"的"深化分析"连续不断地引导和呈现下，在伊拉克开花的美国炸弹，以近乎电视连续剧画面清晰般的"美军坦克开进"镜头，在"嵌入式"报道记者的随军拍摄坦克上，连接到直播设备而令"世界格局"里的"国际化新闻传播公共话语空间"里，充斥着绝大多数世界媒体的直播信号与相配合的言语解说词，尽管各自操着自身的母语而显得语言多元，但其语义生成的语境，却都与英语的表述文本"一模一样"。毕竟，那些"非母语媒体"的言说，只是翻译了或"被给予"或是"购买来"的音视频播出版的"拷贝"。由此，在"世界格局"里的绝大多数"板块化"社会文化情境，都在以美国为中心的"西方阵营"高举的"反恐"大旗引领下，将以本·拉登为首的"恐怖主义者"视为"过街老鼠"，并将其转化为"国家利益"的一部分。而完全忽视甚至是忘记了一个重要的逻辑，即："本·拉登式的'恐怖主义者'"是什么样的？又是如何产生的？又到底是要令谁感到"恐怖"？究其原因，是因为以"深度报道"为代表的强力媒体传播言说表述建构的"认同"，充盈着人们的"认知心理"承载空间。

　　因此，当"国际化传媒"以"深度报道"的方式传送言语化"告知"时，在理论上是运用了其能够展示"公正性"的"调查新闻"叙述文本原理。但是，恰恰是因为其所聚焦的"事实"转化为"调查事件"，而被运用为"变型'阴谋论'"之"深度分析"，并在此基础上被转成"异端行为扩大化"。这一过程是将其建构的"调查言说"，附着于"皮下注射模式的变型"，从而在"国际化新闻传播公共话语空间"里，激发"国际化"受众的"道德恐慌"心理。与此同时，又在强化其作为"传播源"因顺应"窥视者叙事"生成的效应，引导处在各类"社会文化价值观"里的"国际化"受众，建立其引导的预设"认同"。由此，而完成了对"被视为"最敏感、最复杂和最需淡化的"事宜"，转变为能够再塑"国际化"受众认知心理结构和态势的"叙事"，并且是刺激有趣的，和有戏剧化故事演绎的言说话语"表达"。

　　总而言之，"国际化新闻传播话语"的"叙述文本"，分为三个大类别，即："硬新闻"叙述文本、"软新闻型"叙述文本以及"深度分析"的"调查新闻"

叙述文本。其中，经过其建构的"事实报道"叙述文本，从对"单一事件报道"建立的"硬新闻"叙述文本，及由"综合报道"构筑的"硬新闻"叙述文本，并结合"连续报道"编排的"硬新闻"叙述文本，来强化体现其"客观性"的"硬新闻型"表达定位。而其为推介"价值性"的"软新闻型"叙述文本，所运用的故事讲述框架，则是按照选取那些"异域体制"构成"故事化"欣赏的跨文化比较型"素材"进行职业化再构，不仅对"现在开始"环节的"素材"加以整合，而且也可对"回到过去"环节的"素材"再现，又能对"再到现在"环节的"素材"进行衔接来完成。在采用"异域人文"形成"故事化"好奇的跨文化比较型"对象"素材时，聚焦"物以类聚"的"文化圈"化"情境板块"；也可呈现"人以群分"的"文化圈"化"情境理念"；而为了凸显其"跨文化型比较"带出的"真实性"，还可以"蒙太奇"原理来拼接出"阵营壁垒"的"文化圈"化"映现对象"。在涉及本身就很敏感的"异域化"社会规则时，"软新闻型"的言说相对有效和温和，其运用"故事化"表达对所聚焦的"异域规则"建立"跨文化型比较"的"评判"，主要是引发宏观规则化"世界格局"是谁的"表象"、中观规则化"异域情境"是谁的"认识"，以及微观规则化"社会存在"是谁的"意志"之类的认知反向思考问题。在这两类叙述文本基础上，最能够引起注目的类型当属媒体以"深度分析"操作方式，为展示其具有的"公正性"而采用的"调查新闻"叙述文本。这类叙事之所以能够在最短的时间里，几乎是即刻就可令人侧目的原因，就是因为其具有"调查事件"被运用为"变型'阴谋论'"的色彩，主要体现在其国际化新闻式"调查事件"话语转型为"阴谋化'社会体制'"、"阴谋化'文化价值观'"，以及"阴谋化'政府与组织'"。进而引发其展开的"深度分析"被转成"异端行为扩大化"，只要体现在"被推断"的前提是"事实"具"异端"元素、"被深化"的过程是有"异端新闻"内涵的"元素"嵌连、及"被转化"的结点是"行为"呈"异端扩大化"效应。由此使得其构建起的"调查言说"被附着于"皮下注射模式的变型"，而这时"变型的"模式，就可激发起"道德恐慌"心理、强化"窥视者叙事"效应，及建立媒体引导的终极目标，即："认同"。也正是如此的"叙述文本"被赋予的"内涵"，令"国际化英语传媒"所设计和运用的"国际化新闻传播话语"言说表达力，在"信息时代"特有的"媒体传播全球化生态"里，一直能够保持强大的视听引导力，从而在"世界格局"中的"国际化新闻传播公共话语空间"里，以其采用的英语语言覆盖度形成的优势，而独树一帜，并使得这类传播系统越来越受到各类"社会文化情境"的重视和运用。

三、国际化新闻传播话语的"目标受众"
——"国际化新闻传播话语"之"目标受众"的"使用与满足"模式

当大众媒体传播系统的言说以覆盖"国际社会"为传送出发点时，其"广而告之"的"内容"被接收的受众就属专指的特定人群了。这样，这类人群就是处于各类"社会文化情境"里的多元"情境化"公民了。与此同时，作为"传播源"的这类媒体传播系统，因其言说覆盖的"目标受众"定位，而成为具有"国际化传播"性质的大众传播建制了。所以，诸如"国际化英语传媒"般的"国际化"大众媒体传播系统，其所有的话语言说表达已是"国际政治"的一部分，不仅对"国际政治"形成影响，也会受制于政治权力具有的约束。对于接收这类"传播源"提供的话语言说表达的"国际化"受众而言，也是根据对其锁定的"传播源"提供的内容，加以审视、判断和分类后，才会成为最终持续关注的"信源"。其中的原因是：属于"国际化传播"性质的"国际化英语传媒"系统传送到"国际新闻传播公共英语话语空间"里的言语表达内容，都是在以"国家利益"为其最高传播原则前提下，经过高度过滤后的"字斟句酌"叙事。相对如此的言语内容，其能够"被接受"的"目标受众"，自然也就不是貌似"散落在"世界各地不同文化情境里的一般民众了。毕竟，作为支撑"国际化传媒"系统整体持续运转的言说"话语"，尽管是以各类言语重组后的表达方式面对受众的，但已经不似人们日常所使用的"聊天儿"言谈了，而是一种按照大众媒体传播职业化要求的"新闻传播式框架"，被设计与建构的"陈述系统"。顺应法国学者福柯的研究结论来审视，正是这一陈述系统，引导人们对其描述的"社会化现实世界"加以了解。同时，其也可在主客体之间建立一定的权力关系。也就是如此的话语言说表达体系呈现的叙述体，具有了其所生成和依据的社会化背景，在社会学的研究层面来审视其表达的结构化了的"社会文化情境"，就完全不再是语言本身的句子结构、句式组构以及语篇连贯方面的呈现了，而是这一表达"内涵"所触及到的宏观层面上"社会化"了的"意义"。

于是，在直观镜像效应里的"国际化"受众，作为其所述文化情境的社会公民，已经是在庞大的、无形的"国际政治"态势促成的"国际关系"网里的重要组成元素。作为代表和体现其自身本土文化特点的"符号"，不仅通过对"国际化传媒"系统提供的话语言说表达体的理解程度，来向"世界格局"里的"舆论空间"释放相应的影响能量，也作为"跨文化传播"的文化桥梁，令不同的文化符码得到不同视角的诠释。进而，就有了接受与排斥、坚持与妥协，以及欣赏与厌恶。这类受众是不会对其所接收到的"国际化新闻传播话语"言说表达产生"无动于衷"的漠然心理反应的，因为他们已经是这类传播系统在整体上运转的一部分，也就是新闻学和传播学意义上保证大众媒体传播系统得以存在并保持运转的"说话者—文本—受众"三角关系。这一看似简单的关系，对于存在于由"国际化新闻传播话语"建立的"传播生态"中的"国际化"受众而言，却是其所秉持的"意义化"世界得以构建的重要认知源泉。这是因为，当"国际化新闻传播话语"的言说表达文本，以"声像文"的"符号化"状态出现于受众的认知体系里后，"话语"所依据的"文本"，如同呈现平台一般将"话语"承载的"深层"连贯"内涵"，通过"文本"固有的"表层"连贯展示，而得到"意义"的"被表达"。

正是由于诸如"国际化英语传媒"般的"国际化"大众媒体传播系统的话语言说表达体系，建立了如此"国际化"了的"目标受众"，才使得其保持这一持续不断的叙述流程，并具有了独特的意义及效应。这一"独特"之处，在与其同"国际化"了的"目标受众"的互动后，建立了以在表层上围绕"目标受众"接收心理需要为中心的话语言说表达体，而实际上是以设计和运用这一话语表达文本为重心，来传输其"被赋予"的"意义"之"内涵"。在此小节里，因为是以"国际化英语传媒"所设计和运用的"国际化新闻传播话语"建立的"目标受众"为例进行剖析，所以，就必须以促成他们这一角色定位的"接收心理需要"为切入点来展开。具体来说，就是分析"国际化新闻传播话语"之"使用与满足理论"解释的"四重范畴"的"角色"。

（一）"国际化'认知'"追求之"知识的旁观者"

诸如"国际化英语传媒"的那些"国际化"大众媒体系统，以自身传送特点设计和建立的"国际化新闻传播话语"言说表达体系所形成的"目标受众"，在很大的程度上并不是解读和实施关乎"世界格局"里"国际关系"的那些外交策略的专家或外交官，而只是在了解了那些由对内传播媒体系统呈现的言说基础上，对来自其他社会文化情境的媒体言说感到经"了解"而丰富自身认知体系的民众。按照李普曼的现实主义视角来再认识这样的受众群体，就是其对"平民百姓既无能力也缺乏兴趣来管理社会"，并且"公众仅仅是一个幻影"的"大众"定性，也就是"知识的旁观者"而已。这类"国际化新闻传播话语"的接收者，主要有以下几方面的特点。

1. 旁观"国际化"媒体新闻化"信息"。

由于只是抱有对所接收到的"国际化新闻传播话语"做到"浅尝辄止"的"了解"即可心态，这时的"目标受众"并不主动地去试图获得相应的诠释或释义。这样，任何的媒体传播"新闻化"了的"信息"，也就只是"事儿"与"说事儿的人"而已。在更多的情况下，由于"国际化传媒"所聚焦的"事实"，并不是出现在受众自身所感兴趣的生活范围内，进而也就只是只有"了解"的状态来"看见"。当然，这类"了解"的效应，也会在受众的认知体系里留下些许的印记，即：在世界的某处会发生了"那样"的"事儿"，还有"那样"的"人儿"或"经历"。倒也称得上是"开了些'眼界'"。

2. 了解"国际化"媒体编排化"知识"。

由于在"国际化传媒"所涉及和运用的"国际化新闻传播话语"言说表述体里，除了那些流程化的"滚动新闻"呈现的"事实化"条目外，还有衬托这些"事实"的"告知化"知识。当然，这类"知识"并不似学校教师对学生传授的"知识"，而是经过媒体传播系统按照"新闻传播式"言说框架，在经过话语元素"再排序"后的"呈现式"告知。这类"知识"具有着"国际化传媒"作为"传播源"自身定位后的"色彩化"解释或诠译，也体现着"传播源"所固守的价值取向决定的选择标识。不能否认的是：这类"知识"仍属"知识"的范畴，但已经是由相对的话语言说规则"再构"后的"知识"，不是普适的，更称不上是"普世"的"知道"与"认识"了。但是，对于"国际化公众"来说，对于这类"知识"的接收，也是"了解"这个"世界"多元人文"意义"所在的途径之一。

3. 反响"国际化"媒体推介化"理解"。

在"国际化传媒"所设计的"国际化新闻传播话语"言说表达文本中，很大一部分是与"硬新闻"呈现的一系列"事实"不相关的"内容"。这些表达文本涵盖的范围之广，可以按照图书馆、博物馆之类的容量来形容。但是，对于"目标受众"而言，却不是单一化"被展示"的馆藏之类，而是已经"被赋予"了的"意义"，且等待他们来进行"消化"后认可与接纳的"理解本体"。也就是在新闻学与传播学领域最被关注的"传播效应"，在受众认知体系中的具体呈现态势。显然，这类"涵盖"对于"目标受众"的形成，是具有吸引力和启发作用的。毕竟，以"国际化"传播为定位的"国际化传媒"系统所可提供的"内容"，都是具有超越某个单一"社会文化情境"，而具有多元情境交叉重叠"理解"涵盖成分与引人注目所需色彩的集合体。对于带着"了解"产生的"好奇心"的受众而言，通过如此五彩斑斓化的"呈现"，而能获得一个看自身社会之外的"社会"，不论其能呈现的覆盖面是过于"狭隘"或"抽象"，都已经是难得的进行"比较"，以获得自身所需的"参照体"的"源泉"。

总之，诸如"国际化英语传媒"般的"国际化"大众传媒系统建立的"目标受众"，大部分是处在努力建立自身认为应具有的"国际化"了的"认知体系"，进而对这类"传播源"所提供的"硬新闻"类"信息"、"专题"类的"知识"，记忆"新闻故事"类的他种节目所具"内涵"之"理解"的理解和接受。自然，其"目标受众"里的这一类型，还是带着主动的心态来面对"被提供"的内容的。但是，他们没有清楚其意识到的事实是：这些"内容"是属于"媒体传播产品"特点的"再生物"，以其为元素建构的所谓"国际认知体系"，却是"国际化传媒"系统的"认知风格"带出的相应"认知视域"所能覆盖的认知选择决定的"所指"与"能指"。显然，在"目标受众"的分类里，这种受众以群体为单位来定位的话，就是"国际化传媒"言说话语表达塑造的最一般层面上的"产品"。

（二）"国际社会"模版化"注意力转移者"

日本学者清水几太郎使用"拷贝支配"这一术语，来概括各类戏剧效果强烈的"新闻传播式"话语言说表达对于受众而言，建立起的虚拟化世界景象。由于其出处是"国际化"大众媒体传播系统的"传播源"角色，进而是在维持其得以运转的商业力量和政府双方形成的"外力"作用下，形成的带有不可否认和忽视的"扭曲"现实的结果。进而，带着这一"公共话语空间"衬托起的对现实部分世界或成分加以"拷贝"后建立的"虚拟化"世界，更多的"目标受众"被建立起来。毕竟，在任何类型的"社会文化情境"里的民众，都有对所处环境具有不满或失衡的成分，从而产生逃避心理引出的"彼岸"情结。这时的心态，正好有来自"国际化传媒"话语言说表达体描述的"虚拟世界"，来填充那一需满足"彼岸"情结的心理需求。

1. 刺激型媒体言说话语表达"瘾君子"

"国际化传媒"话语言说表达体建立的"目标受众"，在一定程度上，有很大的比例是希望获得与已易形成"审美疲劳"的"对内传播"媒体话语有差异的异国表达。这种表达基于异域风情、精神气质和传播理念，带出的就是另一整套的认知风格及其诠释视角。其中，就现已在"世界格局"里的"国际化新闻传播公共话语空间"中建立起"强势化"视听引导力的"国际化传媒"系统而言，带有令其"目标受众"倍觉瞠目、惊栗及心悸的言说表达，就是那些关于暴力"现场"、犯罪"惩戒"、违背"常理"，以及引发敏感反响的"时政评论"等。这类"目标受众"以持续关注具有强力刺激型的"新闻传播式"言说表达，不仅可以在心理上将对所立足情境里"社会化"了的"问题"，进行意念上的淡化或是屏蔽，更会使其在认知体系里建立"比较型"的认同归类，从而在心理上对那些自感无法解决的"问题"进行回避，完成"注意力转移"后的"愤世嫉俗"情绪释放。尤为重要的是，在"比较"产生的"镜像化"效应下，能够更理智地看待所谓"社会化"了的"问题"，其实在任何"社会文化情境"里都会存在，只是呈现的方式或生成的影响程度不同而已。

2. 放松型媒体言说话语表述"梦游者"

在"国际化传媒"话语言说表达体建立起"拟剧化"了的"拷贝现实"里，因其仍然是顺应以"事实为准绳"的"新闻传播式话语"框架来构造言说表达体，所以在事实"被串连"和"再排序"后形成的呈现样貌，是由源自现实的多元"事实"为元素组接成的"拼图板"，如同一部 90 分钟的影片里可以涵盖一个国家或一个洲里最美的十几个外景一样，人人知道电影里的人物故事都只是"故事"，但那些"被组接"进故事里的"真实存在"的景点，却是可以引导观众"趋之若鹜"的。究其原因，恰是因为虚拟的电影故事和人物，在受到"拷贝支配"的晕轮效应里迷失了本我意识，而顺着那一"圆梦"的心理走向原本已存在多年的实景当中，以实现因为电影赋予其的某种"意义"。

对如此信息具有强烈期待或可视为依赖心理的"目标受众",是以"国际化传媒"系统出产的"软新闻"类内容为"现实"的"拷贝",面对相应的"光"和"影"组成的"世界",充满了想象与憧憬。不仅是因为"距离产生美"的心理在助推,更是由于这类内容带给他们的"梦境般"想象空间具有的魔力,也就是形成心理上和视域中的"短暂置换"效应。从而,使得紧张的心理状态、紧绷的情绪势头,在一定程度上获得舒缓或削弱。

3. "远古"与"未来"型媒体言说话语表现"科幻者"

当"国际化传媒"话语言说表达组织起来的"目标受众",是以"国际化"了的"社会人"角色"被定性"后,就使得附着于各类"社会文化情境"的民众自身具有的"色彩",充满了文化情境定义的"身份"所属。这样,在接收充盈于"国际化新闻传播公共话语空间"里的叙述表达文本时,其秉持的心理态势就是"情境化"的。由于这一特点,使得"国际化传媒"在设计其话语言说表达体时,必然会顾及到这种多元"情境化"的心理定势。也由此而产生了在受众眼中多姿多彩、饶有兴味的"类型化"言说表达文本。其中,在立足于"当下"的"目标受众"里,就有很大的比例是以"追溯"已逝的过往,或是"憧憬"着即将出现的未来的群体。这其中的缘由,自然是与尽可能淡化眼下的"现实"为出发点的。若是顾及到"文化情境"决定的心态因素,主要是来自宗教信仰对"彼岸"般"意义"的解释与践行的效应。

进而,在这类"目标受众"的认知体系里,最大的空间是给予那些"替代"或能够辉映"过往"层面上的"远古"化"历史"再现的叙述。而在近乎"想象般"的"意念"化"未知"空间里的"反射"效应,却是由要么是以"科学"之名,要么是以"科幻"之笔描述的文本。这时的"国际化传媒"受众,是对"历史"或"科幻"近乎痴迷的"执著者"。由于这类言说文本是近乎普适性的,所以,在"世界格局"里的各类"板块"上,都会直接看到他们的群体存在形态,也会使诸如"国际化传媒"的"国际化"大众媒体传播系统对"过去"与"未来"的"意义"建构,有了似乎是"放之四海而皆准"的模板,即:发生过的"事实"或"人物"对"当下"的"启示"、期盼中的"样貌"或"态势"对"眼前"的"意义"。

显然,原本就是传送"意义"的"国际化传媒",在其运用的"国际化"了的"新闻传播式"议题助力下，令其建构"意义"的维度和表述"内涵"的渠道，又获得了接近"国际化"的叙事框架和定势。毕竟，此类的话语言说在大众传播本身具备的"必要戏剧化"特性的烘托下，引领其"目标受众"建立不仅能够令自身信服的、也使得其所处文化情境认可的"意象化"认知空间，将"国际化传媒"话语言说中有关"历史"及"未知"的表述体具有的"内涵"，以"意义"的诠释定位在受众的认知体系里着陆。

总之，在对接收者产生影响力的"国际化传媒"系统而言，对其所传送的"信息"接受或接受程度，都会或多或少体现在受者的认知体系里，也就是"注意力"被引导后的效应。就目前的"国际化"大众媒体传播系统运用的言说话语具有的影响力来看，由以"硬新闻"叙述文本建立的刺激型媒体言说话语表达定型的"瘾君子"般"目标受众"、以"软新闻"叙述文本中的文娱体育构建的放松型媒体言说话语表达聚集的"梦游者"般"目标受众"，以及通过对划类为"历史化"讲述的"远古"，和定性为"科幻化"描绘的"未来"型媒体言说话语表现的"科幻者"层面上的"目标受众"，而最终使得"国际化传媒"言说表达具有的"内涵"，在"国际化新闻传播公共话语空间"里聚拢了立足于不同类型的"情境化"了的"社会人"，并形成以各自获得认知心理满足的言说表达类型为基准，而呈现着"意念化"城堡般的"世界"。

（三）"国际关系"社会效用之"政商活动的旁观者参与者"

将"国际化传媒"建立的"目标受众"定性为"政治活动的旁观者"，是由于在传播学理论层面李普曼（Lippman）对美国实用主义哲学家杜威（John Dewey）总结出的"知识旁观者理论"结合当时社会形式发生变化后发展而来的。而当"媒体传播全球化"建立的"新新闻生态"后，更在经贸一体化促成的"共存互依生境"里，受到政治和商业两个维度互动效应的激发，在大众媒体传播覆盖效果的支撑下，"国际化"了的受众成为了"政商活动的旁观者参与者"。

1. "国际化"了的"政商活动"交往者

在现有"世界格局"里生存着的"社会情境化"民众，由于受到了"信息时代"特有的媒体传播流的冲击，自觉不自觉地将来自"东南西北"交错的"信息流"呈现的"网状"生态，当作了维系自身心理态势与在其之外的"他者"间关系的渠道。而这一渠道是以相互接收到的"信息"交流为前提的，进而也就使得精神世界的内容与色彩，都是以对如此的"信息"承载"内涵"消化后接受的程度为决定元素的。由此可以看到，并不是接收了这类信息的"国际化受众"，直接在国际层次上的"政商活动"中进行交往，而是以所接收和接受的相关信息为平台，建立与"他者"展开的心理上的交往。事实上，这是一种认知心理在努力寻找相互接纳的"共识"之所在。而一旦这个过程完成后，不同程度的"共同反响"就得到了交换。

在具体的"国际化传媒"言说表达体系里，这些关乎"政"与"商"的叙事表达，并不仅仅是那些"时政新闻"所触及到的国际社会领导人的言行举止，也不是对依据交付给传媒系统广告费高低排序后的"产品广告"的简单循环告知率上，而是以受众对其接收后在认知体系里接纳的比例，尤其是在随之而来的日常生活里所起到的影响效应来衡量的。正是因为"政治人物"的言语和"产品广告"的展示方式，只是在受众们的认知心理空间产生效果。

所以，这类言说话语的设计就直接冲着其"目标受众"的潜意识和无意识层面而去，从而使得其建立的"受众群"是在认知心理上被引导的，进而形成了在意识上"被雕刻"的结果。这一结果的呈现不是"具体"的而是"朦胧"的，不是"清晰"的而是"联想"的，进而也就是受到"感受"系统的指引后，在心理上建立起的自觉而为。

2. 建立"国际化"了的"替代同伴关系"架桥者

在"国际化传媒"言说表达体系建立的"目标受众"里，还有一个心理因素是保证这类话语得以"被设计"与"被接纳"的，即："获得'同道'"需要。如果从马斯洛的《行为心理学》之"需要阶梯"来理解，这种需求是"社交需要"的变型。在"媒体传播全球化"的"信息"生态里，一般民众的认识范畴及社交范围，都是以所接收到的"信息"经"筛选"后而建立的。这样，已经是"虚拟化"的"信息"告知与接收，在受众的现实生活需求过程里，就转变为指导其判断状况与行为实施的依据和准则。

但是，在"国际化"的范围内，这类"目标受众"的认知视域与判断力，都是取决于其所依赖的"传播源"提供的告知"内容"。当已在"国际化新闻传播公共话语空间"里建立了"公信力"的"强势传播源"，向"世界格局"里的大部分"板块类"文化情境表述时，其所采用的语汇、解释及评论都是其"目标受众"将选用的"参照物"，从而来支撑其在日常生活里进行"国际化"社交活动，达到满足其社交心理需要。在极具"跨文化型"的认知范围内，一个沟通双方都认可和使用的"词语"，都会成为精神层面交流得以进展到更高一台阶的必要元素。也正是如此，会有效避免"话不投机半句多"的负效应，亦或曰为"牛头不对马嘴"的尴尬。

显然，由"国际化新闻传播话语"言说表达建立的"目标受众"群，在维持或发展不可回避的"跨文化型"国际文化交流与沟通方面，不仅在推介符合其传播出发点的"新语汇"承载的"内涵"，也同时在完成经过这一言说过程，对其"目标受众"加以说服和扩大其群体的目的。而对于接收方的"受众"而言，就是在对这一"传播源"已经建立的信任与权威感基础上，完全舍弃判断而加以接纳和推广的过程。如此，在这一从社交心理需要出发而衍生出的"国际化"社交行为，使得特定"传播源"的"目标受众"担任起了"跨文化型"信息交流与传播的沟通者，在国际文化媒体传播的层次上来看，就是对其所信赖的"国际化传媒"系统设计与运用的言说表达体，能在更大认知范畴内加以"被接收"，并达成预期"被接受"的"架桥者"。这也就是作为"传播源"的"国际化"大众媒体传播系统得以持续运转的"原动力"和预设的终极传播目标。

3. "国际化"了的政治议题和商业活动的参与者

在以"新闻传播式"报道般的"告知"与"财经类"呈现般的"分析"节目型态托举下，作为"信息化"了的"传播源"而不间断地表达着的"国际化传媒"系统，通过其设计和运用的话语言说，以其所择定的"纯粹事实"辅以新闻传播职业化表达框架为叙述文本，将最"具像化"的"事实"承载的社会文化背景与"人物"言语自身包裹的"意义"，推介到其"目标受众"的认知体系里。在这种表面上看来仅仅是媒体传播的真"事儿"与真"人儿"的"呈现体"上，按照职业分类予以具名的"简讯"、"专访"或是"财经"分析等等之后，是一系列体现现存"世界格局"里建立的"国际关系"，得以"被解释"的之所以如此"这般"或"那般"的"国际政治"因果链条。

由于"国际化传媒"言说表达建立的"目标受众"接受涵盖此类"意义"的所有叙述，进而在他们的认知体系里，就构造出一个辉映现有"国际关系"的

"脑海图景"。尽管是通过对言语的表达接收接受来建立的，但其中具有的影响意义体现在这类受众的具体言行上，就是努力地践行所接受的"被告知"诠释。在消化那些被具名为"硬新闻"分类下的"时政新闻"和"人物专访"带出的内容后，这类受众的"政治化"态度就有了最具体的定向，也就是在"西方阵营"里体现的"党派"之分或"教堂"之别。而在那些以"股票分析"、"国际贸易"之"顺差"或"逆差"缘由、"经济制裁"等名义下的"财经新闻"告知引导下，对在"国际关系"里常用的"同盟国"、"盟友"或"经济战略伙伴"等语汇的理解和透视后，在认知视域和心理上得以划分"界限"与"战壕"，从而为自身的"理解"或"反对"、"参与"和"回避"，提供了最鲜明与合理的依据。

在以经贸互动与合作链条生成的"全球化"效应下，以各种名目出现的相互合作关系，催生了源自各类"社会文化情境"理念间的碰撞与融汇。这时由"国际化传媒"系统推出的一系列目标明确的言说表达体系，就为急需达成有效产生相互接纳的"共识"的"跨文化人们"，提供了可以借鉴或即刻采用的"说法"、"点子"、"语汇"，甚至只是简单的一个新式"词语"。这种以全部身心置于其中的"参与"，使得牵动"国际关系"的"政治事宜"、"商务活动"后建立的"经合项目"，都获得了前所未有的"国际化"关注与合作。这时隶属于"国际化新闻传播话语"表达"内涵"的"目标受众"，不仅还是继续担任着特定"传播源"之"告知"的接纳者，而且还开始担任起"国际化"政商议题与活动的"参与者"。继而，所谓的"民主"似乎由"大多数"取代了。貌似大部人使用着的语汇、理念及规则呈现于"世界格局"里的大部分"情境化"板块上，支撑国际经贸运转的"国际关系"也呈现着"大一统"的态势。

然而，达到如此这一切的驾驭者，却是"传播源"立足的"社会文化价值观"经"国际化传媒"系统的职业化"再制作"后的"新闻传播式"言说话语表述体。

总之，当作为以"国际化"大众媒体传播为目标的"传播源"，"国际化传媒"的言说表达建立的"目标受众"，在很大程度是伴随着"世界格局"里"国际关系"变化之韵律而生活着的人群。这部分受众作为各自"社会文化情境"里成熟的"社会人"，其之所以关注某一"国际化新闻传播话语"言说表达内容，是因为他们在心理上，是希望在角色定位上是可与"国际社会"同步的"国际化公民"。如此的意识，引导他们在不同程度上成为"国际关系"社会效用之"政商活动的旁观者或参与者"。这一角色主要表现在：一是"国际化"了的"政商活动"交往者；二是"国际化"了的"替代同伴关系"架桥者，以及"国际化"了的政治议题和商业活动的参与者。从大众传播的角度来理解这类"目标受众"，可以看到：他们是反射"国际关系"产生的社会效用的"多棱镜"。

（四）"国际文化"筛网"信息"之"拟态环境寄生者"

在这个以"信息时代"定位的时代里，处于各类"社会文化情境"中的民众都在认知体系层面流出一个相当大的空间，来进行"信息"的接收、选择、整合与接受的过程。这一过程，在表面上看只是一个"生活方式"的存在所在，也在很大程度上被理解为"活在当下"的最具象体现。尤其是，人们在"被告知"已经处在"信息时代"的理念引领下，接收源源不断的"信息"是理所当然的。反之，则是"奇怪的"、"落后的"、"被孤立的"或"失常的"。

然而，滚滚而来的"信息"大潮，裹挟着进入民众日常生活及脑海中的"内容"，到底为何而来有何意义及其具有的必要性到底是什么之类的反思，却是在大部分时候就大多数民众而言，完全被忽略或无意识到的。毕竟，既然是"信息时代"里面对充盈于所有空间的"信息"，是理所应当的心理，是符合民众具有的"从众心理"的最佳解释。对于"信息"的受者而言，这般心理态势是可以理解的，但是，对于被定义的"信息时代"加以聚焦并对其得以成为"时代"所必需的"信息"之本质加以剖析的媒体传播话语研究人员来说，就是必须要回答的问题了。

尤其是当自以为处在"信息时代"里的民众为可获得如此丰富且分分秒秒更新的"内容"倍感幸运和惬意时，在研究者的眼里的"信息"受者所具有的"身份认知"及"认知视域"，都已经是与"受者"作为个体"社会人"相抽离后的另一类"个体"了。这种新身份，就是由提供那些丰富且长久"信息"的"国际化"大众媒体传播系统所秉持的"文化价值观"来塑造的。进而，这一身份引导着视界、认识、心理带出的言语表达方式及内容、是非判断依据及结论、生活方式及审美定位等一切维持生活得以持续的逻辑。如此的"信息化"身份，是由"国际化新闻传播话语"陈述系统建构的。从而，令"信息时代"里的民众，具有了近乎"新新人类"特点的"社会人"，即："拟态环境寄生者"。

1. "拟态环境寄生者"与"国际化新闻传播话语"陈述的"现实世界"

当生存在各类"社会文化情境"里的"社会人",在"信息时代"生态里受到信息大潮的冲刷后,其作为成熟化了的"社会人"秉持的各类"情境化"定义,都会被其接收到的那些源自"国际化传媒"系统的言说话语内容加以"再构",而这个过程就是一个"重新塑造"的认知视域被改变的进程。

这时的"再构",是按照"国际化传媒"建立的"目标受众"成员各自的认知反应系统来决定的。但是,如果是单纯指向某一"社会文化情境"里的"社会人"的话,这种"再构"获得的塑造效应就是基本一致的。进而,"目标受众"经过这一过程后,在认知体系里呈现的"现实世界"色彩与内涵,更多的就是由"国际化新闻传播话语"陈述的"现实世界"所具有的元素和成分了。正如福柯反复强调的,虽然构成"话语"的最基本元素是"符号",但却并不是"符号"的"集合"。而这一基本特性就更决定了本身只能以"符号系统"来维持其言说运转的"媒体传播"系统所涉及和运用的言说话语表述,也只是所选择的"部分化"的"符号"之"集结"特点了。所以,对于"目标受众"而言,所有已经在自身认知体系里起到"辉映"现实的"元素",已经成为其对自身所处"情境"加以"再认识"的"参照"或"依据"。

然而,这时由"国际化新闻传播话语"所陈述的"现实世界"样貌展开的"真实",尽管其具有之所以能被视为"社会"的"主客体关系",但却是通过相应的"话语"来构建的。由此,就使得其所陈述的这一"现实世界"里的"知识系统"和"真理定义",也就只是这一"话语"体系的产物了。所以,其所呈现或表述的"真实",就只能是在其所陈述的那一"现实世界"范围内具有的"意义化"框架、组织化运行结构及价值观系统内,才会定性为"正确"。毕竟,这种"正确性",只能在那一特定的话语系统内部才具逻辑,而在其之外就是毫无逻辑或逻辑不完整的"谬论"。在这种特质引导的"目标受众",因为已经是完全依赖于这类说话言语表达体提供的"元素"来认识和接纳"世界",进而,其在认知层面上具有的"依赖感"程度,已经是"生物"之于"自然生态"般重要的"认识"源泉了。但是,恰是如此的"依赖",并不是在审视后加以严谨的"提取",而是"照搬"式的"复制",使得原本只是媒体传播系统设计和运用的言说表达体建立的"拟态环境",成为"目标受众"群赖以维系其思考脉络运行的

"寄生环境"了。这样，"目标受众"也就转化为只是特定"信息"之"传播源"得以运转的"部件"而已。

2. "拟态环境寄生者"与"国际化新闻传播话语"建立的"权力关系"

作为依赖"国际化新闻传播话语"言说表达内容建立自身思维定势及认识维度的"目标受众"而言，之所以由其所信赖的"信息化"告知转化为"拟态环境"的"寄生者"，主要是因为作为媒体传送"信息"的接收者，对其所承载的"内涵"之所以"被如此"陈述的逻辑缘由并未注意和反思，而只是简单地接纳并实施的结果。进而，一切成为"被转化"为"国际化新闻传播话语"言说表达体塑造的"拟态环境寄生者"的成分，都有他们视为"理该如此"的盲信。

事实上，这份"盲信"的根由对大部分媒体传播受众而言，都是持有几乎相同的接收心理，即：媒体的"告知"一定是有道理的。却完全忽略了一个重要的事实，那就是："大众媒体传播"系统呈现给"公共空间"的"陈述体"本身，就已经是由"传播源"所秉持的"文化价值观"建立的"社会组织"和"社会机构"固守的某类"导向"或"规则"的"集合体"。以如此元素设计和运用"国际化新闻传播话语"言说表达体，完全是由能够为"传播源"提供生存需要的那类"社会组织"和"社会机构"进行"控制化"运作的结果。

对于在表面上只是某一作为"国际化"大众媒体系统的"传播源"之"目标受众"的民众而言，接收的仅仅是具有"告知"服务意义的"信息"，但是对于"国际化传媒"系统来说，尽管在体现其提供给"目标受众"的"陈述系统"里的"陈述主体"，会随着"新闻传播式"了的"信息"内容而迅速地变化着。但是，每一"主体"所触动与其表达内容的"相关因素"之"关系"，决定着"陈述"的"走向"及"内涵"。具体到"传播源"提供的一条新闻条目上，就是体现在"什么"是"被报道"了、"多少"内容是"被聚焦"了，以及呈现这一条目的语汇特点是"正面的"还是"负面的"等关键元素。在看似一般意义上的语义定性是"对立话语"，例如"为民族自由和解放的烈士"相对应的"自杀式人肉炸弹"般的表述，就是由"陈述主体"所处的位置决定的言说"话语"性质。

显然，这类"被转化"为"拟态环境寄生者"的"目标受众"不仅完全未能梳理出任何一个看似只是"告知"或"表达"的"陈述系统"牵连的各种关系，更能意识到：由"国际化传媒"系统呈现的"现实世界"是不可能与"陈述系统"相分离的。这样，就促成了在一般受众心目中具有"权威性"的"新闻传播式"言说表达体，并且形成概念"话语权"体现的、能够建立和加强各类"权力"的印象。当然，不能否认的是：在当今"媒体传播全球化"的"世界格局"里，"话语"就意味着"权力"的认识，已经是被普遍接受了的理念。

所以，从宏观层面来审视由"国际化"大众媒体传播系统设计和运用的"新闻传播式"言说表达体建立的"目标受众"，已经是在"国际新闻传播公共话语空间"里，取得"强势传播源"引导力的"国际化传媒"系统掌握的"话语权"背后，本由那些相应的"社会组织"和"社会机构"主导的"权力关系"驾驭和掌控的"寄生者"。

3. **"拟态环境寄生者"与"国际化新闻传播话语"引导的"生存实践"**

虽然体现为只是对"新闻传播式"了的"事实"或"人物"进行"呈现"或"告知"的表达，也在不同程度上足以令相当大比例的民众，转变为特定"传播源"之"目标受众"的"国际化新闻传播话语"，但在"被审视"后就有了"视角化"了的定性分析。根据美国的 Arthur Graesser 的研究（2003），一方面"话语"自身就是在某种程度上近乎于"被打包"了的"意识形态"之变形，呈现为"一种次文化"，或者就是"一个特定的互动领域"。从而，在认识系统中出现了各类被称之为"主义化"了的"话语"，比如"女性主义话语"或"环境主义话语"等等。进而，"媒体化"传播触及到此类的言说表达体系时，就为渴望对生活及生命赋予"意义"和"解释"的民众，提供了"启蒙式"的指导参照。

显然，这类"指导化"的"参照"，是在"上层建筑"层面上生成效应。

另一方面，"话语"又可"被视为"是达成"社会目的"的"文本"，而且是可以助力"使用者"实现之的"工具"。尽管这种使用时体现在日常的语言表达和沟通上。但是，由于是某一经"国际化新闻传播话语"使用后得以"被推介"的语汇或语义，就会成为其无数"目标受众"即刻采纳并广泛运用于其日常社交过程当中的"表述"之"法宝"。加之是在量化了的"个体"间出现，就是产生认知心理层面上的"凝聚力"，从而，获得这一"现实世界"里的生命力。尤其是在"媒体传播全球化"的表意生态里，身居其中的民众依托的社会生活，通过"话语"的"被运用"而成为"意义化"的"现实"或曰"空间"。

可见，这种"借鉴式"的"模版"，是在"实用领域"辅助"上层建筑"定向运转的"材料"。

在由大众媒体传播系统的言说表达构筑起的"新闻传播式"陈述系统里，已经令处在各类"社会文化情境"里的民众产生"习以为常"的接收心理，更将媒体传播运转的"告知"当做鲜活的生活部分。但是，不论是"话语"自身具有的"广义化"规范、价值和意识形态，还是其本身"被赋予"的引领"社会实践"的功能，都在"媒体传播系统"运用的"新闻传播式"言说表达里加倍地放大，几乎达到了"夸张"的程度。尽管这类职业化的"新闻传播式话语"仍然依赖于语言的表达平台生效，但是，其"结构化"了的成分，却是以"符号系统"的组构来烘托"意义"的。正是如此，其具有的"指导"那些"社会实践"的功能，就体现在了民众需要的"言语范例"、"表述范例"、"诠释范例"，以及"文化实践范例"。面对如此系列化了的"范例"，不仅覆盖了民众在日常社会生活里大部分看似必需的"框架"与"意义"，足以令"目标受众"的"照搬"引发的"学"之心理，加上"借鉴"产生的"用"之心态，令"学以致用"的效果支撑起媒体传播系统得以运转的"新闻化"言说话语，成为将"目标受众"转化为"拟态环境寄生者"身份的最基本认知着陆点。总体看来，是在"强势传播源"的推介下，足以成为"全球维度的话语模式"的趋势。

总之，当经以"国际化"大众媒体传播为定向的"国际化传媒"系统设计和运用的"新闻化"话语表达的"信息"，来呈现和推介的"国际文化"，已是如同过了严谨的"筛网"过滤后的"内容"。如此的言说表达和描述，使得其建立的"目标受众"群在顺应其陈述的"现实世界"，来顺从其体现的"权力关系"，并将两者相互交融后而接纳其引导的"生存实践"后，转化为完全依赖其构筑起的言语表达的"拟态环境"之"寄生者"。由此，作为一般意义上获得共识的"中介"角色的"国际化传媒"，通过其设计和运用的"国际化新闻传播话语"言说表达文本，而真正实现了其期待的终极目标，即：由日本学者藤竹晓的"信息环境的环境化"被进一步解释后的"新康德主义"所表明的"人认识世界不是真正接触，而是通过一个先天（先验）的'中介'—'范畴'，比如时间、空间、因果关系"。这样，由"国际化新闻传播话语"表达的"时空"概念及"因果关系"，都是依据其所聚焦的"社会文化情境"之所以如此或那般的"背景化"元素，也就是其设计的"话语"背后的"社会背景"因素。

本章通过对"国际化新闻传播话语"所建立起的传播关系的探讨与分析，梳理出了得以成型的几个主要元素：

第一个元素是"国际化新闻传播话语"的"陈述者"，其建立的微观传播关系体现在三个关联上，表现为一是被聚焦"事实"与"操作型现实主义"框架化关系、二是被契合"语汇"与"文化科技"框架化关系，三是被编织"逻辑"与"文化接近"框架化关系；其在中观传播关系上呈现的，一是被言说的"所指"与"国家的议程"，二是被表达的"所指"与"原教旨主义"，三是被描述的"符码"与"精神堡垒"；其在宏观传播关系上三重关联，即：一是被建构的"意义"与"全球地方化"，二是被赋予的"内涵"与"国际混合物"，三是被定性的"诠释"与"文化主导权"。

第二个元素是"国际化新闻传播话语"的"叙述文本"，其分化为几个类型：一是事实报道：强化"客观性"的"硬新闻型"叙述文本。其包括：单一事件报道建立的"硬新闻"叙述文本、综合报道构筑的"硬新闻"叙述文本，以及连续报道编排的"硬新闻"叙述文本；二是故事讲述：推介"价值性"的"软新闻型"叙述文本。其包括："异域体制"构成"故事化"欣赏的跨文化比较型"素材"，主要由四个环节来支撑，即：对"现在开始"环节的"素材"整合、对"回到过去"环节的"素材"再现、对"再到现在"环节的"素材"衔接，以及对"预示未来"环节的"素材"推理。二是"异域人文"形成"故事化"好奇的跨文化比较型"对象"。其包含："物以类聚"的"文化圈"化"情境板块"、"人以群分"的"文化圈"化"情境理念"，以及"阵营壁垒"的"文化圈"化"映现对象"。三是"异域规则"建立"故事化"表达的跨文化比较型"评判"。其涵盖三个反问式：宏观规则化"世界格局"是谁的"表象"？中观规则化"异域情境"是谁的"认识"？以及微观规则化"社会存在"是谁的"意志"？三是深度分析：展示"公正性"的"调查新闻"叙述文本。其演化为三种基调：第一是"调查事件"被运用为"变型'阴谋论'"。其触及到国际新闻化"调查事件"话语转型为"阴谋化'社会体制'"、国际化新闻式"调查事件"话语转型为"阴谋化'文化价值观'"，以及国际新闻化"调查事件"话语转型为"阴谋化'政府与组织'"。第二是"深度分析"被转成"异端行为扩大化"。其采用了"被推断"的前提是"事实"具"异端"元素、"被深化"的过程是有"异端新闻"内涵的"元素"嵌连，以及"被转化"的结点是"行为"呈"异端扩大化"效应。三是"调查言说"被附着于"皮下注射模式的变型"。其带出三类"心智控"效应，即：激发"道德恐慌"心理、强化"窥视者叙事"效应，以及建立媒体引导的"认同"。

第三个元素是以"'使用与满足'模式"建立的"国际化新闻传播话语"的"目标受众"。这类的受众是以三类群体呈现的，即：第一类为"国际化'认知'"追求之"知识的旁观者"，他们所持的目的是旁观"国际化"媒体新闻化"信息"、了解"国际化"媒体编排化"知识"，以及反响"国际化"媒体推介化"理解"；第二类是"国际社会"模版化"注意力转移者"，他们的身份定位是刺激型媒体言说话语表达"瘾君子"、放松型媒体言说话语表述"梦游者"，以及"远古"与"未来"型媒体言说话语表现"科幻者"；第三类是"国际关系"社会效用之"政商活动的旁观者参与者"，他们的角色定位体现为"国际化"了的"政商活动"交往者、建立"国际化"了的"替代同伴关系"架桥者，以及"国际化"了的政治议题和商业活动的参与者；第四类是"国际文化"筛网"信息"之"拟态环境寄生者"，他们呈现为经三类关系激发出的心态定势效应，即：一是"拟态环境寄生者"与"国际化新闻传播话语"陈述的"现实世界"，二是"拟态环境寄生者"与"国际化新闻传播话语"建立的"权力关系"，"拟态环境寄生者"与"国际化新闻传播话语"引导的"生存实践"。

这三大元素构成的"国际化新闻传播话语"传播关系，凸显了存在于一般传播意义上最简单的"说者—文本—受众"间的关系，在以"国际化"大众媒体传播为定向的"国际化传媒"系统上变形为牵连和触及"世界格局"层面上的各类"社会文化情境"里的多种群体、组织及价值观体系。从而，使得"国际化新闻传播话语"的特质产生的功能，成为不可忽视而必须加倍关注的体系。

第四章
国际化新闻传播话语新闻式叙述文本特性

在日常的媒体化"新闻传播式"告知流程中，呈现于"国际新闻传播公共话语空间"里的"报道式"信息言说，都是产生于特定的"告知框架"模式。尽管在新闻学理论上，将这些模式划分为"硬新闻"、"软新闻"及"调查式报道"类型，但仍是以"新闻专业主义"原理为标准的言语表达模版，也就是本书在上一章已经探讨的"陈述系统"。当然，这一"系统"并不是孤立存在的，其所具有的功能虽然是"被赋予"的，但必须是在其"被置于"特定的"媒体化"传播流程里建成的"传播关系"中，即："说话者 — 文本 — 受众"，才可产生预期的效果。从平日生活当中的人际传播过程层面来看，"面对面"式交流需要的"文本"，是以交流者"共享"的文化元素为蓝本的。而在大众媒体传播系统的"告知"过程里，这一仍具有"文本"意义的"新闻传播式"的"文本"，就自有其"被设计"和"被赋予"的特性了。

在新闻学传播学的一般理论层面上来理解"新闻传播式文本"具有的特性，主要是通过作为"传播源"的大众媒体言说系统，来对那些可视"现实存在"的某一文化客体，加以"互动"后而获得的"被观察"产物，就是"文本"。而有着决定这一产物能否进入传播告知流程作用的"话语"，在对其具有的"分析性区分"功能施加在"文本"之上，就生成了一种互动的过程。进而，将已经是构成完整化"文本"的那些可观察材料，及其得以"被制作"的过程加以区分，从而形成"产品"与"过程"的区别，也就是"话语＝活动"、"文本＝客体"的划分。进而，"话语"本身是一个"过程"而非"一项产品"。在聚焦分析"话语"时，实际上是需要对"文本本身"、"话语与本文互动"，以及"文本嵌入的语境"进行系统化整体地分析。

而在以"国际化"大众媒体传播为定位的层面来认识"国际化传媒"系统的"新闻传播式文本"所具特质，就不能仍以"文本"在新闻传播的基本层面来考量，而需在"国际化"带出的视域里，加以对相应分析与探讨的展开了。就目前的相应探讨状况来看，还是属于"空白"。主要原因是研究人员们还是将"文本"同"话语"自身具有的特点，作为解释所有类型与定位的新闻传播行为，而恰恰忽视了这一大众媒体传播运作的新闻传播式"告知"，不论是在方式还是效果的体现上，都是被定位于类型所决定的。面对如此的缺失，本作愿"抛砖引玉"，将相应的探讨与分析加以分享。

一、"国际化新闻传播话语"文本的故事化讲述

在今天的"世界格局"里以"信息时代"编织的逻辑解释，具体表现为充盈于"国际化新闻传播公共话语空间"中林林总总的表述体和呈现类型。在看似丰富的言语表达内容表层下，这些源源不断来自各类文化价值体系的"信息"，构成了一个维系"地球村"意象化的存在本体。在这一特殊的"公共空间"里，由于英语语言经过几个时代的"被普及"，便具有了可覆盖"世界格局"里大多数"板块化"了的"社会文化情境"，也就建立起了其独有的"国际化"使用范围。但是，在经过了殖民主义时代的"强加化"命令，到后殖民主义时代的"解构化"再塑，再到现代主义时代的"独自化"编织，以致由后现代主义时代的"宣传化"交往后，"媒体传播全球化"构筑的"新新闻生态"，担负起了在各种认知体系里拓展"共享拟态情境"的重任。

面对如此的世界舆论态势，各类"社会文化情境"都在努力依据自身固守的"价值观"，来推介自身认可或接纳的"意义"。如何来最大化地拥有"国际化新闻传播公共话语空间"中的容纳比例，以更大比例的推介领域完成相应"价值观"的表述与推广呢？

在"意象化"了的"地球村"里，原本庞大无边际般的"世界"，成为了缩小各类价值观间心理距离的"村落般"存在。尽管是意象而非实体的存在，但却是改变或言说"世界格局"的基本框架所在。由于"媒体传播全球化"带动的

"信息"交流频率的增大，各类情境里的民众都对单纯"信息化"了的"事实"告知，有了更高的心理需求，即：在此基础上的"深度解释"。这样，仅仅依赖已是传统意义上的"硬新闻"来完成告知，显然是不够且是局限性很大的言说方式了。这样，就需要运用一个可以弥补已然是"约定俗成"的结构模式的"硬新闻"报道新类型，也可说是新方式来满足这一心理需求。鉴于如"国际化英语传媒"般的"国际化"大众媒体传播系统所进行的言说表达，必然会触及各类"社会文化情境"依据自身价值观建起的"文化屏障"。这样，如何能够顺利跨越这一障碍，顺利完成以媒体传播言说方式预设的沟通，就集中在所采用表达文本具有的功能被体现的途径上了。

在有效达成"跨文化型"言说表达的过程里，虽然显得颇具"客观性"的"硬新闻"报道文本只是体现了一定的社会结构和意识形态，且作为"公共话语"最重要的承担者，并不一定规定受众的具体观点。但是，因其是"公共话语"的形式，其自身具有的特性、依托大众媒体设置公众谈论的话题与讨论的议程特性、特性二提供关于社会事件的社会、政治、文化和经济认知模式的大致框架，特性三提供证明这些框架正确有理的无处不在而又占据主导地位的知识和态度结构，以及特性四提供受众顺应其多层级的结构而只能获得如此那般的新闻解释框架而非其他。从而，强化了在他种类型解释框架里，其他的目标、规范、价值和意识形态，都被用来听说过该新闻事件报道解释反面的信息，却是在"国际化"大众媒体传播诸如"国际化传媒"系统所运用的言说表达文本里，必然会在"跨文化型"陈述系统中，获得"变形化"了的运用。这就是以"新新闻主义"原理为支撑下，顾及"国际化传媒"系统建立的"目标受众"基础上，所发展出的"故事化讲述"表达文本。

依据"新新闻主义"原理形成的"文学化新闻报道"言说风格，"国际化新闻传播话语"的表达文本建立的"故事化讲述"特性，是依赖以下四个手法达成的，即：情境化社会背景比较型文本描写事件、情境化人物经历烘托型文本呈现议题、情境化观点交锋对话型文本推介导向、情境化符码点睛凸显型文本强化审美。

（一）情境化社会背景比较型文本描写事件

在"世界格局"里的"国际化新闻传播公共话语空间"中，任何的"表达"

形式承载的"意义",都已经是"被编织"后的"文本"。尽管其所言说的内容是具体的,但是,在国际化媒体传播的言说表达舞台上触及到相应的"社会议题"类时,由于文化价值观建起不同认知风格所形成的视角带出的视域界限,形成不同认知诠释结果的"壁垒"就成为必然。面对当今各类文化情境意识到媒体传播具有的强大表达力局面引发的传媒话语建构之竞争态势,如何令各自的表达能够跨越既定的文化疆界,而被尽可能大比例的"国际化"民众所接收接受,就成为顾及设计和运用各自表达"文本"需持怎样的理念,以尽可能直接和清晰的特性来传播预设的"言说表述体"的重要步骤。

从新闻学与传播学的角度来考虑对"社会化"定位的"议题"进行有效报道和传播之理念时,即便是在"对内传播"的媒体言说文本设计时,也需要将所选定的"社会议题"加以尽可能"直观化"地呈现,并辅以新闻传播所要求的表达框架来描述。那么,在具有"跨文化型"的"传送"与"接收"的"国际化"大众媒体传播空间里,加之来自不同"传播源"的"言说"相互交叉,就格外需要符合人们以线性化"被告知"的方式,完成对到来的"文本"承载内容的接纳。对于处在"世界格局"里的所有"社会文化情境"中生存的"社会人"而言,其所立足的"现实",就是其所赖以为生的"世界"。虽然这一空间只是宏观"世界格局"的一处存在而已,但其已经具有了维系生命继而产生感觉和思维的所有必须因素。所以,这一存在,可以"被文本化"地呈现。

鉴于大众媒体传播系统的言说表达特点,任何的自然"存在"本体,都是"事实"的集合体。所以,会获得大众传媒新闻传播式言说的青睐。但是,为了以最直观、最生动、最难忘的效应进入其"目标受众"的认知体系,就需要以"高于生活"的"戏剧化"效果来呈现和描述"生活"。而单就如"国际化传媒"般的大众传播系统来说,在顾及到其必然面对的"跨文化型"相遇和比较障碍前提下,对任何触及"社会文化情境"里的"议题"之"新闻化"言说表述,最有效的理念是"影视般视觉化",也就是采用一幕幕场景与画面组合的结构描写事件,避免使用传统新闻报道中的历史叙述方式。基于如此的理念来向"国际化"民众言说"国际化传媒"择定的某一"社会议题",就有了独特的言说表达文本特性。

1. 幕布般的"情境化"议题场景

在"国际化传媒"的言说表达文本中,由于其根据新闻传播原理进行了必要的完型设计，进而具有了各类"文化符码"所依托的"象征符号"充盈其中的特性。而在仅仅依靠语言化了的言说体系来运转其预设的"意义"表达的"国际化"大众媒体传播系统，就已经是一个只能依靠最恰当的"符号"，来简化所触及到的"符码"之复杂性，以尽可能最直接而又最凝练的方式传送"意义"至其设定的"目标受众"。在如此的前提下，形象化地运用相应的"文化化"了的"符号"，就成为设计出有效文本表达最基本的出发点。

在"戏剧化"的呈现与描述过程中，令观众记忆深刻的部分并不是演员的语言表达和身体语言的变化，而是他们依托的背景化的"幕布"。这一特点对于"国际化英语传媒"所需要的表达而言，就转变为广播节目里的描写般言说语义组构后形成的"语境"效应，而对于电视节目来说，就直接体现在"摇摇晃晃"般纪实风格的画面上。基于如此的原理设计的言说文本，就呈献给"目标受众"的视听世界以鲜活的"方言"、"民俗画"般市井景象，以及建筑风格和人物服饰的独特之处等。在此基础上，再配以相应符合能够烘托所聚焦"议题"的"那一处"独有的"自然化"山水，就令"国际化"民众只是"回眸一瞥"，抑或是"驻足屏气"间，建立了难以忘记的印象。究其个中的原因，就是应了鲜活、独特与放大后的"晕轮效应"。

显然，在如此的"国际化"大众媒体言说文本里，"异域风情"自身具有的吸引力是完成有效媒体"新闻传播式"言说表达的重要因素。但是，当这种独特存在被持续使用后，就会对那一"被聚焦"的"社会化"议题所依托的"社会文化情境"，建立媒体传播化了的"刻板印象"。当然，尽管这是另一不可忽视的重要研究领域，本书在此不做进一步展开。但是，当"国际化传媒"在设计和运用"幕布般"的"情境化"背景时，若能够努力做到变换"幕布"而非持续运用某一已经具有"强符号效应"的背景，就会减少"刻板印象"带出的负面言说效应。例如中国的"长城"，在异域文化情境里就被理解为"封闭"，日本的"富士山"就被理解为随时会喷发的火山，等等。

2. 蒙太奇式的"社会化"因素聚合

既然是对某一择定的"社会化"议题的呈现与言说，面对处于"跨文化态势"里的"国际化"民众，就不会简单地对其加以"个案般"地孤立化表达。而必须将能够与"议题"相关的因素，尽最大可能地聚合在一起。虽然这类聚合不是简单地"集合"，但却是必备的第一步。只有达到了这一要求，才会使得这些体现"社会化"经络的因素，得以在从业者遵循新闻传播言说框架原理下完成"组构"。当然，这种"组构"已经是一种"嵌入"所预设其承载之"意义"的完型过程。

但是，对于依赖言说对"意义"进行表达的大众媒体传播系统而言，有效的传送方式却不是对相关"事实"的简单呈现或排列，尤其是定位于"国际化"传播的言说，就更需要这一"组构"过程完型后的文本了。由于各类"社会文化情境"都是复杂的"活体"，所以，能够在其"自转"运行过程里迅捷地择定某一"社会化"议题，已属不易且充满着风险。而对其进行视听引导覆盖面极广的媒体传播"新闻传播式"言说与呈现，就更是极易形成"一念之差"成"敌"的结局。显然，即便是获得了丰富的相应社会因素，来承担强化围绕所聚焦"议题"梳理出的言说逻辑，也必须将其置于符合"国际化传媒"所需要的"国际化新闻传播话语"言说表达文本的框架。

就目前在"国际化新闻传播公共话语空间"里获得"强势传播源"位置的"国际化"大众媒体系统而言，最有效的文本特性是以制作电影故事片的"蒙太奇"方式，将繁杂的相应因素加以梳理后"再组构"，进而形成"时空交错"的文本表达效应。这时"被运用"的有效因素，可能是一段具有怀旧情绪的"乡村音乐"，也可能是一条斑驳的黑白影像，更可能是一句直奔主题的"讲话"。在这些因素"被组构"的过程里，再适时地与所聚焦"议题"的当下相关元素相组接，从而建立起"现在"与其相关的"过去"和或许可能那般的"将来"间，相互支撑后的言说表达结构。

如此以"时空"勾连出的叙述交叉效果，使得丰富又凌乱的社会因素得到合理化般的归纳，并契合了"国际化新闻传播话语"所需要的言说表达文本框架要求的结构，从而令其承载的"意义"呈现在"国际化"民众视听世界后，具有了看似极为符合被聚焦的"议题"所依托的"社会文化情境"固有的特质，而少有"被组构"后的诠释色彩。比如一张泛黄的黑白照片引出的一段历史影像、一个修补后的旅行箱带出的一封家信，或是一件曾是极为时尚的夹克衫引出的一段时尚解释影片截图，等等。

3. 直觉感受性的"逻辑化"描写言说

在尽力减弱因"跨文化型比较"形成的认知屏障效应，加之大众媒体传播自身不允复杂只求简洁表述特质的规约，使得"国际化新闻传播话语"的言说文本，只能是朝着尽可能直接的表达方式上言说，进而，便促成了受众期待引发"共鸣"的"直觉化"、"感受性"强烈的描写。

在对所选定的"社会化"议题加以描写时，在文本的行文走向上除了依靠"背景"的凸显、"因素"的组构外，就是对令"国际化公众"产生"意念化"情绪的直感描写了。尽管"直感"是那些由外在因素引发的"心理化"反响效应，也是"国际化新闻传播话语"所追求的"共鸣"效果，但是，在对能够生成此类反响的"由内而外"之"情理"的描写，却是极需"逻辑化"引领的。尤其是在对设计复杂的"社会化"议题及围绕在其周边盘根错节般因素的联系过程里，仍能将"出发点"与描写所需的"逻辑线"紧紧相扣而不脱节，就需要对最可在短时间内激发"直感"的成分加以提炼，以达到"浓墨重彩"的效果。

单就在"国际化新闻传播公共话语空间"里最令"国际化公众"获得"感同身受"的那些言说文本而言，大多是在各类"社会文化情境"里，与民众日常生活工作情感紧密相连的部分。具体到可以形成"新闻化"故事描写生动的，就是那些喜怒哀乐的极限或底线，以及相应的"为什么"的解释。虽然这些最基本的"生存因素"显得一般或琐碎，但是，在将某一个"议题"与其相连后，再重置与其所依托的"社会文化情境"后，辅以"描写化"旁白做出的"逻辑化"解释，就使得近乎一幅鲜活的"全景画"呼之欲出。如此，不仅令"国际化公众"看到一个生动的"缩影化"社会存在，更可以令他们回望到自身立足的"现实"状态。更为重要的是，会使得所聚焦的"议题"，在其"被重置"于建构后的"新闻传播式"言说文本构筑起的"拟态环境"里，呈现出复杂的社会体系所具有的多重性层面、组织化亚情境效应，以及立足于其中的"社会人"之所以会产生此刻可"被聚焦"的"议题"之前因后果。例如，因进口新西兰奶粉引发的社会反响，在言说文本里可能是援引新西兰牧场一望无际的绿色上，黑白花奶牛的干净与静谧，而后是突然发现奶粉问题显得惊恐的父母亲的面孔，以及新西兰供应商的反响，等等。

因此，"国际化新闻传播话语"表达文本所建立的"故事化讲述"特性之一，也就是情境化社会背景比较型文本描写事件，是依赖以上所分析的三种手法来达成的，即：幕布般的"情境化"议题场景、蒙太奇式的"社会化"因素聚合，以及直觉感受性的"逻辑化"描写言说。

（二）情境化人物经历烘托型文本呈现议题

在以言语表述体充盈的"国际化新闻传播话语公共空间"里，除了那些以"事实"组构成的"硬新闻"产生近乎"告知"公众的效果外，更令处于其间的"国际化"民众注目的内容，就是有关"人物"的部分了。虽然在"世界格局"里只是据有媒体传播特点的言语表达建立的"空间"，以"声像文"体现的颇具虚幻色彩形式呈现着，但其在所聚焦的"人物"烘托下，反而产生格外真实、具象及鲜活的表达结果。毕竟，对于同类而言，由媒体传播系统传送至各自生活里的"人物"，多多少少都映射着接收者自身的影子。这也是为什么在色彩纷繁、影像丰富、观念多元的"国际化新闻传播话语公共空间"里，"人物"通过"国际化新闻传播话语"的特殊言语表达之"被呈现"，都具有特定程度的影响效应缘由之所在。

在一般意义上，对于鲜活而又具象的"人物"呈现，大众媒体传播系统是最具有"驾轻就熟"技能的。因为，只要"不可替代"的"人物"之"音容笑貌"被允许呈现与言说，就完成了接近90%的表达。但是，对于以"国际化"传播定位的"国际化传媒"言说而言，就多了一层"跨文化型"认知风格交错方面的顾及，即：在某一"社会文化情境"里被定位成"最有价值"、"最值得推介"的"这一位"或"那一位"，却不见得是他种类型的"情境"所能接纳或认可的相同定位。这也是为何"人物"与构成"硬新闻"条目的"事实"，不可相混淆加以媒体化言说的重要原因。由此，更不可轻视其在诸如"国际化传媒"类的"国际化"大众媒体传播系统上的"被呈现"选择了。

那么，究竟应如何完成对"人物"在定位于"国际化"大众媒体传播系统上的言说表达呢？

在把减弱或消除因"跨文化型"认知风格交错引出的"误读"效应作为首要出发点，来设计和运用"国际化新闻传播话语"对所选择的"人物"加以呈现时，目前在"国际化新闻传播公共话语空间"里获得普遍接受的方式，有这样几种，即：一是"当前事件亲历者"二是"历史事件亲历者"两类。

1. 事件"亲历者"的表达

任何"事件"在获得大众传播媒体系统选择后，就必然会牵涉到其此时此刻或彼时彼刻影响到，抑或是波及的人们，而这些人就是能够在不同角度，对其加以感受、描述和总结的关键元素，即："亲历者"。只是这些关键人物的感受，在经过自身或他者的言语化表达后，经由"国际化"大众媒体传播系统所要求的叙事框架的规约，而具有了能够体现"国际化新闻传播话语"文本的故事化讲述定位，进而，形成"声像化"叙述的文档而得以呈现及存留。

尽管在梳理这类表达时，会涉及"跨文化型"视域建立的不同甚至是相悖的"史实化"结论或争论，但都是一种独有的"视角"所在，而非仅仅为特定意识形态的推介，而刻意建立的"宣传"文本言说表述。加之，由于是"事件"之"亲历者"的表达，虽然更多成分是"个体化"主观色彩的不同程度体现，但却是源自其内在心态或感悟层面上的反馈本体。因而，尽管有存在于个体间因不同背景及社会处境所建立的认知差异，但在"事件"自身具备的"史实"定性，也就使得"亲历者"的"表达化"讲述，在"国际化新闻传播话语"文本的"故事化"讲述定位框架里，形成相对"规范化"的"新闻传播式"话语言说表达文本。尤其是"国际化传媒"的传播理念，仍是基于"西方新闻学"及"西方传播学"的理论及特质加以运转的，进而，构成其最基本的新闻传播式故事表达元素，仍是仅仅依赖"倒金字塔结构"得以建构的"'5'个'W'＋'1'个'H'"来编程所有的故事成分。

依据如此的原理和"故事化"表达框架，对"国际化传媒"系统所需要的"情境化"人物经历烘托型文本之设计和运用的支撑点，就在紧紧围绕呈现议题的前提下，聚焦在"当前事件亲历者"及"历史事件亲历者"两类"人物"经历之"情境化"的"来龙去脉"讲述完型方面了。其结果，就是在最基本的呈现化叙述层面，向"国际化公众"提供一个意义空间，且是在"传播源"的角度建立起一个具有开放性的、能够寻求"亲历者"作为个体诠释的"意义化"语境。

首先，"当前事件亲历者"叙述烘托型文本。

作为这类文本的建构者，"当前事件亲历者"的身份定位是鲜活的、身处当下的叙述者。进而，其提供给"框架化"文本的所有言辞构成的语句，都是令聆听者产生一定的认知心理反响，也就是"国际化传媒"为了达到其预设的传播目标，在"国际化新闻传播公共话语空间"里生成的视听引导效应，而建构出的"言说化"拟态语境。这个语境，为"当前事件亲历者"作为第一叙述者，经过其所使用的语汇、语义和语态传达的"意义"生成和"被接受"，提供了"就在说'当下'"的"文本意义"。

也正是这一特殊的"当下化"语境，使得所有的聆听者有了获得令其信服、拒绝，抑或是怀疑态度的可依据参照物，作为最终的判断结果，即："之所以如此"的标尺。这种接收接受的过程，并不是因为"当前事件亲历者"作为第一"权威化"叙述者的表达有任何问题，而是因为这类表达所建立的"意义"，只是对其个体来说是具有"意义"的。所以，即便是在庞大的、诸如"国际化传媒"般的"国际化"大众媒体传播系统的规约下，使得其所具有的"意义"，经过几乎是"普适化"了的"新闻传播式"叙述的强化后，也仍是不能消减其自身具有的变动的、非稳固的，并且是允许"被质疑"的特性。

正是顾及到如此的"不可逆"般特性，这类叙事烘托在"国际化新闻传播话语"言说表达文本体系里，就会为了消减"国际化公众"在接收与接受的漫长认知心理过程中，迎合他们本身就是带着对这类文本生成的"意义"，只是"侧目一瞥"或"偶遇一停"的"非寻求终极意义目的"，将"当前事件亲历者"作为"情境化"的第一叙述者，推介到"国际化公众"所处的"国际新闻传播公共话语空间"之中，达到要么是"惊鸿一瞥"，要么是"彗星划过"的效果，也就达到了传达其具有的"意义"的预期效应了。毕竟，这类叙述者所带来的"意义"具有的个性化及创造性，在"国际化传媒"系统的传播下，生成的不是对亲历者本身作为"情境化"了的"第一叙述者"应有的"权威地位"的努力强化，而是对其能够形成"这一个"、"这一种"和"这一类"之"个性化"的推介。由此，也就烘托出了其本身带来的"意义"阐释的"当下"这一情境态势。

因此，这种叙述文本形成的烘托效应，正是应了传播学层面上的"主观反应"文本效应。也恰恰是有这类叙述者带来的意义，使得"国际化公众"在信息流充盈的"国际化新闻传播公共话语空间"里，能够顺应某一个如此个性化的"当前事件亲历者"叙述，结合其编织的上下文之来龙去脉，联系自身作为聆听者的个体经验，完成对在"国际化传媒"言说表达文本烘托后的相应"意义"的理解与接受。

其次，"历史事件亲历者"叙述烘托型文本。

相对于就在"此时"的"当下"而言，属于时间意义上的"远去"了的"事件"的"回溯"或"追诉"的表达，就是"历史事件亲历者"带来的叙述文本了。由于这类叙述得以建构所依据的是"历史"，且是对被广泛认可的"史实化"

了的"事件"的讲述，就有了不同于"当前事件亲历者"的意义及对其产生的反应。在新闻传播学的层面上来看，就是相对于"主观效应"的"超主观反应"的表现结果了。尽管谈及"历史"，也是对相应的"史实化"了的"事实"所依托的"社会文化情境"的触及，但是，因为"被叙述"的"事实"已经是"被公认"的"史实"，进而，即便对其加以质疑或否认，也是对那一"情境化"了的"社会生态"的"再审视"和"再解读"，是一个归类于"公共态度"而非"个体化"情节或情绪的表达。

进而，这类"历史事件亲历者"叙述烘托型文本，就具有了以"历史事件"其自身的形成、发展、演变至结束构建的时间脉络，来引导"国际化公众"的认知风格。进而，使得他们的认知系统顺应其所处"社会文化情境"在所"被叙述"了的"史实"归属的"时段"，来映衬相对的时间脉络，在认知心理上为其认知风格所需的"镜像化互衬"效应，提供鲜活而又加以碰撞的"结点"。从而，使得原本是来自极为"情境化"的"历史事件亲历者"叙述，在异域的情境里得到相应的着陆点，以令其承载的"意义"得到需附着的阐释面，而非只因无处扎根以落得"自生自灭"的结局。

不能否认或回避反而必须强调的是：即便是运用如此的文本来向"国际化新闻传播公共话语空间"中传递"意义"，"国际化传媒"系统借助其自身的庞大传播力，尤其是近乎得到世界认可的"新闻传播式"言说表达框架来强化之，也还得意识到任何的"史实"，也都会随着时间的流逝而令其原本的"意义"发生一定的改变。尽管"史实"仍是几乎"雷打不动"的"事件"抑或是"人物"，但"历史事件亲历者"所处的"新"的"世道"、"情势"及"生态"，都会令已是在"眼下"的人们心目中属于"雾里看花"的"事儿"或"人儿"，只是一段往事、一个记忆点，或只是某一个体群体心中的情节而已。但是，只有当其能为"眼下"的某一"点"，对接出一定的"意义"来，才是有意义的所在，也才会成为"国际化传媒"向"国际新闻传播公共话语空间"里加以传递的理由所在。这就切中了此类"文本主体"承载的，如同德国的伊泽尔（Wolfgang Iser, 1998）提到的阅读现象学、阐释学层面上的、因为陌生而具有的"召唤结构"、"美学距离"及"期待视野"形成的效果。这些认知心理生成的主要元素，不仅促成了"国际化"大众媒体传播系统的繁荣运作，及其随之产生的无语伦比的传播引导力，更是令借助"历史事件亲历者"的叙述来达到传递相应"意义"的"国际化新闻传播话语",具备了独到的诠释渠道。从新闻传播学意义上的叙述分析角度来思考,就会发现以"媒体化"新闻传播式语言为代表的话语表达特质的形成,正是其作为工具的语言本身强调的"时态"带来的视听引导效应。毕竟,"时态"决定了任何类型那个叙述者的表述"次序"(order)、"频率"(frequency)及"进速"(duration)。结合以"声像化"言说表述为主体的"国际化新闻传播话语"本身烘托的"历史事件亲历者"叙述,还会辅以大量的"倒叙"、"顺叙"及"插叙"来完型。进而,引导"国际化公众"的视听认知风格进入多层次、多维度及多重空间的"史实化"叙述世界里。

这时的"历史事件亲历者"叙述文本,在"国际化新闻传播话语"言说表达体的强化下,生成的烘托效应是丰富的史料与叙述者所处"当下"情势的交融后的"时空"互映。从而,形成一个"当下"之"现实"与"过往"之"史实"相叠加后的"蒙太奇"言说呈现体。

2. "'当前'及'历史'事件亲历者"叙述烘托型文本之共性

任何由以"声像化"文本加以叙述的"事件",都需要由丰富的元素来组构方可完型,而对于诸如"国际化新闻传播话语"言说表述体的"国际化"大众媒体传播系统而言,就更是重中之重的关键了。既然是以"亲历者"的视角和心理反馈为出发点,来呈现或追溯某一"被聚焦"的"事件",都需要为了其所能够生成的"意义",而对相应的元素进行"组构"或"重构"。这样,就体现在了因为叙述者表达的流程里所必需的基本成分上,即:叙事频率、叙事进速、叙事语式,及叙事语态。

尽管这些元素是任何类型的叙述体必备的,但是,在"国际化传媒"言说表达文本里体现的,还是"新闻传播式"了的"叙事"。由于是在"新闻传播式"框架下的"叙事",所以,受到其必须遵从的"客观性原则"的规约,其应主要以"外在聚焦"为视角来展开叙述体所具有"意义"的呈现。但是,因为叙述文本的"主人公"本身就是"亲历者",所以,即便是"外在聚焦"的原理仍体现在摄像机镜头的跟随,但言说的主体已经不是作为采访者的记者,而是作为"被跟随者"的受访者以"亲历者"的身份,在进行"自说自话"般地讲述。

进而,不论"亲历者"是叙述相应的"当前"或"历史"的"事件",都会为了使得预计的"意义"得以生成,而将叙事所需的元素加以充分地运用。

具体到"国际化新闻传播话语"所需的完型后"声像化"叙述文本，就体现在这些"被运用"了的元素本身上。

一是"叙事频率"。主要体现在"亲历者"在叙述时所提及的相关人物、场景及情节出现的次数上。在实际的完型体中，有些元素可能只是出现了一次，但"亲历者"却提及了多次。而有些元素可能在事件演变过程中出现了多次，却被仅仅提及一次。诸如此类的叙事频率，就为完型后的"意义"呈现，起到了"因人而异"的效果。

二是"叙事进速"。主要表现为当"亲历者"以言说般的描述"事件"发生的"时点"所使用的方式上，比如其会采用"就在方才5分钟前……"或是"在文艺复兴时……"这类叙述在"声像化"文本里仅仅是一句话或几秒钟的时段，而在"事件"实际发生的时间脉络里，却是已经跨越了几朝几代的"时空"进化。而当"亲历者"描述那些固定化的场景及言行举止时，"叙事进速"就表现为停止。"事件"自身的演变"被停止"了，但"声像化"叙述文本却是在"被展开"的进程里。可见，"夹叙夹议"的叙事进速，使得"亲历者"对"意义"的构建，有了对相应所需的叙事元素的"再构"及"重构"的需要。

三是"叙事语式"。主要展现为"亲历者"作为"声像化"文本的"主角"，其所有的表述"距离"与"视角"两个元素上。尽管此处的"距离"，是指"叙事内容"与"国际化公众"间的距离，但是，因为是由"亲历者"自己的讲述表现为"直接引语"，而非"间接引语"或"非亲历者"的"模仿"与"情景再现"来完成，进而，这种叙事语式带出的"距离"是最短的。同时，所涉及的"叙事视角"，原本是顾及到"叙述者"与"文本"中呈现的"事件"或"人物"的关系上。但是，因为此类叙述文本的"表达者"就是"亲历者"，进而排除了新闻传播学意义上的"无聚焦"以及"外聚焦"的缺憾，而是以"内聚焦"的"恰如其分"来体现。

四是"叙事语态"。主要表明"亲历者"作为"叙述者"时，在对"叙述活动"及"所叙之事"间加以区别的程度。也就是一为"亲历者"在展开自身的叙事时的过程，二为叙事体中实际触及的内容。当其在"声像化"文本中完型后，应能够使得"国际化公众"即刻明了哪些是"亲历者"自身的叙事言语，哪些是其所叙述的"事件中"人物的原话等等。

显然，不论是"当前事件亲历者"及"历史事件亲历者"的叙述所建构的烘托型文本，都脱离不开"被叙述"之"事件"所依托的"社会文化情境"，尤其是作为"叙述者"的"亲历者"自身，与整个"事件"之间已经具有的千丝万缕的联系。纵然这类叙述文本带出的是极具个性化的主观色彩表达，但是，在"国际化传媒"所运用的"国际化新闻传播话语"言说表述文本的规约后，令"国际化公众"接收到的内容，仍然还是变型后的"情境化"了的"文化符码"，及其依据的"文化价值观"塑造的"社会文化精神气质"，在"亲历者"言语叙述体中的另一种展示或表达。

（三）情境化观点交锋对话型文本推介导向

以言语表达为基本运转方式的大众媒体传播系统，之所以能够维持其高频率高密度信息传递的态势，不是因为其看似纷繁的技术系统，也不是由于其表现为五花八门节目形态的持续发力，而仅仅是源自其以"事实为元素"建构起的"观点"和"评说"文本"被承载"的"意义"，对处在"信息化"了的"公共空间"里的公众具有的"意义"所在。

但是，如果仅仅是局限于大众媒体传播系统由"对内广播"定位建立其的"信息公共空间"而言，其"广而告之"的"意义"还能在"共享化"的"文化价值观"塑造的认知风格引导下，得以"着陆"的话，那么，由那些以"对外广播"定位的"国际化"大众媒体传播同以"观点"和"评说"，建立的"国际化新闻传播"言说表述的文本，又能如何在尽可能突破其必然面对的"跨文化型"认知屏障，来达成预期的传播目的呢？

纵观"对内传播"和"对外传播"形成的大众新闻传播言说表达类别，虽然是由于传播系统的定位形成的，但其作为大众媒体传播的"表达"特质，却仍是一致的，也就是通过其择选与聚焦的"人事物"，以"外聚焦"的"视角"，将原本是"自我感受"的"感觉化叙述"，以"新闻传播式"叙述框架的言说表达，完型为"客观化"呈现的叙事风格，从而，使得原本是同一"自我感受叙述"，转变为从"本土化"向"国际化"平台的呈现。即：其"叙述感觉化"大量运用在大众媒体传播系统角度上定义为"客观化"人物间的对话，集中使用对人物的社会生活地位有象征性作用的细节（如人物的姿态、习惯、举止、表情、家庭布置、对上司下属的态度等），采用文学的表达技法来呈现。在"国际化新闻传播话语"言说表述框架里，主要是由"现场目击者"与"道听途说者"两类"自我感受"的表达建构的"新闻传播式"话语言说表达文本完成的。

1. "现场目击者"的直觉"感受化叙述文本"

在媒体运行的"新闻化传播"过程里，通过"板上钉钉"般的"事实"传递相应"说法"或"想法"的方式，是起到支撑功能的基本行业规则。也恰恰是这一"言说体"的完型及呈现特性，令"媒体化传播"言说的表达，在任何时间、地点与社会文化情境，都成为"放之四海而皆准"的标尺。进而，形成"新闻传播业"建立的权威性、可信度及绝对化之"掷地有声"。

然而，对如此被其所运用的"事实"修饰了的"媒体化"言说表达文本的实质，却完全不似其呈现在"信息化"公共空间里的"产品"本体自身的色彩。且不深究其之所以对公众形成一般意义上的不容置疑之"客观性"的根由，是利用了人们习以为常的"惯性思维"与理所当然的"刻板印象"体现的认知弱点，单解剖其可以在"信息化空间"里呈现的言说表达体得以完型所依据的元素，就可以理清大众媒体传播系统所引以为傲的"客观性"之不堪一击的根由所在，也就是，言说成分的出处"人"，是"情境化"了的"社会人"。

显然，大众媒体传播系统依赖的"言说体"，是由"人"来建构的，而且是由"情境化"了的"社会人"之"个体式"表达完型的，更是以作为"传播源"的媒体系统完成"选择"后，"被置于"其秉持的职业"新闻传播式"表达框架后的结果呈现的。这类叙述文本的特点及其令"国际化新闻传播"言说本身，具有了不可突破的局限，主要体现在这样几个方面。

首先，"现场目击者"的感官支配心理生成的直觉——主观认知体。

在媒体呈现的"新闻传播式"言说表达文本色彩上，最能吸引公众视听导向的是"新闻条目"般与"深度报道"化的分析。究其原因，主要是这两类叙述文本，都是遵循着"情境"、"纠纷"及"结局"三个元素来展开叙述的。而其主体部分的"纠纷"，又最需要令公众倍感鲜活与极具"说一不二"的"现场目击者"的讲解来体现。进而，"新闻条目"尽管在事件长度的呈现上，是最短的表达，但在制造"可信度"的程度上，却是最绝妙的。毕竟，"现场目击者"这一标签带出的"千言万语"，仅仅就其可令公众的视线和聚焦点，在"侧耳一听"的同时，能瞥见"视觉化"解释其言辞的"蛛丝马迹"后，所有的心理反射都转化为"哦！"而终止。即便是在随机而来的任何"相左"的解释与证明，也都在"第一印象"晕轮下，显得黯然失色。但是，"现场目击者"作为"见证者"的身份，却是不会随其言说的"新闻条目"呈现结束而消失。反而，却是永远被存档于如同"历史之第一份草稿"的表达文本当中了。原因是：此类"现场目击者"，是新闻学传播学为自身需要的"客观性"而建立的"说服性"标签。

这一标签，在媒体传播系统自身运转过程里，随着需要"被言说"的"人事物"的"风水轮流转"，却经高频率地"被使用"后，而在公众视听系统里建立起了"真相言说者"的心理认可身份。进而，久而久之，只要是"现场目击者"的任何解释，都是"真相"的代言人。但是，公众在强大的媒体言说潮流冲击里，忽视的却是所接纳的表达文本自身本质，也只是由与己一致的另一生命体，经过其对自身语言的"再构"后所形成的言说，并经由媒体传播系统的使用后的表达这一根本事实。必须剖析的是：当被视为"现场目击者"的个体在描述时，其任何的表达，都是依据其彼时彼刻所立足得以"直击"那一"现场"的"位置"，也就是"情境"而生成的认知心理反应。这就关乎到了其作为"个体"在彼时所处的"位置"获得的"视角"效应，以及其带出的所有认知心理的反射结果，并且是在"现时"的描述过程里，对"彼时"感官受到刺激后，留存在认知体系里的"记忆"加以"调取"的结果。

尤其是在这一"现场目击者"面对媒体的采访问题时，已经是距离其在"现场"获得的感官刺激后的时段，并完全依靠对那一"记忆"的整理后的回顾进行的描述，更使得原本就是"情境化"了的"社会人"具有的认知局限，在仅有的特定"位置"带出的"视角"规约下，且不论"现场目击者"自身彼时与"事件"间的"距离"效应，就已经使得最令公众接纳的"现场"与"目击"之含义，有了不可被完全接受的本质。更何况在其描述的过程中，已是对其"目击"的"事件"本身加以言语化排序的处理了。此类局限，恰如最接近记录真实的现场摄像机镜头效应，即便是一刀未剪的长镜头，其呈现的现场也只是那一刻及其所架位置获得的角度效果而已。

但是，如此的局限和软肋般无奈，并不是完全否定"国际化新闻传播话语"所依赖的"现场目击者"所提供的言说表达内容具有的"意义"。相反，正是因为如此的不可逆特质，就要求作为"传播源"的大众媒体言说系统，必须向公众提供多视角化、多个体化，以及多情境化的"社会人"般"现场目击者"的描述。从而，令"国际化公众"得到尽可能接近"全景画"的呈现表达文本内容。

其次，"现场目击者"的感受操纵认知达至的判断——主观叙述而非叙事。

任何因传播地位决定的媒体言说特性，不论是在"对内"还是"对外"的范畴里，对其所聚焦的"人事物"加以描述，都是运用自身的语言在加工了心理感受后，对那一时段的"记忆"进行的"叙述"而非"叙事"。依据美国 Tom kindt 等研究者的讨论思路，本书顾及"国际化新闻传播"形成的"跨文化型"互动特有交流特质，而接受"叙述"与"叙事"间的巨大差别，即：后者的"叙事"，实则受到"文化情境"内存的元素所规约后，形成的推理、因果关系及结果。这一过程，必然依赖于"经验"的支撑方能得以完成。

而对于以"新闻传播式"言说框架建构起来的"国际化新闻传播话语"表达文本，却是由一个个不可替代和不容置疑的"事实"为基本成分来呈现的。所以，任何体现"情境化"的"文化型"色彩般"推导"及"分析"，都是违背这一职业特质的表现。尽管如此，"国际化"大众媒体传播系统的重要存在理由，就是在各类"社会文化价值观"并存的态势里，努力达成以言说表达文本的"面面俱到"般覆盖，来形成相对的"平衡"。从而，更加珍惜和依赖那些能够被标志为"现成目击者"的任何言说与描述内容。对于"国际化新闻传播"领域里的言说表达而言，任何的言语都是"个体化"了的"主观感受体"，并且完全是个体叙述者依据自身所立足的"社会文化价值观"塑造的认知风格而建立的，但却是无价的叙述表达之所在。毕竟，完全依靠言语表达的"传播源"，在持续不断的信息传递过程里，能够被认可为"现场目击者"的"个体化"叙述，是最接近"新闻传播式"框架表达的元素。联系到"国际化新闻传播"的目的及目标，这类"叙述体"的任何表达，都成为一定程度的组接链条成分，不论其体现的是"对话性"的还是"现象性"的讲述。在这一前提下，还允许演变为"情景再现"般的"现场目击者"叙述体。因为，其所需要的"事实"，已成为组构这一叙述体的根本所在。

诚然，这类叙述体的建构，完全依赖于"被认可"为"现场目击者"的所有描述，即便都是作为"情境化"的个体自身颇似"一言堂"般的个人讲解，不能否认地附着了其所依托的"社会文化价值观"塑造的、"传播源"聚焦的"外部世界"体系，即：体制的、经济活动的以及意识形态的衍生"意义"之解释与定性成分。但对于努力达成突破"跨文化型"交流屏障的"国际化新闻传播话语"体系而言，还是带来了颇具积极意义的叙述体。毕竟，"国际化新闻传播话语"体系需要的是对"事实"的"叙述",而非"叙事",也就是"述"所涵盖的外延范畴,已经远远大于"被叙述"的"事"本身了。具体表现为:"事"已经被"述"所包裹,也恰恰是这一"述"的语言组织过程,将这一或那一"现场目击者"的认知风格引导生成的主观判断、是非标准及道德尺度,都裹挟进了其以言语表达建构的叙述文本之中了。从这一角度来审视这类叙述文本特性,对于"国际化新闻传播"系统预设的"国际化公众"来说,就获得了或许是超出自身认知视域可覆盖范围的"内涵"与"景致",这也正好契合了定位于"国际化"传送的"国际化新闻传播"系统,努力为"国际化新闻传播公共话语空间"输入不同文化视角与理念的出发点。

所以,尽管个体化的"现场目击者"是"情境化"了的"个体",其言行也只是受到其在某一时段,因所观所遇外在"事件"的刺激而生成的感官记忆之"再构"后的"言语化再现",显然是"主观化"的"感受"表达,但却是相对"接地气"的"事实化"类型。在此前提下,也是符合"国际化新闻传播"系统所得以立足而秉持的"新闻传播式"言说表达文本建构之本。

总之,在以"现场目击者"的言语化描述为依据的新闻话语建构时,就已是对"国际化新闻传播话语"叙述文本的"主观化"色彩的承认和接受。究其原因,主要是因为以言说为唯一方式加以信息传递的大众媒体传播系统,从根本上就是对语言置于新闻传播式框架后,进行规约后的职业化运用。进而,在将如同"现场目击者"的任何个体"社会人"加以新闻采集化的"采访"后,对所获"言语化"表达的"素材"的职业化剪辑、编程处理完型后,就是其可向"国际化新闻传播公共话语空间"传送的"新闻报道"之"'硬新闻'条目"或"'软新闻'专题"内容了。只是这种叙述尽管是"主观化"的个体感受表述体,但在"国际化新闻传播"的层面上,却是依据不可更改的"事实",得以建构的"国际化新闻传播话语"言说叙述体的具体呈现完型本体,其也应了跨文化传播理论中重要的术语"互主体性(Intersubjectivity)"被赋予的内涵。

2. "道听途说者"的诠释"感受化叙说文本"

在任何经由大众媒体传播系统建立起来的"新闻传播式"表达体中,除了那些令受众的感受系统即刻顺应惯性判断而接纳的"现场目击者"发声外,大多的"信息"却都是源自"道听途说者"提供的、近乎评论化的内容。虽然这类言语表达文本的涵盖，在主题覆盖及观点触及面上，却远远高于原本是以"事实胜于雄辩"的"硬新闻"条目的呈现上。就这一特点，在以"国际化"大众媒体传播引发的全球视听网中，促成"国际化新闻传播话语"言说表达文本，围绕着"观点传播"的定位而得以建构，并且是为更有效地突破"跨文化型"交流屏障，辅以了"催化剂"般的强力。

理由是什么？尤其在媒体新闻传播层面几乎是"普适性"的"现场目击者"为前提的"新闻传播式"表达前提下，这貌似"流言蜚语"般的"道听途说者言"，得以获得如此位置的原因是什么？

究其理由，是因为在今天以媒体传播建立的"信息化"了的"地球村"里，仅仅是依靠呈现"事实"为告知的大众媒体传播，已经是普遍到所有的媒体同时以"突发新闻"的框架，在呈现着同一"硬新闻"条目的程度。相形之下，在"事实化"了的"硬新闻"及时而准确地"被呈现"时，"国际化公众"对"国际化新闻传播"系统的言说赋予的期待，却是以"软新闻"框架规约后的"观点传播"，即：是对那些源源不断的"事实"背后所具有的"意义"之解读和诠释。进而，貌似与新闻传播理念引以为傲的"现场目击者说"相悖的"道听途说者言"，却成为"媒体传播全球化"生态里之"国际化新闻传播话语"言说表达文本，得以建构出吸引"国际化公众"之视听的丰富源泉。

首先，"道听途说者"的经验化"感受叙论文本"。

同建立起足以令大众媒体新闻传播"高调"示众其"客观性"的"现场目击者"之"说"相比，"道听途说者"之"言"的根本，就已经从前者固守的"叙述"，转化为后者秉持的"叙事"上来。既然是"道听途说者"的发声，就只能是其"听"后之"言"，且是一般意义上之"耳听为虚"的"语言化"具象本体的完型。此处的"听"，已经比"眼见为实"的"实"，显得"苍白"与"无力"。然而，在"国际化新闻传播话语"的言说平台上，却是"无可替代"且"视听穿透力"极强的"叙事"。在这类"叙事"中，支撑"国际化新闻传播话语"表达得以实现和完成的支点，已经超越具体"事实"的"不可替代"特性，而是紧紧围绕这一"事实"为中心，向"国际化公众"提炼出既烘托"内涵"又扩大"外延"的"观点"，并且是在呈现此一"观点"得以生成与"自有其道理"之逻辑的同时，完成对某一"情境化"文化价值观的介绍与解释。

这一依据"感受"展开言说的过程，实际上是对"言说者"之"社会人"身份映衬的"经验"之表达。进而，这类言语表达构成的文本内容，就是"道听途说者"的"就事论事"之结果。在其作为"言说者"的立场来看，仅仅是对自身所积累"经验"的自然而然地表达，但是，已经是充满了"个体化"感受之"经验"的叙事体了。也正是如此地直接运用"言说者"自身立足的"社会文化价值观"完成的审视，令"国际化新闻传播话语"的"国际化公众"获得对它类"社会文化价值观"视点与观念接触与理解的机会。尽管这类"叙述文本"里的"经验化"观点，只是符合作为"言说者"的"道听途说者"自身文化情境标准与游戏规则，但却是如同"视窗"展现的"视域"或"镜像"反射的"映现"，形成辅助"国际化新闻传播话语"得以弱化"跨文化型"沟通交流障碍的"桥梁"。

自然，不能忽视与否认的是：这种可被视为"经验"的表达，不能排除其所依据的属于"刻板印象"引导的感受色彩。但是，在"国际化新闻传播公共话语空间"里的"国际化公众"，都是以各自"文化价值观"塑造的"社会人"身份，自身带着各种"刻板印象"而期待他种"刻板印象"到来心态，在迎接着因"跨文化碰撞"而消解相应的"纠结"或"偏见"，大有"以牙还牙"后带来的"豁然开朗"效应。所以，"刻板印象"具有的"双刃剑"特质，就"国际化新闻传播话语"言说表达效果而言，却是"剑指咽喉"的"出其不意"而又"恰到好处"地"一针见血"。

因此，在处于"跨文化型"交流 的过程中，以语言的"新闻传播式"变形生成的言语表达，恰恰是在"表达者"与"接受者"双方间相互依据的"经验化"刻板印象效应，将无处寻找用来建立有效沟通的"借鉴物"得到附着的具象，从而，以体现"感受"般的言语表达，展开双方逐步深化的由激烈抗拒般的"碰撞"与"争辩"，到逐步的"面对"和"沟通"，再到用心的"聆听"与"理解"层次。毕竟，"就事说事"的出发点与落脚点，实际上是一个运用了令双方都敏感而又默许其具有"神似化"体现的"刻板印象"所承载的标志，来激化出在双方的认知体系里已然是"默认"或"惯例"的特性，并将其转化为跨越所谓文化屏障的弥足珍贵"共同点"。

其次，"道听途说者"的价值化"评论叙说文本"。

在"媒体传播全球化"的"新新闻生态"里，除了那些以"事实"串起的"硬新闻"类"消息"条目外，更多的言说表达都是"道听途说者"言论的变型或转化结果。即便是那些看似以"倒金字塔结构"规约后的"硬新闻"条目，以清晰的新闻要素完成对"事实"的呈现，但是，如果不是"传播源"自身捕捉到的"现场一手素材"或"伪一手材料"的话，也仍是具有"道听途说者"的色彩。更有当今因在技术层面上的便捷所带出的"相互提供"素材，而建立起来的庞大"二手素材"言说呈现系统所塑造的合理化"道听途说者"之"言"。可见，即使是最需要"现场目击者"带来的"现场一手素材"支撑的"硬新闻"条目，都会顺势形成如此的言说呈现状态，原本就是以"言论型"演变而来的"软新闻"类叙述呈现，就更是对"道听途说者"之"言"所具合理性与权威型的进一步强化与推崇了。加之，在这一传播生态里，能够为"国际化新闻传播公共话语空间"接纳并维系住所期待位置与地位的呈现表达体，就是那些"与众不同"到要么是"令人瞠目"，要么是"危言耸听"般的"观点化"评说表达体。

由于"道听途说者"之"言论"的组构本身，就已经是完全根据已是"被描述"、"被解释"和"被传递"后的"多手"辗转而来的"信息化"成分所"再够"的"被认知体"，所以，经过这一系列"被辗转"的过程后，经由那一最后将之"再完型"的"道听途说者"，根据其自身"社会情境"认可的"社会化"游戏规则的"鉴定"或"把玩"时，就是另一种将"素材"或"成分"进行加工与筛选的程序，并通过其语言体系建立的"认知"和"表达"框架的规约，获得能够由其所处"文化价值观"的认可，方可提供给相应的"传播源"，并在作为"传播源"的"国际化新闻传播"系统的"再塑"后，形成在"国际化新闻传播公共话语空间"里的"国际化公众"可接收到的"评说"表达体。

显然，这类"道听途说者"之"言"，在"新新闻生态"里形成的"大行其道"之态势，并不是其具有的"独家化"权威般言辞带给"国际化公众"的视听冲击度决定的，而是其以"视角化"与"价值化"支撑的"文化观"，在"新闻传播式"了的"事实"强化下，呈现出"观点"带出的"视角"建立的"视域"效果，也就是"国际化公众"期待此类"国际化"大众媒体传播系统之所以存在的最大理由，即："就事论事"触及到的"普适化"人类关怀效应。进而，这类"道听途说者"之"言"，已经不是单纯的"叙述文本"，而转化为一种对社会施加影响的方式。这其中能够生成令"社会化"群体之视听被引导的"影响"，就是那一"说明"言说者的"理由"部分，而这就是"评说"表达文本。其建立的言语表达文本，也就不再是"叙事"或"叙述"类文本，而是独具一格的"叙论"和"叙说"文本。

最后,"道听途说者"的"'叙论'与'叙说'文本"的三特性。

这种由"道听途说者"之"言"建立的"感受叙论文本"与"评论叙说文本",之所以不同于一般意义上的"叙述文本",就在于其在表面上表现为就"事件"或"事实"本身展开"说",但却是要以"解剖式"的力度,来尽可能呈现由一个独特"视角化"的标尺测恒后的"特质",如此也就形成了一个"观点说明"的表达过程。在这类文本中,原本是热耐特(Genett)叙事分析看重的动词三特性,即:时态(term)、语式(mood)和语态(voice),都有了独特的表现方式:

一是"时态"。在这类"'叙论'与'叙说'文本"里,展开其承载的"论"与"说"的状态,已经不受原本是"叙事分析"所看重并强调的次序、频率和进速三要素了,而是将所触及到的事件序列加以打乱般地"再组构"。相应地,原本是顺应事件发展而以时间为序的规则,也被"再组构"后的插叙、倒叙与顺叙所需而呈现完全不同的脉络。那些具有典型强化色彩并能在"评说"过程里生成强烈"新解"的要素,诸如场景、人物及细节所出现的次数,就必须按照带出"新解"的"震撼度"来安排了。而原本是以"叙事者"所处时间段来回溯的"进速",在这类文本中,也已经是一个模糊或除了开场的定调外,不必再反复出现的成分。因为是"就事论事",其中的"被论"之"事",一定是听着都能够产生共鸣的"存在本体"。所以,开篇的基调建立,就是一句"说到 XXXX 时间发生的 YYYYY…,…。",就已经将听者的记忆感受调至到了随后展开的评说框架里。

二是"语式"。由于是"夹叙夹议"的文本基调,其"语式"涵盖的"距离"和"视角"这两个要素,也就产生了与单一化"叙述文本"不同的方式。第一是"距离"发生的变化。在此类文本里,原本是叙述文本中的"信息 + 信息传递者 = 距离"的模式引出的信息量越大传递者越少,距离就越近的效果,例如:"我认为这是…。"与"我将我的想法告诉他后他又将其告诉了……"相比较,就可知道前者的"距离"是近的。这样,在此类文本中,"评说者"的表达脉络多是更接近于显示"距离近"的"我认为……。"、"我提炼出……"的风格来。第二是"视角"。原本在单一化的"叙述文本"中,其体现为"叙述者"与"文本"中所涉"人事物"间的关系上,也就是叙述者大于"人事物"、叙事者等于"人事物",以及叙事者小于"人事物"三种视角。但是,在由"道听途说者"之"言"建立的"感受叙论文本"与"评论叙说文本"中,只有第一种"视角",

即："评说者"大于"人事物"，也就是体现为"上帝式视角"带出的"评说者"知道那些"人事物"都不知道的细节或内涵。从而，其呈现给听者的是"透彻"与"直接"的剖析式"评点"说明。

三是"语态"。在"叙述文本"里这种以术语解释的是"叙事者"与"叙事接受者"间的关系，主要强调"叙述活动"和"所叙之事"间的区别。也就是讲述的过程与内容间的不同。但是，在由"道听途说者"之"言"建立的"感受叙论文本"与"评论叙说文本"里，"评说过程"决定了"评说内容"的深度与广度，更体现了两者间的互相支撑关系。毕竟，这类"评说"的展开，随着过程的递进，其中要说明的"观点"和"想法"，都会得到进一步的强化和烘托。这也就是为何在"事实"与"观点"之间，"国际化公众"在得知了"发生了什么"后的有关时间内的心理期待，就是"说明型"的"观点"的"被提供"的原因所在。在当今的"媒体传播全球化"信息大潮中，对所发生的"事件"呈现可以是将来模糊的记忆，但是对其展开的任何"评说"形成的认知记忆，却是深刻的，甚至可以达到足以改变社会群体与个体命运、世界观和价值观的"一念之差"。

因此，在与日常生活里习以为常存在的"道听途说者"之"言"产生的近乎贬义色彩的现象相比，经由"国际化"大众媒体传播告知的由"道听途说者"之"言"建立的"感受叙论文本"与"评论叙说文本"，却是迎合了"媒体传播全球化"形势下，处在"新新闻生态"里的"国际化公众"的认知心理。究其缘由，就是在"事实"可以轻易获得并即刻被广泛传播的科技化信息及时代，人们所期待的是在"被告知"的基础上，更需要"被说明"和"被解释"的"评说化"表达文本。更加之在当下的信息时代里，"事实"的不可置疑带出的"为何如此"之"内涵"衍生的"意义"，却是人们关注具体"事实"的关键理由。进而，在貌似"信息化"事实丰富且高频率"被呈现"的时代，"国际化"公民在拥有了"对内广播"的多重媒体传播系统后，还是需要诸如"国际化英语传媒"般的"国际化"大众媒体传播系统的言说。由此，也就促成了"国际化新闻传播话语"能够在"世界格局"里的"国际化新闻传播公共话语空间"中的影响力及被高期待的权威位置。简而言之，"媒体传播全球化"建立起的"国际化公众"群体更需要大量且丰富的"跨文化型"评说引起的观点化之相遇和碰撞，进而获得一定程度的沟通与理解，达到相互的认识和接纳。

总结这一节对"国际化新闻传播话语"新闻文本第一个特性，即："'国际化新闻传播话语'文本的故事化讲述"所展开的分析，主要是对其具有的三个特点加以梳理和归纳，也就是其具有的一是情境化社会背景比较型文本描写事件，二是情境化人物经历烘托型文本呈现议题，以及第三个特点情境化观点交锋对话型文本推介导向的系统化剖析，在这一过程里，从"国际化新闻传播话语"言说表述文本的建构技术层面分析，触及到了由于不可互视和弱化的"情境化社会背景"所具有的话语意义生成决定作用，而必须使用到的三类凸显方式，即：幕布般的"情境化"议题场景、蒙太奇式的"社会化"因素聚合，以及直觉感受性的"逻辑化"描写言说。而对于构成"国际化新闻传播话语"表达内涵的"情境化人物经历"的认识与分析，必须直面其涵盖的"'亲历者'的表述"建立起的"'当前事件亲历者'叙述烘托型文本"及"'历史事件亲历者'叙述烘托型文本"两种表达类型。而在对最看似"抽象化"了的"观点"部分的分析，因其产生的视听引导力是最强大和无形的，所以，按照"国际化新闻传播话语"得以在大众传播平台生成"意义"所秉持的"新闻传播式"言语表达框架原理，将其组构的涉及"直觉"及"诠释"特点的"叙述"和"叙事"类文本，加以支撑"新闻化"讲述得以完型的"信源"展开分类，从而使得"国际化公众"接收接受源自大众媒体传播的"信息"的决定性元素"现场目击者"及"道听途说者"，作为"言说者"所提供的"直觉"及"判断"在转化为"新闻传播式"表达的"内容"后，分别以"'现场目击者'的感官支配心理生成的直觉——主观认知体"，以及"'现场目击者'的感受操纵认知达至的判断——主观叙述而非叙事"来体现"新闻化直觉"的功能。同时，由"道听途说者"之"言"带出的"经验化'感受叙论文本'"及"价值化'评论叙说文本'"所达到的强化以"诠释"表达的"感受化"文本，形成最深刻的视听引导力。从而，达成对"上层建筑"层面的"文化价值观"的冲击，甚至是"再塑造"般的"改变"结果。所以，就对"国际化新闻传播话语"的第一个特性，即："故事化讲述"的分析，使得在"媒体传播全球化"的"新新闻生态"里，"国际化新闻传播话语"建构起的言说表达文本具有的"心文""再构力"和"再塑力"，得以系统化地剖析后，而呈现出"软新闻"在全球化传播层面具有的力量。

二、国际化新闻传播话语与符号重构解读体

在看似庞大而又强大的"全球化媒体传播"建立的"意义"表达体系里，所

有的言说行为都基于一个"引导"达致的"改变"初衷。尽管在今天以"信息化"语义组成的"拟态空间"里的"国际化新闻传播话语"接收接受者们，都以各自"文化情境"塑造的"社会人"身份，按照所秉持的"认知风格"塑造的"视角"展开审视过程，但是"信息潮"所具有的"冲击力"，已经足以令处在"世界格局"里的各类"社会人"，都必然会在维持当下日常生活在各自立足的"社会文化情境"中"正常地"运转前提下，或主动或被动地面对这种既无形又必然直面的"冲击力"。从而，使得作为"社会人"的"国际化公众"，在这类言语表达的"意义"里，试图梳理和寻找出那些相对"契合"所固守的"价值观"之解读，以平衡近乎惯性般的"本土化"常规或道理。

然而，面对源自"国际化"大众媒体能充盈于最基本生活内容里的日复一日无休止"信息流"带来的视听呈现，存在于"这一"和"那一"表达间的"说法"与"解释"，能够获得作为"国际化公众"的"社会人"认知体系接纳的"切入点"又是什么呢？排除单纯的语言系统所呈现的"元素"带来的"语言障碍"外，更多属于"语言背后"的"成分"生成的"抽象化"和"概念化"的"意义"，却是"国际化新闻传播话语"言说表达体得以构建，并最终在"世界格局"里的"国际化新闻传播公共话语空间"中，向各类"社会人"展开体现"意义"之"内涵"过程的关键。这一"关键"，就是"国际化新闻传播话语"承载的"意义"获得呈现与表达，且最终在不同程度上"被接纳"的"符号重构解读体"。

触及因看似能带来"直接"、"简练"、"鲜明"、"生动"及"唯一"认知反射效应的"符号"功能后，这一如同"国际化新闻传播话语"言说表达文本的"中枢神经"般元素，就令在"媒体传播全球化"促成的"新新闻生态"里呈现的所有大众传播具有的视听引导力之"原动力"所在，能够在跨文化新闻传播学的层面，顺应跨文化认知风格塑造的"视角"带出的"视域"脉络，得到解构般的分析。进而，在这一节中，本作以"国际化新闻传播话语"作为一种特殊的言说表达文本具有的特性为出发点，在充分认识到其是依托"媒体传播全球化"形成的"新闻框架"，在"国际化"表达建立的"意义空间"里行使"文化实践"。从而，引领作为各类"社会人"的"国际化公众"，寻求作为个体认知心理所依据的"意义语境"的功能。对这种存在于"国际化新闻传播话语"和"符号重构解读体"间的关系及其相互作用后，促成预设"意义"的最终完型，并可在"国际化新闻传播话语"框架下"被言说"的理由，进行探讨和分析。

（一）国际化新闻传播话语与标签化符号互动

在只是以言说行为传递的语言化呈现的"表达"描述过程里，被定性为媒体化传播的这类系统建立起的叙述叙事功能和作用，成为对人类组建的系统化空间"被赋予"的价值及意义的"具象型"呈现体。

但是，从现有媒介形态来看，不论是如同仅以单纯的文字与图片表现的报刊，还是如同被成为电子新闻般以声音和图像表达的广播电视及新媒体系统，且撇开他们存在的具体形态而只是关注其得以实现"意义"与"价值"表现的途径，就会发现："文字化"了的语言表达 + "声像化"了的语言表达。如此的表达方法带出的问题是：大众媒体传播系统表达所使用的语言，尽管是属于媒介职业化工具的范畴，但其承担的这类表达，是借助了语言系统对相应"意义"得以呈现的何种特质呢？

毕竟，简练而又易懂的大众媒体传播语言，带给"公共空间"的"信息"是服务性的表达，也就成为了预设被接收与被接受的"意义"之载体。进而，具有能够引导视听的功能和作用，并获得一定程度的效果。达成如此"意义"传达效果的缘由，不是其运用的语言系统本身，而是其将语言系统里能够"被组构"的元素加以提炼后，与身处"公共空间"里的"情境化"个体互动的结果。这种元素，就是能够即直接又形象地体现"意义"的"符码"；这种"互动"，就是与公众在"社会人"定位前提下，获得只是对"人"所"被解释"之"人性"的"意义"赋予和解释机会。从而，以"滴水穿石"般的"告知"和"灌输"，完成其所设计的一系列"编程"（Programming）"被嵌入"之"意义"的着陆、生根、开花和结果的过程。主要表现为三个层面，即：国际化公众之本性"自我"——"情境人性化个体"、国际化公众之角色"客我"——"情境标签化社会人"，及国际化公众之意识"认知"——"情境价值化定义"。

1. 国际化公众之本性"自我"——"情境人性化个体"

在"国际化新闻传播公共话语空间"里，在很大程度上足以令身处"世界格局"里不同"社会文化情境"中的"情境化"个体注目的言语表达内容，是那些让他们如同"照镜子"般看到自身或接近触动自身心境的那些"镜像化"的成分。这是因为，作为"人"之"性情"构成的"个体"，最基本的、得以转化为"原动力"的"内核"，还是"自我"所依据的"心灵"之存在本体。在这一不可更改的特质指引下，大众媒体传播系统的"言语化"表达文本具有的不同类型，就有了不同的视听引导定位和作用。因而，也就能够在"国际化新闻传播公共话语空间"里，获得对"国际化公众"的视听引导力。就"国际化英语传媒"般的"国际化"大众传播系统而言，在顾及到尽最大可能达到"直击心灵"效应的话语言说表达体的设计前提下，其首先注重的是挖掘出那些符合这一前提的所有元素来，在经过相应的"再组构"后，完成对其所预设"意义"的附着和传递。

虽然从最基本的生物角度来审视"自我"的本体特性，还是不能将其与其所立足的"社会文化情境"相互依存所具有的"社会过程"彻底割裂开来。但是，作为个体化的"自我"，在体现"心灵"层面上的"心理"承受度上，还是存在着形形色色的"因人而异"态势的。进而，即便是在一个最小计量单位的社会元素"家庭"之中生活的成员间，各自作为"个体"所具有的"喜怒哀乐"产生和表现的方式与程度，也是"参差不齐"的。这就是"国际化"大众媒体传播系统所设计和运用的"国际化新闻传播话语"言说表达文本得以生效的关键解释之一，即："符码化"的"人性"与"情境人性化个体"的"自我"间产生互动的必然。

从诸如"国际化英语传媒"作为"国际化"大众媒体传播系统角度而言，在设计和运用那些能够对"国际化公众"产生"直击心灵"的言语表达成分时，基本上不必考虑或顾及这些"公众"作为"个体"，在各自"社会文化情境"里因"社会过程"所形成的"社会属性"，只是单一强化他们作为"个体"所具有的"人性"成分就足够了。这些成分在"国际化新闻传播话语"言说表达体里，是那些以"个体"所依存的"生命存在本体"需呈现的要素，也就是诸如"生老病死"过程里的最基本需求与得以维系的方式。围绕这一要素，那些关乎"一日三餐"的解决方式、"子女抚养"的合理方法、"老有所依"的有效途径、"宗族亲眷"的相处之道，以及"爱恨情仇"的因果之说，等等直接解释那些生命获得维系的方方面面。

梳理出这一理念作为设计"国际化新闻传播话语"得以建立与"国际化"大众作为"情境人性化个体"互动的出发点后，就是如何将其加以有效在最终呈现于"国际化新闻传播公共话语空间"里的言说表达文本中运用的关键点了。根据美国实用主义哲学家杜威（John Dewey）对"心灵"（Mind）的解释，这一术语指向的不是单一静态的存在体，而是一个思维运行的过程，即：在"刺激—反应"的通识下，因为已是具有"跨文化型"言说表述的"符码"经"再组构"后出现的"参照体"效应，作为"国际化"的"情境人性化个体"在"被刺激"的过程里，其形成的"反应"并不是即刻付诸行为上动态的结果，而是一个繁复的"心理"反射过程，即，是对所接收到的"言说表达体"中涵盖的"声像化"符号具备的"意义"的"与记对照"的过程。这实际上是一个对"文化符码"的"解码"过程，只是存在于交感神经系统的律动，而非可视的行为展示上而已。显然，这是"情境人性化个体"在"国际化新闻传播话语"的言说表达之"意义"依托的"符码"刺激下，完成了一个重新建构"自我国际社会性"的互动过程。

经过这类互动过程的日复一日强化，身处"世界格局"里各类"板块化"了的"社会文化情境"中的"情境化人性个体"，在认知风格塑造的视角带出的视域范畴，就发生了由内在"心灵"转化的"砸骨"般的"转化"。这种发生在认识系统层面的"变"，貌似"无声无息"，实则会引出"于无声处听惊雷"的最终结果。毕竟，是诸如"心灵"般的"元素"，支配着个体的所有"言行"，从而完成"改变"后的最终所需结果。

2. 国际化公众之角色"客我"——"情境标签化社会人"

大众媒体传播系统的存在理由，是以其具备的面对"大众"，将其建构的言语表达"内容"加以"推介"，从而获得预设"影响化"引导"反馈"结果的行为。这种行为在"媒体传播全球化"浪潮的推波助澜下，尤其是经过这一"全球化"在"西方化"了的"市场经济理念"普及化的强化下，原本是"世界格局"里的一个个极具特色的"板块化"社会文化价值体系，逐渐被"像极了'美国式'的"一致色彩转化。从而，在这一"美式"市场机制规约下的"人性"，也就有了新的定性，即："社会达尔文主义"引领下的"丛林规则"里的"能生存"下来的"适者"。由此，在"西方"秉持的"市场经济"原则促成的"全球化"理念引导的"地球村"里。立足于各类"社会文化情境"中的"社会人"，在兼顾自身"文化价值观"塑造的"情境范畴"的同时，就是对以"市场经济"虚饰下的"丛林规则"的适应、接纳和驾驭后的"标签化社会人"的"国际化"接纳。

由于这一新的"社会人"身份依托的"标签化"情境，使得以言语表达为支撑的"国际化"大众媒体传播系统，获得了将其所设计和运用的"国际化新闻传播话语"言说表达文本所承载的"意义"，得以嵌入"国际化新闻传播公共话语空间"的认知分享平台，尤其是与可已"被标签"为"全球化"生态里的"社会人"所"被建立"的、与"国际接轨"的认知风格相遇。事实上，也就是对以美国为代表的"西方阵营"，维系其机制运行的、以"市场经济"为模式所依托的"文化价值观"的认可与接纳后生成的"共识"。这一"共识"带来的"社会人"角色，就是当今"国际化公众"之"角色"，即："情境标签化社会人"。

在这一"宏观化"运行机制的规约下，原本是"本土化"了的"社会人"，成为"全球化"解读下的"国际情境"定位的"社会人"。也正是这一定位，使得以此类"社会人"角色秉持的认知风格为中心展开的一系列"中观"及"微观"的"互动"存在方式，都有了新的解释与相应的行为配合方式。最直接的表现，是将原本是"人性"自然属性的"自我"分为两个部分，即：一是"主我"，一是"客我"。按照戈夫曼（Erving Goffman）的解释，"主我"还是带有"自我"的自然人性化特质，也就是那些纯"个体化"的不可变及随意特性。而"客我"，则是一个彻底"社会化"了的"自我"。其实，作为"客我"的个体，原本是"社会人"的本体。但是，在"国际化"大众媒体传播系统提供的"跨文化型"言语表达体所着陆的、由各类"文化符码"构造的"国际化新闻传播话语"意义空间里，其据以维持思考过程的元素，成为必须依赖"被告知"的定义和释义标尺来"解码"。从而，在整个认识的过程里，"客我"的个体化本真感受，成为一种在"拟态情境"中，担任"拟剧"情节里所需的"角色"，更转化为戏剧演出层面上"看我非我"、"我看我亦非我"的"角色"出演效果上。这其中的缘由，是因为此类"被标签"了的"社会人"，与"国际化新闻传播话语"言说表达文本提供的那些"文化符码"蕴含的"意义"间互动的需要所在。在这一层面上的"互动"，作为"被共识"的"国际化公众"，在认知风格的引领下，完全接纳由"国际通行"的"社会运行及结构"元素。从而，按照"被告知"的逻辑解释，来认可一系列的规则和条例，并完成在深层意识水平上的接纳过程。虽然这类"客我"角色在整体"互动"过程中，会产生强度不一的"冲撞"和"抵触"效应，那是个体之"人性化"的"主我"与"国际社会化"的"客我"间的"角力"体现。但是，作为由"国际化新闻传播话语"建构的庞大"主流化"国际社会意义空间，其产生的引导力及塑造力是个体化"主我"所不能改变或撼动的。进而，只能顺着唯一的"接纳"途径，来完成对"主我"的抑制，成全"客我"的完型。所以，尽管在"国际化新闻传播话语"所呈现在"公共话语空间"里的言说表达文本充盈了鲜明的各类"文化符码"，但在遵循"与国际接轨"游戏规则的前提引导下，而成为强化为这一前提服务和推介的元素。进而，呈现在"国际化公众"眼前的言说内容，就是在"西方"主流价值观塑造和筛选后的那些"消费主义"原理以实物着陆的变型本体。具体在言语化后的话语体系里表现为：规则、条例、法规、产业化、体制、流行色及大众消费等等言辞带出的语义、语态和语境。

3. 国际化公众之意识"认知"——"情境价值化定义"

对于以向"国际化新闻传播公共话语空间"里传递经"新闻传播式"框架规约后的"信息"的"国际化传媒"而言，预期达到令接收者产生心理共鸣的效果，是最理想的了。这一效应，在表面上体现的是作为"受者"的认可、接纳与共鸣反应，而于内在体验上是作为"意识"之载体的记忆契合、情绪叠加及认识强化上。形成此种"内"与"外"相互支撑的"个体化"接收效应，在新闻传播意义上的解释，实际上是"认知体系"在所谓"外力"的刺激和冲击下，与各类已建立的"个体化"或"群体化"所秉持的"认知惯性"基于的"情境价值体"的互动。

鉴于这类"互动"，是借助"国际化新闻传播话语"言说表达体得以建构的"符号化"表意体，进而，可以表明在"传递"与"接收"的过程里，实际是"国际化"大众媒体传播系统对其所需推介的"意义化"符号进行的推介和解释。而对于作为接收者的"国际化公众"而言，则是基于已在认知体系里的"意义化"符号，对外来表意符号加以辨识、筛选式吸纳和摒弃的过程。自然，作为双方各自依托的"文化价值观"建构的意义体系结果，"符号"映现的"解释"，是属于处在形成认知心理脉络的具体呈现。毋庸置疑，这两者以各自认为是"合理的"、"逻辑的"及"完整的"意义诠释体为依托而出现的。于是，随之而来出现在"互动"过程里的所有现象，都是两种"意义诠释体"在"符号系统"承载下的"相遇"。

单就支撑此种"相遇"的"符号系统"而言，双方各自建构的过程相对简单，因为只要是依据相对应的"本土化"固守的"文化价值观"标尺，就可以在社会化群体中得以普及。然而，当两种或以上的"本土化"符号系统，以多重层面推介多元化的"意义"承载体时，"国际化新闻传播公共话语空间"表现为丰富的、多视角的，以及相互矛盾的理念与观点，至少是"想法儿"的"共存体"，对于接收者的"国际化公众"而言，就是一个"信息化"了的"海洋"，即：每一滴"水"（亦是"信息"）都可辉映"太阳"（若如"真理"）的"光芒"（类比"逻辑"）。面对如此繁复的态势，"国际化"受众作为各自"文化价值观"所塑造的成熟"社会人"，其能够调动感受神经中枢加以面对的基本反应，可视的行为表现是"注目"、"思索"、"疑惑或质疑"，以及"接收或拒绝"的过程，但在不可视的认知心理层面，则是"个体化"了的"情境社会人"，在经历"大地震"般的"认知风格"掀起近乎"颠覆"效应的"心理海啸"挣扎。毕竟，外来"符号系统"承载的"意义诠释体"进入已有认知系统，不是简单地对各种颇具新鲜感的"符号"加以记忆式地认识，而是对近乎惯性般的生活方式及价值观的冲击或改变。

这种"暗潮涌动"般的冲击，不仅是大众媒体传播系统拥有传递"意义"力量的特质，更是其具有能够对所传递"意义"所需之"符号"加以"再排序"、"再言说"和"再更新"的"霸权"。因而，在当今颇受大众媒体传播系统"新闻传播式"话语所左右的"世界格局"里，各类以"板块化"或"阵营化"存在的"社会文化情境"，在尽可能兼顾谓之"开放"与"共生"带来的"互动"同时，还是将如何固守和保护"本土化"价值体系建立的"认知风格"所依托的"符号系统"，置于到关乎"民族存亡"的位置上。毕竟，"精神殖民"在后现代主义理念占主导的"世界格局"里，已然显得是"'西风'压倒'东风'"，很难维系"各领风骚三五年"的态势了。

如此的强劲"冲击力"已经不是平等意义上的"互动"，而是在"国际化新闻传播话语"言说表达体传送的"在排序"后"符号组合"引导下，令隶属"非西方阵营"的"国际化公众"所运用的"情境价值化定义"，不得不"被修正"或"被更改"，完成貌似"与国际接轨"层面上的"总把新符换旧符"所显现的修辞装饰，实则是在"文化价值观"解释系统里的"抽筋断骨"般所形成的定义撤换。进而，虽然以"媒体传播全球化"促成的"信息化"地球村，已在"国际化"民众心目中建立，但却仍处在随时轰塌的岌岌可危状态。最主要的原因，就是原本启动时支撑起其矗立且不断扩建的、起到支柱作用的不同类型"社会文化价值观"间的"互动",不是"相互尊重的"、"平等的",而是"剑拔弩张的"、"强势主导弱势的"、以"社会达尔文主义"原理在"经济一体化"虚饰下的变型化强化。进而,体现"国际化公众"之意识的"认知",就在看似"国际化"大众媒体传播系统极为发达与普及的今天,尽管面对无休止的"符号系统"承载的"意义诠释体"言说,却是处在以"本土化"文化价值体观,展开对被标志为"国际化"了的"意义",加以经"本土化"情境价值化定义系统支撑的分类与分解。其结果,仍是"分化的"、"对照的",以及"'主我'与'客我'"的抽离化"意义"存在之认知心理组构的"意义空间"。

总之,在足以令"国际化"大众媒体传播维系运转且在"世界格局"里生成视听引导力的关键元素中,由"国际化新闻传播话语"与其设计和运用的符号重构解读体形成的"标签化互动"效应,是其所传送进"国际化新闻传播公共话语空间"里的"意义诠释体",试图在作为各类"社会文化价值观"塑造的"社会人"以"国际化公众"角色接收之时,顺应其本是"情境人性化个体"建立的本性"自我"为基础,以其"情境标签化社会人"规约的社会化角色"客我"为切入点,运用其"再组构"的"符号序列"承载的"意义诠释体",强化以"传播源"秉持的"价值观"建立的"情境价值化定义",来完成对其已建立的意识体系"认知"的"重塑",从而,完成"撤换"基本"定义"而"建立"其预设的"意义空间"目标。

(二)国际化新闻传播话语与"共同的符号"说

在诸如"国际化英语传媒"的"国际化"大众媒体系统,按照其建立的言语表达方式,对所选择和聚焦的"人事物"展开"新闻化"的呈现过程时,形成进入"国际化新闻传播公共话语空间"里的实体存在是称之为"新闻条目"或"专题报道"的"信息"。但是,如果从新闻传播具有的特质角度来审视的话,这个看似仅仅直观而又客观地"呈现"那些"被聚焦"的"内容"过程,实则是一个"讲述"的文本展卷过程。其建构的性质,已经是以"叙述化"文本衬托的"叙事化"引导。这种言语表达,是可以在视听层次上生成引导力,进而在决定认知风格的认知心理上,建立具备影响"意义"的推介与解释。

显然,在单以系统规模测衡的角度来审视显得庞大而又繁杂的"国际化"大众媒体传播系统本质,实际上只是以极为直接而又单一的"流水生产线"般的策划 — 采集 — 编辑 — 合成 — 播出流程执行着运行。据此,暂时撇开这一流程的后几项,只是关注决定这一流程之所以可形成"内容"多元的"策划",就会引出如此的问题:其被视为"始作俑者"所秉持以实现整个流程的终极目标是什么?

尽管这是一个在探讨和剖析新闻传播领域必然要触及到的问题,但是,当其在关乎可影响"世界格局"里的"国际关系"之"国际化新闻传播话语"言说表达文本的设计与运用时,就具有了与一般"对内传播"完全不同的出发点所引发出的分析。以"国际化英语传媒"为例,如果在淡化各"国际化"大众媒体传播在运用英语语言时形成的不同程度表达局限与障碍时,也就是且不论是南北美语音、欧洲大陆语境、澳洲语态,以及亚洲地区化英语带出的不同色彩,他们在向"国际化新闻传播公共英语话语空间"呈现了各自的"发声"时,就已经完全超越了语言使用层面的"技术"表现了,而是在各自对语言加以"再运用"过程里,其已经"被赋予"的"含义"之传递了。由此看似"线性化"的运作流程,就凸显出了诸如"国际化英语传媒"般的"国际化"大众媒体传播系统,在设计和运用"国际化新闻传播话语"言说表达文本所预设的终极目标,即:通过"发声"完成对所建构"意义"的推介,进而促发"授受"的形成,最终建立"影响"的完型。这一整个过程,是"国际化新闻传播话语"为在依据"世界格局"而存在的"公共话语空间"里建构隶属自身的"意义空间",并以此为基地实施"文化实践"(社会互动)所触及到的文化价值观体系,进而达致在最大范畴输出或嵌进其所定义和解释的、决定认知风格走向的"认识体"。

1. "国际化新闻传播话语"之"意义空间"

在对大众媒体传播的分析与研究进程里,令持有各类文化价值观背景的研究者达成共识的结论,是接受其营造的"拟态环境"及所带来的"议程设置"之解。而在此基础上对这两个支点所具有的功能展开的探讨,就触及了如同维系大众媒体传播得以运转的"中枢神经系统",即:不可视不可触的"意义空间"之实实在在的存在、运行本体。

然而,当这一看似以无形态势存在且高速运行的本体,依托诸如"国际化英语传媒"般的"国际化"大众媒体传播系统而用其设计和传送的"国际化新闻传播话语"言说表述内容,对"世界格局"加以覆盖时,原本是"无形的"存在本体，转化为直接呈现于其接收接受者的"国际化公众"之言行举止里，而体现为社会化群体成员通用的词汇、语义、语态、情绪及表达风潮。事实上，从社会心理意义上看，这是"从众心理"衍生的"大众行为"的结果。但是，从新闻传播层面上思考，则是媒体传播系统具有的"意义生成"特性与"视听引导"力量生效的具体成果表现。

当"国际化新闻传播话语"以其所聚焦的"人事物"为依据，设计和展开言说表述文本时，在叙述行为方式的支撑下，达致"国际化公众"认知心理层面上的，是以"叙事"具有的"意义生成"的效果而着陆的。进而，经由以一个播出时段为基本计量单位来考量的话，"软新闻"的 15 分 10 秒时长涵盖的"意义"，已经是"时空"交错后的"人物传记"浓缩、"历史回溯"释义，以及"以史为鉴"的"时事说"立意完型过程。由此，在类型化了的"新闻传播式"框架规约后呈现在"世界空间"里的"国际化新闻传播公共话语空间"中的"言说表达体"，已经转变成为"声像文"的"意义空间"，将"国际化公众"的物理及心理存在实体"包裹"于其中，形成了对其具有"生存其中"的"浸泡"感受。

不可忽视的是，在这一"意义空间"里，因其无形带来的"拟态"，引领作为其接收接受者的"国际化公众"，完成从好奇心产生、一瞥致关注、反响至反刍、接纳至吸收、理解至行动的意念进展过程。也正是如此"无形"产生的强大操控力，使得"国际化"大众媒体传播系统所设计和运用的"国际化新闻传播话语"言说表达文本，在"新闻传播式"过程里只是表现为"声画音文"的辑合体，不仅生动鲜活，且具有引人入胜般"故事化"情节，尤其是因其源自"国际化"定位带出的"异域风情"似的"不同"，致使人性中"喜新厌旧"的本性，得到最持续化地刺激与挑动，进而建立其最具"吸引力"、"渗透力"及"引导力"的特性。正因如此，即便是作为"情境化"了的"社会人"，诸如"国际化英语传媒"般的"国际化公众"，还是会在这一"意义空间"里，努力依据自身已经建立起的认知体系，来吸纳如同无形无味般"空气"的"意义空间"之"充盈物"，即："内涵"。

虽然就这类由"国际化"大众媒体传播言说表达文本建立的"国际化新闻传播话语"筑起的"意义空间"，在形态及样貌上衡量都是非实体且是言语方式在"新闻传播式"框架下的抽象组构物，完全是"虚拟化"了的存在。但是，其涵盖的"内容"所依据的"符号"，已经"被转化"为"含义深刻"的"文化符码"。这就使得"情境化"了的"社会人",在身心同处"意义空间"时,即可做出的反应是本能的"认知心理"应对式的感受型结果,并同步展开了"理解化"的"解码"心理过程。毕竟,在所有接收者都明了的"拟态环境"面前,他们接纳的是以"绝对的'人事物'"为载体而呈现的"真实"。如果同单纯以"娱乐"为出发点而"被制作"和"被呈现"的影视剧比对的话,后者的真正"拟态"是人们完全认识到的"剧说体",而产生"把玩一下"、"娱乐一番"的"观景"接收心态。所以,以"绝对的'人事物'"为依据而展开的"新闻化"言说表达文本内容,是近乎不容人们质疑的"真实呈现体",也就是"客观性"的最不容置疑之具体呈现体。进而,具有"必须面对"的"参照说",而非"可有可无"的虚拟编造物。这样,如此"解码"过程带来的"理解",具有了用以指导"现实"的"意义"价值。

2. "国际化新闻传播话语"之"文化实践"("社会互动")

由于新闻传播自身的出发点,是达成终极的"说服"结果与随其产生的效应。进而,其所依据用来运转的言说表达文本内容的选择,不仅为设计出符合作为传播系统定位的话语内涵,提供对所预设"意义"的建立行之有效,同时还必须为接收接受者留出得以进行必要的分析、定性、质疑或认可的判断空间之语义和语境。只有在这两方面获得一定程度上的保证后,才可在一定范围和层面上,使得"被接收"的"意义"之"解码"效果,能够"被运用"到接受者立足的日常生活运转流程里。

这类运用"解码"后的行为,就是在履行"文化实践"带出的系列化理念和认识。当然,这是"国际化"大众媒体传播系统赖以实行言语表达的"国际化新闻传播话语"使用的系列"符码",在"被传送"后所产生的预设效果部分。事实上,这也是作为传播系统必须进行的"选择"之后的"再选择"的体现,自然,这一行为,是由系统期待的接收者做出的。在两者之间所建立的,就是新闻传播活动必须达成的"社会互动"过程。不能否认的是,这一过程的本质与价值,不是简单地一般意义上的"互动",而是在"国际化"言说行为的实施后,于具有"跨文化型"平台上,将各类"社会文化价值观"加以聚合分类的过程。事实上,这是完成一个对多元价值"并存体"进行再次"价值判断"的深化行为。虽然这时产生的"选择化"行为,不是具体肢体化行动上的表现,而是看似"言听计从"般的、对"被传送"讯息的解读与阐释,却在本质上是关系到那些"被接收"和"被分析"的"讯息"昭示出的"权力"和"影响"的接纳或排斥。如此,这一看似只是对媒体传播信息的接收与接受过程,已经是触及"社会文化情境"的上层建筑之举了。显然,诸如"国际化英语传媒"般的"国际化"大众媒体传播系统本身作为信息传送平台具有的"工具性"及"终极性",在"国际化新闻传播公共话语空间"形成的言语表达平台上"被体现"出的功能,具有了强化"全球化"进一步拓展其覆盖范畴的特殊效力。

首先,"工具性"的执行力。

作为新闻传播系统的分类之一,以"国际化"言说为定位的"国际化传媒"系统,其"工具性"在一般新闻传播层面的基础上,由于是以"跨文化新闻传播"的话语诠释定性来构建的表述文本,就必然成为跨越文化价值观塑造的认知错觉化障碍,而刻意设计的"符码"得以"被解码"的言语表达方式。这时能够令身处他类"社会文化情境"里的"社会人",感受到因为源自"国际化"大众媒体传播系统的"国际化新闻传播话语"表达的生活,是更具鲜活意义的"世界"的话,其"工具性"就具备了足以被视为人类共同体可分享的"跨文化型"意义,这时的话语言说表述文本,就是应被当做具有"普适性"价值的"工具"。

而在当下围绕"经济一体化"促成的"媒体传播全球化"生态里,经贸活动终极性的频率增高,使得原本是仅限于运用到区域化的词汇,伴随着媒体传播流成为覆盖"世界格局"的"共享语汇",进而得以实现其所依托的媒体传播系统作为"传播源"而获得的"国际化"言说定位。进而,其拥有了最具体的引导"国际化公众"采用那些"被共享"的定义及相应衍生出来的解释逻辑体。

其次,"终极性"的生成力。

在媒体传播具有的"工具性"效能得以实现的基础上,体现其本身特质的"终极性",又经过其传送的"意义"在人类共同体的层面上得以强化、深刻及巩固过程中,得以达至。这时的接收接受者尽管还是以"情境化"了的"社会人"为立足"国际化新闻传播公共话语空间"里的"身份",但是,其所"被赋予"的国际化公众之"角色",却是因为在"分享"了"意义"后,而得到认可与接纳。其"身份"带出的与其依赖的"情境"间隶属关系,不仅没有被改变、替代或颠覆,反而成为辅助"国际化"大众媒体传播系统之"工具性"功能获得进一步拓展的载体,将其期待的"终极性"在这一"角色"的"出演"过程里,通过其所在的"意义空间"中的所得，而实现了"晕轮效应"带出的视听引导结果。

久而久之，由如此"国际化公众"作为"国际化新闻传播话语"的接收接受者获得"角色"组成的"群体"，就转化为了诸如"国际化英语传媒"般"国际化"大众媒体传播系统所努力建立的"跨文化传播社区"，从而形成在"国际化新闻传播公共话语空间"里堡垒般的"见识存在源"。尽管在"世界格局"里形形色色的"文化价值观"塑造出的"意义"各领风骚，以使各类"情境化"了的"社会人"，在隶属于不同的"社区"的同时而存在于"公共话语空间"之中，进而形成对某一"社区"群体而言是"精神家园"，而对他类群体却是"乌托邦"般"他人之'地狱'，我们之'天堂'"的"各有归属"认知态势。然而，这种近乎"分庭抗礼"似的"水火"，却因"终极性"时时与"工具性"的交织，而令貌似不可相容的"二元对立"，获得了相互附着的"胶合剂"，即："终极性"与"工具性"共存时的结果。

最后，"工具性"与"终极性"合力之"理性说"。

"国际化"大众媒体传播系统设计和运用的"国际化新闻传播话语"言说表达文本的内容，因其自身就是必然依赖体现"人文与社会脉理"律动的"人事物"方得以建构的，因而，这一特质不仅成全了作为被称为新闻传播媒体系统的告知传送存在理由，更使得这一系统的话语言说必然是呈变化着的、随时因事而更新的、不可预测的行文存在。由此，使得其具有的"终极性"不仅不会因"社区"的建立而中止，反而会以此为基地，在持续不断的、高更新率的言语表达进程中，以逐渐吞噬或蚕食的方式，由其一次次"与时俱进"而预设的主题逻辑生成的"视听"引导力，来完成自身"社区"的扩张与壮大。

进而，将其具有的"终极性"依据言说表达生成的"力量"所带出的"控制"权力，推至一个体现为"分享"其体现的"共同价值"的软性角力过程中，抵达任由各种文化价值观塑造的屏障后，都会产生在其呈现的温润软性言说语境里被消融的效果。这就是源自其"工具性"与"终极性"按照各类文化价值观提炼的生存理念，在梳理出支撑"国际化新闻传播话语"得以尽可能接近"跨文化型"言说表达得以共存后，所建构出能够达致各类"社会文化情境"的"智慧化"了的"普适性"诠释体。

3. "国际化新闻传播话语"之"阐释语境"

在当下能够运行"世界格局"里的大部分"板块化"社会文化情境呈现近乎

同步"共振"势头的,当属"经济一体化"理念促成的"全球化"认识概念,而这一认识得以获得如此大范畴接纳的逻辑点,就是"共生共荣"凸显的"共"。在这般以词汇建立的语义引出的一系列解释后,出现在"国际化"大众媒体传播系统设计和运用的"国际化新闻传播话语"言说表达文本里的,就转化为能够去"碰撞"各类"社会文化价值观"理念体系的"语境"。最为重要的是,原本是最为抽象的语言元素,在"被运用"到"新闻化"表述框架后,经由诸如"国际化英语传媒"般的"国际化"媒体传播系统的"叙事"规约下,同"情境化"价值理念体系的"互动",产生的是新的"语境",且是在"被理解"后的"阐释语境"。正是这类结果,使得在今天看来已是"理所当然"的"全球化"体现的理念得以"被推广"、"被接纳"和"被实行"。

但是,在看似只是以经贸活动覆盖的运行范畴来计量的"全球化",不仅仅是单一的"经济"条款和"贸易"往来的"事宜"所生成,而是更具决定性能量的"理念"在统筹其走向、定力及效能。这就对各类不得不"被动地"面对这一"全球化"的到来的同时,必然思考其能够接纳的比例,而且这一比例又有多少是能够同自身"社会文化情境"相交融之类的问题。于是,努力将两者相结合后的态势,就呈现出了尽可能为了宏观层面上的"共",而又必然顾及微观层面上的"个",所产生出的"特色化"了的"阐释语境",即:"全球本土化"(Glocal)。是"因地制宜"也好,还是"与时俱进"也罢,毕竟,在只有一个赖以生存的地球上,"共"作为词汇带出的语义,是为大多数由人性构成的"文化价值观"所接受的,只是因各自自然属性与人类社会属性在经历时代博弈后生成的"社会情境",已经具有了各自维系生存态势而必须固守的框架,其决定了不可对"全球化"具有的理念全盘接纳的现实。

显然,在今天的"世界格局"里,最具"意念化"的"语境"就是"全球化"生成的国际运行形态,尽管有"世界贸易组织"(WTO)类的"国际化"实体起着"黏合剂"的执行任务,但是,其所推行的"理念",却不是作为一个运行的组织来设计的,而是驾驭其的那些"人"所建构的"脑筋"。这一更为无形的"脑筋",就是一定"文化价值观"塑造的产物,也是形成那些无数个"不同"的"原动力"所在。更加之任何的"不同",也是作为生物存在的"人"与其立足的"境界"互动的结果。一句话,是某种"意义"得到"被阐释"的具体呈现体。这就是"国际化新闻传播话语"言说表述文本内容,得以在各类"文化价值观"或多或少得以"被理解"的缘由所在。因为，任何的"意义"，必然需在接收者进行依据其自身的认知层次加以"阐释"过程后，才可部分地实现。事实上，这一"过程"及其"结果"，就已经是一个新的"阐释语境"得以建立的体现了。

就呈现"国际化新闻传播话语"言说表达文本的"国际化"大众媒体系统而言，作为"传播源"，其操作的出发点是"意义"的生成，其运行的着陆点仍是"意义"的生成。但是，同一词汇"意义"所具有的"语义"及可建立的"语境"，却已然发生了巨大的变化。这种变化，尽管不是作为"传播源"的媒体系统可以决定到具体内容的，但却是其在设计话语言说文本时，就已经顾及的"留白"关键之处了。主要表现为"传播源"的设计，只是将符合"新闻传播"行业必需的"绝对化"了的"人事物"，置于职业既定的"新闻传播框架"里，在其规约下由那"被择定"的"人事物"在"框架"里呈现"意义"。进而，此类"意义"的"被理解"空间，就是一个足以覆盖现有类别的"情境"所固守的"理念"了，毕竟，在仅仅唯一的地球上，也仅仅只是这一被称为"人类"的生物在"制造"着"意义"，也在"理解"着"意义"，并将"诠释体"用作运行自身行为的依据。这就是作为不同于"语言"而又运用了"语言表义体系"的"话语"，之所以具有强大视听引导力的体现，即："话语"是把"语言"转变为"说话听声"的"话中有'话'"的言说表述形态，也可说是"媒体新闻化框架"建构的"叙事"过程。

所以，从如同"国际化英语传媒"般运转的"国际化"大众媒体传播系统言说形式看，只是日复一日的"声像文"般"呈现化"的"告知"，更有目前颇为令人们"窝心"的"告知服务"说的委婉"强加"的支撑。但是，这一"服务"并不是免费的或廉价的，而是最为昂贵的"影响"带出的"改变"。因为，这一流程所承载的却是无数个具有"留白"余地的"阐释语境"综合体。微观化了的"语境"间"被串联"起的是"传播源"秉持的"价值观"塑造的"认知风格"，其如同一条无形的"金线"，起着"逻辑化"所有"被言及"的"人事物"代言的"意义"之"脉络"。也就是说，"国际化新闻传播话语"言说表达文本自身只是一个载体，其所呈现的鲜活的、绝对的"事实化"人与物，都是"意义"得以"被说明"的"道具"，其所依托的"情境"也成为服务于"意义"整体的"布景"，从而使得文本托起的"叙事"，能够为接收者提供开始加以反响的最初"余地"，且只有在这以因"留白"产生的"余地"里，接收者已经建立的认知风格，才有可能将其观念中的相应元素调动出来并置于其中，获得相互碰撞与融合的过程。可见，"国际化新闻传播话语"言说表述文本只是一个"阐释语境"，只是由于它在言语表达的具体实现过程中被具象化，使得原本是抽象化的存在变得有形有色有味儿，从而达到其可达至隶属于各类"社会文化情境"之"社会人"的认知体系里，并产生新的"意义"诠释体。

总而言之，当诸如"国际化传媒"，经由对相应语汇的"新闻传播式框架"规约后，令语义转化为符号后形成"符码化"叙事过程。在这一向"世界格局"里的"公共话语空间"中传送"信息"的过程中，对于处在其中的"国际化公众"而言，实际产生的是"国际化新闻传播话语"言说表达文本托举出的"意义空间"充盈的"内涵"，而这些"无形的"意念化存在，经过同作为接收者的"国际化公众"依据的认知风格的"互动"后，使得原本是"文化价值观"主导塑造的认知体系，带动其整体文化背景与之"碰撞"和"交融"，进而建立起一个属于看似"社会互动"，而实则为"文化实践"的渐进过程。这一"渐进"，是"逐渐"地"进入"接收者的"认知体系"所依托的"文化价值观"系统。其结果是：在"意义空间"托出的"内涵"引领下，经由"社会互动"的过程，在"国际化公众"的认知体系里构建出相应的"阐释语境"，从而完成"国际化新闻传播话语"言说表达文本之"内涵"具有的"意义"，在着陆的"社会文化情境"里衍生出适合新土壤而生根开花结果的"阐释语境"，最终以作为"传播源"的"国际化"大众媒体传播系统，将"国际化新闻传播话语"具有的"原动力"功能，化作"言语表达化"的"叙述"过程，完成对预设"权力"实现的"控制"和"操控"，具体表现为"共同的符号"。

（三）国际化新闻传播话语与"符号重组解读体"的局限

在以"声像文"化言语表述告知的过程中，作为向"世界格局"里的"公共领域"（Public sphere）传送"新闻化"信息的"传播源"，经过长期的运行形成的视听引导存在方式，已转化为民众日常生活中合理的、不可或缺的"自然化"附着体。由此，令其获得在民众的"意识化"现实中建立一个鲜活而又真实的"世界"及对其"振振有词"般的"解读体"。

然而，对于所有经其言语表达"告知"的现实存在真容，在民众自身亲眼看到时的一瞬间，不论从基本感觉器官还是定势心理层面的反响，都是"错觉"或

"差异"的效应。尽管相应的基本"事实"并未缺失，但是，原本建立于"传播源"言语表述"告知"基础上的"亭台楼阁"，却近乎"轰然倒下"。原因何在？

从表面上看，这种具有"颠覆"效应的"差异"，使得原本已经在认知体系里完型的"存在"化为"乌有"，并须在直视"原汁原味"的"真容"同时，来对即刻能够从"认知风格"引导出的"视域"范畴内，辅以认知体系里可调动的元素，来进行"重组"的完型过程。从而，尽可能在只有"重组者"自身感到"认知平衡"的系统里，加以"再确认"。从内在层次看，这种已然是"重生"结果的"眼见为实"，令由"传播源"使用的"新闻化"言语表述"告知"而引导的"眼见"之"实"，成为在"非否定"基础上促发而来的"重组"进程，并且这一在认知心理上进行的"意念化"行为，是对体现"新闻传播"本质的"拟态化"完型体获得本质上的认识后，所必须做出的"放弃"之结果。

如此在"内"与"外"形成的"破碎"后的"重组"过程，体现了作为"传播源"的大众新闻媒体传播系统所使用言语设计出的话语体系，仅仅是为了达成引导接收接受者在认知体系里，建立出"亦真亦幻"般的"拟态环境"，且据此而顺应其呈现的"事实化"景致，生成"刻板印象"赋予的所有"意义"。然而，在面对与"拟态环境"相对应的"现实环境"时，原本忠实的接收接受者由"外"至"内"产生的"彻底颠覆"结果，却直接而又直白地道出了"传播源"经由言语表述引导建构的"符号重组解读体"的局限，且几乎是"硬新闻"体现的"危言耸听"组成的"闹剧"、"软新闻"展现的"戏剧演绎"编织的"丑剧"，及"调查报道"展开的"面纱"揭示的"真容"。如此将当下已然是指导"国际化"新闻传播系统设计和运用职业"新闻化"言说表达文本理念的"西方新闻学"对"新闻"的三大分类，进行其在"国际化"大众媒体传播系统所运用的"国际化新闻传播话语"体系设计上具有的局限层面加以剖析，就可使得诸如"国际化英语传媒"般的"传播源"，在引导"国际化公众"视听的过程中依赖的"新闻化"符码系统，即："符号重组解读体"的本质得到"被剖析"后的再认识。

1. "国际化新闻传播话语"之"新闻化"认知表意

以由"传播源"为国际社会角色的"国际化"大众媒体传播系统设计并运用的"国际化新闻传播话语"，尽管是以某一个体化的媒体组织名义被展开的，并且更在以"新闻传播式"客观性、公正性及真实性前提下向"公共空间"言说，会产生强大的视听引导力，但是，作为"媒体"本身，却是其具有的"媒介"功能的实现过程。就是因为这一"被忽视"了的"媒介"身份，使得其呈现的"告知"，能够以"言说表达文本"的外型，完成对其所预设的"意义"向"既定"的"国际化公众"群体传送，进而达致其预期的告知目的。

但是，作为"媒介"，其本质是"中介"的定位形成的角色功能，到底是介乎于哪两者之间才得以实现呢？

当加拿大哲学加麦克卢提出"媒介即信息"的观点后，随之带出的是学界一系列围绕其为核心的衍生支持说法。但是，本书认为：这一观点的出发点是可理解的，也就是说其把能使其获得"告知化"了的"信源"与"信息"视为一体了，是把一个表面呈现体得以形成所需的两个"原动力"合体了。事实上，"媒介"只是对来自"信源"的"信息"加以选择性地"汇集"，而"信源"是"信息"的"产生地"，媒体只是"传送装置"系统而已。

如此，就可以清晰地看到一个长久被忽略的本质，即："信源"是对所"生产"或"选择"的"信息"加以"释放"，而"媒体"所作为介乎"信源"与"受者"间的"中介"，经过其职业般"新闻化"框架的重新布置和排序后，再向预设的社会群体加以传送般地"大众化"范畴的"告知"。也就是说，在这一过程里"信源"处在原地未动，"信息"从原地"被释放"出去，而"媒介"则是有选择地"汇集"那些"被择定"的"信息"，并努力达至已"被既定"的目的地。如此，"媒介"之所以做出"这样"或"那般"的"选择"，就有了值得"被探究"的理由。同时，其所关注并决定择选和传送的"信息"对其具有的"价值"或"意义"，也就同样具有了"被剖析"的"价值"和"意义"。尽管两者是建立在"互相依存"的关系上，但是，是两者具有的"价值"，使得"告知"具有别样的"意义"。

毕竟，当作为"中介"的"媒介"，在决定对哪一"信源"所"释放"出的"信息"加以选择并告知时，是通过一定的"指向性"理念来完成的。这样，存在与"信源"与"媒介"间的无形"关系"，就是作为"媒介"的"传播源"，在通过其设计的"国际化新闻传播话语"言说表达文本"被展开"的过程中，得到"话中有话"的表意般体现。由于其采用的是职业的"新闻传播式"框架规约后的言说表达方式，进而，其具有的专业性带出的"锣鼓听音"般的"表意"，已经完全不是语言所具有的一般意义表达层面上的功能体现，而是认知风格引导后的"认知表意"借助语言系统具有的语汇、语义及语境等元素后，建立的社会与政治态度的推介或贬抑表达体系。

这一"认知表意"体系，尽管是以"国际化新闻传播话语"一贯具有的对语言的使用后，所产生的言说表达方式来体现，但是，只要是经过语言"被使用"后形成的"说话"动态形成，就有了"表达"带动的"表意"逻辑生成。而当以"大众化"的"言说"本质为资本而获得公信力的"国际化传媒"系统"表达"时，其具有的"服务于"同盟方、"边缘化"中立方，或"贬抑化"对立方的功能，是昭然若揭的。究其原因，只是因为作为"传播源"的"媒介"，其生存所依赖的"命脉"，是那些"获得服务"一方所提供的有形般价值如广告，及无形般资产如"独家的"、"权威的"信息的"提供者"角色遮掩了的"信源"。显然，经由诸如"国际化传媒"系统呈现的"国际化新闻传播话语"言说表达文本，尽管在语言"被运用"层面表现为"中规中矩"的句法及语法结构，但是，在各个语言元素"被重组"形成的合力体具备的新功能后，就是对作为"传播源"的"媒介"所做出的导向偏重或看重的"一方"，借助"信息"作为载体而希冀嵌入既定国际化公众群体认知体系里的、"认知表意"被建构的"符号重组解读体"所"被赋予"的"符码"。这一"符码"是"释放"那一最终由"媒介"告知大众之"信息"的"信源"所秉持的价值观体现的意识形态。

尽管这一"符号重组解读体"因为"媒介"自身得以生成"告知"所需的言说表述文本，必须借助"拟剧化"叙事风格来完成，进而产生独特的局限性，即："只可远看不可近瞧"的"晕轮效应"，更有"'耳'听为'实'、'眼'见为'虚'"的"软肋"，但是，不置可否的是：当这类"认知表意"在"被呈现"的那一刻，就已经在接收接受者所归属的群体内，产生了近乎不可磨灭的影响。虽然很多"表意"在随后的时间里可能会"被颠覆"或"被替代"，但其在"被呈现"时生成的"视听"层面的认知心理引导效应，就已经表明"媒介"所承担的"告知"职责已获完成。也许这一效应是短暂的，但却不是"没有"、"未曾"，或"空白"，哪怕只是"蜻蜓点水"也会产生"涟漪"，即便就是"微风习习"却也带出"杨柳依依"。

显然，从一般意义上看，这就是经由作为"传播源"的大众媒体传播系统所使用的"新闻传播式话语"具备的力量。在宏观层面审视的话，就是那些"国际化传媒",在为推介或贬抑某一价值观依托的意识形态时,通过设计和运用相应的"国际化新闻传播话语"言说表达文本,借助独特的叙事风格来呈现一定"符号重组解读体"承载的"认知表意"具备的难以比拟和撼动的视听引导力。

2. "国际化新闻传播话语"之"声像文"拟剧社会活动

当以言说化"信息"传送的直播方式,将直观的某一"社会存在"经"声画事同步"体现的"此刻",近乎"就是如此"的状态推到"国际化公众"面前时,其所使用的语言就成为"国际化新闻传播话语"的"叙事"脉络,使得在已是"文本化"的"'声'+'像'+'文'"三个元素互动下,完成了一定"时段"的、由真实的"人事物"撑起的"社会活动"。

但是,作为诸如"国际化传媒"言说表达所设计和运用的"符号重组解读体",却并不是仅仅对"被直播"的"这一处"现实里"社会存在"的简单呈现。这一经过原本是在技术层面得以完成的复杂过程,排除其成本的高昂因素外,单是如何将处在"世界格局"里的"国际化新闻传播公共话语空间"中的"国际化公众"视线吸引加以思考,就已是在呈现于他们眼前的这一刻,从技术意义上而言对"直播"程序的无形完成,这也是普通公民所忽略的。毕竟,"直播"带来的一段一段如同构成"多幕话剧"的"单元",已经是"被赋予"了颇为"精彩纷呈"的、"吸引视线"的"社会活动"。

然而,当作为由"情境化"体现的"文化价值观"塑造的"社会人"接收到这类"社会活动"时,其关注那一"新闻化"的"社会活动"主要原因,是由灌进其听觉系统的"新闻报道化"的记者介绍、当事人的只言片语,以及被约请专家的解释评论等成分。尽管这些成分完全是因"条目化"的"声像文"带出的衍生说辞,相比构成条目的真实"人事物"完全是抽象的概念及词汇的建构言语,但却是这类"国际化新闻传播公共话语空间"里的接收接受者,作为"情境化"了的"社会人"所注目与看重的,并且是其认知风格展开筛选的内容。可见,在"国际化新闻传播话语"言说表达文本展开的过程中,更多的"客观性"元素都是对"新闻化"条目里的言语"叙事"部分的铺垫与支撑。也就是说,"叙事"部分的语汇、语义及语境的功能实现,是体现在将"国际化新闻传播话语"言说表达文本得以完型为"符号重组解读体"的终极目标上的。

这样,表面上是由"国际化传媒"系统按"时段",向"国际化新闻传播公共话语空间"里传送"新闻传播式"信息的流程，实则是对影响宏观"世界格局"起着决定性作用的、"情境化"了的"社会活动"的"新闻传播式"选择、聚焦及言说。如此过程的建立，只有一个原因，即："变化"。这一"变化"，涉及三个层面的目的。第一，"变化"着的"板块化"社会文化情境本体。第二，"变化"着的"新闻传播式"国际化话语言说表达对作为接收接受者的"情境化"社会人的"改变"。第三，"变化"着的"社会人"群体带动的所立足"社会文化情境价值观"的"改变"。如此一系列"链条化"反应带出的"变化"，最根本的缘由，看似是那一促成"新闻化"条目得以被建构的"社会活动"，实则是由于"社会活动"在"国际化"大众媒体传播系统的介入后形成的"变化"，即：从现实"情境化"的"社会活动"本体，"被变化"为"国际化新闻传播话语"言说表达文本里的"符号重组解读体"后"被赋予"的"意义"。当某一原本只是"情境化"的"社会活动"，诸如"经济利益"层面的"纠纷"，作为个例却"被变化"成"普适性"色彩的元素加以放大，由此带动的已经不是对其"出处"的简单呈现，而是对这一"社会活动"加以"新闻传播式"运用后，所赋予的"意义"依据的"符号重组解读体"。在庞大的诸如"国际化传媒"系统的叙事流程里，就成为引导"国际化公众"视听的节目类型，也就是说，现实里的"社会活动"转变为"新闻传播式"条目框架中的"文化符码"。具体的呈现言说表达体为：触及到有关"情境化"社会团体行业及机构间互动活动的元素，被转化为"时政新闻"、"社会专题"；关于"情境化"经济利益活动的元素，被归置于"财经新闻"、"市场分析"；有关意识形态的元素，被转变为"调查报道"、"综述"类型中。

诸如此类的一整套体现"国际化新闻传播话语"言说表达文本内容的"类型"，就是"社会活动"经由"新闻传播式"叙述框架的规约后的具体本体存在样态。看似各不相干的"节目"类型，实则是把一个运行着的社会机体，进行了肢解般地分类。如此处理的缘由，尤其是以职业化、专业化的新闻传播名义进行的这般"肢解"，是为了更容易实现的"单独化"聚焦与放大，更是形成"国际化"受众注目时建立的"一叶障目不见泰山"效果，从而强化了如此凸显"被聚焦"和"被言说"的"社会存在"微观脉络具有的戏剧张力。在这一"张力"的引导下，"国际化新闻传播话语"言说表达依据的"符号重组解读体"预设的"重点"，得以在"国际化新闻传播公共话语空间"里"被强力"推出，作为接收接受者的"国际化公众"的视域，在焦点明确的注目限定下而忽略了"被聚焦"的"社会活动"之"出处"，那一整体化"情境"得以运行并产生如此"社会活动"的缘由。

如此的"呈现"，使得原本是为"国际化公众"提供足以获得分析空间的"符号重组解读体"，实则是"国际化传媒"系统自身使用的、强加给接收接受者的"观念体"。其形成的功能，就是对作为"情境化"的"社会人"认知风格决定的视听，加以向其设定的视域引领，同时限制向更广阔的范畴覆盖。从而，令思维走向成为单一的"线性"状态，而非发散般的"散状"样貌。

所以，在"国际化"大众媒体传播系统使用的"国际化新闻传播话语"言说表达文本呈现下，现实里的真切"社会活动"已经"被转变"为由"特写镜头"、"中景呈现"以及"局部覆盖"的视觉画面辅以"同期声"的"声像文"般堆砌。尽管这一呈现体的所有成分都是客观社会存在的部分辑合，其真实性不容置疑。但是，经由"新闻传播式"框架的规约，就有了对其加以言说的叙事话语的"解读"。这类"解读"，虽然是让真人说话、真事露面，以及真物现形，但却是在关键的职业化"筛选"后的辑合，此处的"辑"是"新闻传播业"的择选重组化"编辑"，而非"集"所表达的现实中原型的"集合"。因而，前者的"辑"，使得从现实中拣选的"人事物"，成为构成"多幕话剧"一场一场大幕起落过程里的、"拟剧化"了的"社会活动"仍保持"活"与"动"的元素。更是成为"国际化传媒"系统，得以对其需要的"国际化新闻传播话语"言说表达文本"被设计"后，能够在"国际化新闻传播公共话语空间"里以"客观性"、"真实性"的名义，与"国际化公众"见面的"符号重组解读体"着陆的逻辑所在。

因此，由"国际化新闻传播话语"言说表达文本承载到"世界格局"里的"国际公共话语空间"中的"符号重组解读体"，带着作为"传播源"的主观认知诠释结果，随着其聚焦的现实"社会活动"的更换带出的"变化"，而形成其"叙事"引发的"国际化公众"认知体系的"震动"，在如此改变其对其所立足的"社会文化情境"之外界的感知和理解方式基础上，完成彻底改变以"板块化"存在的"社会文化情境"组构成的"世界格局"态势。至此，"国际化传媒"系统设计与运用的"国际化新闻传播话语"言说表达的功能及意义，可见一斑！

3. "国际化新闻传播话语"之"实践化"意念引知叙事

在大众传播以媒体系统特有的技术功能保证言说得以如此践行的运转过程里，

可见的"言说"作为具体样貌，是由作为"传播源"的大众媒体传播系统，在体现着对"语言"的使用活动。进而，在大多数民众的心目中，媒体在"说事儿"时就变成了"媒介"，也就是一般意义上的"中介人"。更进一步地说，就是"传话者"，这一职业角色秉持着"客观性"与"真实性"职业原则，从而是"光明正大"的"行动者"，而非处于暗中的"流言蜚语"得以散播的"传言者"。

但是，当对任何以语言"被组织"、"被运用"及"被修饰"后而再现的表述体，经过一个"媒体传播化"流程的呈现，尽管所有必需的"事实化"人事物元素仍是"绝对的"、"唯一的"及"不可替代的"，却已经有了构成"是"与"非"的"理念"脉络，经由认知体系得以建构的逻辑诠释中枢，完型为"意念引导叙事"。所谓的"说话听声"中的"说"，已经是有定向的"言语"在"被'说'"，而其中的"话"，已然是有设计的"话语"在"被'展开'"；"听"体现着存在于"授"和"受"两者间互动的"行为"；而"声"本身，已属于接收接受者在与前三个行为交融过程后，形成的"结果"。

也正是这一看似整个流程的"终结点"，虽在一定程度上只是达到"参差不齐"的效果，但从"言说"构成的"'言'被'说'"行为流程"被运行"后形成的"听"这一"果"而言，也就是其引发无形的各类认知体系间"碰撞"后生成的"效应"来看，就已完成了对"言"中"被赋予"的"'是'与'非'"的叙事化引知过程。也恰是这其中所传递的"意念"，也在言语的烘托和映衬下，达到了其得以着陆的位置。

这一"言说"的整体流程，看似仅仅是一个践行其职业化功能的过程，且显得极为自然、正常与本分，但是，在国际化言语传播的层面上，这一流程构成的是"意念"的"被解释"与"被传递"行动。尽管最核心的"意念"作为实体而言是无形的、非可视的存在，却是如同"气场"般的旋流，形成在作为其接收接受者的"国际化"公民依托的认知体系里的"头脑风暴"，冲击着其中作为支柱般的"理念"。也正是在这一"冲击"得以形成的促发元素中，"被传递"叙事引知体中的"'是'与'非'"，同接收接受者作为"情境化"社会人认知体系所标识的"'是'与'非'"间，发生相互对抗与撕扯的"碰撞"效应。这类貌似仅仅是发生于两种标准间的"角力"，实则是"国际化新闻传播话语"所设计和运用的"符号重组解读体"具有的功能生效的具体呈现，即：其具有的"意念引知叙事"生发的"实践"行为。显然，这种"角力"作为"意识流"贯穿接收接受者的认知体系也好，还是作为"言行举止"体现在构成其所立足的"社会文化情境"运行得以维系的日常生活中也罢，都是这类叙事具备的"实践化"功能的有效体现。

虽然这类"实践化"的结果是呈现在驾驭"社会文化情境"的"社会人"之言行上，但是，却是由于无形的"意念"在起到引领作用的行动效应体现。毕竟，任何的言行举止的生成，都是经"理性的"、"逻辑的"及"判断的"价值观引领下的执行结果。这一"结果"，之所以能够在一定的"社会文化情境"里得以呈现，主要是其契合了已有"情境化"伦理道德体系层面，从而使得由作为"传播源"的"国际化传媒"系统，经由其设计和运用的"国际化新闻传播话语"言说表达文本承载的、以其秉持的"'是'与'非'"标志构成的"意念"，在"情境化"了的"'是'与'非'"主导的认知体系里着陆且生成效应，并达成令其附着在群体化的"社会人"观念中，经过言行的实践过程，完成"传播源"作为"中介者"对"信源"所释放的"信息"的推介与传送任务。

尽管"中介者"这一角色执行的看似只是一个由"客观性"与"真实性"保证下的"原汁原味"般"传递"，但是，如果追溯其"传递"的"信息"之"出处"，也就是"信源"的话，就会明了"被传递"的"信息"中具有的"'是'与'非'"得以"被定性"的标志所在，从而透视出作为"传播源"的那些诸如"国际化传媒"系统的自我价值定位与定性。进而，其向"世界格局"里"板块化"了的各类"社会文化情境"展开言说表达文本承载的"内容"本质，就有了在其依托的叙事类型的"晕轮效应"的辉映下被遮掩的"引知"意念的具体型态呈现本体，即："文化价值观"塑造的"认知风格"引导的"'是'与'非'"观点本体。

所以，"国际化"大众媒体传播系统的运转，表面上看是对"新闻传播式"了的"人事物"的语言化"声像文"呈现，但却是由于在其秉持的职业化框架的规约下，令其"中介者"角色承担的"传"之行为形成的局限性，即：其"选择型"聚焦带来的"有'偏'有'倚'"的"传送"，最终是其成为借助媒体系统的传播功能，向"国际化公众"展开对其认可的"'是'与'非'"建构的叙事。尽管在践行的具体过程中呈现的是"就'事'显'事'"，但已然是"言说"在"道'短'与'长'"。只是这一过程，是无形的"意念"生成的"大风"吹倒了"梧桐树"般的接收接受者"认知体系"，自有颇显客观化了的"旁人"般"传播源"，借以"国际化新闻传播话语"论着由这一"'是'与'非'"标定的"'短'与'长'"罢了。一句话，恰似"大风吹到了梧桐树，自有旁人论短长"！

　　因此，作为向"国际公共话语空间"传送"新闻传播式"了的"信息"的"国际化传媒"系统，以"传播源"的定位担任的"中介者"角色，虽然是以新闻传播业秉持的"客观性"、"真实性"及"公平性"名义维持其"言说化"告知运转，但是，在其固守的职业化"新闻传播式框架"的规约下，其设计的"硬新闻"类表述所推介的"社会与政治态度"遮掩于"国际化新闻传播话语"之"新闻化"认知表意中，而覆盖范畴更广的有关社会团体、机构及行业间互动所形成利益关系的"软新闻"类表达，被融合在"国际化新闻传播话语"之"声像文"拟剧社会活动样貌里。同时，经过如此的言说过程，使得原本经由其"选择"的"新闻传播式"人事物转化为话语内涵元素，编织进"国际化新闻传播话语"之"实践化"意念引知叙事进程里，完成对既定"社会文化情境"生成"改变"的关键成分"符号重组解读体"的传送与推介。也正是如此的构成，揭示出了看似客观公正的"国际化新闻传播话语"所运用的"符号重组解读体"具有的局限性。也正是这一特性，使得"国际化传媒"系统的言说表达是有立场的，而非客观与公正的。尽管其具有对"信息"加以"告知"的功能，但却是极有限且只能是"听听"和"看看"的、用"事实化"人事物作为"演出者"的"多幕戏剧"而已。究其原因，主要是在当今"媒体传播全球化"生成的"新新闻生态"所依据的新闻传播策略导致的。这一策略，就是对被称之为"新新闻主义"及"亲近性新闻学"原理支撑下的实践活动产生的效应。

　　总而言之，在这一小节中本书通过对"国际化新闻传播话语"与"符号重构解读体"间具有的关系展开探讨，使得其涉及的"情境人性化个体"转化为"符号重构解读体"中的"国际化公众"之本性"自我"，"情境标签化社会人"转型为"国际化公众"之角色"客我"，"情境价值化定义"转变为"国际化公众"之意识"认知"。从而，阐明了"国际化新闻传播话语"与"标签化符号互动"两者间的互为依存关系。而在对"国际化新闻传播话语"之"意义空间"、"文化实践"（"社会互动"），以及"阐释语境"的分析，使得"国际化新闻传播话语"与布鲁默提出的"'共同的符号'说"间建立的互为支撑的关系获得梳理。在此基础上，鉴于"国际化传媒"系统以言说表达为形式进行运转所具有的"新闻传播式"特性，其依赖的"符号重组解读体"所具备能够满足"国际化公众"对

"客观性"、"真实性"及"公正性"的程度进行探讨，发现其设计和运用的"国际化新闻传播话语"，在通过"硬新闻"类型达成的"新闻传播式"认知表意、依据"软新闻"类型呈现的"声像文"拟剧社会活动，以及基于"调查报道"类型践行的"实践化"意念引知叙事，都是在强化其完成的最初做出的对"新闻化"所需"人事物"之"选择"，进而是对那些"被择定"后的"被言说"人事物之"出处"（亦即"信源"）所秉持的、经由"'是'与'非'"标识的"文化价值观"塑造的"认知风格"引领的"意念"的强力传送和推介。这时的"中介者"，已演变为"有'偏'有'倚'"的"来说'是''非'者"，也"定是'是''非'人'"。

由此可以明了，"国际化新闻传播话语"之"符号重组解读体"的局限性得到揭示。从而，在当今"媒体传播全球化"促成的"新新闻生态"里"发声"的"国际化传媒"系统，通过其设计的言说表达文本呈现的"新闻传播式"了的"人事物"，仅仅是构成如同"多幕戏剧"般的"出演者"角色罢了，只是充当了一定"文化价值观"得以"被推介"的载体而已。

三、国际化新闻传播话语与亲近性新闻学转型

在"媒体传播全球化"催生出的"经济一体化"理念指引下运转的"社会化"机制，带动着身在其中的民众思维的一系列政策、条例及法规性无形脉络，令他们的思维依附于"一体化"要求的"投入与产出"的"市场化"、"产销化"及"交易化"定势。隶属于"社会文化情境"的大众媒体传播系统，自然也是在其得以立足的前提下，展开其传播导向定位规约所需而设计出的话语言说表达文本的。尤其是在如此的市场化生态里，尽管以言语叙事方式运转的传播系统，貌似不与"投入产出"生发的必然结果，即：利润相关联。但是，在收视率的督促下，存在着"授"和"受"之间的传播渠道，即：互动链条，就成为这一系统创造"利润"的直接途径，而在产家、商家及卖家心目中的"利润最大化"追求，则在此转换为"利益最大化"的维护与开拓。这种经媒体传播系统之言说建立、维护与扩大的"利益"，就是其固守的"文化价值观"的设计者、解释者及利用者所预设的"权力"、其带出的"控制"，以及由此覆盖尽可能更多以"社会文化情境"为存在本体的认知范畴。

虽然来自商家的"广告"对大众媒体传播系统具有的意义而言，已是一个众

所周知的近乎决定其"生死"的杠杆，并接纳其完全是"理所当然"的相互支撑关系，而近乎"心甘情愿"地接受其进入自身的日常生活之中。但是，"商家"在"市场化"经济机制里建立的"社会化"利润网所触及的各种集团化、组织化和机构化关系，就通过媒体传播系统所需的"广告收入"，而附着于其"广而告之"的效应，不仅成为传播系统的一部分，更转变为传播系统依附的"利益最大化"追求的"催化剂"，进而令表面上看仅仅是"广告商"提供的"广告费"，成为串联起所有追求"利润最大化"的社会集团，同决定意识形态的"利益最大化"带动的"权力最大化"，产出"控制力最大化"的操纵链条。如果这一链条的建立与生效，仅限于自身本土文化社会运行机制中，在相对微观层面对"利益最大化"加以系统化地生成，还是相对容易的。毕竟，利益链条之于本土社会集团和民众而言，都是维护自身不致"自生自灭"的基本生命线。

然而，当这一原本只是如同流淌在某一封闭式区域的"小溪"，在借助外域某一"江河"或"海洋"之"大潮"的汇入后，就会转变成为了满足"奔泻"幅度的"河床"宽度，而极具"拓疆破土"般的"冲击力"衍生出的"杀伤力"。对于"经济一体化"促成的"媒体传播全球化"后的大众传播系统，就如同这条"被转变"的"小溪"，其支撑运行的言说流程以"信息化"传播流的样貌，形成冲出本土文化疆界，而努力跨越异域"社会文化情境"所建立的边界，进行如同"江河"之大潮为达至"彼岸"，而生发出的"冲刷力"。这一力量的获得，不是取决于作为"传播源"系统本身的规模大小、技术先进及人员多寡层面上，而是其对努力传送进"国际话语公共空间"里的"新闻传播式"信息的言说方式上，也就是说，即便是原本仅仅在传播系统自身"本土社会文化情境"里传递的"信息"，也可在运用了适合进入"国际公共话语空间"的言说方式，而获得着陆、生根及开花的结果。

据此，本节的中心就是围绕这一"方式"所需的理念及践行途径，来展开对"国际化传媒"系统设计和运用的"国际化新闻传播话语"言说表达文本的分析。鉴于这类传播系统设计和运用的话语体系，已经为了适应"国际化新闻传播公共话语空间"的认知生态，而转化为以"亲近性新闻学"原理发展的"新新闻主义"叙事框架。所以，在此节的分析集中于这种框架下"国际化新闻传播话语"具有的叙事风格及其产生的影响效应方式。

（一）国际化新闻传播话语的叙事方法——本土视角国际化

鉴于以向"国际公共话语空间"言说定位的大众媒体传播系统，在对构成其"国际化新闻传播话语"表述的"人事物"选择过程里，已经是秉持着一种"价值判断"标准来进行的活动。进而，其此一行为，是执行着一整套的分析、定性、评价、结论式的实施。而为了将这一"选择"结果经过其职业特有的"新闻化"规约，达成其既定的"影响策略"，以其作为"传播源"赋予的"角色"而言，就必须运用一定的修辞方法，实现其对"目标公众/受众"的影响、说服及改变目的。

而在当今的"经济一体化"促成的"互惠互利"之"荣辱与共"的"共生化"生态里，"冷战"时期直白化"扬此抑彼"的敌对态度，已经不是明智之举。更有"媒体传播全球化"带出的近乎"无距离"般信息交错、重叠带出的"共享化"话语言说表述体系，也促使定位于"国际化传播"的媒体系统顾及叙述的方式、修辞的方法，以及预设叙事的效应的达至。同时，在此基础上，由于"国际化传播"之"政治传播"特质的功能及其效应，又必然令此类媒体传播系统必须秉持其意识形态指引的导向，来完成对其言说内容的组构过程。从而，为其传播的特定"意义"之完型，就在特定修辞方式的运用上，设计其需要的"国际化新闻传播话语"叙事方法的建立。

就以在"世界格局"里建立"国际化"言说影响力的强势"国际化传媒"而言，其采用的叙事方法所体现出的"国际化新闻传播话语"表达特点，主要集中在其对为高效实现"心文"这一适于"新新闻生态"叙述文本具有的软性表述功能，而运用"亲近性新闻学"原理同"国际化传播"特质相结合后的"本土民族志国际化"叙事方法后建立的特点。

1. 题材——"亲近性新闻学"框架下的"平民化"视角

当诸如"BBC World News"频道般的"国际化英语传媒"为代表的"国际化"大众媒体传播系统，将自身外派记者或驻外记者从异域"社会文化情境"采集、采访后完型的"报道"或"专题"，发回总部经审查后出现在国际化公众面前时，这位记者对其建立的叙事所需的"题材"，就已经完成了其所具有的功能。而在这类叙事题材风格上，体现出的完全是"驻外记者"与其所在的"异域"普通民众的"互动"。其"互动"展开的基调风格定位是：以最平视的角度"记录"被聚焦"主人公"的"日常生活"，主线是这类群体在维持"这般"生活时呈现的行为方式、心理活动及意志支撑点所在。也就是，在近乎粗糙般的摇晃镜头下（实为体现"纪实风格"）、在自然光的时明时暗辉映下（实为告知"无摆拍"）、在噪音环绕的有问有答进程里（实为表明"同期声"），实现"亲近新闻学"原理倡导的"'平民化'视角"框架下的叙述。

但是，这类叙述体现的以上样貌，仅仅是外在的形式化总结。在这一视角框架下，其要达到的叙事影响是什么呢？其如此聚焦依托在异域"社会文化情境"中的"普通"民众群体的意图又是什么呢？其对如此的素材完型的言说表述向"世界格局"里的"国际化新闻传播公共话语空间"传送的"动机"又该怎样"被理解"呢？对这一系列问题带出的"答案"的搜寻，就触及到了达成这类叙述文本内容的最初"原始材料"的获得出发点，也就是作为"传播源"的"国际化"大众媒体传播系统固守的传送"动机"。

首先，"被聚焦"群体——异域"社会文化情境"。

对于任何类型的叙述体而言，能够保证预设"意义"得以生成的关键，就是对"原材料"的选择与加工。在"国际化"大众媒体传播系统的言说表述文本里，尤其是已获得"强势传播源"地位的"西方"国际频道，在这方面的操作途径是：只聚焦那些"非西方阵营"里的"社会文化情境"中的"问题化"社会存在，例如"英国广播公司"的"世界新闻频道"（BBC World News）的两个周播专题栏目：《驻外记者》（Correspondent）以及《全景》（Parnorama）。

显然，这种对"原材料"选择视角的规定范畴，就已经是将"我们/他们"（We/They）限定的认知风格得以"被建立"的意识形态，以"欲说还休"的语气渗透在了叙述文本的整体基调当中。具体体现在不是"驻外记者"（或"外派记者"）在说，而是其选定的"主人公"以及跟随其的镜头所扫视到的"小生境"在表达。这就是"镜头"、"光线"及"同期声"相互支撑后，所构成的生动、鲜活及异域风情的"现实"呈现本体。只是，这一由时长限定的"声像文"本体，仅仅是"这一"被聚焦的"主人公"所依托的异域"社会文化情境"之"立足点"，而非"面"。但是，在媒体传播特有的"放大型"晕轮效应的张力下，已经是政体情境的"代言人"了。

其次，"被叙述"的主体——"声光影"合力下的异域"立足点"。

作为"传播源"的"眼睛","镜头"具有了"告知"真实的功能;作为"传播源"的"情绪","光线"承担了"渲染"内心的任务;而作为"传播源"的"讲述者","同期声"实现着"表达"意念的目的。三者合力后建立的完整叙事,成就了"传播源"的"夹叙夹议"生成的"判断"与"评说",其中的"是与非"及"好与坏"、"先进与落后"及"文明与愚昧"等等价值标尺形成的测衡,获得了"不言而喻"的引领效应。

一是"传播源"理念下掌控的"镜头"。其扫描之处是"被记录"到的部分实体"再现",属于最珍贵的"第一手资料"。然而,却不是体现"镜头"所在之"情境"的"全部"记录。也正如人类的眼睛只能看到"眼前"而非"脑后"般,其"扫描"能达到的"地方",同时,就"排除"了不能覆盖的"位置"。这一过程,已然完成了大众媒体传播系统获得叙述材料的关键,即:"选择"的第二步,第一步是对"扫描"范畴做出"最终"择定过程。

二是"传播源"延伸情绪的"光线"。其映现之处是"被言说"到的场景透视化的"呈现",属于最隐蔽的"效果提升"。然而,"光线"自身是在展现着本有的言说的,也就是说,明亮的"光线",带出的是情绪的积极效果,即:昂扬、兴奋、明快与爽朗。而昏暗的"光线",传递出的是消极的反射,即:消沉、压抑、暗淡和郁闷。就以"声像文"言说的视频传播产品的表达效应而言,在拍摄过程中,自然光线形成的效果,大多是自然光带来的昏暗及"阴阳脸"。如果没有职业化的反光板助力,再加上是在室内光线不足的情况下,就一定会呈现"模糊"或"气力不足"的视觉效果衍生出的心理效应。单就 BBC World News 播出的 Correspondent 节目内容来说,大部分的故事讲述都是令观者唏嘘不已的效果。其中,节目本身呈现的"光线"效果,是主要元素之一。

最后,"被表达"的意念——"同期声"体现的"传播源"意愿。

其传递的已完全不是节目中出现的"驻外记者"(或"外派记者")与同其对话的"被提问者"间的谈话内容了,而是在这一大众媒体传播系统特有的"有问有答"间,产生出的语义建立的语境引导的认知体系的律动效应。更需注意的是:作为职业记者所提出的每一个问题,至少是呈现在节目中与国际化公众见面的"问题",不仅是经设计的、目的性极强的"问话",也是婉转地体现以记者作为"提问者"所依托的"传播源"所接受、所期待的"答案"的来源保证。

只不过由于"提问者"作为个体出现在"主人公"面前,完全遮蔽了其作为身后庞大的媒体传播系统之"代言人"角色具有的"压迫感",而使得"被提问者"忽略或忘记了其"一言一行"对"传播源"具有的价值和意义。如果是将"被提问者"置身于"脱口秀"设计的"谈话场"的话,这类"被提问者"的身心紧张带动的"神情分分"及"言不达意"的"窘态",是可想而知的。

当然,在现实操作中,"传播源"一般是偏向于目前"亲近新闻学"原理发展的"实地采访"形成的近乎完美的叙述效果的。

总之,在"亲近新闻学"原理下支撑的"平民化"视角,传送进"国际化新闻传播公共话语空间"里的叙述呈现体,是充满人情味的、生活在"被聚焦"类异域"社会文化情境"中的"普通民众"的言谈举止、喜怒哀乐及爱恨情仇。从吸引力方面看,是颇具展现异国风情的所在,足以令国际化公众关注,因为大部分的民众是不可能亲身到"被聚焦"的"立足点"去体验。加之这类言说视角,可以引导处在各类社会机制里的"国际化"民众镜像化自身的处境,从而获得不同程度的"感同身受"反射心理。更有令作为接收接受者群体对"传播源"建立"关照平民"的"公众利益"的职业传播印象,也就提升了其期待的公信力,尤其是在"国际化公共话语空间"里的可信度及随之带来的接纳度。

至此,一个重要的启示是:这类"国际化"大众媒体传播系统在"亲近性新闻学"原理的"再使用"下,原始的"'平民化'视角"已经"被转变"为"被聚焦"异域"社会文化情境"里"应被言说"之"平民个体"或"群体"的"视角"。并且,这一"视角"形成的"视域",是在"传播源"的"驻外记者"(或"外派记者")所设计的"问题"引导下,由"被提问者"提供的"回答"得到"辑合"后而建立的。而"传播源"所立足的自身本土社会文化情境里的"平民"视角,是鲜有"被呈现"于这类"国际化"大众媒体传播系统的。

因此,作为构成"国际化新闻传播话语"言说表达文本形成的叙事,已经是其作为"传播源"对"被聚焦"异域"社会文化情境"的判断与审视、定性与解释的呈现和评说。

2. 报道——"亲近性新闻学"原理下的"介入性"体验

在以向"国际化公共话语空间"传送"信息"的定位下,诸如"国际化英语传媒"般的"国际化"大众媒体传播系统的"发声",实际上已经是一种试图令处于"世界格局"里的"国际化新闻传播话语空间"中的"国际化"接收者信服的"表达"。而这种过程又是完全依赖其建立的"声像文"叙述体来支撑的，如此，若叙述的内容是叙述者自身所获得的"第一手资料"，并是其亲自到达出处且如同做人文社会科学研究所使用的"实地考察"般方法后，通过其作为职业新闻人的专业能力整理，建立出的叙述文本。

首先，"介入性"体验的"主观"感应。

显然，这种经由类似"亲历者"自身讲述的"实地观察、经历及调研"所得，对于其面对的不同类别的"情境化"了的"社会人"来说，最重要的是作为"亲历者"的"讲述人"，即便其叙述时体现的视角、感受及价值化逻辑等等，是鲜明"个体化"的，充满了个人的主观反应感受，但最能使"国际化"接收者关注与聆听的原因所在，也恰恰就是这种"亲历者"带来的"眼见为实"的"经历"。或许是带有"偏见"、"误解"、"质疑"及"敌意"的"谬论"，但却是向"国际化"接收者展现了这种"视角"，及其能带出的"诠释体"所形成的认知视域。

那么，基于如此的"新闻传播式"叙述自由，在当下"媒体传播全球化"建立的"新新闻生态"里，其达成令已经是"情境化"了的"社会人"，作为"国际化"接收接受者注目与思考的解释是什么呢？

事实上，在"信息化"的时代里，尤其是在由其建立起的"拟态化"了的"地球村"里，"意念化"的"认知空间"里充满了"碎片化"的言说表达文本。尽管如此的信息是丰富的，但是，其所负载的内容也是多重与交叉并存的。这时，接收者们所需的是在筛选可纳入自身认知体系的内容外，就是对那些能够令其感到"真切化"、"另类化"，以及"镜像化"的叙述文本内容关注和试图理解的部分了。究其原因，主要是这类具有"留白"特点的叙述，为他们提供了其认知风格加以展开对比、类比及分解所需的"跨文化型比较"空间，即：如果"我"是"他/她"般在"那里"经历，是否也会形成这样的认知呢？

这就是"国际化"大众媒体传播系统在建立其"国际化新闻传播话语"言说表达文本时，最需要的类似科研般"第一手资料"。获得这类"信息"元素的唯一途径，就是其作为"传播源"对"驻外记者"（或"外派记者"）的要求，也就是令他们在异域"社会文化情境"里，展开"亲近性新闻学"原理引导的"介入性"体验，即："体验式采访" + "观察式采访"。

其次，"介入性"观察的"理性"集结。

因为这种"介入"是职业化"新闻人"带着"理性"进行的，就如同民族志研究者是所关注异域某一社会组织的历史与公众生活方面的"专家"。进而，他们知道如何倾听、如何与当地民众交谈，他们知道如何听取与展示当地民众的意见。他们通常采用"体验式"的方法，参与到报道对象的日常生活当中，使得受访者不会在接受采访过程中产生过多的心理紧张，以保证信息真实性；又让采访者不会错失纷繁生活中的采访时机，能及时掌握到更多的细节，达成"接近真实"的目的。同时，照相机、采访机、录音机等现代化的技术手段的发展和应用也帮助采访者们记录下更多的"瞬间信息"，供他们事后回忆和描述。而从记者本身来说，他们个人作为"全职的公民"，也坚信能对公众的生活进行研究。

从如此的"介入"方式以获得鲜活的"第一手资料"的过程来看，最直接产生一直有争论的有关"真相"议题，也就显现出来。虽然以传统新闻学的"客观性原则"来审视，这种"个体化"亲身经历依然是"主观倾向"的立场体现，但此类"亲近性新闻学"原理引导出的感受及想法，却是接近令接收者在情绪与感受层面形成"共振"最大可能性的所在。

毕竟，"感性"，是人类与所处环境加以互动能够形成的第一反应。这种反应，就是源自作为"亲历者"自身"被刺激"后的结果，而"国际化英语传媒"系统的"驻外记者"（或"外派记者"）的"置身其中"、"风雨与共"那般的"共享"，是"体验般"的"介入"，而非"指导般"及"干涉般"的"介入"。如此，将其能够因"介入"程度的可能及深度所及获得的"原汁原味"，在其依托的"传播源"运用的新闻框架规约下，加以向"国际化新闻传播话语空间"里的"国际化公众"群体呈现与叙述。

最后，"介入性"体验的"深切"感受。

在如此的"介入性"观察与体验的过程里，作为"亲历者"的"驻外记者"（或"外派记者"）的"实地生活"，已经不是如同"走马观花"般的"考察"，或是"蜻蜓点水"似的"快闪"，而是为其"新闻传播式"报道的叙述文本中必然出现的"第一人称"的身份所赋予的角色负责。因为，这一"角色"是带着在那一"实地"里的"一言一行"，来面对"国际化公众"的注目的。尽管在具体的"声像文"言说表达过程里，"亲历者"的"对话者"（即："受访者"）是轻松的状态，俨然无视录音机或摄像机的存在，更像是同记者共同生活的家人。

但是，在几乎就是"生活截流"后的呈现部分，所有的"那一时段"里的生活琐事及细节，都涵盖其中。貌似仅仅是"记录"平淡无奇的"凡人凡事"，但是，在对这类素材般的"第一手资料"的采集后进行的"新闻传播式"叙述文本的整理书写过程，就已经将采写过程里刻意淡化了的、已经渗透在"一问一答"、"一颦一笑"，以及"一叹一默"的"思考"、"导向"及"判断"，融入对文本负载的"内涵"加以凸显的"叙述化"旁白之中了。

这时的"旁白"尽管是为叙述"主题"而建立的，其具有的服务性却是对作为"亲历者"记者自身，在内心深处所积淀下的"深切"感受梳理后的"释放"。这样，在"言说化"了的"旁白"里，就充满了最先是作为"人"、其次是作为"新闻人"所传递出的"感受"。由于是在人性基础上的理性之反射，所以，之于接收接受者的"国际化公众"，也是首先在作为"人"所具有的"感受"层面，形成强弱不一的反射，尽管不能保证达到与作为"叙述者"的"亲历人"一致的"感同身受"，但是，只要是关注了、感受了，价值试图反应般地"互动"了，就已经是"传播源"所期待的效应之达成了。

"新新闻主义"在20世纪70年代末也逐渐销声匿迹。发展到"亲近性新闻"，并没有回避让记者作为主体介入的手段，也没有否定主观体验的重要性，很多作品还以"第一人称"出现，甚至为了让受访者在记者面前更为轻松，记者可以与他们共同生活。而在采写或采访过程中，则特别重视思考和提问的深度广度，注重双方的意见平衡，力求全面地呈现事实本身。最大限度地在感性基础上遵守客观原则，因此，我们视其为一种"理性"介入。

总之，在"信息流"交错编织成的"国际化公共话语空间"里的"国际化新闻传播话语"，之所以能够形成的那个强大的视听引导力，主要的原因之一是其变型化地运用了"亲近性新闻学"原理引导出的，即，本土视角国际化。在对其"题材"选择的"平民化"定位为前提后，其设计与整理的"报道"，以记者"个体化"了的"介入性"体验为支撑，呈现出叙述文本的样貌。这样，在近乎是"生活截流"的平实讲述过程里，诸如"国际化英语传媒"般的"国际化"大众媒体传播系统之"驻外记者"（或"外派记者"）的身体力行"介入性"体验的"主观"感应，通过对相应异域"社会文化情境"里的"情境化"存在反应、通过对一定视域范围内的"情境人"言行举止的关注。使得"新闻人"的"介入性"观察的"理性"获得一定层次的"梳理化"集结，通过对所积累出的心理反应、情绪积淀，以及意念刺激所获"感受"的"新闻传播式"言说表达文本框架的输入后，最终的完型叙述，令"国际化公众"的认知风格带动的认知视域，由具体的记者个人感受化为平实道来的"旁白"，辅以记者个人亲历化生活化为原汁原味"生活"所形成的两者"合力"，而覆盖这一叙事带出的含义。

一句话，在看似"平凡"的表达呈现进程中，作为"亲历者"的"新闻人"，不仅是"讲述者"更是"言说者"，将其所表达的"那一处"在"那一时段"间"情境化"了的"社会生活"，附着在相应的民族群体本体之上，加入"新闻人"固守的"理性"定性所生成的"思考"，都在这一"国际化新闻传播话语"言说框架下建立的语境中，得到以"传播源"秉持的"文化价值观"为核心辐射出的认知视域的关照。从而，将原是作为个体"记者"之"主观性"感受，转化为诸如"国际化英语传媒"般的"国际化"大众媒体传播系统梳理出的"理性"层面的"客观性"叙事。

3. 效应——"亲近性新闻学"促成"公共戏剧"模式

在作为诸如"国际化英语传媒"般的"国际化"大众媒体传播系统所设计的"国际化新闻传播话语"言说表达文本里，就其在"世界格局"里的"国际化新闻传播公共话语空间"中的"国际化公众"而言，最深刻的印象源自"传播源"的"驻外记者"（或"外派记者"）在"被言说"的"社会文化情境"里的"不倦怠"身影，以及能够与"情境化"的"当地人"交流，尤其是可以操着当地语言尽心"有问有答"的"实地聊天儿"。这种"视觉化"带出的认知心理促发的第一感受，就是挥之不去的"镜像化"互映效果。这种在新闻传播层面被视为"映衬"效应，在任何类别"情境化"了的"社会人"认知体系里，都会建立随后形成意念化的戏剧张力，即：想象般幻觉——"换位戏剧"。

首先，模式"晕轮"催生"共振"意念。

在这一心理效果产生的"晕轮"下，作为对这类叙事模式的接收接受者的国际化公众来说，眼前出现的最属"平凡的"民众群体，其表现的一举一动一言一行，最接近自身的社会阶层，抑或是早已熟悉的、规约人之日常生活的社会运行机制，尤其是近乎统一模式的"西方化"现代科技规范后的生活方式带动的思维导向。进而，对于"传播源"传送进"国际公共话语空间"里的叙述文本自身而言，仅仅是呈现了"被言说"议题的"亲历者"，以亲力亲为"介入"的方式，同"被聚焦"当地人作为"受访者"共同完成的"纪实片"。

但是，在传播效果层面上，则是这一"双向化"的"介入性"互动，引出了"国际化公众"及其从属群体在认知心理上的"介入性"互动，建立了"三点成一面"的覆盖式"介入性"共振效应。究其原因，主要因为一是这类模式以"纪实风格"带出的真切、平实与现场气场的"共鸣"引力；二是令国际化公众如观看"镜中我"般，反映出自身镜像后的心理"共振"意念。

事实上，这一模式在新闻传播学研究及践行层面上，最能对其自身形成支撑功能衍生的说服效应的，是"共振面"建立后构成的"覆盖面"。而这一"面"所牵动的作为"介入记者"依托的"传播源"、"被聚焦当地人"立足的"被聚焦情境"，以及"被引导接收接受者"代言的"国际化公众"，依然是微观化了的"世界格局"在无形的言说型外力的冲击下，所形成的"信息流"在认知心海上的"潮汐"。这种"波涛汹涌"般的"共振"原动力，是这一模式的叙事挑动了"国际化公众"的认知神经，即：公民参与公共事务的最基本权利——话语权的获得。而正是在其接收到的"国际化新闻传播话语"言说表达文本中的"纪实风格"带动的"一问一答"过程里的"答"，改变了在"国际化"大众媒体传播系统呈现的叙述文本中，各类"情境化"普通民众长久以来的"失语"状态。

其次，模式"纪实"产生"参与"理念。

在体现"平凡的"异域"情境化"了的"社会人"言行举止的叙事面前，作为"国际化新闻传播话语"言说表达的"接收接受者"，"国际化公众"及其从属的群体成员们，在各自立足谋生的"社会组织"这一最微观化的社会运行机制层面上，意识到了自身作为平凡的社会公民所具有的"个体化"地位。从而，以此"镜中我"效应为"发力核"辐射出的"独立人格"之"社会存在"心理定位，并扩大到将其各自原以为仅仅是"个体化"生活境遇产生出的心理情绪般反应，置于促成其之所以"如此"的、带有决定性作用的、整个社会运行机制"被发展"与"被变迁"的语境当中，成为他们作为支撑其立足的"社会文化情境"得以运行的、"情境化"公众所期待的、"社会化"公众民主生活的组成部分。随之而来的"我口说我心"般"亲自表达"之心理期许，也在这一模式呈现的"平凡人有'话'说"的"参与式"叙事中，激发了改变"情境化"了的"社会人"长期处在"失语"社会处境的理念。

显然，这一开始关注"话语权"的理念出现，是对自身立足所提供服务的社会机制运行状况的关注，更是对支配这种运行机制的原理、相应践行环节所采用的策略、法规及政策的关注，一句话，是"情境化"公众对正当行使自身公民权的理念的建立，也是呼吁介入所有"公共领域"以发现和解决"公共问题"之"参与"理念的具体体现。

最后，模式"张力"促发"同演"公共戏剧。

在"亲近性新闻"原理引导下建立的"纪实性"叙事，使得颇显"新闻专业主义"追求的冰冷般"客观性"，获得了相应的"主观性"色彩极浓的"个体故事"的温暖，而变得令民众倍觉无距离带来的亲切、真实和相溶感。更形成了在心理上建立"你中有我，我中有你"的"互映式"镜像效应。在仍是秉持新闻业对"客观性"追求的前提下，以如何令"国际化公众"消除因"文化差异"形成的误解带出的"刻板印象"，并在此基础上建立对"被言说"的异域文化价值观接近真实的认知，诸如"国际化英语传媒"般的"国际化"大众媒体传播系统如果能够放下传统新闻学的身段，而将"精英新闻"转化为一定程度的"公众新闻"的话，就会使得原本就是整体社会机制一部分的普通民众，在语言表达的平台上获得一席之地，也成为他们对情绪加以宣泄的出口。

更为重要的是，这一原理使得"情境化"色彩极浓的"个体性"故事，成为建立"国际化新闻传播话语"言说表达文本的重要元素，进而可以使得这类叙述文本的内涵，不仅是对"情境化"日常生活中具有戏剧性和故事性的元素加以提取聚焦，更是在此基础上触及到了之所以会产生如此"戏剧化"故事本身的所有"社会化"信息。最为重要的一点，也是即便其具有耀眼般"主观性"感受的色彩，却仍不可置否地归属于"新闻业"的叙事模式，是因为其决不允许任何实施意外的虚构行为。

此处所谓的"公共戏剧"，其中的"戏剧"是将现实中的公众及其生活情节，作为"戏剧化"元素置于"新闻传播式"叙述的框架之中，通过"跟拍式"的摇晃镜头、放大了的特写聚焦、提问者与回答者间的镜头切换，以及由"同期声"及"合成音效"共同构成的"声效"等途径，完成的"声像文"戏剧化呈现本体，而绝非仅凭作者生活经历中的些许感受，对想象力不加约束地"天马行空"般编造后的虚构故事。显然，这一原理足以使原本仅仅是"旁观者"的"被告知"角色，转变为自身"介入"其中的"出演者"。

所以，在"新闻业"所依赖的大众媒体传播呈现方式上显得"戏剧化"风格的这类叙事，只是"国际化新闻传播话语"借用了其表达方式所需的框架，而其负载的最为重要的"内容"部分,却是作为"参与者"的"国际化公众"所掌控的。这种"介入",是"国际化公众"所期许的自主行为被激发后的反应结果,而在一定程度上削弱了大众媒体传播系统一致处在操纵"被聚焦"、"被选择"及"被言说"的"话语权"建立与运用的独断地位。

因此,在"亲近性新闻学"原理的支撑下,"国际化"大众媒体传播系统所设计的"国际化新闻传播话语"言说表达文本的内涵,是以作为"传播源"的"驻外记者"(或"外派记者")担任"被言说"的"情境化"社会人之日常生活的"亲历者"身份,履行作为"新闻人"具有的"提问者"角色,通过提问获得对其关注的每一件事、每一个细节所蕴含的"情境化"潜在社会信息,并在对这类"信息"隐含的"文化符码"进行解码化作"旁白",加以"诠释化"的提炼与提升,从而,经由"新闻化"言说表达而呈现的"纪实风格"作品,就令作为接收接受者的"国际化公众"对其在接纳心理上,产生出最具真实度、最具新闻业素质、最符合"客观性"品质的新闻叙事认可度、信服力。由此,原本的"被告知"者,也在心理上转变为积极介入的"参与者",在接收来自异域民众故事的同时,也在梳理自身及身边的社会存在现象,并进行理性的梳理后,同所立足的"社会文化情境"得以完型的社会运行机制结合起来,在寻找、追问原因的前提下,努力找出其中存在的问题,并设计出在一定程度上更合理的解决方案和可以付诸实施的行动。这样,"平民化"的生活经历故事的"新闻传播式"呈现,转变为令公众产生主动介入的"公众新闻"。

总之,通过以"亲近性新闻"原理为基础建立的叙述,将故事中的个体性与社会、民族的公众性结合起来,并且激励国际化公众产生自主行为的能力与意愿。

(二)国际化新闻传播话语的叙事理念——主客观辩证化人性真实

对于已然形成民众日常生活里一个近乎自然存在的媒体传播信息告知流,用其"你在意不在意,我就在这里"的势头,源源不断地随着事件变化着、展开着,但却不会呈现出无聊、老去,乃至消逝。这当然不仅仅是"即时更新"的"信息"自身具有的"魅力",更重要的是这一行业所秉持的理念得到了一代代从业者的继承。即:"新闻业"独特的"告知般"框架构建出的话语言说表达方式,按照其自成的途径体现着其存在本体。

这类"被定义"为"新闻传播业"的职业化活动,尽管是以有形的庞大社会化机构组织运转着，但却是由一个个带着已完型的"情境化"认知体系的个人，在遵从这一行业建立的规矩的前提下，以所有的规范化行业操作细节，来完成其所从属的"传播源"进行"告知"定位的目的的，也就是，建构出诸如"国际化英语传媒"般"国际化"大众媒体传播系统保证其预设的"意义"，经过其设计的有效"国际化新闻传播话语"言说表达文本的叙述，而得以顺利"被传送"进"世界格局"里的"国际公共话语空间"之中的叙事编程。作为载体，这一编程如同各类"社会文化情境"所独有的"文化符码"般，蕴含着"传播源"需要广而告之的"理念"，同作为处于空间里的接收接受者的"国际化公众"相遇。

显然，这种"叙事编程"起到的仅仅是"承载般"的"运输化"作用。最为关键的部分，是其托起的"内容"，这就是"叙事理念"塑造的这类"传播源"所努力表达的"内涵"，也就是"国际化新闻传播话语"的叙事理念，即：主客观辩证人性真实呈现。然而，怎样将如此无形的、抽象化的意念化存在，以绘声绘色般的"声像文"言说表达方式来具体呈现呢？这就触及到在当下"媒体传播全球化"促成的"新新闻生态"里，媒体传播化"信息"得以按照完型般的样态"被建构"的整体流程。毕竟，以标榜"新闻业"之"客观性"的"传播源"，在这一生态里的言说告知，都是由"个体化"了的职业"新闻人"来完成的。

按如此梳理获得的反响，就有必要将"国际化"大众媒体传播系统依赖的"国际化新闻传播话语"秉持的呈现"主客观辩证化人性真实"之"叙述理念"的践行途径，进行系统化地分析，从而明了其表达内容具有的"客观性"程度。

1. 叙事出发点——记者的"实地"主观体验

对于"国际化"大众媒体传播系统"国际化新闻传播话语"言说表达文本的接收接受者而言，走进其日常生活里的"媒体传播化"信息，是恰好关注到的"那一"以"记者"身份的"新闻人"，出现在"某一"异域"社会文化情境"中，同作为"受访者"的"当地人"对"一定的"话题，进行着"实地"的"聊天儿"进程。显然，这是对此类"传播源"的叙述文本展开方式的最表面化之感。但是，这也是其需要"被分析"的中心点。因为，仅仅是"个体化"记者的个人言行，与另一位"个体化"的"当地人"之个人言行间的"互动"，仅是在"那一块""实地"的烘托下完成的"言语交流体"，辅以表达记者自身反响的"旁白"所构成的"纪实性"故事，就成为可被视为"新闻业"传送的"信息"，其具有的到底是那一"新闻人"与"被聚焦"的"当地人"的"主观性",还是"客观性"的另一种体现呢?

首先,"主观"介入产生"意义"。

在以"板块化"方式存在着的各类"社会文化情境",是时刻运行着的有机体,这种态势是由"变化着"的特点来制成的。而此类"变化"却是由生存其中的一个个"个体"及其从属的群体,在接收到外力后所形成的"场"。尽管这是一个几乎不可视的存在,但是,其通过引发这种变化的个体间用以表达的言语体现出来。对于处于情境之中的个体们而言,这是他们作为内部成员间的交流,是"心照不宣"的言说体现的"文化符码"具有的"意义"。

那么,这一"情境化"了的"气场",对于一位试图走进其中的"传播源"新闻人而言,就是一个"客观化"的"存在"。所以,这类新闻传播从业者也被分类为"驻外记者"(或"外派记者")。这一"外",就意味着走出自身的、本土的"社会文化情境",而走进他者的、异域化的"情境"。关键点在于,这一"走出"与"走进",作为已经是"情境化"的"社会人"来说,"驻外记者"(或"外派记者")并未是拆除自身已建立的"情境化"认知体系,带着"一张白纸"般的"认知框架"来完成的。

恰恰相反,面对这一"跨越般"的"进"与"出",作为第一定位是个体的"人",第二定位才是"新闻人"的特质,只有更依赖自身的"认知体系",才能够完成这一过程。只有运用自身的"认知体系"去"撞击般"地"接触"走进的异域体系,才有可能产生一定的交接面,进而会使得作为个体的"新闻人"在认知心理上获得烙印般的"感受"。当这一"感受"以"记忆"的方式"被积淀"于其"认知体系"一段事件后,再"被提取"时就会产生一定的"意义"。而这部分,就是"新闻人"可运用到其叙述文本中为言说表达服务的元素。

其次,多重"主观"碰撞完型的"感受"。

显然,这一能够在定义层面上生成"意义"的"部分",对于被"新闻人"选择又加以聚焦的"当地人"而言,可能只是自身情境中的"理所当然"般"存在"。而对于"这一"新闻人依托的"传播源"定位来说,却是值得向"国际公共话语空间"里传送的"意义"之所在。形成如此的"仁者见仁"判断结果,就是因为其演变成"之所以如此"的"主观性"具有的决定性作用。

其一,这一作用表现在记者作为"情境化"了的"社会人"具有的"主观性"，加之其作为"新闻人"被赋予的依据其立足的"传播源"秉持的"理念化"主观性，尽管后者是职业化了的。两者合力后，与其走进的异域"社会文化情境"作为社会机制自有的"气场"进行"互动"，虽然对于两者来讲，都是各自的"客观体"，但却是两类"主观性"集合体间的相遇、相交与互动。当"新闻人"以"个体化"的判断视角选择作为"受访者"的"当地人"时，"选"与"被选"间的互动，又形成了第二重的"主观性"碰撞结果。进而，两者在多重空间里已经集合了多元化的"主观性"，实现了"主观性"的"人"与相对"客观性"的"现实"互动后产生"意义"的过程，即：主观化的感受、反应及认知，就是"客观化"了的"真实"所在。如果没有"个体化"人之"反射"，"现实存在"本身就毫无"意义"可言。这是"传播源"所需的、作为"第一手资料"得以获取的形成过程，是无形的、意念化的，但却是可以用语言来表达出的认知心理记忆。

其二，当这类"记忆"由"走出"的"新闻人"带回到"传播源"后，在其作为建构一定"新闻传播式"言说表达文本"内涵"的"元素"，进入"被梳理"与"被辑合"的流程后，就是一个只有"新闻传播业"具有的"编程"进行"编码"排序的框架施放作用的规约过程。这又是一重微观"主观性"与宏观职业"主观性"相互作用的进程，后者将前者所具有的更符合"传播源"定位的"元素"加以提炼，同其他同类"元素"加以融合，组构一个"主观性"生成的相近"元素"的集合体，从而，呈现出"一体化"的"意义"，即："最真切自然的'感受'"。显然，这就是"国际化公众"在"国际化公共话语空间"中的"国际化新闻传播话语"言说表达文本展开进程里呈现的"内容"，也就是那一"新闻人"对"受访者"部分日常生活里的细节，具体表现为言谈举止、情绪呈现的心理活动，以及其与家庭成员及一定范围内其他"情境化"社会里的人际关系，在那一时段里的记录。

最后，主客观视角下的"人性真实"。

这时的呈现，主要强调的是作为个体化的"新闻人"之主观体验，尽管这一心理层面上的"感受"，不是其在自我想象的空间里"闭门造车"，而是其真正地走进那一"客观化"存在的"实地"，同那一"绝对真实"的"当地人"代表的"客观体"互动后的"客观性"所得，但是，实际上仍是双重化或多重化"主观性"，在借助一定客体的助力下相互交集后的结果。

当其以语言表达体现的言说方式"被呈现"时，还是"主观性"的"客体"代言的"事实"，在作为个体的"新闻人"认知体系里的反映本体，这也进一步表明"新闻传播业"的言语告知本身就是意识化行为，其所有的叙述是不可能跳出"新闻人"认知视域所能覆盖的范畴的。其所有的叙事，仅仅是对其可感应的、由多重"主观性"建立的"现实"同期互动后的反应，只是一种"新闻传播式"言说表达框架规约后的思维方式、"传播源"所秉持的"文化价值观"塑造的态度，以及展开其所设计的"国际化新闻传播话语"言说表达文本的过程。

所以，尽管从表面上看，其呈现的仅仅是记者的"实地"主观体验，但却是在一定程度上体现出了主客观视角下的"人性真实"。虽然只是"部分的"，但已经或多或少地具有"可见一斑"的效果。毕竟，不能忽视的是这类呈现体凸显的是作为"新闻人"的"驻外记者"（或"外派记者"）与作为"当地人"的"受访者"两者各自具有的"人"之"为人"的部分，尽管两者之所以成为独立的、不可替代的"个体"，是源自立足的"社会文化情境"固守的"文化价值观"，但仍是由"人"作为"个体"来感受后，方可"被表达"出的、构成其"本性"部分的重要因素。

因此，那一"最真实的'感受'"，是不可轻易被撼动与颠覆的。这就是以言语表达建构的"新闻传播式"叙述所需的"新闻事实"。而其最关键的"元素"，就是"新闻人"自身与其"介入化"参与型职业活动带出的互动后"主观认知"本体。

2. 叙事文脉——记者的"感受化"真相"结构"

在以"国际化"表达为定位的"国际化传媒"言说表达文本建构上，最直观的内容呈现就是"声像文"带出的"人事物"辑合体了。当作为接收接受者的"国际化公众"面对这类呈现时，其认知风格搜索的，是能够与已存在于其认知体系里的相应"符码"可产生互动的"元素"。这也是一个达成在作为"传播源"的"国际化传媒"系统，与"国际化公众"两者间相交集的前提。实际上，达成这一"交集"的唯一途径，就是作为"告知者"的"传播源"，必须向作为"聆听者"的"国际化公众"，提供一个能够引导认知风格所决定的思维走向的线索，进而令充满异域文化情境元素的"跨文化型"呈现体，在这一线索的串联下，形成一道清晰的思路，引领"国际化公众"作为"情境化"了的"社会人"，尽最大范围地扩展其固有的认知视域，从而建立其由呈现体作为"外力"冲击后产生的"感受"。

首先，依据"第一手素材"编织的"叙事文脉"。

这一无形且不可触的线索，就是作为"传播源"向"国际化公众"所展开的"国际化新闻传播话语"言说表达文本得以完型的"叙事文脉"。而这一"文脉"的梳理与最终建立的出发点，是对作为"传播源"的"驻外记者"（或"外派记者"），在完成了与异域"社会文化情境"里的"那一"由其"选择"的、作为"被言说者"的"当地人"所形成的"介入性"参与互动过程后的"第一手素材"，加以职业"新闻传播式"框架的辑合时，努力按照呈现"真相"的"结构"规约，对所需"逻辑线"的编织。如果这一"线索化"的"叙事文脉"，能够引领"国际化公众"，在一定程度上"突破"自身"情境化"标准定位的"社会人"视域范畴，而形成"跨文化型"的"主观互动认知感受"的话，就体现了这一叙述文本作为"魔弹"所具有的"命中力"了。由此，作为"新闻人"的"记者"所关心的"真相"，也在这个叙述过程里进入接收接受者个体或群体的认知体系之中了。

显然，形成这种"命中率"极高的理想化"告知"境界，除了有"第一手素材"涵盖的相应体现"那些"被运用到"真相"得以揭示的"元素"外，就是如何将"那些"重要的"元素"，进行逻辑化、合理化及直观化的新闻职业框架下的"声像文"重组了。尽管在"亲近性新闻学"原理的引导下，任何的"第一手素材"的获得基础，都是以"被言说者"的个体化"性情"为中心、以片段化的"情节"为元素、以情境化的特质为背景来准备"故事"的，但是在将这些成分置于"新闻化"叙事框架后，就具有了一个"被再排序"的要求过程了。实际上，这也是作为构成"第一手素材"的"成分"得以"被运用"的开始。显然，这种职业化的整理，就是一个"再创作"的变型。自然，在媒体化新闻传播的层面，为了这些"碎片化"的"素材"，能够转化为这一职业传播要求的言说表达体，必要的"整合"与"排列"，就成为是否能够令这些"昂贵"的"素材"转变为实现预设言说目的的"终结点"。

通向这一"终点"的整体过程，就是有一条紧紧围绕"被建构"的"故事"得以延伸的"逻辑线"，即："叙事文脉"。因为是"声像文"所体现的"拟剧化"故事，进而，使得"传播源"的"再组构"过程具有了"导戏"的色彩。虽然这一"戏剧化"了的"故事"并不是在"舞台"上呈现，但是广播电台的无形"电波"依附的"波段"、电视台的有形"画面"依赖的"频道"，以及网络及报刊依托的电脑屏幕与纸质版，都是变型后的"舞台"。而立足于"舞台"之上的，就是那推介"被言说者"的"记者"，与作为"当地人"的"回答者"两位互动着的"出演者"。在他们之间，是由同为独立个体自身的"视角"带出的"问题"，个人化"经历"与"情绪"提供的"回应"间互动后的"情境化"故事。

其次，依托"情境化"故事烘托的"感受化'真相'"。

在对极具"软新闻"特点的"专题报道"般"情境化"故事素材的梳理与整合过程中，尽管那一"被言说者"作为个体的"人"是"独一无二的"、"不可编撰的"，及"不可复制的"真实存在本体，但是，其用语言所表达的语义及其生成的语境，却是可以通过声像的排序及画面的突出或淡化而被改变的。这种"改变"，更多的是"编辑"的痕迹或色彩，也就是体现在"事实"还是原始素材里的成分，但却是因为辑合的效果，其原本的地位已经发生了变动。从而形成"牵一发动千钧"的效果，更直接地体现在"被言说者"在彼时表达过程里的情绪及感觉线，在此刻的"被重组"过程中是被"曲线化"了的。这种职业"新闻化"的编辑，就建立起了"烘托"带出的感受效应。

在此基础上，按照"导戏"的特点推进政体过程的话，"第一手素材"里的异域"社会文化情境"在彼时"被聚焦"的部分，成为凸显"被言说者"身份的"背景板"，使得"被展开"的"故事"获得了直观易懂的定位，在"国际化传播"的层面上看，是获得了其在"世界格局"里已经被定性的"位置"的"无声化"解释。而在这一"背景板"前的所有言谈举止，都获得了"不言自明"的"强调化"引导。至此，所有关键元素在"被置于"后产生的"烘托"效应，开始引领"国际化公众"的认知风格，对"被保留"而得以呈现的、以"有问有答"方式完成的"言谈举止"带动的"情绪"，进行结合其认知体系里存有的相应符码以获得"感受"的过程。

在此过程里产生的任何认知心理层面上的"感受"，都是与经过"拟剧化"叙述进程营造的"烘托"效应紧密相连的。进而，对于"国际化公众"所期待的"真相"，已经完全不是组成"第一手素材"的一系列"事实"本身的呈现般言说了。事实上，"国际化公众"认知体系接收到的叙述内容，是作为"传播源"的"国际化"大众媒体传播系统，在"那一"作为"记者"的"新闻人"之"主观能动性"本体，向"被言说者"作为个体化"当地人"及其立足的"社会文化情境"在"被事实化"地运用后，对这类由个人"性情"中的"主观性"感受"事实化"后，在以"新闻化"传播定位的"真相"进行"组构"后来辑合的。

所以，此时的"真相"，对于"国际化公众"的视听交感神经系统而言，就是一幅幅鲜活的画面、一声声引人入胜的音频，更是一个个不可置疑的真实"人事物"在其发生地上的"进行时"活动样态。在这一进程里，表面上"被展开"的是"现实化"存在体的部分聚焦，而本质上却是"画中有'画'"、"话里有'话'"的"被聚焦"了的"情境化"塑造的"意义"本体。因此，"真相"只是"被再组构"的"事实"排序编程后，由言语表达出的"戏剧化"效果呈现了的、"被烘托"了的"感受"。是"主观的"，但却是"不可置疑"的"真实"所在。显然，"真相"转变为了"真实"，并且是"新闻化"了的"事实"在"被辑合"后的序列体。

最后，记者的"感受化"辐射效应回受。

在构成"国际化新闻传播话语"言说表达文本内容上，从属于"传播源"的"记者"，在以"驻外记者"（或"外派记者"）的身份决定的"角色"，"跨进"既定的异域"社会文化情境"之前，就已经是对其具备了相应的"情境化"认知的"社会人"了。只是，这一"角色"又赋予了新的"情绪化"感受，因为其必须积淀一定的职业化心理储备，来面对和驾驭在"跨进"那一既熟悉又陌生的"情境"后，所有似乎可预知又不可设想的"事件"、"规则"及"情境化"合理性带出的认知震撼或颠覆。进而，一位应该为"国际化公众"提供"真相"的"新闻人"，尽管其本身已经具有了相当水准的职业化素质，也极为清楚新闻业所倡导的"客观性"、"公正性"对整个"跨进"后进程的决定性影响作用，但是，作为一个有血有肉的个体，由心理决定的情绪产生引发的认知定势效应，却是既自然又不可避免的。所以，当一位"新闻人"开始"职业化"的"行为"时，是一位有感觉、有感情，及有感受的"人"，在其具有的基本"人性"特质的支撑下，行使着其职业素质决定的、调动整个感受中枢的过程。

由此，就显示出了一个不能互视、轻视，乃至否认的"真相"，即："新闻人"的任何职业化行动，都是以"人"的本性为基础展开的过程。虽然大部分的职业人会受到职业规范的约束，但当以另一鲜活的"个体"为行动进程中心时，双方的主观感受间"互动"得以有效达成的前提，是以"人性"为核心支撑的

"真诚"。尽管有很多的职业人,在相对职业技巧的辅助下来淡化所谓主观色彩浓厚的"情绪",但是,其所面对和互动的"被言说者",大多却并不是以"新闻化"职业技巧为"脊梁"的"普通人",更有他们已经在"被塑造"后完型的"情境化"认知体系设定的"意识"做思维带动的言行指引,只有双方在尽可能体现同为"人"的"本性"前提下,才可能使得"互动"有效地进行。

当然,在这一进程里起到决定整体走向的一方,还是带着获得有效的"第一手素材"的"新闻人"。也就是说,是这一"新闻人"的"个体化"情绪生成的"辐射性"效应建立的"气场",引导并影响着"被言说者"的认知心理决定的思路和相应的回答层次。这种辐射又在一定程度上引发"被言说者"的"情绪",从而,使得双方的"主观化"情绪在语言使用方式上,产生话语的表达"谈话场"。也正是这一"场"具有的触动各自"感受"的"程度",决定了最终"新闻人"所提供给"传播源"的"第一手素材"具有提炼出"新闻传播式"叙事要求的、组构呈现"真相"的"元素"涵盖比重。毕竟,在"亲近性新闻学"原理的引导下,作为提供给"国际化公众"的"故事"里的一方,在介入性参与的过程里流出的一滴眼泪、发出的一生叹息、表现的一次摇头等等"情绪化"行为,都会刺激作为接收接受者感受中枢的认知体系,从而调动某一认知符号来解释"那一"行为在"那一刻"具有的"意义"及"理由"。

所以,这一"真相"的"被呈现",并不似摆出具体物化的一块块积木般来完成的。相反,是以需要被理解的"组合化"语言词汇后所形成意义和语境的话语,来表达出那些完全无形无味的意念化存在体的达成的。进而,处于主动驾驭位置的"新闻人",用其足以促发"被言说者"个体的感受中枢的"情绪",来获得另一方"情绪化"的感受表达,两者合力后形成的"第一手资料"经"传播源"定位的"新闻传播式"言语表达框架的"再组构"后,完成对作为接收接受者的"国际化公众"感受中枢的刺激,进而引发出情绪化的反响感受,从而做出自身的或群体般的"感受化"判断。

因此,由"亲近性新闻学"引导的"新闻人"对其所追寻的"真相"的组构,是在"第一手素材"涵盖的"主观性"事实般"感受"的言语表达,加以"新闻化"的叙述排序后,完成对"情绪化"感受本体的传送,进而形成刺激"国际化"大众产生一定程度上的"情绪化"反响感受结果。

总之,对于关乎在一定程度上体现主客观辩证人性真实的"国际化新闻传播话语"的叙事理念，还需要有叙事文脉的支撑。这种"文脉"，不仅是建立在媒体传播国际化叙述框架之内的，更是需要依赖作为个体化的"新闻人"的记者自身的"情绪"释放范围来达成的。尤其是当展开在异域"社会文化情境"里的"第一手素材"采集的过程中，其具有的"人性"之基本感受，是用来与所选定的"被言说者"进行有效"互动"的核。以此为辐射源，才可能获得对方"回应般"的、近乎程度相同的"情绪"反射，从而，得以集合到丰富"情绪化"的言语表达"感受"。据此，"传播源"才会在足够宽阔的空间里，对"第一手素材"包含的元素加以运用，以编织相应的"逻辑化"文脉，并辑合出相对应的故事情节以烘托出"感受化'真相'"，从而，令充满记者"感受化"情绪的叙事产生强大的刺激性辐射力，引发作为接收接受者的"国际化公众"生成相互应的情绪化感受回响，并随之完成一定导向下的判断。

3. 叙事效果——记者的职业化"新闻"之"意义判断"

对于按照作为职业"新闻人"的记者以"提问"般的"对话"方式引出的"回应"而言，尤其是对原本是一位最普通的无业人员的此类引导，都使得定位于接收接受者角色的"国际化公众"的感受中枢，以感应源自"传播源"提供的言语"告知"标准和层次，来理解和反响的。可见，此时出现在"国际公共话语空间"里的"媒体传播化"信息，是由作为"传播源"的"国际化传媒"系统，在经"记者"和"回应者"共同建立的"主观互动体"的"再组构"后的"叙事"。

那么，这种完全取决于仅仅是两位"个体"各自在"彼时彼刻"的、心理化反应"情境"因素产生的语言表达，是否就可以成为"国际化传媒"系统视为可辑合为向国际化公众"告知"的"客观化"新闻传播式表达文本呢？"那一"职业"新闻人"的个体认知水平，以及"那一"被选定"回应者"的个人表达素质，都是足以代表各自所属"领域"及"社会机制"的本质吗？新闻传播业主张的"公正性"与"真实性"得到可在"世界格局"里的"国际公共话语空间"中"被体现"的水准了吗？

显然，这些问题一出现，就是刺目的、尖锐的，甚至是触及近乎当今"国际化传媒"业之职业"软肋"的。具有如此的力度，是因为术语"新闻"与"大众传播"已经在国际共识层面建立起的职业原理及其伦理法规效应，即：客观、公正、真实。但是，如果仔细观察正运行着的那些在"国际化公共话语空间"里已建立"强势传播源"地位的"国际化英语传媒"系统，就会意识到：他们的"新闻化"职业"告知"，是言语表达呈现的语言讲述传递的"想法"、"理解"，甚至是"意念"，而非如同物质化的自然存在本体。不言而喻，以"声像文"构成的"媒体传播化"告知做秉持的"客观"、"真实"与"公正"，就是个体的职业化"新闻人"，将另一客观化生存着的"个体"之真实"言论"，即，就是出自其口的"言辞"，在不加修改的职业化道德约束下形成的"公正"相结合后的"新闻化"叙述体。

如此，尽管是通过语言表达组成的叙述体是不可以具体标尺丈量般的"抽象化"意念存在本体，但是，却是媒体传播追求的"意义"可"被生成"之源泉。这也是为何当下运转着的"强势传播源"一直"振振有词"的原因所在。毕竟，在如此多元化的意念化生态里，个体化的言论是层出不穷的，更是取之不竭的"矿藏"。尤其是在"新新闻生态"得以生存所获支撑的"新新闻主义"与"亲近性新闻学"原理合力后，就使得经言语表述形成的"新闻化"第一手素材承载的"意义"元素，有了被倡导、被接纳及被认可的平台。

形成如此概念强大"信息流"的原动力，就是此类言语表述方式颠覆了传统新闻传播原理倡导的"客观性"、"真实性"及"公正性"建立的"虚饰"，即：努力营造"事实"就是"真相"，"真相"亦即"真理"的谬误逻辑。究其原因，是因为：只要是经由语言表达的任何言辞，都是无法保证其具有百分之百的"客观"、"真实"与"公正"，即便表达者并无撒谎、编造或臆造，但是其个体化运用语言的能力、其个体化情绪积淀出的情感，尤其是其"文化价值观"塑造的认知风格决定的视域范畴限制等因素，都会使得"被表达"之"内涵"，有了同另一个体之表述相比后出现的"偏差"，即便"参照者"是与其出自同一"文化价值观"体系的相同社会层级。更何况还有那些虽在同一社会机制，但不在同一社会层级生存的其他群体个体成员呢？

所以，正是如此的"新闻化"职业"告知体"得以产生的源泉所具特质，造就了当下"媒体传播全球化"生态里的"国际化传媒"系统的蓬勃发展及活跃运行势头。更何况在"意念化"的"地球村"里，一切的"抽象化"意念的覆盖，使得其形成镜像晕轮带动的想象空间，引导"国际化公众"接受了那一著名的传播理念"我们报道，你们决定"（We report, you decide）带出的所有转变为合理的、职业化的媒介告知流程。由此，"国际化公众"根据可听可视的"告知体"，来解析出各自所理解或可诠释到的"意义"，而非仅仅被动地接受"传播源"直接灌输的"意义"。这样，对于接收接受者而言，是获得了可供遴选的丰富"信息"，即便都是由各类个体化"主观性"意念互为交叉存在的。而对于"国际化"大众媒体传播系统来说，获得构成可传送进"国际化公共话语空间"里的"告知体"所需"第一手素材"的途径更为多重及顺畅了，因为任何的语言化表达都可"被采用"。

仔细审视如此"信息"的出处，就会发现：是作为职业"新闻人"与"受访者"间的个体心理活动，在一定"社会文化空间"的部分层面之"互动"后，形成的"抽象意念交集体"。进而，是学术上"主观主义"的"新闻化"变型后存在表现。顺应如此"信息化"主观意念的表述，接收接受者在自身"情境化"主观意念的引领下，来与"传播源"所提供的"意念化"信息互动，就会生发出千变万化的反响效应。也正是因为如此的信息传送，令媒体传播具有的强大视听引导力，具有了对现有"团体"、"族群"及"社会情境"建立的"意念化"价值体系进行分解、分化及分裂的功能。毋庸置疑，原本整齐划一般的"共识"所建立的"情境化"民族志，在"碎片化"的"告知性"意念提供的"意义判断"层次上，将原本同步共振、和谐运转的"社会机制"逐渐打乱，呈现出群体成员共同秉持的、极具凝聚力的"集体化"价值系统分崩离析，个体化的个人开始趋同"个人主义"带动的所有价值取向定位，"碎片化"之"意义判断"产生的"人心向背"效果，伴随着"强势传播源"提供的源源不断"告知"，最终形成"全球化"之势加以覆盖"世界格局"里的各类"板块化"社会文化情境。这也就是为何人们意识到："全球化"就是"西方化"，而最终是主导"西方"的美国精英集团利益得到扩张的"美国化"的原因所在。最不可忽视的已有效果就是"个人主义"价值观的大行其道、市场化运行机制带出的"社会达尔文主义"得以践行的"自然法则"，以及"适者生存"理念激励着的"竞争意识"承载者。

因此，由"亲近性新闻学"与"新新闻主义"原理联合产生的叙事效果，已经是对"国际化传媒"告知出发点的更软化促成之表现。进而，接收接受者之"意念"的生成，也就在对细节微妙、情绪感人、人物真切的"故事化"叙述中悄然完型。之中所蕴含的"意义判断"成分，早已在"被激发"和"被引领"的情绪起起伏伏支配下，从支配个体言谈举止的认知心理层次获得隐形着陆而破解一个个既有的"情境化"堡垒，不仅逐渐肢解着已有的认知体系框架，而且积淀在那些操控整体的神经脉络上，直到一定程度的积累后达到内力般"引爆"所形成的"重组文化认知体"的建构结果。

总之，在本小节里，通过对"国际化传媒"系统在试图体现的"主客观辩证人性真实"叙事理念之理性，借助传送进"国际化公共话语空间"里的"新闻传播式"言语表达文本依据的"国际化新闻传播话语"的分析，使得与传统意义上的新闻业"客观"相左的记者之"实地"主观体验为叙事出发点带动的"主观"介入产生"意义"、多重"主观"碰撞完型的"感受"，以及主客观视角下的"人性真实"的完型过程，得到系统化地解构，令经"新闻化"职业"告知"对"国际化公众"在认知层面上建立"意义"的本质，得到揭示：记者的"感受化"真相"结构"成为此类叙事文脉得以组织。其依据的"理性化"逻辑线是依据"第一手素材"编织"叙事文脉"、依托"情境化"故事烘托"感受化'真相'"，达成记者的"感受化"辐射效应得到回受。由此，令原本是同传统新闻原理相悖的"主观主义"，在"新新闻主义"与"亲近性新闻学"原理的合力下，获得体现相应叙事效果的转型，即：记者的职业化"新闻"之"意义判断"空间。这一空间是由多元意念化理念与观点交叉存在于同一"国际化公共话语空间"后形成的"意义判断"层次，使得处于不同"情境化"社会机制层级的"国际化公众"之认知体系，都会受到不同程度的刺激，从而，与"国际化新闻传播话语"之叙事理念昭示的"主客观辩证人性真实"相呼应，完成近乎"各取所需"般的遴选，辅以与自身"认知风格"主导的认知心理相交集，从而，达到因进行"意义判断"而产生相应的"保留"与"摒弃"的效应，以形成对现已建立起的认知体系逐渐"修正"的"再组构"过程。尽管是隐形的、渐进的、似乎不关痛痒的"添砖加瓦"，但是，一定时间的积累后，就完型了几近崭新"庙宇"、"厅堂"、"茅舍"的修葺过程。一句话，"抽象化"的"意念"之"颠覆"效应的产生，就在"一念之间"。这就是"强势传播源"之所以得以覆盖"世界格局"的缘由所在！

（三）国际化新闻传播话语的叙事界定模式——抑他扬己民族志

当以向"国际公共话语空间"传送"信息"的"国际化传媒"系统，按照这一定位来设计和运用言说表达话语时，其所涵盖的内容及由此预设的"意义"生成范畴，都是按照一个看似无形但却是起到规约作用的导向视角，这就是其所选择或建立的"叙事界定模式"。单就以"国际化"定位的大众媒体传播系统而言，能够在"世界格局"里的"信息化"空间里获得"发声"的位置，且能够令其承载的"意义"获得反响，就是一个取决于其采用的叙事模式了。尤其是在这一定位下已经定向的"国际化公共话语空间"传送目的地，及其获得支撑的那些作为接收接受者的"国际化公众"个体及群体本质，都形成限定其须有一种独特叙事模式的必要前提。

但是，如何将同样是经语言的运用后形成的"新闻传播式"言说表述，同既定的"国际化公众"本身"社会人"得以塑形所依据的"情境化"认知风格相连接呢？面对如此的问题，实际上是触及到了在由多元化"板块般"的各类"社会文化情境"组成的"世界格局"里，各种"文化价值观"如何有效地沟通、理解与和谐相处的宏观问题。加之，"国际化传媒"的言说表述就是在触动"世界格局"的视听神经，显然，其言语具有的"内涵"指向具体的"国际事宜"或"跨文化议题"，都是再自然不过的职业特点所在了。关键点在于，其采取进行"触动"或"拨挑"这一敏感神经的方式所体现的出发点及态度。从对"信息"加以接收接受的"国际化公众"的角度来看，作为各类"情境化"了的"社会人"，对任何可接收到的"信息"所要求的，不仅仅是"事实化"的简单呈现或告知，而是其所具有的"情境化"社会背景及因素对其形成的作用所在。实际上，这种要求的形成，是出自各类"社会人"之认知风格主导下的"参照物寻找"效应体现。也就是说，在这一"国际化公共话语空间"里呈现的交错"信息流"，已然建立了"意念化"的"互动"式"小生境"，进而需要形成"参与化"的碰撞与交流。由此，就有了一个只属于此类定位般的媒体系统，在进行设计和展开其"国际化新闻传播话语"言说表述文本所必然关注的核心点，即："跨文化型"叙述思维路径。通过这一路径，使得"传播源"立足的"社会文化情境"之"共识化"价值观，在借助对作为"他者"的异域"社会文化情境"人事物的聚焦，来实现对自身民族身份认同的诉求与强化目的。但鉴于大众媒体传播系统的运转，是依靠呈现"声像文"构建的"拟态化"多幕剧来进行的，所以，具有"可比较性"的不同类型生活方式、思维视角及言行举止蕴含的文化型符码内涵之"被比较"，就成为这类"传播源"最有效的言说表达模式了。

1. 叙事个案映现"跨文化型"族群利益

在获得"强势传播源"地位的"国际化传媒"系统传送进"国际化公共话语

空间"里的言说表达文本里，只要是具有"异域风情"色彩的叙述，大多是对其所定义的"他者"之"社会文化情境"中"坏'新闻'"的搜索与告知。从表面看，这一视角是符合"西方"所建立的《新闻学》秉持的原理"Bad News Is Good News"。例如，这一叙事模式带出的视角，在英国广播公司的世界新闻频道所播出的内容选择上，体现的最为明显和具有代表性。

但是，如此的原理被运用到国际化言说表达"传播源"运行中，就会引出这样的问题："被聚焦"的"社会存在"为何是"负面的"？又为何只是对"传播源"立足的"社会文化情境"秉持的"价值观"而言是"他者"之"情境"的"言说"呢？

直视与回答这些问题，都需要将具有"跨文化型"言说色彩的"国际化传媒"所持告知出发点，加以系统化地审视。毕竟，从"跨文化型"交流的层面，如果仅仅是为了借鉴其他文化情境的优势，以改良或提升自身本土文化的境界以便达到更理想化的发展。否则，就是为了满足"文化化民族自我诉求"的需要，而借助对"国际化传媒"之"选择"的视角操控，形成对"他者"之"民族"精气神的、契合其预设了的"目的"的"拟剧化"展示。如果是本着对"他者"之文化精华进行"推介"的出发点，来运行整体系统的言说表述的话，那就是一种促进跨文化交流所期待的相互理解效应的举动。但是，在当下实际的"媒体传播全球化"催生的"新新闻生态"里，却是将聚光灯仅仅打在了"他者"之"文化糟粕"上及其衍生出的"社会化"负面物。这样，就形成了"灭他人威风长自己志气"的、因"契合自身目的"而需要的"再构"。

首先，明现"他者"之负面待拯"样貌"。

在现有"强势传播源"形成的"国际化"大众媒体传播言语表达风格上，可以体现这类以叙事个案为"事实化"聚焦点，来映现"跨文化型"了的"传播源"主流价值观试图引领本土族群利益导向的模式。主要表现为："他者"社会机制中的"事实化"负面样貌。

其表现为"被表达"的"个案"是"世界格局"里某一"板块化"了的"社会文化情境"，这既是"传播源"得以保证秉持"新闻化"框架，来建构职业"叙述文本"所需"纯粹事实"之"现实"所在，也是"国际化"定位了的"传播源"标明其"跨出"自身本土"社会文化情境"的"跨文化型"运转流程，更是将"西方新闻学"原理引领选择言说内容视角加以强化的最佳途径，唯一需持续保证的就是其形成的"视域"所覆盖的范畴，即：之于"传播源"而言的"他者"。由此，在完型后的"国际化新闻传播话语"言说表达进程里，作为其所传送"信息"的既定接收接受者的各类"情境化"社会人的"国际化公众"，对"媒体传播化"新闻"告知"的首位期待，也就是对必要"事实"的"集合"（实为"辑合"）要求，得到最直接的"到位"。进而，以"'事实'辑合体"为依托的"叙事"，便有了得以"被展开"的逻辑化、理性化，尤其是"真实化"的"被接纳"的信服力。

然而，作为已经是"跨出"自身所立足的本土"文化价值观"塑造的"社会文化情境"的"传播源"，是以自身认知风格决定的"视角"直击到的"视域"，来对所见之社会化存在加以判断、聚焦、选择及审视过程加以掌控的。具体到微观的"事实采集"个体"新闻人"或群体"新闻采访队"，都是以认知风格确定的"视线"掌控着"问题"的走向、"镜头"的覆盖面。尤其是在"'坏新闻'即'好新闻'"原理的引导下，身处"异域"的职业化理念带动的，更是由于"文化屏障"促发的强化自身本土文化判断标准，被运用为"支柱化"的"原则"、"标尺"及"唯一"，完成形成"新闻传播式"职业"叙述文本"得以被建构的"事实化"第一手素材的集合过程。

由此，带着"传播源"职业化"视角"集合而来的"第一手素材"，都是以"负面的"定性后"被择定的"社会现象。至于其中具有的"为何如此"之深层"解释"，却是等待由"传播源"进行"再组构"形成的排序流程来完成的。

其次，暗喻"自我"之优越引领"意志"。

达成如此的告知效果，主要体现在其"自我"社会机制中的本组群及"被教化"了的部分"他者"接收接受者之"意念化"心理"被激励"。

当"被聚焦"的"他者"是由其自身"社会文化情境"存在的"负面化"存在代言，出现在"国际化公众"的认知体系中后，形成的一系列感受反应，都是"二元对立"的，即：从属于"传播源"价值观的"国际化公众"个体或群体，看到了"愚昧"、"落后"、"无奈"及"需'被改造'"的"他者"，进而映衬出"自我"所处"情境"的正面色彩，即："文明"、"领先"、"生机"及"需'去领引'"的心理态势 — 意志。而从属于被"传播源"呈现的"他者"价值观体系的"国际化公众"，就会要么因"被呈现"的"事实化"社会存在所击倒或译制，进而激起对其"失望"、"无望"及"逃离"的心态，从而建立起一整套否定的逻辑；另一类是被引导出对从属于"传播源"价值观体系的社会机制的"羡慕"、"向往"及"全盘接受"的"崇拜"心理。进而，"传播源"立足的"社会文化情境"中"自我"族群的"意志"获得心理上的激励，不仅是对本土组群成员的激励，更是对那些"被告知"的、"他者"情境里的"异族"部分成员的"教化般"激励。与此同时，"抑制"了那些预设"被引导"的"国际化公众"之意志。

显然，尽管在"传播源"的"国际化新闻传播话语"言说表达文本里，完全没有任何的"自我"与"他者"两者间"被对比"的同类"事实化"社会现象，抑或是来自作为"受访者"的"当地人"以语言表达的"同类项"合并般的言辞，但是，却使得作为此类"信息化"告知叙述的接收接受者，在认知体系里发生了"跨文化型"的比较心理活动。事实上，这种效果的出现，完全是因为作为"传播源"的"国际化新闻传播话语"在"被设计"的过程里，已经"被赋予"了只有"镜像化"暗喻所能产生的"映衬"功能，即："他人的幸运显现出我的不幸"之惯性思维效果。在此是："'被聚焦'了的'他者'之'落后'，暗示出作为'传播源'的'本土族群'之'领先'"逻辑推理，因为是"意念化"的"推波助澜"，所以是似乎不存在的，完全未影响叙述文本呈现的"真实化"、"客观化"及"公正化"，但却是"映衬化"效应形成对认知心理强大的冲击潮，甚至是颠覆般的"海啸"效应。事实上，这就是当今"国际化"大众媒体传播系统由"强势传播源"建立起的引导力，在现有"世界格局"里塑造"国际关系"的典型体现。

最后，"编导"由"自我"之"意志"操控的"国际公众戏剧"。

在以上两点形成"支柱般"功能建构出的"国际化新闻传播话语"言说表达文本，已经是由两条"意念化"逻辑线作为命脉而激活了的认知心理空间。在其中虽然是通过对语言的运用所形成的语境，但却是以"传播源"做出"跨文化型"互动主动行为为前提来进行的结构。也正是这类"跨出"自身本土情境的职业化行为及其产生的结果，提供给处在"国际化公共话语空间"里的"国际化公众"一种印象，即：这类"信息"是"国际化"的，并不是"传播源"对自身本土文化价值观的"自吹自播"，更没有任何的"编造"、"歪曲"及"误解"，因为在"那一处"的"社会现象"得到了"最原始"般地"呈现"。

这一"印象"的产生是完全正确的，因为"眼见为实"不仅体现在"传播源"的"第一手素材"获得过程所需要的"视角"带动的"视线"所覆盖的"视域"之"真实存在",也表现出了作为接收接受者的"国际化公众"自身看到听见了的"信息化"告知内容。更有"传播源"在告知过程里呈现出的自信,即:任何人若亲临其境,听到看到的"被告知"社会存在依旧如此。进而,强化了"那一"已经"被聚焦"后"被呈现"在"国际化公共话语"空间里的"社会现象"之"事实化"本质。

然而,当这一具体的"社会现象"被持不同视角的"国际化"个体或群体,以"亲临其境"的方式加以观察时,就会呈现出其在那一"情境化"现实中所具有的不同"意义"来。但是,这一层本属"传播源"最应揭示出的层面,却是要么"被抑制"的,要么是"被淡化"的,更是"被缺失"的部分。这种结果,是由于"传播源"的最终"新闻化"叙述文本带出的"告知",是被一种追求覆盖"国际化公众"兴趣的"戏剧化"效果遮蔽的结果。排除这类以"声像文"建立其的言说表达进程为特质的"国际化新闻传播话语"固有的"戏剧化"编程效应,最为"戏剧化"的效应出处,在于"强势传播源"在"国际化"言说的平台上,努力将看似是聚集"国际化公众"感兴趣的"社会议题"于符合大众媒体传播的叙述框架里,来昭示"世界格局"里"国际社会"应予以关注的"情境化"现象,从而,将应该解决的"问题"或"难题"转为近乎"国际化"议题,在国际视野的监督下获得解决或缓和。这一出发点,理应引导出一系列涵盖所有类型的"社会文化情境"里现有的社会现象或"问题化"议题,进而形成"在'国际舆论'面前'人人'平等"的对等评判局面。

但是,事实上,因为"强势传播源"的视听导向形成的出发点,令在"国际化公共话语空间"里的言说表达平台上,组织语言成意所需的词汇、语句、语义及语境的"组织者",不是出现在平台上"戏剧般"呈现文本里的"角色般"代言者,而是幕后的"导演般"操控者。从而形成至今如此的呈现样貌,即:"戏剧"呈现的情节、人事物及背景,都是基于"他者"立足的"社会文化情境"提供的"事实化"社会现象或存在。进而,令"国际化公众"的认知风格被引导在"可视化"了的具体"被呈现体"之表面上,而完全忽略了促成这一娓娓道来、情真意切、真人真事的"情境化"呈现体的"建构者"之"意图"所在。伴随着持续不断的一幕幕剧情的到来,作为这类"传播源"设计和运用的"国际化新闻传播话语"的接收接受者,"国际化公众"以看到的异域"社会文化情境"里的

"人事物"得以在"国际化公共话语空间"里"出现"并"发声",而获得一种决定其认知走向的印象,即:如已般的"国际化公众",亦可受到似乎是"国际社会"代言人的"国际化传媒"之关注,更可亲自"参与"到有关"国际议题"得以"被呈现"、"被表达"的叙事中,这就是"国际化公众新闻"能够建立的"国际化公众"话语平台,因为,眼见到的所有"被呈现"的内容,都是那一"被关注"了的"社会文化情境"里亟待解决的"问题"及个体化"经历"与"意愿化"期待。从而,为那一"本土族群"的"民族志"表达创立了"国际化"了的"空间"。

然而,这只是因此类"叙述文本"采用了看似"跨文化型"行动而形成的"晕轮效应",并不是其采用了"跨文化型"事实比较所应产生的"意义"对比。"强势传播源"如此的"国际化"视听引导力之所以得以建立,就是其采用了貌似"跨文化型"的"跨出"自身本土"社会文化情境",而在"跨进"其定义的"他者"社会机制后,以"'坏'新闻即'好'新闻"的原理,将那些"问题化"社会存在集合后加以"新闻化"的"再辑合",在"国际化公共话语空间"里建立起负有"国际社会责任"般的"叙述模式"。具体表现为:强调因其聚焦的"他者"之"人事物",通过"出演"后产生的"国际化"参与性公众之"民主之声",形成对那一"情境化"族群生存领域的民族志"作传"的经历,并将其传送进"国际化公共话语空间"里的言说表达平台上,从而完成将这类"新闻传播式"职业叙述了的"民族志",呈现给已是具有完型道德标准和取向的"情境化"社会人,通过真实且直观的"声像文"化了的"人事物"合力后形成"戏剧化"叙述引导,令"国际化公众"建立自身已然参与其中的心理感应。

因此,借助如此叙事个案映现之模式达成的效应显而易见,即:"国际化公众"在认知心理层面上的"参与",是顺应"被告知"的戏剧化"纪实故事"的情节来完成的。进而,其获得最后认知感受就是由叙述文本表达的"负面化"社会存在圈定的判断结果。也正是这一对"被呈现"了的"他者"之判断,带出了对集合与辑合了这些"人事物"的"传播源"言说表述所持态度的认可、接纳与赞赏。由此,使得"传播源"所立足的"社会文化情境"固守的"文化价值观"建立起的一整套判断体系,都被"国际化公众"推至一个"标杆化"了的高地上,其预设提升的自身本土"民族志",在这一过程中得到无形而又切实进入"国际公共话语空间"里那些作为"信息"接收接受者的"国际化公众"认知体系当中，并且是无意识地"自动"完成的。

2. 叙事个体语汇促成"跨文化型"族群话语

在以"亲近性新闻"原理为中心展示的"国际化新闻传播话语"言说表达文本内容，基本上都是以个体化的自身想法在"新闻人"职业"提问"激发下，对所自感舒服并确切的言辞用近乎"不假思索"的方式，进行调动全部身心及情感的想法呈现与情绪宣泄。所以，在作为"国际化新闻传播话语"接收接受者的"国际化公众"眼里，虽然看到的仅仅是"情境化"个体"社会人"以自身生活感受为基础的个人表达，但却因这类个体所立足的"情境化"背景起到的衬托作用，而使其具有了不可摆脱的"情境化"团体之族群话语代言者"角色"。令其"被视为"这一"角色"的缘由，是因为在言说整体进程中处于不同类型"社会文化情境"里的"社会人"，只能借助"跨文化型"参照言说表述的承载者之言辞，来获得"对比化"互映之镜像认知效应。尽管这种参照会带出一定程度的"刻板印象"之偏差效应，也会形成"一叶障目"之"管中窥豹"认知结果，但还是不能否认"情境化"个体作为成熟的"社会人"，在表达中运用的语汇所具不可替代的"情境化"社会心理脉动规则及范式。

首先，叙述语汇呈现族群间映衬参照。

这类言说表达文本的涵盖内容，虽然是以"纪实化"故事叙述的方式呈现，但却是由"新闻人"在衡量了"受访者"作为"情境化"个体，及其个人生活经历建立的、个案化情节可映现出的"公众议题"价值后，方可"被采集"进"第一手素材"归类中的。进而，其在"个体化"讲述的基础上，完成对相应"情境化"之普遍"意义"的代言过程。"情境化"社会文化价值观之"名片"，或曰"文化形象"的外交式推介、图解者作用，也就随之而产生。

如果对这类言说内容从形式上加以归类的话，大多是聚焦个人化或个案式的"个体化"人物对自身生活经历"故事"的纪实表达。从而，在"国际化新闻传播话语"由多重"跨文化型"的"转化"，而"被赋予"了在"国际化公共话语空间"里，能够映衬或镜像出"国际化"民众应关注的"公众问题"。这一独特的多重性变现为：

第一重源自作为"传播源"的职业"新闻人"之团队形成的"跨进"；

第二重形成于"被聚焦"了的"当地人"与作为"采访者"的记者间进行的

"一问一答"式"跨文化型"认知"互动"和"碰撞";

第三重表现为"被视为"是"第一手素材"的双方"互动",在"被跨进"了"新闻化框架"后生成的"意义";

第四重体现在其作为"传播源"之"言说表达体",而"被跨进"由多元文化价值观构筑起的"意念化"了的"国际化公共话语空间";

第五重体现在其所形成的"被接收接受"或"被质疑拒绝"的"认知风格"相互"跨越"过程。

由此,这一原本是"媒体传播化"具有的叙事模式,因为是在"全球化"了的意念生态里进行,面对如此多重"跨文化型"的多视角"互映",意识到多类别"认知风格"依据的多种"文化价值观"的塑造效应,就只能是依靠在其"被预设"了以鲜活"情境化"的"拟剧"张力所带出视听感受冲击效果,来完成或激发或贬抑"国际化"群体行为之目的。

其次,叙事核心点是"公民化转型"。

相对应地,如果是对这类叙述文本从内容实质上进行系统梳理的话,就会凸显其"被构建"过程紧紧依据的"核心点",即:"公民化转型"。尽管这也是在"亲近性新闻学"原理的引导下完成的,但由此而形成的叙述框架,就体现为与传统意义上的新闻表达样貌之不同,即:日常琐碎且平凡的生活流程为主线,串连起几近"触及"那一"被提问"了的"当地人"感受中枢后形成的、"被挖掘"出的"深层次"语言表达;作为"言说表述体"的"传播源"告知,呈现为"亲切化"的亲密、温情及平实叙述。

进而,如此的"内容"组合体,在引导以多元文化价值观塑造的"国际化公众"认知风格时,就使得其作为"情境化"了的"社会人"依据的认知体系,搜索出相应的"人性化"基本元素作为"黏合剂",来聚合所接收"内容"中"碎片化"了的"成分",拼接出一幅既有自身"文化价值观"可解释的、又源自"被告知"叙述文本的"图解板",将其置于认知体系里的相应位置,并加以"反刍"般的"消化"。在这一过程里,那些"元素"开始调动出在人性最基本、最柔软的"生存"层面成分,来生成"情感化"感受上的凝聚;以此为出发点,结合其所处"社会化"层级的运行特点,来做出相应的"理性化"决定,从而,以一个个"个体化"的个人为单位的言行,汇聚成由所接收到的"被告知"故事激发出的认知视角,搜寻出要么是潜在的要么是已显示的"情境化"公众事宜或议题之"私人主张"，并以此为"原动力"而采取"公共化"行动，尽最大努力实现所涉及的相应社会组织化规则、章程或纲要的修订、撤销或设立等目标。

最后，叙事效果是建立"公众意识"。

虽然涉及"意识"的话题，几乎都是对"抽象化"形而上学层面"存在"的描画，也就显得不似"物化般"存在实体那般"铁证如山"。但是，就人类的言行举止而言，恰是身处各类以"无形样貌"存在的"板块化"社会文化情境里，而有了截然不同的体现，即便是那些依托具体自然地理物化般的实体而存在的"情境"，也会在这一被称为"意识"的无形引导下，建立起一个个不同的社会文化情境。这一现实，使得当下"媒体传播全球化"有了得以产生及维持高频率运行的理由：多重社会化空间需要以"人性"为中心，在一个相应"共识"的托举下，达成"共生共存"的理想。

这其中的关键点，就是由"共识"体现的"国际化公众"意识。

在"国际化"大众媒体传播系统设计的"国际化新闻传播话语"言说表达文本中，因其叙事原理是由"亲近性新闻学"与"新新闻主义"原理相合力的结果，所以具有了对存在于"个体化"个人与"集体化"公众间两类"意识"间关系的解释性研究特点。这种解释出现在"媒体化"表达时，"个人化"的"私人"角色与定性，就表现为"被聚焦"了的"个体"是"情境化"了的。相对地，"群体化"的"集体"样态与定位，就呈现为"被宏观化"了的"情境"是"价值观化"了的存在了。实际上，这种关系的"被解释"，就是一个"依存"关系的梳理，进而是一个"相互依存"特点的"被言说"。尽管在当今"世界格局"里，对这种"关系"的解释，主要集中在最大的两种定性与定位上，即："西方文化"秉持的"个人主义"，"东方文化"坚守的"集体主义"理念，以及由此而衍生出的所有个体与群体、私人与社会间的情感与职业层面上的关系，尤其是因此而建构起的"意识形态"化了的"共识"。

而当这种两极化了的"共识"，由"国际化"大众媒体传播系统运用到其设计的"国际化新闻传播话语"体系里时，就形成了这两类意识形态间各自努力进入并尽可能占据"国际化公共话语空间"大部分比例的态势。由于"媒体传播化"的言说表达过程，是以个体化"新闻人"的独立行动来完成"第一手素材"的采集过程的，所以，其具有的"独立化"孤立选择的特点，在其"跨出"自身本土社会情境时，掌控其认知风格所形成的视角，就仅仅是依赖于塑造了其"认知体系"的"情境化"了的"共识"来行动了。同时，在掌控素材采集的整体过程里，指引其"视角"的"出发点"、"提问"的"期待值"，以及"态度"的"呈现度"等"价值观"操纵的衍生物之类，又都是以其固守的"共识"产生的"价值中心化"效应之具体表现。至此，由"传播源"视为体现"新闻化"职业必需的"纯粹事实"之源泉的"第一手素材"，就在这一"无形的"采集框架规约下，形成了一个"事实化"的"集合体"。

在这一具有决定性作用的前提下，更为重要的，是"辑合体"得以"被组构"过程的顺利完成。作为"传播源"必须面对的"国际化公众"，其首要顾及的就是那些能够形成"跨文化型"推介或映衬效应的元素所在。就现于"国际化公共话语空间"里已获得"强势话语权"带动的视听引导力的"国际化传媒"系统在此方面的操作策略而言，主要集中在对其所选择"专家"之"解读"、"观察"或"评论"所形成"言辞"的运用。同时，尽可能从两个方面来支撑这类"言辞"具有的"公信力"。一是由"传播源"的"驻外记者"（或"外派记者"）以"亲历者"的身份，提供的"旁白化"讲述；一是由"传播源"的"嘉宾"，以那一"被言说"的"社会文化情境"里"当地人"的身份，通过"内部人"、"知情者"的角色提供的支撑性"解释"。

所以，在"传播源"的立场上审视这一完型的"辑合体"，是顾及到"被言说"故事所牵涉了的方方面面的"平衡的"、"客观的"及"真实的"叙述，而希冀传送到"国际化公众"面前的，是能够令"公信力"产生的"国际化公民话语"，并且是达到经"深思熟虑"后的"公平化"言说之接纳说服印象。

总之，对"国际化新闻传播话语"言说表达文本，依据"亲近性新闻学"及"新新闻主义"原理，设计出按照叙事个体语汇促成"跨文化型"族群话语的界定模式，是借力于其经过"传播源"的职业"新闻人"激发作为"受访者"的"当地人"，在调动其"情境化"了的"个体"认知体系存储元素后，以"一问一答"集合后的语汇呈现给"国际化"受众"镜像化"的映衬参照物，进而引导接收接受者对自身立足的"社会文化情境"进行相应的审视、反思及改变。以此为借鉴后受到冲击的"认知体系"，开始往"识"的层次过渡和发展，从而生成纵深化的"公民化转型"般"共识"，尽管还是在一定程度上的达成，但已有"雏形"就是"传播源"的终极预设值体现。当"国际化公众"顺应日复一日"滴水穿石"般"告知"的引导后，这一"雏形"般的"共识"，就会逐渐"生长"为

"羽翼丰满"的"意识"，形成于"国际化公共话语空间"里"驰骋天空"般恣意"飞行"的"公众化意识"。进而，原本仅是"被界定"为"公共戏剧"般的叙事模式，已然超出传统理念层面上的"新闻化"内涵，而是各类"意识形态"在认知风格引导表面下展开的深层次较量与角力。由此，完成对作为接收接受者的"国际化公众"本已完型的"情境化"社会人之重塑过程，使得隶属于起到主导作用的"强势传播源"之"意志"，化为"经济一体化"促成的"全球化"世界格局里的各类族群必然接纳和依赖的判断支柱——"国际化公民意识"，即："地球村"之"族群理念"。

3. 叙事个性语境隐喻"跨文化型"族群理念

"亲近性新闻"原理引导的"国际化"大众媒体传播系统，将几乎已是建立起职业特点和威望的"传统化"新闻叙述焦点，投射在了被称之为"草根"的平民阶层。其出发点，就是以人们总是在"参照体"的映衬下，来体验自身之"本我"与作为"社会人"层面的"自我"所具有的特点和潜质。进而，使得如"他者如镜"般的"镜像化"效应，来激发其自身的生活生存能力。同时，也会形成在"彼此互映"的过程里，将"情境化"了的"社会道德"、"文化符码"蕴含"审美的"、"法律的"及"是非的"标准，在不同程度上融汇于"个体化"之"社会人"认知系统里。事实上，这就是"情境化"了的"共识"，在"社会文化情境"里运转日常生活之"草根"的"社会人"，由"本土化"意识形态包裹下的状态。如此，由一个个"情境化"了的"社会组织"般层级构成的社会，以看不见的"族群理念"化为各种社会条例、规矩及标准，来尽可能强化"情境化"政治层面建立起的"权力"及其"控制"组合机制。

当极具"凝聚力"的"情境化"共识，以如此变型般的方式将"个体化"的"社会人"，按照他们各自所处社会层级的"组织化"规则加以"理所应当"般地胶合，来完成令在所有生存其中的"自我"秉持"本应如此"的"合理性"，做着维系日常生活的"理解"、"接纳"、"选择"及"组构"后的"行为"。显然，如此的"共识"已经是塑造引导和支配"个体化"社会人的"意识形态"功能体现的具体结果。而当以"国际化"定位传送新闻化"信息"的"国际化传媒"系统，将其作为"传播源"而择定的"人事物"，在经其职业化理念引导下设计出的"国际化新闻传播话语"言说表达文本所具"框架"支撑下，以一个个鲜活而又不可替代的"个体化"生活"故事"为讲述元素，向处在"世界格局"里"国际化公共话语空间"中的"国际化公众"呈现着"事实化"了的"人事物"。可以说，这种"媒体传播化"呈现体，对于生活在现实生活空间中的民众而言，一方面是一面映射"现实"的镜子，一方面又不完全是"现实"直接"被照搬"进媒体传播系统的"现实"。

形成如此"错位般"的两个"现实"的缘由是什么呢？

这就是由"国际化传媒"系统的职业"新闻人"，在某一"社会文化情境"里选择一定的"情境化"个体"社会人"后，经过新闻业建立的"提问"，而获得由其作为"提问者"，与作为"回答者"的"当地人"间共同构成的"一问一答"言语表达"上下文"。

在此基础上，"提问者"所立足的"传播源"，又将这一表述视为"第一手素材"，按照"媒体传播全球化"所要求的"新闻传播框架"进行"拟剧化"的规约，从而完成其所呈献给"国际化公众"的"国际化新闻传播话语"言说表达文本。这一"文本"的"被展开"过程呈现"人事物"之感受叙述，就是作为接收接受者的"国际化公众"获得的"现实"，是"身外之物"般而非"身在其中"的那一"现实"。

显然，这就是两个看似"一致"，却实是"错位"了的"另一个"存在之解释。这，就是"媒体传播化"告知的不可改变之特质。而恰恰就是如此的独特之处，令"国际化传媒"的"新闻传播式"信息传送，有了在当下"全球化"进程里推介特定"价值观"的"事半功倍"之功能。而那看似"一致"却又"错位"的两个"现实"，令"国际化公众"不能将其彻底分离的原因，就是将两者紧紧连接在一起的"语境"，那一由"两者"互为前提而生的"事实化"镜像化"语境"。

首先，叙事语境生成于"情境化"族群"人事物"。

尽管在"国际化新闻传播话语"言说表述文本里的"人事物"，是持有任何类别"价值观"的"社会人"都不能否认其真实性的存在。也正是这一"真实"形成的叙述本质，使其与"国际化传媒"系统使用的其他话语言说表达文本类型，形成不可相混淆的理由所在，进而也就成为新闻业的一部分了。

但是，由于新闻业的出发点，是仅仅向作为"传播源"的媒体系统自身本土民众，进行价值观的普及、社会事实的推介与告知，也就是对本土民众成为标准的、合格的"社会人"所需的教化过程。显然，如此的"告知"原动力，是与现今于"媒体传播全球化"生态里的"传播源"之"告知"，有着截然不同的出发点及告知效应。后者的"告知"，如果对其已经具有的"国际化告知"定位把握不当后，已然就转化为一种在"世界格局"里，仅仅按照自身本土"文化价值观"进行"自以为是"的主观化"叙述"。从形式上看，是带有浓烈的"跨文化型"传送，但在实质上，却是扎眼般"自话自说"的主观式"强加"。

然而，就已在"国际化公共话语空间"里获得"新闻传播"层面"强势传播源"的"国际化传媒"系统话语表达特点来说，其展开的"国际化新闻传播话语"言说表达的"事实"，却是处于自身立足的"社会文化情境"之外的"异域"及生活在其中的"人事物"。这样，最容易令作为接收接受者的"国际化公众"产生排斥心理的"传播源"自我推介"内容"，从其选择聚焦的视域覆盖表面上消失了。如此，尽管"传播源"的呈现仍是"跨文化型"的，但却是表现为关注、呈现，甚至是"推介"异域"社会文化情境"，而非"自吹自播"地只是呈现自身本土"情境"。随之而来的，"国际化公众"的视听空间里，就充满了只是"被呈现"的那一"个体化"社会人的言语表达"世界"，进而建立起一个"个性化"的"语境"。这一言语化了的"现实"，虽然是依赖语言的使用而生成的抽象化"境界"，但却是以最真实的"人事物"亲身经历来建构的，所以，其体现的"客观性"及"真实性"，是不容置疑的。

因此，这类"语境"产生与散放出的"晕轮效应"，也是不可置否的"真实"所在。作为仅仅是"观看"与"倾听"的"国际化公众"而言，其"旁观者"、"审视者"及"理解者"的"被告知"定位，而非"亲历者"、"立足者"及"表达者"的"被聚焦"角色，就只能依据那些"被解释"了的"内容"，做出相应的理解与判断。尽管有一定程度"镜像化"映衬效应的引导，但却还是处在"雾里看花"及"盲人摸象"的被动位置上。毕竟，其所接收到的"被告知"内容，只是"传播源"运用媒体系统作为告知平台，借助其所聚焦的"异域"及"情境化"人事物的言语表达为元素，由其秉持的"'坏'新闻即'好'新闻"原理形成的"视域化"覆盖决定的"语境"色彩，将其需要同结合弘扬的想法、观点、理念依据的"价值观"巧妙地嵌入其中，完成"借船出海"的"意念"运送航行。

其次，叙事语境蕴含着"传播源"族群"价值观"。

就"语境"自身而言，其之所以能够"被建构"，完全依赖于一定的语言系统所形成"语义"的"被排序"后的合成体。当然，其能够将所生成"意义"着床于接收者的认知体系里并"被消化"的过程，却是由许多因素决定的。而对与"国际化"大众媒体传播定位般的"国际化传媒"来说，其所设计与展开的"国际化新闻传播话语"足以"被接纳"与在一定程度上"被消化"的关键，在于其"媒体化"新闻传播"叙事语境"具有的族群化"人事物"支撑作用与效果。尤其是在以"强势传播源"视域建立起的叙事风格体现的"跨文化型"表达，使得"传播源"主导的传送"内容"，从表面上看是"被聚焦"的异域"人事物"在言说、在表现和在主导，但是，其言行举止"被赋予"的"内涵"，却是由呈现其"如此这般"的"传播源"来决定的。毕竟，就整体"被呈现"的言说表述文本而言，其自身充盈着"传播源"秉持的规则、标准及价值取向效应。

就"强势传播源"运用的新闻传播原理为基础来分析的话，但以定义"坏'新闻'"之"坏"的"标准"测衡尺度，就已经完全是一个"情境化"个体般价值取向起作用的结果。可见，当以如此的"标尺"来测衡存在于某一异域"社会文化情境"中的现实存在时，已经是把自身的"标准"强加在了"他者"身上，并展开顺应其固有逻辑加以展开。进而，在呈现给"国际化公众"的"国际化新闻传播话语"言说表达文本里，虽然仍是由"不可撼动"与"不容置疑"的"人事物"表达着其"真情实感"，但那一"被聚焦"情境固守的"文化价值观"带出的"情境化"喜怒哀乐，却是异域"价值观"得以"被评判"的"事实化"元素本体所在，而展开"评判"所需的标准及说辞，就是"传播源"所秉持的"价值观"得以"高人一等"定位展开其"优越性"之所在。进而，形成了"传播源"借助"他者"所酿"苦酒"，来消解自身心中"块垒"的目的。自然，此处的"苦"，仍是以"传播源"所定义的"甜"为标准而测衡的。

所以，在如此的媒体传播生态里，尽管"传播源"传送进"国际化公共话语空间"里的"内容"，都是极具纪实风格的、近乎"真人秀"的"软新闻"般故事讲述，但由那一句句"个人化"色彩极浓的言语叙述、一幕幕"情境化"样貌独特的生活样貌、一桩桩"社会化"态势塑造的经历情节，却已经是以"镜像化"了的"事实"，来完成对"传播源"而言是必需的"不言而喻"的"比较"过程。当然，这一"比较"，是通过其设计的话语言说表达引导"国际化公众"，在认知心理上进行的。尽管"比较"是需要两方才可进行的，但从表面上看，却仅仅是"传播源"呈现的"被言说"异域人事物在主导着整个进程。事实上，"比较"所需的另一方，就是起到操控整体言说进程的"传播源"视角得以形成的"价值观"。当然，这一体系在此不是以醒目的标语、震耳的口号及对峙的言行来表现的，而是将已经"被判断"后的人事物加以控制后的无形衬托效应。从而，"传播源"自身需要推介的其"价值观"具有的"合理性"、"普适性"及"优越性"，都在"被呈现"人事物的艰难的、原始的、落后的，以及近乎愚昧的生活样貌与经历之"故事"讲述进程里，达到"被凸显"、"被对比"及"被羡慕"的推介的效果。

最后，叙事理念隐喻着"国际社会"认知范畴——"国际公民意识"。

当下"国际化新闻传播话语"的言说表达导向，主要体现在那些"强势传播源"的叙事模式，以及其建立的近乎在"世界格局"里普遍被接受与认可的风格上。虽然这类言说表达被"世界格局"里的"等级化"层次分类所影响，但是，"强势传播源"建构的话语体系主导的认知风格，已然逐渐形成"国际化"通行的统一模式，进而，引导"国际化公众"向着"国际化公民"的转变。

虽然这种变化是无形的，甚至是根本无关痛痒的，但是，却是对一位位个体化思维方式的趋同化引导，也就是在认知心理层面上的"重塑"结果。这一过程的展开，并不是以某一"强势传播源"的名义来进行的，而是以一个被称之为"国际社会"的名义，借助于其秉持的"价值观"建立的标准体系来达成的。显然，"国际社会"这一几乎是替代"世界格局"的词汇，将引发国际民众敏感神经主导的审视目光，从"谁是世界主流价值观？"的关键点上引开，而仅仅是顺从这一看似覆盖了整个"世界格局"的"国际社会"的"发声"。同时，却忽略了"谁在控制着这一'发声'？"的关键问题。

显然，通过对"国际化新闻传播话语"言说表达文本的一系列分析，至此可以清晰地看到：主导当今"世界格局"里各类"板块化"社会文化情境经济运作规则的，是源自"西方阵营"设计出的"自由市场经济"竞争理念。而只因这一理念，衍生出了与之相互动的生活哲学、生活方式，以及价值取向。而正是这一起主导作用的理念，令推介其的"传播源"具有了强势话语权，逐渐演变为支配"世界格局"的主流理念。而当经济活动在世界范围内以"互惠互利"的出发点促成的"经济一体化"般"全球化"生态后，原本是各自独立的"板块化"社会文化情境，就被完全卷入其潮流之中。

　　表面上看，民众的生活方式在几乎是统一的穿衣戴帽上达成一致，思维方式在几近是好莱坞设定的"故事化"是非美丑标准下建立相同的认知视域，本质上，却是由"强势传播源"传送与推介的理念，转变为其覆盖"世界格局"里所有情境的认知心理，进而达到建立整齐划一式的社会运行机制，即：自由市场经济，在经贸一体化的行为框架下，构造出"被定义"的"国际社会"运行规则与标准，从而是那一无形却是意念化的"实体"，以"强势传播源"得以支撑的"西方阵营"价值观，转型为操控这一"实体化"的"国际社会"进行实际地运行。

　　由此，原本仅仅体现为引导"国际化传媒"进行言说表达的叙事理念，不仅在控制"传播源"的视角同时，也限定了其视域所可覆盖的范畴。从而，将那一需要"被表达"的"内涵"，以聚焦异域"人事物"的"镜像化"效果，完成对自身价值观无形的隐喻化推介。只是这一推介，是巧妙地借助"被聚焦"人事物之言辞形成的语义，建构出其预期的语境，而将"国际化公众"从"国际公共话语空间"里的随意所处位置上，引导进这一"语境"建立的"小生境"中，随着时间的推移，逐渐完成对其扩大的进程，以致建立以"国际社会"为名义的、对"世界格局"全覆盖的"国际化公民意识"，达到突破只是"经济一体化"的当下格局，而实现真正意义上的"价值观"之"全球一体化"生态目的。

　　所以，以"国际化"传送"新闻化"信息定位的"国际化传媒"系统，其设计的"国际化新闻传播话语"所具有的叙事特点，就显得极具个性。毕竟，由其"国际化"运行活动引出的"跨文化型"表达途径，就使得其言说表达生成的语境，在"跨出"和"跨进"建立的并列双行线上，引导作为接收接受者的"国际化公众"，借助这一"语境"具有的"镜像化"映衬晕轮效应，来调动各自认知体系里的元素，加以实现各自程度不同的接收、接纳认知反响。由于这类叙事语境的生成基础是"传播源"聚焦的异域"情境化"族群之"人事物"，进而使得其具有了可信度极高的"真实性"。加上在"新闻传播式框架"下的呈现，"人事物"的言谈举止、样态风貌，都与"传播源"的演说理念相融合而成为一个"意义"的载体，并完成作为"出品者"的"传播源"所嵌入其中"价值观"的推介与解释使命。由此，在"世界格局"里的"国际化公共话语空间"里，就出现了以"新闻化"定位而进入其中的、"国际化新闻传播话语"建立起的"叙事语境"化"小生境"。待其逐渐扩张而最终覆盖了"世界格局"里的"板块化"社会文化情境，并加以有效操控后，就是以真正的"国际社会"名义，来运行其主流

"价值观"塑造的"全球一体化"生态，而现有的"经济一体化"只是其中的"组织化"经济运行存在体而已。支撑所有"情境化"社会人呈现近乎同一言行举止的"核"，就是一次演化最终成型的"国际化公民意识"。

因此，由"国际化"大众媒体传播系统这一特殊定位而形成的"国际化新闻传播话语"之"抑他扬己民族志"的叙事界定模式，巧妙地以"传播源"选择聚焦的异域社会文化情境里的"人事物"为新闻业所需"事实"，在体现"国际化"传送特点的"跨文化型"呈现框架支撑下，用个体化"故事"来辉映"传播源"自身立足本土族群的利益。在此基础上，通过所呈现"人事物"的极具"个性化"叙述语言组合生成的语义，来促成"用'他者'之言说'本我'之意"传达"传播源"之族群话语体系。从而，在这一叙事语境建立的"小生境"里，聚集各类"国际化公众"于其中，产生互享的"共识"，进而发展成指导整体聚合体的理念，并在逐渐推介进程里加以扩大覆盖范畴，达到最终形成普适于"世界格局"整体的"国际社会"宏观层面的"国际化公民意识"，建立"价值观"化的"全球一体化"运行体制空间。这其中唯一的关键点是：哪类"价值观"？

总而言之，在至此对"国际化新闻传播话语"展开研究的上部内容里，通过由"国际化新闻传播话语"建构、任务及目的，"国际化新闻传播话语"的社会学意义【视角分析】，"国际化新闻传播话语"的传播关系，以及"国际化新闻传播话语"的新闻文本特性四个主题构成的领域进行探讨和分析，使得这一存在并构成国际化公众日常生活内容，且影响和引导民众视听走向的言说存在，以被系统化梳理后呈现的四大系统，得到从无形到可视、无疑到可议，尤其是可解的清晰呈现。

进而，现已面世与此的上部整体研究，可以提供对以下四大部分的分析成果，即：第一部分为 国际化新闻传播话语建构、任务及目的。在这一部分里，其得以被建构是由"碎片化遴选"事实的"新闻化"编码、"被编码"后"符号言说"，以及"被符码"后"新闻话语"三个层面合力的原因，得到梳理和解释。在如此"被运用"了的语言呈现表面衬托下，其承担的任务，却是日常生活中的语言表达所不及的，即：体现"传播源"的主体位置、立场与联盟；体现"传播源"的主体位置；展示"传播源"的固守立场，以及保持和发展"传播源"的"联盟"与"结盟"。如此对言说表达的运作，是为了达到其"被赋予"的目的，即："国际化新闻传播话语"抵及区域的定性是占据"国际公共新闻话语空间"后，期许达成言说效力以营造国际社会公共事务的舆论，维持这一持续"告知"的效果，在"世界格局"里建构国际化新闻传播话语权操控的"议程设置"。

对这类传媒系统设计和运用的"国际化新闻传播话语"具有的社会学意义的探讨，可以形成独特的视角分析路径。由此，在第二部分的分析里，当下的"世界格局"，转变为"国际化新闻传播话语"得以着陆的社会范畴，从社会学层面看，就是"跨文化认知视域"形成的范围。进而，所有因"国际化"媒体传播告知定位促发的"跨文化型"叙事，就体现在由"跨文化认同强度"渲染话语色彩、"跨文化认同强度"定夺话语态势，以及"跨文化认同强度"裁决话语导向"客位与主位"或"局内人和局外人"。而在其形成的"跨文化感知强度"方面，作为"传播源"引领的"文化价值"所处的"社会领域"模式，形成话语覆盖"领域"；其依赖的"情境文化化传播"模式，建构出其分类话语表述"风格"；而其依靠的"组织化价值观"模式，达到了限定话语表述"任意性"的目的；在此基础上，其运用的"共生化文化价值"模式，将话语表述"普适性"在"新闻传播式"叙事框架下，获得简约的态势和样貌。既然有赖于一定的"模式"，来完成"跨文化型"言说表达具有的"意义"，所以，在文化间达成一定程度的相互认知元素"刻板印象"，转变为"国际化新闻传播话语"需要的"跨文化规范性刻板印象"决定的叙述基调，而"跨文化非叙述性刻板印象"则形成其叙述依据。

而处在"世界格局"里的"板块化"社会文化情境，就是其据以实现其新闻传播业所需要的"客观性"、"真实性"的"社会风貌"之本体所在。而据此产生的"意义"依附体"话语语境"的"内涵"，就会在呈现相应的"社会机制"运行特点与风格上，建立其具有的"社会特质"。只是这类由言说表达建构的"社会样貌"，则是以"跨文化新闻传播意象情境"呈现的认知心理层面上的"生态"。这一"生态"，是一个由"被言说"的"国际化新闻传播话语"框架社会、"被言说"的"国际化新闻传播话语"历史社会，以及"被言说"的"国际化新闻传播话语"制度社会为三个支柱，建构起的"国际化新闻传播话语"框架化的"间接'世界'"。之所以是"间接"，主要源自其是在"商业力量"扭曲后的"国际化新闻传播话语"描画、"政府权力"扭曲后的"国际新闻传播话语"掌控，以及"媒体传播技术惰性"扭曲的"国际化新闻传播话语"强加的联合效果，致使形成其描述化"现实"的"拷贝支配"。进而，在其接收接受者与其生存的生活空间之间，又有了"第三人效果"存在体，这就是因"国际化新闻传播话语"所塑造的主体双重角色 = 局内话语认知社会人 + 目标受众、他者双重定位 = 局外话语认知社会人 + 目标受众，以及主体与他者各自依赖的"第三人效果"并存后的效应。在所有这些独特言说运行机制的作用下，其生成的"跨文化新闻话语语境"成为"国际化新闻传播话语"的社会特质，具体表现为"跨文化社会新闻话语语境"之"互构所指意义"、"互映所指对象"，以及"互衬镜像隐喻"构成的"社会语境"；其"跨文化社会事件专题语境"、"跨文化人物专题语境"，以及"跨文化历史文化专题语境"建构的"情境语境"；加之其"跨文化拟剧符码"建立的"跨文化文娱新闻语境"、"跨文化标签符码"构筑的"跨文化文娱新闻语境"，以及"跨文化内省观察符码"形成的"跨文化文娱新闻语境"合成的"非言语语境"。

在如此独特的"媒体传播化"言说表达建构的"意念化"生态里，因为"国际化新闻传播话语"叙述文本"内涵"触动的社会关系，经过其言语化的呈现过程传送时，必然会建立起其不可回避的传播关系。所以，在第三部分里，原本是在新闻传播层面上的"信源"—"传播者"—"接受者"三者间的关系，就转化为由被聚焦"事实"与"操作型现实主义"框架化关系、被契合"语汇"与"文化科技"框架化关系，以及被编织"逻辑"与"文化接近"框架化关系三者构成的"国际化新闻传播话语"的微观传播关系；由被言说的"所指"与"国家的议程"、被表达的"所指"与"原教旨主义"，以及被描述的"符码"与"精神堡垒"构成的"国际化新闻传播话语"的中观传播关系；更有由被建构的"意义"与"全球地方化"、被赋予的"内涵"与"国际混合物"，以及被定性的"诠释"与"文化主导权"体现的"国际化新闻传播话语"的宏观传播关系，而树立起作为"传播源"代言形象的"国际化新闻传播话语"的"陈述者"。而这一"陈述者"所运用的"叙述文本"，主要是由强化"客观性"的"硬新闻型"的"事实报道"、推介"价值性"的"软新闻型"的"故事讲述"，以及形成"故事化"好奇的跨文化比较型"对象"的"异域人文"、建立"故事化"表达的跨文化比较型"评判"的"异域规则"。最后一类文本，是展示"公正性"的"调查新闻"的"深度分析"。而文本所承载"内涵"的着陆处，就是由"目标受众"的"使用与满足"模式催生出的"国际化新闻传播话语"的"目标受众"。他们可以被划分为以下的类型，即："国际化'认知'"追求之"知识的旁观者"、"国际社会"模版化"注意力转移者"、"国际关系"社会效用之"政商活动的旁观者参与者",以及"国际文化"筛网"信息"之"拟态环境寄生者"。从而,使得传统新闻传播意义上的"作者—文本—听众"间的传播关系,有了完全新型的体现。

作为一种叙述文本的存在,其最大的"语言化"言说表达特点,在由"媒体传播化"新闻告知框架与"国际化"告知定位引发的"跨文化型"叙事模式相合力后,而建立了由本作第四部分处理出的"国际化新闻传播话语"的新闻化叙述文本特性。这一特性主要通过三个方面来体现,即:"国际化新闻传播话语"文本的故事化讲述,"国际化新闻传播话语"与"符号重构解读体",以及"国际化新闻传播话语"与"亲近新闻学"转型。作为其话语特性的三个面而支撑其的立体化体系,每一面都以"视域化"覆盖映射出的晕轮效应,来烘托出作为整体的体系应提供给"国际化受众"的叙事模式。

首先,作为第一面的"国际化新闻传播话语"文本的故事化讲述,其在提供"跨文化型"视角引导认知风格辐射视域所需"参照体"出发点规约下,保证提供相应的"情境化社会背景比较型文本描写事件"。为了以最大"真实化"程度的呈现,其以近乎纪实化"原汁原味"般了的样貌来完成。于是,有了幕布般的"情境化"议题场景、蒙太奇式的"社会化"因素聚合,以及直觉感受性的"逻辑化"描写言说三大元素体的结合体。有了如此立体化空间,其所聚焦议题的呈现方式,就得到了以"情境化人物经历烘托型文本呈现议题"的逻辑线,对既有"当前事件亲历者"叙述烘托型文本,也有"历史事件亲历者"叙述烘托型文本相互交替而成的"事件'亲历者'的表达"。同时,在时空交替的提炼化表达上,又将"'当前'及'历史'事件亲历者"叙述烘托型文本之共性进行梳理后的辑合,令"亲历者"在不同的时空,按照叙事需求同时或交替出现在接收接受者面前。由于亲历者"经历"的"事实化"存在本体,完成了其所需要的"新闻化"告知的"原动力",但是,其所承载的"意义"还是需要一定的"意念化"想法的凸显。由此,又建立了"情境化观点交锋对话型文本推介导向"的叙事脉络,主要是由"现场目击者"的直觉"感受化叙述文本"及"道听途说者"的诠释"感受化叙说文本"来体现。

其次,作为第二面的"'国际化新闻传播话语'与'符号重构解读体'"的合力组构,作为文本用于烘托和凸显"意义"的"符号",主要将"情境化"了的"社会人",将"个体化"的存在以"新闻化"框架元素的存在方式,进行"互动"，即：形成"国际化新闻传播话语与标签化符号互动"，其转化之的细节程度达到了"情境人性化个体"变形为国际化公众之本性"自我"、"情境标签化社会人"转变为国际化公众之角色"客我"，以及相关的"情境价值化定义"定位成国际化公众之意识"认知"。进而，三者在整个话语叙事体系里，呈现为一个个形象具体的"标签化符号"。如此的融汇，便促成了"国际化新闻传播话语"所表达"意义"需要的附着体 ——"'共同的符号'说"。围绕这一实体，其具有的"意义空间"、在其中展开的"社会互动"般"文化实践"，都以"阐释语境"得以建构的效果为终极目标而完成一次"告知"的过程。对于作为其"告知"表达的接收接受者"国际化公众"而言，这一"阐释语境"在各自认知体系里"被建构"后，仍具有一定的局限性。毕竟，由各类"文化价值观"决定的认知体系，需要对大量"符号化"组构体加以一定程度的接纳，而非全部。这一局限性体现在其叙述的"抽象化"表达上，即："国际化新闻传播话语"之"新闻化"认知表意、"声像文"拟剧社会活动，以及"实践化"意念引知叙事三个方式。究其原因，是因为这种仅仅依靠由"声像文"为载体进行的话语表达呈现，一定是附着了"传播源"自身的认知色彩，且是不可避免的融进。但是，为了尽可能消减如此的局限性，"国际化新闻传播话语"的告知将其最具特色的"情境化"纪实呈现风格，加以最大限度的强化。为了这一效果，其借力于经"新新闻主义"和"亲近性新闻学"两个原理"被结合"后的独特样态，而获得其独一无二的"叙事界定模式"——"抑他扬己民族志"。这就是其获得的第三个面。

最后，第三个面是"国际化新闻传播话语"同转型后的"亲近性新闻学"的结合效应。在具体的操作上，其借助对题材的择选与呈现，是引用"亲近性新闻学"框架下的"平民化"视角；在报道完型上，是遵从"亲近性新闻学"原理下的"介入性"体验；而在预设效应上，则是通过"亲近性新闻学"化的"情境化"人事物为角色，来促成"公共戏剧"模式的参与式心理互动效果。从而，建立起"国际化新闻传播话语"的"本土视角国际化"叙事方法。在此基础上，其独有的"主客观辩证化人性真实"叙事理念，在经过以记者的"实地"主观体验为叙事出发点的引出，到记者的"感受化"真相"结构"搭建出的叙事文脉，再到以记者的职业化"新闻"之"意义判断"体现的叙事效果为终点，而获得最大限度的实现。由于这一整个"实地化"聚焦采集"第一手素材"的过程，是一个对"事实化"存在本体的拣选，所以，在对其进行职业化新闻框架的规约过程里，还需以构造"辑合体"的名义，来"再组构"所有的"第一手素材"。其展开此过程送秉持的理念是：叙事个案映现"跨文化型"族群利益、叙事个体语汇促成"跨文化型"族群话语，以及叙事个性语境隐喻"跨文化型"族群理念。所以，就具有了明现"他者"之负面色彩"样貌"、暗喻"自我"之优越引领"意志"，及"编导"由"自我"之"意志"操控的"国际化公众戏剧"的组构红线牵引；遵守叙述语汇呈现族群间映衬参照、叙事核心点是"公民化转型"，及叙事效果是建立"公众意识"的规则；呈现叙事语境生成于"情境化"族群"人事物"、阐明叙事语境蕴含着"传播源"族群"价值观"，及弘扬叙事理念隐喻着"国际社会"公民认知范畴——"国际化公民意识"为"原动力"产生的系列化结果。

所以，以"国际化"新闻告知定位的"国际化传媒"展开的言说表述文本，已经是对其采用的语言体系，在一个职业叙述框架规约下，完成的对特定"意义"加以叙事的"再运用"。这其中所进行的设计、再构及呈现环节，是一个专属"独立王国"般的运行机制。在一般民众接受为惯性思维的表现，就是言之凿凿的"第四种权力"。而在学术研究人员的"手术刀"下，则是被层层揭开后逐渐显露出的特定"价值观"主导的"意识形态"，借助"国际化传媒"系统为表达平台，而施行为达到既定目标操控预设的颇为隐蔽而又有吸引力的一系列行动。

因此，当下的"信息时代"，是一个"国际化传媒"庞大体系进行言说表达后形成的"意念化"空间。作为其分支之一的"国际化新闻传播话语"，其借助以"事实"为准绳的新闻业原理产生的晕轮效应，在"世界格局"里形成对各类"情境化"社会人认知体系的再塑作用，逐渐形成认知心理上的、由某一"价值观"主导的、"大一统"的"国际社会"。而起到决定性作用的，就是其持续运行建构出的"国际社会"得以存在的"国际化公民意识"。

■ 参考文献

Carey，J.（2005）.［丁末（译）]《作为文化的传播——"媒介与社会"论文集》.北京：华夏出版社.

Dewey，J.（1997）.［Sun Youzhong（trans.）]. Citizens and Their Problems. In：*Dewey Selections：New and Old Individualism*. Shanghai：Shanghai Social

Science Publishing House.

Fiske，J. & Hartley，D.（1984）.*Key Concepts in Communication and Cultural Studies*. London：Routledge.

Graesser，A. et al.（2003）. *Handbook of Discourse Processes*. London：Lawrence Erlbaum Associates.

Herman，E.（1992）.*Beyond Hypocrisy：Decoding the News in an Age of Propaganda – Including – A Doublespeak Dictionary for the 1990s*. Boston：South End Press.

Iser，W.（1998）. *Reading Activities – Theories of Aesthetic Responding*. Beijing：Renmin University of China.

Kwansah – Aidoo，K.（2005）. *Topical Issues in Communications and Media Research.*

London：Nova Publishers.

Lin，HaiChun.（2002）. *Pedagogy of Heuristic Contextualisation—Intercultural Transmission through Cross – cultural Encounters*. Malmö：Malmö University.［Sweden].

Said，E.（1979）. *Orientalism*. London：Routledge

Sfez, L. (1993). *Dictionnaire Critique de la Communication*. Paris：Press Universitaire de France.

Taylor, V. & Winquist, C. (2001). *Encyclopedia of Postmodernism*. London：Routledge.

Tourish, D. & Hargie, O. (2004). *Key Issues in Organisational Communication*.

London：Routledge.

Williams, R. (1976). *Keywords：A Vocabulary of Culture and Society*. London：Harper Collins.

陈力丹 & 易正林（2009）.《传播学关键词》. 北京：北京师范大学出版集团。

热奈特·杰拉尔（1989）.《叙事的界限》. 载张寅德编选《叙事学研究：法国现代当代文学

研究资料丛刊》. 北京：中国社会科学出版社.

新文化报（2006）.《9·11 事件六大阴谋论》http：//www. sina. com. cn.

星岛网讯（2006）.《9·11 五周年备受种族歧视 美国穆斯林不再沉默》.

中国日报网站（2001）.《因9·11 事件迁怒穆斯林 阿裔美国人工作屡遭歧视》http：//www. sina. com. cn 2001

■ 结束语

 这是对"国际化新闻传播话语"体系展开系统化探讨与分析的第一部分，也就是对以向"世界格局"里的"国际化公共话语空间"中传送"新闻传播式"信息的"国际化"大众媒体传播系统所设计及运用言说表达文本之叙事本质的研究文字。由于考虑到文字所涉篇幅，所以将此面世的文字归为《国际化新闻传播话语》的上部。提及"话语"一词，普遍的共识已经达成，即：它是超越语言自身的言说。这样，对于在今天由"媒体传播全球化"促成的"信息时代"，就将那看似仅是语言表达的"世界"，转变为言语叙述的"意义化世界"了。尤其是对使用这一特殊表述的庞大系统媒体的认知，也转变为对其传送到公众日常生活里之"意义"背后的"意图"的认识了。显然，对"话语"与作为设计和使用之的媒体间存在的关系加以探讨，依然是对当下人文社会化"现实"的剖析了。

 在本书的写作过程里，发生在以媒体传播系统告知的世界大事、国际关系事宜，以及"国际社会"成员间的联手、争论或分手等活动，一直在花样翻新般地涌来。其不可遏制的势头，尽管是以无形无色的语言化讲述形成的，但却是直接冲击民众心灵的效应。随着本书所涉议题的层级逐渐深化，如此具有视听引导力的"媒体传播全球化"告知的目的、意图及其预期达成的效应，越发显得清晰可见、伸手可触。原因在于：那带着汹涌而来之势的"信息化"告知，是承载着"权力"及其具有的"控制力"有备而来的。这种"告知"，在其依托的"新闻传播式"表达框架的支持下，借助其采用的"事实"为"可信度"得以产生与维护的元素，由"软新闻"叙述原理变形后产生的"新新闻主义"与"亲近性新闻学"两个原理的合力体，而成为"新闻传播式拟剧类"的"跨文化型"叙事风格。从而，在既有"不可置疑的"事实，又有"兴趣盎然的"故事讲述态势的水乳交融，形成了大众媒体传播系统，借助"国际化公共话语空间"的平台，而建立起一套主导与操控当下"世界格局"里"国际化公众"视听的"国际化新闻传播话语"体系。在2014年前半年间发生的一系列"国际化事宜"，经过从属于各类"文化价值观"的"国际化传媒"系统言说表达后，使得原本在"经济一体化"促成的"经贸互动化"温情般"国际关系"，终于开始显露出人们早已熟知的"冷战期间"的"势不两立"面目。

显然，本书对这一领域展开的探讨，完全不是对语言及其体系单纯的聚焦，也不是对所涉媒体传播系统类型的剖析，而是对这两者结合在一起后，所产生的独特叙述文本依据的言说表达框架，其"被充盈"的"意义"得以"生成"的"源泉"所在，进行系统化展开的过程。在行文至此的本书上部所形成的探讨结果上看，媒体传播以"声像文"言语告知的方式，期待完成的是对特定"意义"的推介。而当这一进程升上到"国际化"传送的层次后，就具有了其必须依赖的"跨文化型"叙述的特质。也就是这一特质，令被称为"国际化传媒"的"国际化"大众媒体传播系统所设计和运用的"国际化新闻传播话语"体系，在"国际化公共新闻话语空间"里对作为其接收接受者的"国际化公众"所持"情境化"认知风格，进行定向般地引导，从而对相应的认知体系进行不同程度的"重塑"。久而久之，原本是"情境化"了的"社会人"，逐渐被塑造为"国际化社会公民"。究其原因，只是因为"国际化传媒"以生动而又鲜活的"情境化"人事物支撑的叙述文本所承载的"意义"，是由作为"传播源"的"国际化传媒"系统秉持的"意识形态"之"新闻化"叙事变型体，以"嵌入"或"植入"的方式，完成了对作为"国际化公众"的"情境化"了"社会人"的认知心理的"重构"过程。

因此，在面世如此的本书上部里，任何再令人们熟悉的"语言"，一旦与大众媒体传播系统结合后，就不再是日常生活中的"语言"体系提供的语汇、语义及其生成的语境了。尤其是当"语言"被诸如"国际化传媒"般的"国际化"大众媒体传播系统运用呈现后，其所"被赋予"的"意义"依托"跨文化型"叙述文本"新闻化"的"声像文"表达时，那一言说体系就是"国际化新闻传播话语"的叙事范畴，将其表达的"国际化公民意识"附着在其选定的"情境化"人事物"故事化"呈现上，以最软性的"心文"讲述基调，消融在"国际化公众"已建立起的"情境化"认知体系之中。最终，使得一位位"被重塑"的"情境化"社会人，逐渐汇聚为一个个群体，当这类群体覆盖"世界格局"里所有"板块化"社会文化情境后，"国际社会"得以"被建立"的"国际化公民意识"就获得了"全球化"的普及。至此，本书上部留下的问题是：在这个多元的世界里，真正成为主导这一"大一统"般"国际社会"的"国际化公民意识"，是以当"世界格局"里哪一"意识形态"为核心？

带着这一问题再审视所有来自媒体传播系统的"信息"时，就会排除那些或是"争吵"或是"对骂"，抑或是"互赞"的表面干扰因素，而看出几分其持有的意图和愿望来。顺着这一认知带出的思路，本作的下部将试图梳理出"国际化新闻传播话语"言说表达体系更具隐蔽特点的叙事本质来。

感谢中国广播电视出版社任逸超编辑及其同事们对本作出版付出的劳作！

林海春
2014 年 07 月 07 日于北京"梅兰书屋"

图书在版编目（CIP）数据

国际化新闻传播话语研究．上部／林海春著．－－北京：中国广播影视出版社，2014.11

ISBN 978－7－5043－7279－6

Ⅰ.①国… Ⅱ.①林… Ⅲ.①新闻学—传播学—研究 Ⅳ.①G210

中国版本图书馆 CIP 数据核字（2014）第 253037 号

国际化新闻传播话语研究（上部）

林海春　著

责任编辑	任逸超　高子如	
封面设计	亚里斯	
责任校对	谭　霞	

出版发行　中国广播影视出版社
电　　话　010－86093580　010－86093583
社　　址　北京市西城区真武庙二条 9 号
邮　　编　100045
网　　址　www.crtp.com.cn
电子信箱　crtp8@sina.com

经　　销　全国各地新华书店
印　　刷　高碑店市德裕顺印刷有限责任公司

开　　本　710 毫米×1000 毫米　1/16
字　　数　420(千)字
印　　张　23.5
插　　页　2(面)
版　　次　2014 年 11 月第 1 版　2014 年 11 月第 1 次印刷

书　　号　ISBN 978－7－5043－7279－6
定　　价　58.00 元